रंग अरंग

रंग अरंग

हृषीकेश सुलभ

राजकमल प्रकाशन

ISBN : 978-81-267-2211-2

मूल्य : ₹895

पहला संस्करण : 2012
पहली आवृत्ति : 2024

प्रकाशक : राजकमल प्रकाशन प्रा. लि.
1-बी, नेताजी सुभाष मार्ग
नई दिल्ली-110 002

शाखाएँ : अशोक राजपथ, साइंस कॉलेज के सामने, पटना-800 006
पहली मंजिल, दरबारी बिल्डिंग, महात्मा गांधी मार्ग, प्रयागराज-211 001
1, अनमोल सोराबजी संतुक लेन, धोबी तलाव, मरीन लाइंस, मुम्बई-400 002
वेबसाइट : www.rajkamalprakashan.com
ई-मेल : info@rajkamalprakashan.com

मुद्रक : राजकमल प्रकाशन प्रा. लि.
नई दिल्ली-110 002

RANG ARANG
by Hrishikesh Sulabh

वत्सला
और
स्वप्निल
के लिए
स्नेहाशीष सहित।

इस पुस्तक में संकलित आलेख **कथादेश** *के अलावा* **नटरंग, प्रभात ख़बर, राष्ट्रीय सहारा, लोकमत समाचार, आलोचना, अकार, कथाचित्र** *आदि पत्र-पत्रिकाओं में प्रकाशित हैं। कथादेश के पाठकों और सम्पादक भाई* **हरिनारायण** *सहित इन पत्रिकाओं के प्रति आभार!*

निवेदन

रंग अरंग रंगमंच सम्बन्धी मेरी दूसरी पुस्तक है। कथादेश में रंगमंच पर जब लिखना आरम्भ किया था, तब सोचा भी नहीं था कि यह सिलसिला निरन्तरता में चलता रहेगा। नियमित स्तम्भ लिखना हाथी का पेट भरने की तरह कठिन होता है। दूसरों के बारे में नहीं कह सकता, पर मैं एक बेचैन कर देनेवाले दबाव से लगातार गुज़रता रहा हूँ। इस दबाव ने मुझे जो सक्रियता दी है, उसके लिए मैं कथादेश के पाठकों का आभारी हूँ। विविधता बनी रहे और पाठकों की रंगमंच विषयक भूख को तृप्त कर सकूँ, इस कारण देश के कई हिस्सों में भटकता रहा हूँ। इस यायावरी ने विविध रूपों-छवियों वाले नाट्य के विपुल भंडार से मेरा जीवन्त परिचय कराया है और साथ ही मुझे रंगकर्मियों के विशाल वर्ग से जोड़ा है। यात्राएँ, प्रदर्शन-स्थल और संग-साथ मेरी पाठशाला बने हैं।

यह अजीब समय है। आधुनिकता को दृष्टि के बदले मूल्य मानकर अपने जीवन के लिए आज ऐसी मान्यताएँ गढ़ने का चलन ज़ोरों पर है, जो हमारी लोकरुचि को अपकर्ष की ओर ले जाएँ। रंगमंच की दुनिया को इस चलन ने प्रभावित किया है। यह सच है कि रंगमंच प्रयोगभूमि है, पर रचनात्मकता की जिजीविषा को त्वरा दे सकने वाले प्रयोगों के बदले अराजक और दृष्टिहीन प्रयोगों के कारण रंगमंच से दर्शकों की दूरी बढ़ी है। भाषा और रंगमंच केवल सम्प्रेषण का माध्यम भर नहीं हैं बल्कि संस्कृति का ज़रूरी हिस्सा हैं और संस्कृति के संवाहक भी हैं। भाषा, रंगमंच और संस्कृति के आपसी सम्बन्धों की पड़ताल किए बिना आपाधापी में आज सफलता के नुस्खे खोजे जा रहे हैं। संस्कृति इतिहास का उत्पाद है। भाषा और रंगमंच, संस्कृति को अभिव्यक्त करते हुए इतिहास को भी अभिव्यक्त कर रहे होते हैं। भाषा और रंगमंच अपनी अभिव्यक्ति से जनमानस के लिए बिम्बों की

निर्मिति करते हैं। रंगमंच पर भाषा का एक नवीन रूप भी सामने आता है–रंगभाषा। यह रंगभाषा ही इन बिम्बों के माध्यम से यथार्थ को दृश्यकाव्य में रूपान्तरित करती है। इसके लिए अपनी भाषा और संस्कृति से रंगमंच का नाभिनालबद्ध होना आवश्यक है, पर आज अपनी भाषा और संस्कृति की बात करना भी पिछड़ेपन की निशानी है। हिन्दी रंगमंच के साथ भी यही संकट है। यह रंगमंच अपनी भाषा और अपनी सांस्कृतिक धरोहरों की उपेक्षा करते हुए नकली सफलता अर्जित करने की मृगतृष्णा में भाग रहा है। संस्कृत रंगमंच के अवसान के बाद देश के हर हिस्से में रंगमंच का पुनर्भव हुआ। उत्तर भारत में मिथिला ने इसमें अग्रणी भूमिका का निर्वाह किया। रंगरसिकों और रंगरसज्ञों के लिए मिथिला की रंग सम्पदा पर चार छोटे आलेख इस पुस्तक में संकलित हैं। उस काल में मैथिली में 'वर्णरत्नाकर' जैसे लक्षण ग्रन्थ का लिखा जाना विस्मित करता है।

हिन्दी में नाट्यालेखन को लेकर परस्पर विरोधी संवादों का सिलसिला लम्बे समय से चल रहा है। नाटक कम लिखे जा रहे हैं,... नहीं लिखे जा रहे हैं...नाट्यालेख को परिवर्तित करने का अधिकार नाट्य निर्देशक को नहीं...नाटक की प्रस्तुति अन्ततः नाट्य निर्देशक की रचना है...आदि-आदि। मेरी कोशिश रही है कि इस पुस्तक में इन मुद्दों पर व्यावहारिक होकर अपने विचार प्रकट कर सकूँ। संस्कृति और सत्ता के सम्बन्ध पर विमर्श नया नहीं है। इस नए दौर में नागरिक समाज और प्रतिपक्ष का मुखौटा लगाए मीडिया जैसी नई और असंवैधानिक सत्ता से संस्कृति के सम्बन्ध पर बातचीत आवश्यक है। पुस्तक में ऐसी भी टिप्पणियाँ दर्ज हैं। स्वतंत्र आलेखों में, और कुछ पुस्तकों के बहाने या व्यक्तित्वों के बहाने लिखे गए आलेखों में, मैंने समग्र रंगपरिवेश को जानने-समझने का प्रयास किया है। स्वतंत्र टिप्पणियाँ या पुस्तकों पर टिप्पणियाँ लिखते हुए जगदीशचन्द्र माथुर, नेमिचन्द्र जैन, हबीब तनवीर, विजय तेंडुलकर, श्यामानन्द जालान, देवेन्द्रराज अंकुर आदि की रचनाधर्मिता से गुज़रना मेरे लिए लाभप्रद रहा है। इनकी रचनात्मकता का अन्तर्जगत अपने समय की कलासंवेदनाओं, वैचारिक संघर्षों और जीवन के सौन्दर्यबोध से भरा हुआ है। रंग संसार की समस्याओं-चिन्ताओं-अन्तर्द्वन्द्वों की समझ अर्जित करने के लिए हमें बार-बार इनके निकट जाना होगा। अपने गृह जनपद के विरल रंगकर्मी रसूल मियाँ को पाकर तो मैं धन्य हुआ। वे भिखारी ठाकुर नहीं थे, पर ऐसे भी नहीं थे कि उन्हें बिसार दिया जाए।

अरविन्द गौड़, सुबोध पटनायक और प्रोबीर गुहा से बतकही के बहाने रंगकर्म की एक अलग धारा रेखांकित है। नई पीढ़ी के नवाचार और सरोकार को भी उनकी प्रस्तुतियों का विश्लेषण करते हुए समझने का प्रयास किया है। प्रदर्शनों और आयोजनों पर लिखी गईं टिप्पणियों में देश के कई इलाक़ों की रंगछवियाँ संग्रहित हैं। पटना या रायपुर से जोगिया जनूबी पट्‌टी तक और दिल्ली के भारत रंग महोत्सव से मसौढ़ी जैसे क़स्बे के नाट्‌योत्सव तक *रंग अरंग* का हिस्सा हैं।

रंग अरंग में संकलित सामग्री 'कथादेश' सहित अन्य पत्र-पत्रिकाओं में प्रकाशित होकर पाठकों तक पहले भी पहुँच चुकी है। इसे संकलित कर फिर से पाठकों के लिए प्रस्तुत करते हुए संकोच तो हो रहा है, पर लगभग इसी कलेवर में प्रस्तुत रंगमंच सम्बन्धी पहली पुस्तक *रंगमंच का जनतन्त्र* का पाठकों ने जिस तरह स्वागत किया, उससे मेरा हौसला बढ़ा है। इन आलेखों में दुहराव की सम्भावना है, पर मुझे भरोसा है कि सन्दर्भ अलग-अलग होने के कारण ये दुहराव अर्थ या आशय के सम्प्रेषण में मददगार होंगे। *रंग अरंग* में कुछ ऐसी रचनाएँ भी शामिल हैं जिनका रंगमंच से सीधा सम्बन्ध नहीं है पर रंगमंच को कलाओं की विविध सरणियों से गुज़रना होता है। समग्र रंगपरिदृश्य को जानने-समझने के लिए यह आवश्यक है कि हम उन स्पन्दनों को भी महसूस करें जिन्हें हमारे समय में अन्य कलाएँ पैदा करती हैं। सामग्री के चयन और सम्पादन में सुपरिचित लेखक और मेरे मित्र कर्मेन्दु शिशिर ने पूर्ववत् मदद की है। मैं उनका आभारी हूँ।

मेरी यात्राओं ने सबसे ज़्यादा कष्ट पत्नी मीनू को दिया है। पर जब भी मैं थका हूँ, अपने अकेलेपन की फ़िक्र किए बिना उन्होंने मुझे सोत्साह विदा किया है। यह ऋण मेरे चुकाए नहीं चुक सकता। आभार!

राजकमल प्रकाशन के प्रबन्ध निदेशक अशोक महेश्वरी मेरी पुस्तकों के प्रकाशन के प्रति आत्मीय भाव के साथ उत्सुक रहे हैं। मैं उनका भी आभारी हूँ।

—हृषीकेश सुलभ

पीरमुहानी, मुस्लिम क़ब्रिस्तान के पास,
कदम कुआँ,
पटना-800 003

अनुक्रम

पुस्तक

प्रदर्शन और आयोजन

धरोहर

ज्योतिरीश्वर का लक्षणग्रन्थ : वर्णरत्नाकर

संस्कृत रंगमंच का बहुलांश उच्च वर्ग के मनोरंजन में ही बीता। उसकी प्रभावपूर्ण और वैभवशाली उपस्थिति में तत्कालीन उच्चवर्गीय समाज से उसके सम्बन्धों की भूमिका थी। सामान्य जन से क्षीण सम्बन्धों के कारण संस्कृत रंगमंच में सोद्देश्यता का अभाव रहा और यही उसके अवसान का कारण भी बना। उस काल के जो भी नाट्यालेख उपलब्ध हैं उनमें विचारों की शून्यता और जीवन-दर्शन का अभाव मिलता है। अश्वघोष के नाटक *वज्रसूची* और कृष्णमिश्र के नाटक *प्रबोधचन्द्रोदय* जैसे नाटक ही इस अभाव की अल्पपूर्ति करते हैं। राजसत्ता के संरक्षण में असंवैधानिक शक्तियों के उदय और इसके प्रतिरोध में सामान्य जन को नायकत्व प्रदान करनेवाले शूद्रक के नाटक *मृच्छकटिक* के रचनाकाल को लेकर आज तक कोई एक राय नहीं बन सकी है। इसे संस्कृत रंगमंच के उस दौर की रचना माना जाता है जब यह समाप्ति पर था। शूद्रक के बारे में यह धारणा है कि वह कोई राजा नहीं, एक अति सामान्य नागरिक था। *मृच्छकटिक* कथ्य की प्रासंगिकता और अपनी रंगभाषा के कारण आज भी रंगकर्मियों को आकर्षित करता है। सोद्देश्यता के अभाव की क्षतिपूर्ति का प्रयास संस्कृत नाटककारों ने भरतवाक्य में सबकी मंगलकामना व्यक्त करते हुए किया। पर यह रंगयुक्ति पर्याप्त नहीं थी और अन्ततः संस्कृत रंगमंच को काल-कवलित होना पड़ा। भरत मुनि के नाट्य-सिद्धान्तों की कसौटी पर यह रंगमंच पूरी तरह खरा नहीं उतरा जबकि उनके सिद्धान्त सामान्य जीवनानुभवों पर आधारित थे। यही कारण रहा कि संस्कृत रंगमंच के अवसान के साथ-साथ सामान्य जन के मनोरंजन और उनके जीवन के सुख-दुख की अभिव्यक्ति के लिए नाट्य की विभिन्न शैलियों तथा रूपों का उदय हुआ। संस्कृत में आमजन की बोलियाँ-भाषाएँ प्रक्षेपित हुईं। कथानकों और कथ्य ने अपने रूप बदले। ज्ञान पर सत्ता और उच्च वर्ग की पकड़ ढीली हुई। भरत मुनि के सिद्धान्तों और रंगमंचीय परिकल्पनाओं को विशाल और जीवन्त प्रयोगशाला मिली। हालाँकि यह एक सच है कि उस दौर की सामाजिक व्यवस्था में बिना राजाश्रय के कोई नवाचार सम्भव नहीं था, अतः इस काम में भी उन राजवंशों और राजाओं ने पहल की जो अपने राज्य के सांस्कृतिक विकास में अपनी प्रजा की भूमिका को

महत्त्व देते थे। यह काम पहले दक्षिण में आरम्भ हुआ। फिर राजवंशीय सम्बन्धों के सहारे उत्तर भारत तक पहुँचा। बाद में मन्दिरों-मठों, धार्मिक अनुष्ठानों और जनाकांक्षाओं के माध्यम से फैलते हुए विकसित होता रहा तथा अपनी जड़ें मज़बूत करता गया। इसने अपनी पारम्परिकता और कालविद्धता के चलते भारतीय समाज को एक सांस्कृतिक सन्तुलन दिया और अपनी समग्र विविधताओं के बावजूद हमारे लोकजीवन के वास्ते एकता के नए सूत्र दिए। उत्तर भारत में यह काम मिथिला में कर्णाट राजाओं के ओइनवार वंश के शासनकाल में हुआ। उमापति उपाध्याय ने *पारिजातहरण* और ज्योतिरीश्वर ठाकुर ने *धूर्तसमागम* नाटकों में मैथिली को प्रक्षेपित किया और साथ ही नई रंगयुक्तियों का संधान किया। इन नाटकों के प्रदर्शनों के बाद *कीर्तनिया* जैसी रंगशैली विकसित हुई।

नवीन रंगाचार के इसी काल में ज्योतिरीश्वर ठाकुर ने *वर्णरत्नाकर* नामक लक्षणग्रन्थ लिखा। *"जिस भाँति केरल के कुलशेखर वर्मन ने अपने ब्राह्मण-मंत्री तोलन को अपने मनोनुकूल नई नाट्यविधा का निरूपण करने के लिए आदेश दिया, उसी भाँति जान पड़ता है कि हरिसिंहदेव ने ज्योतिरीश्वर ठाकुर को रंगशाला की नवीन आवश्यकताओं और विधाओं पर निर्देशन लिपिबद्ध करने के लिए प्रेरित किया। ज्योतिरीश्वर ठाकुर ने ये निर्देशन भाषा में दिए, संस्कृत में नहीं। उनका* वर्णनरत्नाकर *मध्ययुगीन भाषा में तत्कालीन समाज और कलाओं का दर्पण है।* वर्णनरत्नाकर *के छठे कल्लोल में नटों, नटियों, विद्यावंतों इत्यादि का जो वर्णन है, वह जान पड़ता है, उस समय के नट-नटियों के लिए एक प्रकार का मैनुएल या निर्देश-पत्रिका है और स्वभाविक ही है कि यह निर्देश-पत्रिका 'भाषा' में लिखी गई है।* वर्णनरत्नाकर *निस्सन्देह रंगशाला और नाटककारों के बीच कड़ी बनी...।"* अपनी पुस्तक *परम्पराशील नाट्य* में दर्ज इस टिप्पणी में जगदीशचन्द्र माथुर इसे *वर्णरत्नाकर* नहीं, *वर्णनरत्नाकर* कहते हैं। ज्योतिरीश्वर के इस लक्षणग्रन्थ के छठवें कल्लोल पर बातें करने से पूर्व इस ग्रन्थ के लेकर चलनेवाले मतभेदों और इसकी प्राचीनता आदि के सन्दर्भ में कुछ संक्षिप्त, पर रोचक शोध-सूचनाएँ दर्ज करना चाहूँगा। इस आलेख का आधार प्रो. आन्नद मिश्र और पं. गोविन्द झा द्वारा सम्पादित *वर्णरत्नाकर* की प्रति है। मैथिली अकादमी द्वारा प्रकाशित इस *वर्णरत्नाकर* में मूल पाठ संकलित है और इस पाठ की व्याख्या भी की गई है। प्रो. आनन्द मिश्र और पं. गोविन्द झा का यह अवदान महत्त्वपूर्ण और स्मरणीय है।

वर्णरत्नाकर की एकमात्र हस्तलिखित प्रति उपलब्ध हुई। तालपत्रों पर प्राचीन तिरहुता अक्षरों में लिपिबद्ध यह ग्रन्थ कोलकाता के बंगाल एशियाटिक सोसायटी के हस्तलेख-संग्रह में सुरक्षित था। इस हस्तलेख में कुल सतहत्तर पृष्ठ थे, जिनमें से सत्रह पृष्ठ खो चुके थे। इसका अन्तिम पृष्ठ सुरक्षित था, जिससे यह सूचना मिलती है कि यह सन् पन्द्रह सौ सत्तासी में लिपिबद्ध किया गया था। हरप्रसाद शास्त्री के सहायक

विनोद बिहारी काव्यतीर्थ को संस्कृत पांडुलिपियों की खोज के क्रम में यह पांडुलिपि प्राप्त हुई थी। चौदहवीं शताब्दी में रचित इस ग्रन्थ की भाषा मैथिली है, पर प्राचीन तिरहुता लिपि के कारण बांग्ला से इसे अलग नहीं किया जा सकता। सन् उन्नीस सौ एक में प्रकाशित 'रिपोर्ट ऑन द सर्च ऑफ संस्कृत मैन्युस्क्रिप्ट' में शास्त्रीजी ने लिखा है–*"इसमें कविसमय* (काव्य-परिपाटी) *वर्णित है।"* हरप्रसाद शास्त्री के अलावा सुनीति कुमार चटर्जी और मनमोहन चक्रवर्ती ने अपने लेखों में इस ग्रन्थ का उल्लेख और सन्दर्भ-ग्रन्थ के रूप में उपयोग किया। हालाँकि, प्राचीन साहित्य और भाषा के अध्येता जॉर्ज ग्रियर्सन की नज़र इस पर नहीं पड़ी। मनमोहन चक्रवर्ती ने ही मूल तालपत्रों को देखकर इस भ्रम को दूर किया कि इस ग्रन्थ का नाम *वर्णरत्नाकर* है, न कि *वर्णनरत्नाकर*। और *वर्णरत्नाकर* ही तालपत्रों पर लिखा हुआ है। इसके पूर्व हरप्रसाद शास्त्री ने इसे *वर्णनरत्नाकर* लिखा था। बाद में इस ग्रन्थ में लिखित सामग्री की प्रकृति पर विचार के क्रम में भी *वर्णरत्नाकर* ही सर्वमान्य हुआ। मूल तालपत्रों के आधार पर सुनीति कुमार चटर्जी ने इसे शोधित किया और पं. बबुआजी मिश्र के साथ लिप्यांतरित तथा सम्पादित किया जिसे बंगाल एशियाटिक सोसायटी ने सन् उन्नीस सौ चालीस में प्रकाशित किया। *वर्णरत्नाकर* की तालपत्रों वाली मूल प्रति हस्तलेख संग्रह से ग़ायब हो चुकी है। अतः इसी लिप्यांतरण को आधार बनाकर *वर्णरत्नाकर* को पुनः प्रो. आनन्द मिश्र और पं. गोविन्द झा ने शोधित और सम्पादित किया, जो पटना की मैथिली अकादमी से सन् उन्नीस सौ अस्सी में प्रकाशित हुआ। *वर्णरत्नाकर* के रचयिता ज्योतिरीश्वर ठाकुर की दो और पुस्तकें प्रसिद्ध हैं। उनका नाटक *धूर्त्तसमागम* संस्कृत रंगमंच के अवसान के बाद की आरम्भिक और महत्त्वपूर्ण नाट्यरचना है और कामशास्त्र सम्बन्धी पुस्तक *पञ्चसायक* को भी व्यापक प्रसिद्धि प्राप्त है। उनकी कामशास्त्र सम्बन्धी एक और पुस्तक *रंगशेखर* की चर्चा कुछ विद्वानों ने की है, पर यह पुस्तक अब तक उपलब्ध नहीं हो सकी है। ज्योतिरीश्वर के जन्म-स्थान, जन्म-काल आदि के बारे में भी पहले कुछ भ्रान्तियाँ थीं, पर अब कतिपय विद्वानों के शोध के बाद ये भ्रान्तियाँ दूर हो चुकी हैं। उन्होंने *धूर्त्तसमागम* में अपने काल और वंश का स्पष्ट परिचय दिया है जिस पर विचार करते हुए प्रो. आनन्द मिश्र और पं. गोविन्द झा मानते हैं कि *"इससे ज्ञात होता है कि ज्योतिरीश्वर के पिता थे धीरेश्वर और पितामह थे रामेश्वर; इनका मूल पाली तथा ये कर्णाट वंश के अन्तिम राजा हरिसिंहदेव के काल में हुए थे।...ज्योतिरीश्वर ने पञ्चसायक, धूर्तसमागम और वर्णरत्नाकर में अपना जो परिचय दिया है उसके अनुसार इनका पूरा नाम ज्योतिरीश्वर था और कविशेखर तथा आचार्य इनकी उपाधियाँ थीं परन्तु बहुधा ये अपना उल्लेख केवल कविशेखर शब्द से करते हैं, जैसे यह इनका दूसरा नाम हो। इनका जन्म पालिबाड़ ब्राह्मण कुल में हुआ था। अतः इनकी कौलिक उपाधि ठाकुर थी, सो इन्होंने कहीं-कहीं अपने को ठाकुर या ठक्कुर कहा है।"* इन विद्वानों ने उपलब्ध ऐतिहासिक

साक्ष्यों के गहन अध्ययन के बाद *वर्णरत्नाकर* का रचनाकाल सन् तेरह सौ चौवालिस के आस-पास निर्धारित किया है।

वर्णरत्नाकर आख़िर है क्या? और जो कुछ है, उसके होने का यानी उसके रचे जाने का प्रयोजन क्या है—इन प्रश्नों का उत्तर भी बहुत सहज नहीं है। इस ग्रन्थ के अध्येताओं ने अपने अध्ययन और अनुभव के आधार पर इन प्रश्नों के उत्तर तलाशने के प्रयास किए हैं। मतैक्य नहीं होने के बावजूद इन सारे प्रयासों को *वर्णरत्नाकर* के पुनराविष्कार के लिए सकारात्मक माना जा सकता है। यह ग्रन्थ सात कल्लोलों में विभक्त है। पुस्तक के सन्दर्भ में जिसे अध्याय, भाग या प्रकरण कहा जाता है, ज्योतिरीश्वर ने उसे कल्लोल कहा है। कल्लोल यानी, लहर,...ऊर्मि। ज्योतिरीश्वर ने प्रथम कल्लोल में नगर वर्णन, दूसरे में नायक वर्णन, तीसरे में स्थान वर्णन, चौथे में वसन्त वर्णन, पाँचवें में प्रयाण वर्णन, छठवें में भाट वर्णन और अन्तिम कल्लोल में श्मशान वर्णन किया है। हरप्रसाद शास्त्री के अनुसार, यह कवियों के लिए मार्गदर्शक ग्रन्थ है, जिसमें कवि-परिपाटी प्रतिपादित है। सुनीति कुमार चटर्जी ने इसे एक ऐसा कोश माना है जिसमें लौकिक और संस्कृत शब्दों के साथ-साथ काव्य में वर्णन योग्य वस्तुओं और भावों की प्रसिद्ध उपमाएँ और वर्णन की परिपाटियाँ दी गई हैं। परन्तु प्रो. आनन्द मिश्र और पं. गोविन्द झा यहाँ एक प्रश्न खड़ा करते हैं कि *''तब तो इसका नाम* वर्णनरत्नाकर *होना चाहिए; जैसा कि हरप्रसाद शास्त्री ने अपनी सूची में दिया है पर उपलब्ध हस्तलेख में प्रत्येक कल्लोल के अन्त में इसका नाम* वर्णरत्नाकर *दिया गया है।''* डॉ. जयकान्त मिश्र वर्णरत्नाकर का अनुवाद The ocean of vernas or description करते हैं। सुनीति कुमार चटर्जी इसे अस्वीकार करते हैं और *वर्ण* शब्द का अर्थ *वर्णन* नहीं मानते। प्रो. आनन्द मिश्र और पं. गोविन्द झा लिखते हैं; *''आरम्भिक वाक्यों से यह प्रतीत होता है कि सुनीतिबाबू के मतानुसार इसकी रचना कवियों के मार्गदर्शन के लिए की गई है। परन्तु आगे जाकर उन्होंने यह स्पष्ट कर दिया है कि यह ग्रन्थ कथक अर्थात कथावाचकों के मार्ग-दर्शनार्थ लिखा गया है। कथाप्रवचन करनेवाले, जो मिथिला में 'व्यास' कहे जाते हैं, इस ग्रन्थ से अवश्य लाभान्वित हो सकते हैं; उन्हें कथा-प्रसंग में नगर, वन आदि का वर्णन करना पड़ता है जो इसमें तैयार माल की तरह संचित है।...विषय प्रतिपादन की दृष्टि से वर्णरत्नाकर उन ग्रन्थों से मिलता है जो वैष्णवकालीन बंगाल में कथक लोगों के उपयोग के लिए लिखा गया, क्योंकि इन सबों में देवताओं के वर्णन के साथ-साथ वर्णरत्नाकर की तरह नगर, मध्याह्न, प्रभात, रात्रि आदि का वर्णन है।''* सम्पादक द्वय ने *वर्णरत्नाकर* की तुलना आंशिक रूप में जॉर्ज ग्रियर्सन के *बिहार पीजेन्ट लाइफ*, गायकवाड़ ओरिएन्टल सीरीज़ वड़ोदरा से प्रकाशित *मानसोल्लास* और *आइने अकबरी* से भी की है।

उपलब्ध ग्रन्थ और साक्ष्य इस बात की ओर संकेत करते हैं कि ज्योतिरीश्वर

ठाकुर संस्कृत रंगमंच के अवसान के बाद उत्तर भारत में स्थानीय भाषाओं-बोलियों के रंगमंच की आधारशिला रखनेवालों में हैं। दक्षिण में कुलशेखर वर्मन ने इस दिशा में जो महत्त्वपूर्ण कार्य किया, उत्तर भारत में वही कार्य हरिसिंहदेव के शासन-काल में हुआ। छिटपुट रूप से यह कार्य ग्यारहवीं शताब्दी के अन्तिम वर्षों में ही चालुक्य नरेशों के सामन्त नान्यदेव के शासन-काल में आरम्भ हो चुका था। नान्यदेव ने स्वयं भरत के नाट्यशास्त्र की टीका की रचना की थी। हरिसिंहदेव के काल में उमापति उपाध्याय ने नाटक *पारिजातहरण* में और ज्योतिरीश्वर ने *धूर्त्तसमागम* में संस्कृत में मैथिली को प्रक्षेपित किया। जगदीशचन्द्र माथुर इन दोनों नाटकों को *'भारतीय नाट्य के इतिहास में युगांतकारी प्रयोग'* मानते हुए कहते हैं कि इनका *'प्रभाव भाषा-संगीतकों पर जयदेव के* गीत-गोविन्द *के बाद सबसे अधिक व्यापक रहा।'* उस काल का यह वातावरण ज्योतिरीश्वर की नाट्य-सक्रियता की ओर संकेत करता है और उनके नाट्यशास्त्री होने में ज़रा भी सन्देह नहीं होता। जगदीशचन्द्र माथुर की यह सोच कि तत्कालीन शासक हरिसिंहदेव ने उन्हें *वर्णरत्नाकर* की रचना के लिए उसी तरह प्रेरित किया होगा, जैसे कुलशेखर बर्मन ने अपने मंत्री तोलन को *वांग्येय-व्याख्या* में उन विधियों को लिपिबद्ध करने के लिए प्रेरित किया, जिसके आधार पर उन्होंने संस्कृत नाटकों में लोक प्रचलित शैलियों, लोकभाषा को प्रक्षेपित किया था; तर्कसम्मत लगती है। ज्योतिरीश्वर जिस शैली में लिखते हैं उसमें निर्देश जारी करने का भाव भी शामिल है। निश्चित रूप से नाट्य में अपनी प्रवीणता और सफलता के चलते उस समय तक उनकी ऐसी हैसियत बन चुकी होगी कि वह एक आचार्य की तरह साधिकार लिख सकें। यह ध्यान देने योग्य बात है कि कर्णाट शासकों के ओइनिबार वंश का यह काल मिथिला के इतिहास में स्वर्णकाल माना जाता है, जहाँ आंतरिक कलह नहीं थी और सैन्यशक्ति, न्याय, आर्थिक समृद्धि, विद्या, कला, भाषा, संस्कृति आदि हर क्षेत्र में मिथिला शिखर पर था। समाज में वर्ग-विभेद था, पर समरसता भी थी। *वर्णरत्नाकर* में राजा या नायक के साथ-साथ वन्य जातियों तक को स्थान मिला। छठवाँ कल्लोल, जिसमें भाट वर्णन है, रंगमंच के लिए सर्वाधिक उपयोगी है। इसमें भाट, भाट के पीछे चलनेवाले तांत्रिक समुदाय के भिखारी, मल्लयोद्धा और उनकी युद्धशैली, गुजराती-तैलङ्गी-महाराष्ट्री नर्तक-नर्तकी और उनकी नृत्य-संगीत शैलियाँ, नेपथ्य की रचना, नटी प्रसाधन, रंगलेपन, मृदंग-वादन की विधि, हस्तपाठ, रंगभूमि-पूजन यानी पूर्वरंग, मंच पर पात्र-प्रवेश, पात्र-वर्णन, नर्तकी और पुरुष नर्तकों के नृत्य-प्रकार, नृत्य वर्णन आदि के सन्दर्भ में विवरण दर्ज है। अन्य कल्लोलों में वह सबकुछ है, जो रंगमंच पर नाट्य की रचना के काम आ सके। छठवें कल्लोल का छोटा सा मूल अंश और मैथिली में उसकी व्याख्या उद्धृत है– *" ॥ अथभाटवर्ण्णना ॥ मारपरिकली परिहने •सारु सोनाक टाड चारि परिहने •खडनीक पाग एक मथा वन्धने / सोनसूचीक कराओ एक •देवगिरिया पछेओला एक फाण्ड वन्धने •तीषि*

चोषि वाड्क् •नीकि •सोनाके परजे निड्गवानी लोहाक निर्म्मउलि साकनाक डोर छुरी एक वाम क / इ वन्धने... । (मैथिली में व्याख्या)–*भाट केहन अछि? परिकरी (कसल अड्गा) पहिरने अछि। चारि गोट सुन्दर सोनाक टाड़ (बाहुवलय) पहिरने अछि। माथमे खड़लीक (कोढ़िलाक?) पाग (मुरेठा) बन्हनै अछि। स्वर्णसूचीकृत (सोनाक तारसँ अलंकृत अर्थात् जरीदार) देवगिरिदेशक एकटा पछओड़ा (◀पश्चपट) सँ फाँड़ बन्हने अछि। वाम भागमे एक छुरी लटकओने अछि; से छुरी केहन अछि? तीख, चोख, बाँक ओ नीक (उत्कृष्ट) अछि; सोनाक मूठि लागल छैक, ओ लटकयबाक हेतु सोनाक डोर (चेन) लागल छैक। परिकरी (कसा हुआ वस्त्र /परिकरं बन्ध–कमर कसना, तैयार होना, किसी कार्य के लिए अपने को सज्जित करना–कादम्बरी) पहने हुए है। चार सुन्दर स्वर्ण के बाहुवलय पहने हुए है। माथ में खड़ली (कोढ़िला?–कोढ़िला, जल में पैदा होनेवाली एक प्रकार की लता, जिसका उपयोग प्राचीनकाल में पारम्परिक पगड़ी या मुकुट बनाने में होता था।) की पगड़ी बाँधे हुए है। सोने के तारों से अलंकृत पछओड़ा (पश्चपट–पीछे की ओर पहने या बाँधे जानेवाला वस्त्र।) बाँधे हुए है। बाएँ भाग में एक छुरी लटकाए हुए है। छुरी तीखी, चोखी, बाँकी और उत्कृष्ट है; सोने की मूठ लगी है, फल (छुरी का अगला हिस्सा जिसमें, धार बनती है।) लोहे का है, और जिसे लटकाने के लिए सोने की डोर लगी है।*

उस काल में नटों-अभिनेताओं को भाट भी कहा जाता था। ज्योतिरीश्वर बेहद रोचक शैली में वर्णन करते हैं। चौदहवीं शताब्दी में रचित और सोलहवीं शताब्दी में तालपत्र पर लिपिबद्ध ज्योतिरीश्वर के *वर्णरत्नाकर* के सतहत्तर पृष्ठों में से सत्रह तो सम्भवतः इसके प्राप्त होने के समय ही लुप्त हो चुके थे। प्रो. आनन्द मिश्र और पं. गोविन्द झा अपनी पुस्तक में सूचना देते हैं कि *"मूल तालपत्र हाल तक बं. ए. सो. के पुस्तकालय में सुरक्षित था, किन्तु सुनते हैं वह लुप्त हो गया है।"* अगर यह सच है तो इस अपराध के लिए भावी पीढ़ियाँ हमें क्षमा नहीं करेंगी। यह ऐसी धरोहर थी, जिसके भीतर सुरक्षित थी हमारी भाषा, संस्कृति और कलाओं के विकास का इतिहास। आज कुछ भी ऐसा, जो हमारे भावी जीवन के काम आ सके, बचाना बहुत कठिन है। इस आपाधापी भरे समय में अपनी सांस्कृतिक धरोहरों को यदि हम ऐसे ही खोते रहे, तो सिर्फ़ दरिद्रता ही हमारी उपलब्धि होगी।

ज्योतिरीश्वर का नाटक : धूर्त्तसमागम

संस्कृत रंगमंच के अवसान के बाद उत्तर भारत के सांस्कृतिक परिदृश्य पर ज्योतिरीश्वर की उपस्थिति का महत्त्व निर्विवाद है। उनके लक्षणग्रन्थ *वर्णरत्नाकर* की तरह ही उनके नाटक *धूर्त्तसमागम* को भी उमापति उपाध्याय के नाटक *पारिजातहरण* के साथ पर्याप्त प्रतिष्ठा प्राप्त है। हालाँकि शोधशास्त्रियों और इतिहासविदों के बीच काल निर्धारण को लेकर आज भी मतभेद बना हुआ है और इन दोनों नाटकों में से किसकी रचना पहले हुई होगी, इसकी प्रामाणिक सूचना दे पाना सम्भव नहीं। पर इसमें कोई दुविधा नहीं कि अपनी प्रयोगधर्मिता और नवाचार के कारण इन नाटकों ने उस कालावधि के नाट्यपरिदृश्य को प्रभावित किया और एक नई परम्परा का सूत्रपात हुआ। रंगमंच की इस जनोन्मुख परम्परा के जन्म और विकास के पीछे भाषा की अपार शक्ति थी। प्रभुवर्ग और कुलीन ब्राह्मणों के बीच सिमटकर रह जाने वाली भाषा संस्कृत के अपदस्थ रंगमंच के गर्भ से निकली इस परम्परा ने अपने लिए बोलियों और जनभाषाओं को स्वीकार किया। केवल इतना ही नहीं, नवीन नाट्यानुभूतियों के लिए इस रंग परम्परा ने नवीन युक्तियों की खोज की और संरचनात्मक स्तर पर नए प्रयोग किए। गीत-संगीत जैसी रंगयुक्ति को शामिल किया, जिसका जनजीवन से सीधा जुड़ाव था। *धूर्त्तसमागम* पहले संस्कृत में रचा जा चुका था। बाद में इसमें भाषा मैथिली प्रक्षेपित हुई और रंगयुक्ति के रूप में गीत-संगीत का समावेश हुआ। नया आकार लेते रंगमंच की इस प्रवृत्ति पर जगदीशचन्द्र माथुर ने विस्तार से लिखा है और इसे *संगीतक* की संज्ञा दी है। वे इस रंगकाल को विश्लेषित करते हुए संकेत करते हैं कि नाटककार के नाट्यालेख और रंगशाला के नाट्यालेख, जिसे आज हम *प्रस्तुति आलेख* कहते हैं, में अन्तर यहीं से आरम्भ हुआ। वे *संगीतक* की परम्परा का अन्वेषण करते हुए पहले इसे संज्ञा के रूप में स्थापित करने के क्रम में वररुचि कृत भाण *उभयसारिका* और वाणभट्ट के *कादम्बरी* तक से उदाहरण प्रस्तुत करते हैं और *धूर्त्तसमागम* को इस परम्परा की आरम्भिक रचना मानते हैं। केरल के नृपति कुलशेखर बर्मन के नाटकों *सुभद्रा-धनंजय* और *तपती-संवरण* से दसवीं शती में आरम्भ होनेवाली यह परम्परा मिथिला से दक्षिण के

राजनीतिक सम्बन्धों के बाद मिथिला पहुँची। यह चौदहवीं शती का आरम्भिक काल था और मिथिला के नृपति थे–हरिसिंह (हरसिंह) देव।

धूर्त्तसमागम की मैथिली प्रक्षेपित प्रति पहली बार डॉ. जयकान्त मिश्र के सम्पादन में सन् 1960 में अखिल भारतीय मैथिली साहित्य समिति, इलाहाबाद से प्रकाशित हुई। संस्कृत में रचित *धूर्त्तसमागम* उपलब्ध था, पर मैथिली प्रक्षेपित ग्रन्थ लुप्त था। डॉ. जयकान्त मिश्र को *धूर्त्तसमागम* की यह प्रति, पांडुलिपियों की खोज के लिए उनकी दूसरी नेपाल-यात्रा के दौरान सन् 1957 में प्राप्त हुई। यह प्रति सम्पूर्ण नहीं है, खण्डित है। इस खण्डित प्रति का मिलान संस्कृत की प्रति से करते हुए उन्होंने पाठ निर्धारित किया। डॉ. जयकान्त मिश्र *धूर्त्तसमागम* की यह प्रति पढ़ते हुए अपने मनोभावों का वर्णन बहुत रोचक अन्दाज़ में करते हैं, *"I was exhilarated with the feeling that perhaps it is written by Jyotirishwara himself–there is, however, no indication in the extant pases as to who copied it and when."* तिरहुता लिपि में तालपत्रों पर लिखित इस ग्रन्थ के आरम्भिक बारह पृष्ठ लुप्त हैं और यह पच्चीसवें पृष्ठ पर अचानक असम्बद्ध ढंग से समाप्त हो जाता है।

धूर्त्तसमागम प्रहसन है। फार्स, यानी ढोंग। नाटक का आरम्भ (संस्कृत नाट्यालेख में) परम्परानुसार प्रस्तावना से होता है। नान्दीपाठ में सूत्रधार जिन दो श्लोकों का पाठ करता है, वे श्लोक विद्यापति के नाटक *गोरक्षविजय* में भी पाए जाते हैं, जो बाद की रचना है। डॉ. जयकान्त मिश्र का मत है कि हो सकता है कि विद्यापति ने इन श्लोकों को निःसंकोच भाव से ले लिया हो या फिर ये श्लोक बहुत प्रचलित रहे हों और पांडुलिपि की प्रतिलिपि तैयार करनेवाले ने इन्हें शामिल कर लिया हो। सूत्रधार और नटी के संवादों में राजा, कवि यानी नाटककार की चर्चा के बाद दो धूर्त्तों के प्रवेश से कथा आरम्भ होती है। सूत्रधार इन धूर्त्तों का वर्णन करते हुए इन्हें आचारधर्मरहित, गणिकाविलासी, उग्र और दम्भी बताता है। धूर्त्त विश्वनगर और उसका शिष्य स्नातक संन्यासी का वेश धारण कर नगर में भ्रमण करते हैं। वे पहले मृतांगार ठाकुर नामक धनवान के द्वार पर जाते हैं। वह कंजूस उन्हें बिना भिक्षा दिए वापस कर देता है। फिर वे सूरतप्रिया नामक वृद्ध होती एक गणिका के घर जाते हैं और वहाँ उन्हें लगता है कि यह गणिका उनके बहुत काम की नहीं और उन्हें फाँसना चाहती है। अतः वे युवा गणिका अनंगसेना के घर जाते हैं। वह इनके संन्यासी रूप से प्रभावित हुए बिना मूल्य की आकांक्षा प्रकट करती है। विश्वनगर और उसके शिष्य स्नातक में में मतभेद हो जाता है। दोनों कामातुर धूर्त्त अनंगसेना की निकटता चाहते हैं। नाटक की कथा में न्यायपति असज्जाति मिश्र और उसके मित्र और विदूषक बन्धुवंचक का प्रवेश होता है। असज्जाति मिश्र स्वयं अनंगसेना पर मोहित हो जाता है और अपनी धूर्त्तता से दोनों संन्यासियों का दावा निरस्त करते हुए स्वयं अनंगसेना पर अधिकार जताने लगता है। ज्योतिरीश्वर यहाँ विस्तार से

मिथिला की न्याय व्यवस्था की बखिया उधेड़ते हैं। विदूषक बन्धुवंचक एकान्त पाकर अनंगसेना पर डोरे डालता है और असज्जाति मिश्र को बूढ़ा, विश्वनगर को निर्धन और स्नातक को स्वेच्छाचारी बताते हुए अपने को प्रस्तुत करता है। अनंगसेना इन सबों की धूर्त्तता से चकित होती है कि मूलनाशक नामक हज्जाम का प्रवेश होता है। मूलनाशक अनंगसेना से बार-बार किए गए मदनमन्दिरक्षौर के लिए पारिश्रमिक माँगता है। अनंगसेना उसे असज्जाति मिश्र के पास ले जाती है। विदूषक मूलनाशक की कुरूपता का वर्णन करता है। मूलनाशक मिथिला की परम्परा के अनुसार दर्पण दिखाकर सब से नेग माँगता है। असज्जाति मिश्र उसे नेग देने से पहले अपना क्षौरकर्म करने के लिए कहता है। मूलनाशक पहले पारिश्रमिक की माँग करते हुए शंका प्रकट करता है कि 'यदि स्खलन से पहले ही आप मर गए तो हमारा पारिश्रमिक कौन देगा?' विश्वनगर और स्नातक की भाँग की झोली को असज्जाति मिश्र ने न्यायालय के शुल्क के रूप में रखवा लिया था। यही झोली वह मूलनाशक को दे देता है। मूलनाशक इसे लेकर असज्जाति मिश्र के हाथ-पैर बाँध देता है। असज्जाति मिश्र बेहोश हो जाता है। मैथिली आलेख यहाँ से खण्डित है। संस्कृत आलेख में इसके बाद अति संक्षिप्त अंश और है। मूलनाशक असज्जाति मिश्र को हिला-डुलाकर देखता है और उसके मरने की घोषणा करता हुआ मंच से प्रस्थान कर जाता है। विदूषक असज्जाति मिश्र के बन्धन खोलता है और भरतवाक्य के साथ नाटक का अन्त होता है।

यह नाट्यरचना धर्म के आडम्बर और वाह्याचार को कलात्मकता के साथ उजागर करती है। संन्यासी के वेश में कामातुर धूर्त्तों की यह कथा धर्म के आवरण में फलते-फूलते व्यभिचार को प्रदर्शित करती है। न्यायपति को धूर्त्त बताकर तत्कालीन न्याय प्रणाली पर व्यंग्य करते हुए ज्योतिरीश्वर सामान्य जनता के मनोभावों का स्वर बन जाते हैं। उस सामन्ती व्यवस्था में यह कविकर्म आसान नहीं था। तत्कालीन समाज की व्यवस्था में हज्जाम मूलनाशक का अनंगसेना से मदनमन्दिरक्षौर का पारिश्रमिक माँगना और उसके द्वारा न्यायपति के हाथ-पैर बँधवाना भी कम साहस का काम नहीं था। ज्योतिरीश्वर ने अपने संस्कृत आलेख में मैथिली गीतों का समावेश कर इसे अपेक्षाकृत ज़्यादा सम्प्रेषणीय और प्रभावशाली स्वरूप दिया है। इसके गीतों में नाट्य रचने की अतिरिक्त सम्भावनाएँ हैं। ये गीत कथ्य की रोचकता को विकसित करते हुए तत्कालीन समय-समाज की प्रवृत्तियों पर सहज भाव से टिप्पणी करते हैं और मानवीय छल-छद्मों को प्रकट करते हैं और साथ ही दर्शकों से सघन रिश्ता बनाते हैं। जिन नाट्ययुक्तियों के कारण ब्रेख़्त विश्व रंगमंच पर चर्चित-प्रतिष्ठित हुए, वे नाट्ययुक्तियाँ हमारी रंगपरम्परा में ब्रेख़्त से सैकड़ों वर्ष पहले से उपलब्ध हैं। *धूर्त्तसमागम* के कुछ मैथिली गीतों में कवित्व की छटा निराली है।

विश्वनगर : (सवैराग्य)

॥ कोलावरागे। परिमच ताले ॥
अरे रे सनातनतोरिहि कुमान्ति।
अनंगसेना हरि लेल असजाति ॥ ध्रुव ॥
कतए विचार कराओल आनि।
जन्हिक चरित सुन मूलनाशक जानि।
हेरित हि हरि धन लए गेल चोर।
हाथक रतन हरायल मोर।
कके होयबहहरि अनुरागे।
जोंकक आग गोतल न लागे।
कविशेखर जोति एहु गाव।
राय हरसिंह बूझए रस भाव ॥

कुछ गीतों में ज्योतिरीश्वर ने *गीतगोविन्द* के रचयिता जयदेव की काव्यशैली का प्रयोग करते हुए संस्कृत और मैथिली को मिश्रित किया है।

चल सरोजसुन्दरनयने।
मामनुकम्पय शशिवदने ॥ ध्रुव ॥
राजमरालविदितगमने।
विशलतिकामृदुभुजयुगले।
कामकलामयरसकुशले ॥

ज्योतिरीश्वर का नाटक *धूर्त्तसमागम* हमारी रंग-परम्परा के उन गवाक्षों को प्रकाशित करता है जहाँ हमने अज्ञानतावश अँधेरा फैला रखा है और नाट्य की कई शैलियों-युक्तियों को पश्चिम का उपहार मानते रहे हैं। मैथिली के गीत इस नाटक को चित्रात्मक बनाते हैं। मिथिला के भोजन का वर्णन हो या अनंगसेना की शृंगार-छटा का चित्रण,...या फिर मूलनाशक की कुरूपता का वर्णन—यह सब सजीव, विविधवर्णी और नाट्यधर्मी है। यहाँ नवीन रंगाचार और अभिनटन के पर्याप्त अवसर हैं। इस नाट्यालेख को पढ़ते हुए अभिनेताओं की स्वच्छंद अभिनय शैली और उनके अभिनय की नैसर्गिकता की शक्ति का अनुमान लगाया जा सकता है।

श्रीशालेतूर के *सोशल एंड पॉलिटिकल लाइफ इन द विजयनगर एम्पायर* के आधार पर जगदीशचन्द्र माथुर अपनी पुस्तक *परम्पराशील नाट्य* में यह सूचना देते हैं कि *"विजयनगर के नरेश नरसिंह राय (जिनका समय सन् 1478 ई. के आसपास माना जाता है) के दरबार में* धूर्त्तसमागम *का अभिनय हुआ था, यद्यपि यह ज्ञात नहीं कि अभिनय मूल संस्कृत-प्रहसन का हुआ था अथवा भाषागीत-मिश्रित प्रहसन का।"* यह सूचना उस काल में रंगमंच के माध्यम से संस्कृतियों के सहज संचरण का महत्त्वपूर्ण साक्ष्य है। काल और स्थान की दूरियों को लाँघकर संवत्सरों के पार जाने

की नाटक और रंगमंच की शक्ति को *धूर्त्तसमागम* प्रदर्शित करता है।

धूर्त्तसमागम को पटना में दो बार मंचित किया गया है। बहुत पहले मैथिली नाट्यसंस्था *अरिपन* ने इसका मंचन किया था। बाद में, अगस्त 2007 में मैथिली की ही नाट्यसंस्था *भंगिमा* ने इसे युवा रंगकर्मी संजीव मिश्र के निर्देशन में मंचित किया। प्रस्तुति आलेख अरविन्द अक्कू ने तैयार किया था। इस प्रस्तुति में मैथिली रंगमंच के दो सुपरिचित अभिनेताओं–उमाकान्त झा और कुमार गगन के नैसर्गिक अभिनय की स्मृति आज भी जीवित है। *धूर्त्तसमागम* ऐसी जीवन्त और सार्थक रंगसम्पदा है, जिसमें हम अपने वर्तमान का चेहरा देख सकते हैं और मानवीय प्रपंचों की पहचान कर सकते हैं।

उमापति उपाध्याय का नाटक : पारिजातहरण

उमापति उपाध्याय के काल, उनके जन्मस्थल, आश्रयदाता और उनकी नाट्यरचना *पारिजातहरण* के नाम को लेकर काफी विवाद रहा है। कवि-नाटककार कुणाल द्वारा रूपांतरित मैथिली आलेख सहित *पारिजातहरण* के अब तक प्रकाशित-अप्रकाशित कुल दस आलेख उपलब्ध हैं। सबसे पहले सन् 1893 में इसे चन्दा झा ने सम्पादित किया था। चन्दा झा के बाद और कुणाल के पहले इसे ग्रियर्सन, चेतनाथ झा, कृष्णानन्दन दीक्षित 'पियूष', बजरंग वर्मा, सुरेन्द्र झा सुमन, जगदीशचन्द्र माथुर-दशरथ ओझा, जयदेव मिश्र-मदनेश्वर मिश्र-योगानन्द झा और शशिनाथ झा ने सम्पादित किया है। प्रस्तावना में सूत्रधार के कथन के आधार पर बजरंग वर्मा उमापति उपाध्याय की इस नाट्यकृति का नाम *नवपारिजात मंगल* निर्धारित करते हैं जबकि, अन्य ने *पारिजातहरण* नाम ही स्वीकार किया है। उमापति उपाध्याय के काल, जन्म स्थान, आश्रयदाता आदि के सम्बन्ध में मतान्तरों की एक लम्बी शृंखला है। इतिहासकारों, शोधकर्ताओं के निरन्तर श्रम के बाद वर्तमान में जो तथ्य प्रबलता के साथ उभरकर सामने आए हैं, वे सर्वमान्य भले न हों पर बहुसंख्यक तौर पर स्वीकार्य हैं। उमापति का काल चौदहवीं शताब्दी, जन्म स्थान वर्तमान मधुबनी ज़िले का कोईलख ग्राम और आश्रयदाता महाराज हरसिंहदेव को माना गया है।

पारिजातहरण का हमारी नाट्य परम्परा में विशेष स्थान और महत्त्व है। संस्कृत रंगमंच के बाद उत्तर भारत में विकसित हुई नाट्य परम्परा की यह आरम्भिक कृति केवल अपने पाठ के कारण ही नहीं बल्कि, युक्तियों के प्रयोगों और नवाचार के कारण भी महत्त्व की अधिकारी है। जगदीशचन्द्र माथुर ने अपनी पुस्तक *प्राचीन भाषा नाटक संग्रह* में उमापति के आश्रयदाता की दूरदर्शिता की ओर संकेत करते हुआ लिखा है–*"निस्सन्देह हरसिंहदेव बड़े दूरदर्शी कला मर्मज्ञ रहे होंगे। उन्होंने देखा कि जयदेव द्वारा प्रवाहित रसधारा का व्यापक प्रभाव जनभाषा पर पड़ा था। लोकगायकों के कंठों से भाषापदों का उल्लास उमड़ रहा था। शायद उन्हें ज्ञात रहा हो कि सुदूर दक्षिण में कुलशेखर वर्मन ने देशी भाषा को संस्कृत नाटकों के प्रदर्शन में शामिल करके नाट्य प्रयोजन की एक नई विधा चला दी थी। हरसिंह देव ने*

समय की गति को पहचाना और समझ लिया कि संगीत और नाटक का भविष्य भाषा-गीतों की लोकप्रियता के सहारे बनेगा और इस तरह उन्होंने एक नई लीक चलाई—संस्कृत नाटकों के बीच भाषा-गीतों का आरोपण।...इस परम्परा का प्रथम और अत्यन्त सफल प्रयोग था उमापति उपाध्याय का 'पारिजातहरण' नाटक...।" ऐसा माना जाता है कि लम्बे समय तक मिथिलांचल में प्रचलित *कीर्तनिया* और नेपाल में प्रचलित *कातिक नाच* के जन्म तथा विकास में उमापति उपाध्याय के इस नाटक की महती भूमिका है। एक विशाल कालखण्ड को यानी, कई संवत्सरों को पार कर इस नाटक के जीवित बचे रहने का कारण भी यही है कि यह पंडितों-बौद्धिकों की परिधि लाँघकर सामान्य जन के बीच अपनी यात्रा तय करता रहा। उमापति ने अपने नाट्यालेख में जिन प्रदर्शन मूल्यों को शामिल किया और जनभाषा और संगीत का उपयोग करते हुए सम्प्रेषणीयता के लिए जिन युक्तियों की रचना की; उन युक्तियों तथा प्रदर्शन मूल्यों ने इसे दीर्घ जीवन प्रदान किया। उन्होंने एक चिरपरिचित कथानक को अपनी काव्यात्मक संवेदना के स्पर्श से इस तरह नवीन जीवन दिया कि यह नाटक जन सामान्य की भावनाओं और जीवनानुभवों के प्रकटीकरण का माध्यम बन गया। ऐसा लगता है कि विविध नाट्य मंडलियों ने अपनी-अपनी आवश्यकता तथा सुविधानुसार इसके पाठ की प्रतिलिपियाँ तैयार की होंगी। प्रतिलिपि तैयार करने के दौरान पाठभेद स्वाभाविक है और यही कारण है कि इसके पाठ में एकरूपता नहीं है। *पारिजातहरण* की कई हस्तलिखित पांडुलिपियाँ मिलीं जिनके आधार पर अलग-अलग विद्वानों ने अपना शोधकार्य किया और अपनी सम्मति प्रकट की।

नाटक में शामिल गीतों के पाठ-निर्धारण में भी पर्याप्त भिन्नताएँ हैं। उमापति उपाध्याय के नाम से जनता के बीच बहुप्रचलित कुछ गीतों पर आज तक दुविधा बनी हुई है। इतना ही नहीं, कुछ विद्वानों का यह भी मत है कि उमापति उपाध्याय की कुछ गीत रचनाओं में महाकवि विद्यापति का नाम जोड़कर गाया जाता रहा है। हालाँकि दोनों की काव्यप्रतिभा में बहुत अन्तर है। उमापति उपाध्याय मैथिली भाषा की नवगछुली हैं, तो विद्यापति विशाल वृक्ष। *"जहाँ विद्यापति ने अपनी लम्बी आयु और विशिष्ट रचनाकौशल के बल पर असंख्य गीतों की रचना की है, वहाँ उमापति के गीतों की संख्या कम है। किन्तु कम संख्या में लिखे जाकर भी ये गीत उस प्रथम सांध्य-तारे की तरह हैं जो शून्य में अपनी उपस्थिति से नवीन चेतना को जन्म देता है।...जिस लोकवाणी की गंगा को काव्य में उतारने का श्रेय विद्यापति को दिया जाता रहा है उसके वस्तुतः भगीरथ उमापति उपाध्याय ही हुए हैं।"* (कृष्णानन्दन दीक्षित 'पियूष', उमापति-कृत *पारिजातहरण* के गीत, आलोचना, अक्तूबर-सन् 1957) *पारिजातहरण* में उपलब्ध गीतों की संख्या कुल बीस है। मैथिली में रचित इन गीतों में संस्कृत के *अनुष्टुप्, औपच्छन्दसक, भुजङ्गप्रयात, इन्द्रवज्रा, पृथ्वी,*

शार्दूलविक्रीडित, स्रग्धरा, उपेन्द्रवज्रा, वंशस्थ आदि छन्दों का प्रयोग हुआ है। समस्त गीत राग-रागिनियों में निबद्ध हैं। *नट, मालव, वसन्त, बराड़ी, आसावरी, पंचम, राजविजय, विभास, केदार, मल्लार, ललित* आदि रागों में निबद्ध इन गीतों में अपने अद्भुत संगीत-कौशल का परिचय देते हुए उमापति उपाध्याय इनकी संरचना और इनके सौष्ठव को प्रदर्शन के लिए उपयोगी बनाते हैं। ये गीत प्रस्तुति के दौरान नाटक के कथ्य के प्रवाह में बाधा नहीं बनते बल्कि, कथा को विस्तार देते हुए प्रवाह को तीव्र करते हैं और अपनी भावप्रवणता से दर्शकों को नए रंगानुभव देते हैं। ब्रेख़्त अपनी नाट्यशैली में गीत-संगीत का उपयोग करते हुए जिस प्रभावोत्पादकता के लिए जाने जाते हैं, उसके बीज तत्त्व को उमापति की इस नाट्यरचना में आसानी से रेखांकित किया जा सकता है। *पारिजातहरण* के इन गीतों से प्रस्तुति में केवल परिवेश की निर्मिति या कथानक का विस्तार ही नहीं होता बल्कि, कई स्थलों पर मन के दुर्गम गह्वरों में चल रहे अन्तर्द्वन्द्वों की अभिव्यक्ति में भी ये गीत सहायक और उत्प्रेरक की भूमिका का निर्वाह करते हैं। यह नाटक गीतात्मक आवृत्ति से मनोभावों की जटिलताओं और कोमल मनोवेगों की नाट्यधर्मी सम्प्रेषणीयता का विलक्षण उदाहरण है। इन गीतों का विवेचन करते हुए इनके नाट्यपक्ष पर कम लिखा गया है, पर विद्वानों ने अन्य पक्षों पर विस्तार से लिखा है। हालाँकि अधिकांश विवेचना विद्यापति के गीतों से तुलना करते हुए की गई है। भावपक्ष के साथ-साथ कलापक्ष की भी विस्तृत विवेचना हुई है। *"पररिजातहरण के गीतों का कलापक्ष भी बहुत सधा हुआ है। शब्दालंकारों, अर्थालंकारों के साथ सभी गुणों, वृत्तियों एवं रीतियों का शास्त्रीय रूप में पालन किया गया है। उत्प्रेक्षा, उपमा, श्लेष, वक्रोक्ति और वीप्सा तो स्वाभाविक रूप में मिलते हैं पर कहीं-कहीं तो एक ही गीत में अनेकानेक प्रमुख अलंकारों की योजना की गई है।...ये अलंकार कृत्रिम अलंकरण के रूप में न आकर स्वाभाविकता के साथ आए हैं। सिद्ध रसज्ञ कवि की रचना के ये बंकिम छींटे हैं जिनसे पाठक का हृदय रसार्द्र हो जाता है।...ये गीत धूलि के ढेर में छिपे हुए मणि-खण्ड हैं जिनकी दीप्ति और प्रतिभा की परख हमें करनी है।"* कृष्णानन्दन दीक्षित 'पियूष' की यह टिप्पणी *पारिजातहरण* के गीतों के वैभव और महत्त्व को प्रस्तुत करती है।

पारिजातहरण का कथानक नया नहीं है। उमापति के पूर्ववर्तियों ने भी इसे रचा है और बाद के दौर में भी यह बार-बार रचा गया है। *कविराज, नारायण, रघुनाथ, शेष कृष्ण, गोपालदास, कविचन्द्रोदय, कुमारताताचाय, कविकर्णपुर, उमापति द्विवेदी कविपति, शंकरदेव, जगतपति मल्ल* आदि कवियों-नाटककारों ने इस कथानक को अपने काव्यग्रन्थों और नाटकों में रचा है। पद्मपुराण, विष्णुपुराण, भागवतपुराण और हरिवंशपुराण में यह कथा संक्षिप्त परिवर्तनों के साथ उपलब्ध है। इस कथा की उपस्थिति हम समग्र भारत की नाट्य परम्परा में विविध छवियों के साथ पाते हैं।

ग्रियर्सन का मत है कि उमापति उपाध्याय ने इसे हरिवंशपुराण से लिया है। रुक्मिणी, सत्यभामा और कृष्ण की प्रणय-कथा का यह त्रिकोण अपनी व्यंजकता में विलक्षण है। यह भारतीय समाज में प्रचलित देवताओं का मानवीकरण करता है और ईर्ष्या, क्रोध, प्रेम, समर्पण आदि प्रवृत्तियों-तत्त्वों से पूरित जीवन के सहज रूप को सामने रखता है। उमापति ने कथानक के संयोजन में रचनात्मक छूट ली है। पौराणिक कथा में इन्द्र से युद्ध के लिए कृष्ण के साथ प्रद्युम्न जाते हैं, पर नाटक में प्रद्युम्न के बदले कृष्ण के सहयोगी अर्जुन बनते हैं। सुभद्रा की उपस्थिति भी नाटककार की अपनी कल्पना है। इतना ही नहीं, कई स्थलों पर नाटककार ने परिवेश की वर्णनात्मकता, पात्रों के व्यवहार और घटनाओं की अन्विति से कथानक में व्यापक परिवर्तन किया है। डॉ. वासुदेवशरण अग्रवाल इस कथा को प्रतीकात्मक मानते हुए इसकी आध्यात्मिक व्याख्या करते हैं–*"प्रत्येक व्यक्ति की आध्यात्मिक सत्ता कृष्ण रूप है। इसकी दो प्रवृत्तियाँ हैं। एक रुक्मिणी या हिरण्यमयी, जो अपने आलोक या विचारों से कृष्ण के साथ तल्लीन है। पारिजात का पुष्प स्वभावतः उसी को अर्पित है। किन्तु कृष्ण की दूसरी पत्नी सत्यभामा या सत्या मन की उस प्रवृत्ति को द्योतित करती है जो मान, अपमान, प्रसन्नता और क्रोध आदि द्वन्द्वों की प्रतीक है। इसे भी पारिजात या स्वर्गीय पुष्प का अधिकार प्राप्त करने की आकांक्षा रहती है, किन्तु उसके लिए स्वर्ग के अधिपति इन्द्र अर्थात् विज्ञानात्मक बुद्धि के अधिष्ठाता देवता से बहुत संघर्ष करना पड़ता है। तभी स्वर्ग का यह वरदान पृथ्वी पर आता है या पार्थिव जगत को सुलभ होता है। हमारे मन की जो संकल्पात्मक प्रवृत्तियाँ हैं उनमें से प्रत्येक सत्यभामा या सत्या का स्वरूप है जिसके प्रांगण में लगा हुआ यह पारिजात वृक्ष अपने सुन्दर पुष्पों से सुशोभित रहता है। नारद के कथनानुसार इस पारिजात के सान्निध्य में हम जिस प्रिय वस्तु का दान करते हैं उसका अक्षय पुण्य मिलता है। उसका संकेत भी यही है कि पारिजात के सान्निध्य में हम प्रेय वस्तु देकर श्रेय का लाभ करते हैं।"*

रैवतक पर्वत पर रुक्मिणी के साथ विहार के लिए गए कृष्ण से मिलने वहाँ नारद पहुँचते हैं। कृष्ण को पारिजात पुष्प के सौरभ की अनुभूति होती है। वे नारद से जिज्ञासा प्रकट करते हैं। नारद इस पुष्प की महिमा का बखान करते हैं और कृष्ण को यह पुष्प समर्पित करते हैं। कृष्ण यह पुष्प रुक्मिणी को सौंप देते हैं। रुक्मिणी पुष्प पाकर प्रसन्न होती हैं और अपनी सखी मित्रसेना के साथ महोत्सव का आयोजन करती हैं। इस बीच कृष्ण से मिलन के लिए आती सत्यभामा लताओं की ओट से अपनी सखी सुमुखी के साथ यह सब देखती हैं और स्वयं को अपमानित महसूस करती हैं। सत्यभामा वापस लौट जाना चाहती हैं। सुमुखी के आग्रह पर वह कृष्ण के सम्मुख प्रकट तो होती हैं, पर सिर की पीड़ा को कारण बताकर अपने अभिमान का संकेत देती हैं और वापस लौट जाती हैं। कृष्ण तत्काल सत्यभामा से

मिलने जाते हैं। उन्हें वन-उपवन में खोजते हैं। उनके निवास जाते हैं। विरहाकुल सत्यभामा सोई हुई दिखती हैं। वे अस्वस्थ हैं। सुमुखी उनकी सेवा कर रही है। सत्यभामा मूर्च्छित हो जाती हैं। कृष्ण उनके निकट जाते हैं। उनके चरणतल सहलाते हैं। उनके मान की रक्षा का उपाय उनसे ही पूछते हैं। सत्यभामा पारिजात वृक्ष की माँग करती हैं। कृष्ण अपने द्वारपाल से नारद को बुलवाते हैं और पारिजात वृक्ष के लिए उन्हें इन्द्र के पास भेजते हैं। नारद चले जाते हैं। परन्तु कृष्ण जानते हैं कि इन्द्र पारिजात वृक्ष सहजता से नहीं देंगे, अतः वे अर्जुन को युद्ध के लिए और सुभद्रा को सत्यभामा की देख-रेख के लिए बुलवाते हैं। इन्द्र द्वारा अपना आग्रह ठुकराए जाने के बाद रोष से भरे कृष्ण युद्ध और पारिजात वृक्ष के हरण के लिए अर्जुन के साथ प्रस्थान करते हैं। सत्यभामा कृष्ण को शुभकामनाएँ देती हैं। विजय का संदेश सत्यभामा तक नारद पहुँचाते हैं। सत्यभामा के आग्रह पर नारद युद्ध वर्णन करते हैं। कृष्ण और अर्जुन युद्ध से वापस लौटते हैं। पारिजात वृक्ष पाकर सत्यभामा हर्षित होती हैं। नारद पारिजात वृक्ष को आँगन में रोपने का आदेश देते हुए कहते हैं कि इस वृक्ष के नीचे दिया गया दान अक्षय होता है। वह सत्यभामा से दान के रूप में कृष्ण को माँगते हैं। सत्यभामा उन्हें कृष्ण को दान कर देती हैं। वे सुभद्रा से अर्जुन को दान के रूप में प्राप्त करते हैं। नारद कृष्ण और अर्जुन को अपना दास मानकर पहले उनसे अपने चरण दबवाते हैं और फिर एक-एक गाय लेकर उन्हें वापस सत्यभामा और सुभद्रा को बेच देते हैं।

सन् 2006 में *पारिजातहरण* का पुनर्लेखन और मंचन कुणाल ने किया। मुझे यह नाट्यालेख पढ़ने और प्रस्तुति को देखने का अवसर मिला है। कुणाल इस रचना के पुनर्लेखन में पर्याप्त रचनात्मक छूट लेते हैं और अपने कुशल सम्पादन से इसके कलेवर के अलावा आंतरिक संरचना में भी कलात्मक परिवर्तन करते हैं। इन परिवर्तनों से नाटक की त्वरा बहुगुणित होती है। वे कथ्य की संवेदना को आधुनिक रंगचर्या से और तरल बनाते हैं और सम्प्रेषणीयता के द्वार खोलते हैं। वे नई रंगभाषा के साथ-साथ पाठ की भाषा को भी आधुनिकता के संस्कारों से पूरित करते हैं। उनकी पुनर्रचना में लोक और शास्त्रीयता का द्वन्द्व नहीं बल्कि सहचारिता है, जिसके बल पर नाटक का यह नया रूप अपने समय और समाज की माँगों को पूरा करता है। उमापति उपाध्याय का *पारिजातहरण* हमारी रंगसम्पदा का एक ऐसा अंश है जिसे साथ लेकर हम भविष्य की रंगयात्रा पर निकल सकते हैं।...मैं कुछ ही दिनों पहले उमापति उपाध्याय की डीह देखने, ठीक मधुश्रावणी (मिथिला में नवविवाहिताओं द्वारा अपने मायके में मनाया जानेवाला एक पर्व) के दिन उनके मूल ग्राम कोइलख गया था। यह गाँव अपनी बौद्धिकता, वैभव और प्रतिभाओं को जन्म देने के लिए प्रसिद्ध है। इस डीह पर अवैध कब्ज़ा हो चुका है। लोगों ने अपने घर और बथान बना लिये हैं। एक सार्वजनिक स्थल पर उनके नाम पर बन्द पड़ा

एक पुस्तकालय अवश्य दिखा। शताब्दियों पहले जिस गाँव के सांस्कृतिक स्पन्दन से समूचा मिथिला स्पन्दित होता था, उसमें मरघट-सा सन्नाटा पसरा था। पोखर जलकुम्भी से पटे थे। मधुश्रावणी के दिन उल्लास भरे गीत-नाद के बदले पसरा यह मौन भयावह लग रहा था।

विद्यापति का नाटक : गोरक्षविजय

बहुत दिनों तक यह धारणा बनी रही कि विद्यापति ने केवल गीति-काव्य ही लिखा है। *कीर्तिलता* और *कीर्तिपताका* ने यह सिद्ध किया कि वे सफल गद्यकार भी थे। उनके नाटककार होने पर सन्देह की स्थिति लम्बे समय तक बनी रही। कुछ नाटकों की चर्चा विद्वानों ने की अवश्य, पर वे नाटक प्रामाणिकता के साथ उद्घाटित नहीं हो सके। *गोरक्षविजय* की प्राप्ति के बाद यह साबित हुआ कि विद्यापति एक समर्थ नाटककार भी थे।

गोरक्षविजय को संस्कृत रंगमंच के अवसान के बाद रचे गए भाषा नाटकों की परम्परा का नाटक माना जाता है। उमापति उपाध्याय के *पारिजातहरण* और ज्योतिरीश्वर के *धूर्त्तसमागम* की अगली कड़ी के रूप में इस नाटक को महत्त्व प्राप्त है। संस्कृत के साथ मैथिली गीतों को प्रक्षेपित कर नाटकों को नई रंगमंचीय युक्तियों से सम्पन्न करने की जिस परम्परा का आरम्भ दक्षिण के प्रभाव में मिथिला के नाटककारों ने किया था, विद्यापति ने उसे समृद्ध किया। इन्हीं नाटकों के प्रदर्शन से 'कीर्तनिया नाट्यशैली' ने अपना स्वरूप ग्रहण किया और यह नाट्यशैली शताब्दियों तक सामान्य जन की सांस्कृतिक भूख को तृप्त करती रही। *गोरक्षविजय* का पहली बार सम्पादन करनेवाले डॉ. उमेश मिश्र और डॉ. जयकान्त मिश्र इसे कीर्तनिया नाटकों का पूर्वरूप मानते हैं। *गोरक्षविजय* की पांडुलिपि नेपाल राजा के पुस्तकालय में वर्षों तक अलक्षित पड़ी रही। सन् 1961 में इसके प्रकाशन से लगभग बीस वर्ष पूर्व पहली बार इसे डॉ. सुनीति कुमार चटर्जी ने देखा। उनकी सूचना पर ही ताड़पत्रों पर लिखित इस पांडुलिपि की फोटोप्रति तत्कालीन नेपाल नरेश से प्राप्त की जा सकी। यह तिरहुता लिपि में है। *गोरक्षविजय* की इस पांडुलिपि पर प्रतिलिपिकार के रूप में सुन्दरौली ग्राम के भगीरथ कंठ का नाम और तिथि सम्वत् 495 (सन् 1614) के अग्रहायण मास के शुक्ल पक्ष की एकादशी दर्ज है। कृति का नाम–गोरक्षविजय नाटक और विशेषणों के साथ कृतिकार का नाम–विद्यापति लिखा गया है। यह भी सूचित किया गया है कि इसे महाराजाधिराज शिवसिंह 'रूपनारायण' के आदेश पर भैरव पूजा के अवसर पर रचा गया। *(श्रीविद्यापतिशत {सत्?} •कवि {वी?} श्वरस्य*

गोरक्षविजयनामनाटकनटनाय महाराजाधिराजश्रीमत्सि {शिव?} अवसिंहदेवपादैः स्वहुतुकार्थं श्रीमद्भैरवभक्तये आज्ञापितोऽस्मि।) इतिहासकारों ने विद्यापति का काल सन् 1360 से सन् 1448 निर्धारित किया है। उनके संरक्षक ओईनवार वंश के शासक महाराजा शिवसिंह का शासन काल सन् 1412 से सन् 1416 तक माना जाता है। *गोरक्षविजय* के अलावा विद्यापति के जिन अन्य नाटकों की ओर कतिपय विद्वानों ने संकेत किया है, उनमें *मणिमंजरी* की चर्चा यहाँ अपेक्षित है। पं. शिवनन्दन ठाकुर ने अपनी पुस्तक *महाकवि विद्यापति* में सम्भवतः सबसे पहले यह संकेत दिया था कि विद्यापति ने *मणिमंजरी* नामक एक संस्कृत नाटक भी रचा था। इस संस्कृत नाटक के प्राचीन हस्तलेख की एक से अधिक पांडुलिपियाँ प्राप्त हुई हैं। इन पर विद्यापति का नाम तो है, पर उनके आश्रयदाता के रूप में किसी का नाम अंकित नहीं है। इसी कारण कई विद्वान इसे सन्देह की दृष्टि से देखते हैं।

बिहार राष्ट्रभाषा परिषद् ने डॉ. हरिमोहन मिश्र के सम्पादन में *गोरक्षविजय* का प्रकाशन किया। डॉ. हरिमोहन मिश्र ने नेपाल की *संस्कृत सन्देश* नामक पत्रिका में प्रकाशित *गोरक्षविजय* की खण्डित प्रति और डॉ. उमेश मिश्र, डॉ. जयकान्त मिश्र द्वारा सम्पादित प्रति के आधार पर पाठ निर्धारित किया। अपनी भूमिका में वे अन्य शोधकर्त्ताओं द्वारा स्थापित लगभग तमाम तथ्यों के विपरीत अपना मत व्यक्त करते हैं। इस क्रम में वे उमापति को विद्यापति का परवर्ती मानते हैं और ज्योतिरीश्वर के *धूर्तसमागम* की मैथिली प्रति की प्रामाणिकता पर भी सन्देह व्यक्त करते हैं। केवल यही नहीं, वे *गोरक्षविजय* को उस रंगपरम्परा का हिस्सा नहीं मानते, जो संस्कृत रंगमंच के अवसान के बाद जनपदीय भाषाओं-बोलियों के माध्यम से आकार ले रही थी। अपना पक्ष प्रस्तुत करते हुए वे जिस तार्किकता का सहारा लेते हैं, उसमें रचनात्मकता कम और निषेध की प्रवृत्ति ज़्यादा है। जगदीशचन्द्र माथुर *गोरक्षविजय* को संस्कृत रंगमंच के अवसान के बाद विकसित हुई संगीतक की परम्परा का महत्त्वपूर्ण नाटक मानते हैं। वे लिखते हैं–*"15वीं शताब्दी में विद्यापति के गोरक्षविजय नामक भाषा-नाटक में भी संगीतक शब्द का स्पष्ट प्रयोग मिलता है : भनई विद्यापति पुरवथु आसा। मंगल करहू देव दिगवासा। / अलमतिविस्तरेण। ततो नटीमाहूय संगीतकमवतारयामि॥ मिथिला में ज्योतिरीश्वर ठाकुर, उमापति उपाध्याय और विद्यापति और असम में शंकरदेव, माधवदेव, गोपालअता इत्यादि ने संवाद के सहित इस प्रदर्शनमूलक विधा की कल्पना की। उन्होंने उसे संगीत-मात्र के प्रस्तुतीकरण के दायरे से बाहर निकालकर काव्य के प्रमुख तत्त्वों के लिए वाहन बनाया।"* वे आगे चलकर अपनी पुस्तक *परम्पराशील नाट्य* में संगीतक के सम्बन्ध में और स्पष्ट करते हुए लिखते हैं–*"स्पष्ट है कि 15वीं शताब्दी के प्रारम्भ तक यह शब्द रंगशाला के प्रेक्षकों के बीच इतना प्रचलित हो गया था कि विद्यापति ने बिना झिझक के उसका उल्लेख किया है। दूसरी महत्त्वपूर्ण बात यह है कि नाटक में दक्षिण के नटों और*

उनकी नृत्यविधि को शामिल किया गया है।'' डॉ. हरिमोहन मिश्र रंगमंच के अध्येता की तरह विश्लेषण नहीं करते। नाटक के गर्भ में छिपे उन सूत्रों की ओर उनका ध्यान ही नहीं जाता है जिनके सहारे तत्कालीन रंगपरम्परा का अवगाहन किया जा सके।

डॉ. हरिमोहन मिश्र ने *संस्कृत सन्देश* पत्रिका वाली खण्डित प्रति के मुद्रित पाठ का उपयोग *प्राचीन भाषानाटक* से किया है। डॉ. उमेश मिश्र, डॉ. जयकान्त मिश्र द्वारा सम्पादित प्रति के आरम्भ में आवरण के बाद दो श्लोकों की नान्दी है, जिसके सम्बन्ध में शोधकर्त्ताओं के बीच मतैक्य नहीं है। ये श्लोक ज्योतिरीश्वर के 'धूर्तसमागम' की नान्दी में भी हैं। इन श्लोकों के सम्बन्ध में डॉ. हरिमोहन मिश्र का तर्क स्वीकार करने योग्य है। वे लिखते हैं–*''विद्यापति जैसे कवि अपने पूर्ववर्ती कवि के श्लोकों को तद्वदेव अपने ग्रन्थ में ले लें, यह सोचा भी नहीं जा सकता। वास्तविकता यह है कि उक्त प्रथम पत्र 'गोरक्षविजय' का नहीं, अपितु 'धूर्त्तसमागम' का है और भ्रमवश 'गोरक्षविजय' के साथ जुड़ गया है। नेपाल के राज पुस्तकालय में, जहाँ बहुत सारी हस्तलिपियाँ एक साथ गड्ड-मड्ड रखी हुई हैं, वहाँ एक हस्तलिपि के पत्र का दूसरी हस्तलिपि के पत्र के साथ मिल जाना असम्भव नहीं है। लेखन-शैली से भी इसकी पुष्टि होती है। 'गोरक्षविजय' के प्रथम पत्र की लिपि और बाद के पत्रों की लिपि में स्पष्ट अन्तर है।''* दोनों प्रतियों में पाठभेद है। दोनों प्रतियों के विद्वान सम्पादकों के अपने-अपने तर्क और अपने-अपने अर्थ हैं। डॉ. उमेश मिश्र, डॉ. जयकान्त मिश्र गीतों की संख्या पच्चीस बताते हैं, तो डॉ. हरिमोहन मिश्र छब्बीस। यह तय है कि एक ही लिपिकार द्वारा लिपिबद्ध दोनों आलेखों में लिपिकार की असावधानियों से कई भ्रान्तियाँ पैदा हुई हैं। *गोरक्षविजय* की कथा एक बहुप्रचलित कथा है। लम्बे समय तक यह कथा विभिन्न विधाओं के रचनाकारों को लुभाती रही है। यह कथा क्षेत्र और भाषा की सीमाओं को तोड़कर विविध प्रदर्शनकारी कलारूपों के माध्यम से जन सामान्य तक पहुँचती रही है। लोकगीतों, लोकगाथाओं और लोकनाटकों का कथानक बनकर यह आज भी जावित है। पंडित हज़ारीप्रसाद द्विवेदी ने अपनी पुस्तक *नाथ सम्प्रदाय* में मत्स्येन्द्रनाथ सम्बन्धी कई कथाओं का उल्लेख किया है और उनका सार भी प्रस्तुत किया है। डॉ. हरिमोहन मिश्र लिखते हैं–*''विद्यापति के 'गोरक्षविजय' की कथा का सर्वाधिक साम्य द्विवेदीजी द्वारा उद्धृत पाँचों कथाओं में से बांग्ला-कथा से ही है। यों योगिसम्प्रदायाविष्कृति की कथा और नाथ-चरित्र की कथा में भी मत्स्येन्द्रनाथ के योगभ्रष्ट होकर स्त्रीरत होने का वर्णन मिलता है। 'कौलज्ञाननिर्णय' की कथा सर्वथा भिन्न है। यही बात नेपाली कथा के सम्बन्ध में भी है।''*

गोरक्षविजय के संस्कृत अंशों में लिपिकार ने मत्स्येन्द्रनाथ को *मत्सेन्द्रनाथ* लिखा है। मैथिली के गीतों में मत्स्येन्द्रनाथ को *मछेन्द्रनाथ, मीननाथ* और *मिननाथ* सम्बोधित किया गया है। *गोरक्षविजय* के मैथिली गीतों में गोरक्षनाथ को *गोरखनाथ कहा गया है।* काननिपा इस नाटक के अन्य प्रमुख पात्र हैं। इनके सन्दर्भ में पं. हज़ारीप्रसाद

द्विवेदी लिखते हैं कि *"जालन्धरनाथ के शिष्य थे कृष्णपाद, जिन्हें कण्हपा, कान्हूपा, कानपा, कानफा आदि नामों से लोग याद करते हैं।"* विद्यापति ने अपने नाटक में मत्स्येन्द्रनाथ के राज्य का नाम कदलीपुर-पाटननगर रखा है। बांग्ला के गोरक्षविजय में कदली देश, नाथचरित्र में कदली वन और योगिसम्प्रदायाविष्कृति में त्रियादेश का उल्लेख मिलता है। योगी मत्स्येन्द्रनाथ योग से विमुख होकर कदलीपुर के पाटननगर में अपनी रानियों के साथ भोग-विलास करते हुए राज्यसुख में निमग्न हैं। उनके शिष्य गोरखनाथ काननिपा के साथ अपने पथभ्रष्ट गुरु को पुनः योग की राह पर लाने के लिए उनकी खोज में बाहर निकलते हैं। दोनों भिक्षाटन करते हुए पाटननगर के राजद्वार के सामने जा खड़े होते हैं। राजद्वार पर खड़ा द्वारपाल उन्हें भीतर जाने से रोकता है। राजा अपने महामन्त्री महामति को समस्त राजकार्य सौंपकर स्वयं भोग-विलास में लिप्त हैं और राज्य में योगियों का प्रवेश निषिद्ध कर दिया गया है। प्रवेश के लिए दोनों योगी द्वारपाल से उलझ जाते हैं कि इसी बीच महामन्त्री महामति वहाँ उपस्थित होते हैं और द्वारपाल को आदेश देते हैं कि वह राजा तक योगियों के आने की सूचना पहुँचाए। द्वारपाल महामन्त्री को सूचित करता है कि राजा रानियों के साथ विहार कर रहे हैं। ऐसी स्थिति में अन्तःपुर में प्रवेश असम्भव है। दोनों योगी प्रवेश के लिए तेलंग देश के नटों का वेश धारण करते हैं। राजा तक जब यह सूचना प्रतिहारी के माध्यम से पहुँचती है कि द्वार पर तेलंग देश के नट उपस्थित हैं, तो वे उन्हें उपस्थित होकर नृत्य करने का आदेश देते हैं। नटों के वेश में गोरखनाथ और काननिपा, दोनों उपस्थित होकर नृत्य करते हैं। उनके नृत्य से राजा अति प्रसन्न होते हैं। इसी बीच राजा के पुत्र बौद्धसेन की मृत्यु हो जाती है। बौद्धसेन की मृत्यु यौगिक क्रिया करते हुए होती है। राजा नटों पर कुपित होकर उन्हें प्राणदण्ड का आदेश देते हैं, पर दोनों नट अपने योगबल से बौद्धसेन को जीवित कर देते हैं। राजा नटों के इस चमत्कार से प्रसन्न और चकित होते हैं। इसी समय उपयुक्त अवसर जानकर गोरखनाथ अपना परिचय देते हुए और अपनी यात्रा का उद्‌देश्य प्रकट करते हुए राजा से भोग-विलास से मुक्त होने का आग्रह करते हैं। रानियाँ बेचैन हो उठती हैं, और राजा से राजपद से विमुख नहीं होने के लिए आग्रह करती हैं। यथार्थ को जानते हुए राजा मत्स्येन्द्रनाथ दुविधा में हैं। उन्हें दुविधाग्रस्त पाकर गोरखनाथ उनकी भर्त्सना करते हैं। अन्ततः राजा मत्स्येन्द्रनाथ सब कुछ त्याग कर अपने शिष्य गोरखनाथ के साथ विदा हो जाते हैं। *गोरक्षविजय* की इस कथा का विश्लेषण करते हुए डॉ. हरिमोहन मिश्र कुछ ऐसे तथ्यों की ओर संकेत करते हैं जो विचारणीय हैं। वे रंगमंच पर बौद्धनाथ की मृत्यु का दृश्य नहीं दिखाए जाने पर प्रश्न करते हैं कि *"क्या यह समझा जाए कि शास्त्र-वर्जित होने के कारण रंगमंच पर मृत्यु का दृश्य नहीं दिखाया गया?"* नाटक की हस्तलिपि के कुछ अंश छूटे हुए हैं। नाटक में बौद्धनाथ की मृत्यु की सूचना नहीं मिलती पर राजा दोनों नटों को प्राणदण्ड दे देते हैं। डॉ. हरिमोहन

मिश्र लिखते हैं–*"पृष्ठ 8 (क) के संस्कृत गद्यांशों से यह पता चलता है कि राजा ने बौद्धनाथ की अन्तःशुद्धि के लिए दोनों नटों से कहा था। इसी प्रक्रिया में बौद्धनाथ की मृत्यु हो गई। विचारणीय यह है कि अन्तःशुद्धि के लिए योगियों को कहा जा सकता है, नटों को नहीं। दोनों ही योगी अभी राजा के समक्ष नट-रूप में ही हैं।"* डॉ. हरिमोहन मिश्र इसे नाटककार की त्रुटि मानते हैं और यह प्रश्न भी उठाते हैं कि बौद्धनाथ की मृत्यु और पुनर्जीवित होने जैसी बड़ी घटनाओं का रानियों को पता नहीं चलना क्या सम्भव है? अन्य कथाओं से अलग होते हुए *गोरक्षविजय* में बौद्धनाथ को मत्स्येन्द्रनाथ रानियों के पास छोड़ देते हैं। इस घटना को डॉ. हरिमोहन मिश्र विद्यापति की सहृदयता मानते हैं।

गोरक्षविजय में संस्कृत और प्राकृत का प्रयोग बहुत कम है। नाटक का समग्र विकास मैथिली गीतों के माध्यम से ही होता है। प्रवेश सूचनाओं, कथोपकथन, चरित्र-चित्रण और घटनाओं का आयोजन जैसी प्रमुख रंगचर्याओं का माध्यम बनते ये गीत कथा को गति और विस्तार देते हैं, पात्रों का परिचय कराते और स्थितियों का वर्णन करते हैं और संवाद के रूप में कथ्य के अन्तर्द्वन्द्वों और पात्रों के मनोभावों को सफलता के साथ सम्प्रेषित करते हैं। इस नाटक के साथ एक बड़ा ख़तरा यह था कि कहीं यह नाथ-सम्प्रदाय का धार्मिक नाटक न बन जाए! विद्यापति एक कुशल रचनाकार के रूप में इस चुनौती का सामना करते हैं और इसे धर्मिक नाटक बनने से बचा ले जाते हैं। उनका संवेदनशील कवि मन उन्हें निरन्तर सजग रखता है। विद्यापति ने राग और वैराग्य की अनुभूतियों में विन्यस्त अन्तर्द्वन्द्वों को रचते हुए शास्त्रीयता को महत्त्व देने के बदले नाट्यधर्मिता को महत्त्व दिया है। वे लोकभाषा मैथिली के साथ-साथ मिथिलांचल के जन-जीवन में प्रचलित बिम्बों-प्रतीकों के सहारे नाट्य की नवीन भंगिमाओं का सृजन करते हैं। *गोरक्षविजय* हमारी रंगपरम्परा का एक ऐसा अंश है जिसके सहारे हम अपने विकास की प्रक्रिया को समझ सकते हैं।

विमर्श

हिन्दी रंगमंच के युवा सरोकार

पिछले कुछ सालों में शब्द की महत्ता और गहरे मानवीय सरोकारों को नकारते हुए रंगमंच पर अटपटे प्रयोगों का चलन बढ़ा है। भारतेन्दु काल में आधुनिक रंगमंच की नींव पड़ी और तब से आज़ादी के काल तक साहित्य-पत्रकारिता-संस्कृति की मिश्रित धारा ने हिन्दी रंगमंच को पालित-पोषित किया। निश्चित रूप से इस बीच कई उतार-चढ़ाव आए। स्वतंत्र तथा निजी रास्तों के अभाव में रंगमंच की यात्रा में ठहराव और उलझाव आते रहे। आज़ादी के बाद सुविधा-साधन-प्रशिक्षण का विकास हुआ। केन्द्र तथा राज्यों के स्तर पर संस्थानों का गठन हुआ और नए रंगपरिवेश का निर्माण आरम्भ हुआ। आज जबकि आज़ादी का सातवाँ दशक चल रहा है, यह रंगपरिवेश फिर से बदलता हुआ नज़र आ रहा है। जिस रंगमंच को जनता के व्यापक सरोकारों का संवाहक बनना था, वह हिन्दी रंगमंच कुछ बड़े नगरों में केन्द्रित हो गया। दर्शकों की अनुपस्थिति का रोना रोते हुए यह प्रभुओं के सामने अनुदान के लिए कटोरा लेकर खड़ा है। रातों-रात प्रसिद्धि और यश की लालसा में अटपटे प्रयोगों के साथ-साथ रंगमंच के नाम पर विभिन्न परियोजनाओं से धन बटोरने की फ़िक्र में कुछ ज़्यादा ही मुब्तला है। यह रंगमंच जीवन और जगत के ज़रूरी सवालों से टकराने की बौद्धिक क्रियाओं के प्रति गहन उपेक्षा-भाव दिखा रहा है। यह अन्य सृजनधर्मी कलाओं की तरह ऐसे पूर्वाभास या पूर्वसंकेत नहीं दे पा रहा है, जिनसे जन-जीवन के आंतरिक संघर्षों, समाज के उद्वेलनों, मानवीय प्रपंचों आदि का विश्लेषण किया जा सके। यह रंगमंच वैचारिक द्वन्द्व उभारने, विमर्श की भूमि तैयार करने, समाज में हो रहे परिवर्तनों तथा विकास की प्रक्रियाओं-दिशाओं को खोजने में असमर्थ है। नई अन्तर्दृष्टियों, नए परिप्रेक्ष्यों और संवेदना के नए तत्त्वों की पहचान के बिना कोई भी कला न तो जीवित रह सकती है और न ही समाज के काम आ सकती है। यह रंगमंच समाज के वाह्यजगत और अन्तर्जगत में हो रहे बदलावों से आँखें मूँदकर अपनी राह तय करना चाहता है। आज भूमि सम्बन्धों में बहुत तीव्रता से बदलाव आ रहे हैं। अर्थव्यवस्था में हो रहे विघटन ने ग्रामीणों, मज़दूरों, वंचितों, दलितों सहित मध्यवर्गीय समाज का जीना दूभर कर दिया है। हमारा रंगमंच असफलता के नकली भय के

कारण इन स्थितियों को अपने रंगकथ्य में शामिल करने से कतराता है। भारतीय समाज कई तरह के संरचनात्मक बदलावों से गुज़र रहा है। बहुत तीव्रता के साथ वर्गपरिवर्तन हो रहा है और पुरानी व्यवस्थाओं के टूटने तथा नई व्यवस्थाओं के बनने की प्रक्रिया जारी है। आज सिर्फ़ भारत ही नहीं, पूरी दुनिया में जातीय चेतना के उभारों-उद्वेलनों-आन्दोलनों का दौर चल रहा है। इन तमाम स्थितियों को अपनी रचनात्मक दुनिया में शामिल करने की ऐतिहासिक अनिवार्यता और आवश्यकता की अनदेखी कर रहा है हिन्दी रंगमंच। रंगकर्मियों की एक ऐसी नई पीढ़ी सामने है जो नाट्य कार्यशालाओं और परियोजना आधारित रंगमंच के लिए आनन-फ़ानन में कुछ भी मंचित करने को तैयार है, चाहे दर्शक आएँ या न आएँ। यह एक चिन्ताजनक वातावरण है कि शब्द और समाज के सरोकारों के साथ-साथ रंगमंच के सबसे ज़रूरी तत्त्व दर्शक, जिसके बिना रंगमंच ही सम्भव नहीं, की उपेक्षा की जा रही है। यह एक आत्मघाती प्रवृत्ति है।

परन्तु, ऊपर संकेतित स्थितियों से अलग एक और रंगपरिवेश भी है, जो हमें आश्वस्त करता है कि रंगमंच मर नहीं सकता। उसे जीवित रखनेवाली ताक़तें हर काल में सक्रिय रही हैं क्योंकि कोई भी समाज बिना रंगमंच के जीवित नहीं रह सकता। हर विकसित या विकसित होते समाज के लिए रंगमंच का होना एक अपरिहार्य और अनिवार्य स्थिति है। आदिम युग से अब तक मनुष्य की सभ्यता का इतिहास इस बात का साक्षी है। तमाम प्रतिकूल स्थितियों के बीच आज हिन्दी रंगमंच की दुनिया में युवा रंगकर्मियों का एक ऐसा तबका है जो समाज के सरोकारों से जुड़कर रंगकर्म कर रहा है। जीवन के अँधेरों को अपने रंगकर्म से दीपित करनेवाले इन रंगकर्मियों ने साधन और सुविधाओं के अभाव के सामने घुटने नहीं टेके हैं। ऐसे युवा रंगकर्मी आज प्रयोगशीलता के साथ-साथ समाज के अन्तर्द्वन्द्वों पर भी अपनी पैनी नज़र बनाए हुए हैं। ये रंगकर्मी मनुष्य की जिजीविषा को अपनी रंगप्रस्तुतियों से नई आभा और त्वरा दे रहे हैं।

कौन हैं ये युवा रंगकर्मी? ऐसे रंगकर्मी ज़्यादातर हिन्दीभाषी क्षेत्र के छोटे नगरों-क़स्बों-गाँवों में सक्रिय हैं। जीवन के पक्ष में खड़े ऐसे युवाओं के रंगकर्म की तसदीक़ के लिए कुछ प्रस्तुतियों की चर्चा ज़रूरी है। मैं यह चर्चा उस राष्ट्रीय नाट्य विद्यालय के एक छात्र से आरम्भ करना चाहूँगा, जो देश का सबसे बड़ा प्रशिक्षण संस्थान है और जिसने रंगमंच की दुनिया को जितना सकारात्मक दिया है, उससे कई गुना ज़्यादा घालमेल किया है। इस विद्यालय के दूसरे वर्ष के छात्र युवा रंगकर्मी रणधीर कुमार गर्मियों में परीक्षा के बाद अपने गृहनगर पटना लौटे। रणधीर ने नन्दीग्राम के जनसंघर्ष पर केन्द्रित नाटक का मंचन किया। नन्दीग्राम की घटनाओं को लेकर रणधीर की रचनात्मक बेचैनी रेखांकित करने योग्य है। रणधीर ने नन्दीग्राम पर लगातार लिखे जा रहे रिपोर्ताज़ों सहित अन्य कई लेखों, बयानों, भाषणों,

साक्षात्कारों, ख़बरों आदि को आधार बनाकर नाट्यालेख विकसित किया। रणधीर की यह प्रस्तुति वर्तमान समय पर रंगमंच की ऐसी प्रतिक्रिया या टिप्पणी थी, जिसने विकास के नाम पर हो रही राजनीति की नृशंसताओं और मनुष्य विरोधी चरित्र को कलात्मक ढंग से रेखांकित करने का प्रयास किया। इस युवा रंगकर्मी ने नन्दीग्राम के सच को तलाशते हुए प्रस्तुति की प्रयोगधर्मी रंगमंचीय संरचना से आश्वस्त किया कि आनेवाले दिनों में रंगमंच पर अपने नवाचार से वह नए रास्तों की खोज करेंगे। समकालीनता के दबाव में अक्सर कलात्मकता पीछे छूट जाती है, पर रणधीर सतर्क थे। धरती से मनुष्य के प्राकृतिक सम्बन्ध पर प्रहार करनेवाली पूँजी और राजनीति को कटघरे में खड़ा करते हुए करुणा, जिजीविषा और संघर्ष-क्षमता का सशक्त वृत्तांत रचती यह प्रस्तुति हिन्दी रंगमंच के युवा सरोकारों की पहचान कराती है। इस प्रस्तुति ने रंगमंच के प्रति जिज्ञासा-भाव पैदा किया।

इलाहाबाद के रंगकर्मी अनिल रंजन भौमिक की प्रस्तुति *असमंजस बाबू* की पिछले दिनों व्यापक चर्चा हुई। अपने सरोकारों के कारण इस नाटक ने एक बड़े दर्शक समुदाय को प्रभावित किया और इसके लगातार प्रदर्शन हो रहे हैं। यह नाटक सत्यजीत राय की एक छोटी-सी कहानी पर आधारित है। नाट्यालेख अख़्तर अली ने तैयार किया है और इस एकल प्रस्तुति के अभिनेता हैं राकेश यादव। यह प्रस्तुति आज़ादी के बाद के भारत की विसंगतियों पर करारा प्रहार करती है। *असमंजस बाबू* आमजन की एक नाटकीय छवि हैं, जिनकी सोच और टिप्पणियों में समग्र देश समाहित है। निर्देशक अनिल रंजन भौमिक इस प्रस्तुति में दोहरे सरोकारों का निर्वाह करते हैं। एक ओर वह अपने समय और समाज की विडम्बनाओं को उजागर करते हैं, तो दूसरी ओर रंगमंच की कलात्मकता की रक्षा करते हुए सहज सम्प्रेषण के लिए नई रंगयुक्तियों की खोज भी करते हैं। अभिनेता राकेश यादव की विलक्षण देहभाषा दर्शकों को विरल रंगानुभव देती है। यहाँ शब्द देह की गतियों मुद्राओं में रूपांतरित होते हैं, और ऐसे रंगक्षण भी रचे जाते हैं जहाँ देह की हरकतों से अबोले शब्द फूटते हैं। अनिल रंजन भौमिक के सरोकार समय-समाज और रंगमंच की नाट्यधर्मी परम्परा से उपजते हैं। पिछले दिनों युवा रंग निर्देशक राजीव रंजन श्रीवास्तव ने भिखारी ठाकुर के चर्चित नाटक *बिदेसिया* के कथ्य को अपने सरोकारों के स्पर्श से एक नया कलेवर दिया। गाँवों से पलायन, प्रवास की पीड़ा और फिर गाँव में छूट गई स्त्री के विरही जीवन और संघर्ष को उन्होंने नरसंहारों से जोड़कर विलक्षण प्रभाव पैदा किया। हाशिए पर खड़े लोगों की भूपतियों द्वारा की गई सामूहिक हत्याओं की नृशंसता से उपजी करुणा, आक्रोश और प्रतिरोध को राजीव रंजन श्रीवास्तव जिस नाटकीय कौशल के साथ रचते हैं, वह विस्मित करता है। प्रस्तुति का अन्त एक चीख़ से होता है। यह चीख़ दर्शकों की स्मृति में लम्बे समय तक बसी रहती हैं

आज भारतीय समाज में सत्य का आग्रह दुर्लभ होता जा रहा है। मर्यादा की

परिभाषा बदल गई है। सत्य के प्रति निष्ठा को पिछड़ापन माना जा रहा है। सृजनधर्मिता के दायित्वों और सिद्धान्तों का सौदा हो रहा है। इन तमाम मूल्यों के पक्ष में युवा रंगकर्मी अजय कुमार की प्रस्तुति *बड़ा भाँड तो बड़ा भाँड* अपनी ताक़तवर उपस्थिति दर्ज करती है। विजयदान देथा की कहानी पर आधारित इस प्रस्तुति में एक बहुरूपिए भाँड की कथा है। वह अपनी कला और पेशे की मर्यादा को धन के लोभ में नहीं त्यागता और न तो सत्ता के भय से विचलित होता है। लोभ और विचलन आज स्वीकृति पा चुके हैं और समाज में हैसियत के आकलन का मानदंड बनता जा रहा है। ऐसे में लोभ और विचलन के विपक्ष में खड़ी अजय कुमार की यह प्रस्तुति उनके रंगकर्म के सरोकारों का साक्ष्य बनती है। अजय इसे कथागायन शैली में प्रस्तुत करते हैं। वह अपनी नाट्य-परम्परा से रंगतत्त्व चुनते हैं और आधुनिक रंगदृष्टि के साथ वृत्तांत को प्रगीत की तरह रचते हैं। अपनी प्रस्तुति को वह आधुनिकता और परम्परा, दोनों के साथ विन्यस्त करते हुए कलात्मक गरिमा प्रदान करते हैं।

इन दिनों अपने रंगकर्म के सरोकारों के चलते युवा रंगकर्मी विजय कुमार की चर्चा पूरे देश में है। अभिनेता, निर्देशक और रंगप्रशिक्षक विजय कुमार की यायावरी ने उन्हें संघर्ष की अद्‌भुत क्षमता दी है। मुम्बई, पटना और दिल्ली के रंगपरिवेश को स्पन्दित करनेवाले विजय हिन्दीभाषी क्षेत्र के जनपदीय नगरों-क़स्बों में रंगकर्म की अलख जगाते हुए अक्सर दिख जाते हैं। कभी सहरसा जैसे दूरस्थ और पिछड़े जनपद में नाट्य समारोह कर रहे होते हैं, तो कभी गया में अभिनय करते हुए गोगोल के नाटक में दिखते हैं। यही नहीं, विजय कुमार ने अपने गाँव 'छोटकी कोपा' में रंगकर्म की एक विरल परम्परा का आरम्भ किया है। अक्सर उनका घर-आँगन प्रेक्षागृह में बदल जाता है। आँगन में उनके गाँव के दर्शक बैठते हैं और बरामदा मंच बन जाता हैं। उनके गाँव के कीर्तन-भजन और लोकगीत गानेवाले कलाकार अब अभिनय भी करने लगे हैं। इनमें युवा ही नहीं, सत्तर पार के वृद्ध भी शामिल हैं। दर्शकों-कलाकारों के रूप में शामिल होने के लिए अब आसपास के गाँवों के लोग भी जुटने लगे हैं। नगरों की अपेक्षा यहाँ के लोग 'देखने की कला' में ज़्यादा माहिर हैं। विजय का स्वप्न है कि एक दिन उनके गाँव में रंगपरिसर होगा। विजय कुमार का यह स्वप्न उनके सरोकारों की गवाही देता है।

हिन्दी रंगमंच पर आज कुछ ऐसे रंगकर्मी सक्रिय हैं, जिनके साथ काम करते हुए प्रशिक्षण प्राप्त करनेवाले युवाओं की संख्या बहुत बड़ी है। अरविन्द गौड़ ऐसे ही निर्देशकों में एक हैं। उनके नाट्यदल *अस्मिता* के साथ जुड़कर ढेरों युवा प्रशिक्षित हो रहे हैं। अरविन्द गौड़ प्रयोगधर्मिता के साथ-साथ विचारपरकता के भी पक्षधर हैं। वे अपने युवा साथियों को रंगमंच के सामाजिक सरोकारों के प्रति सजग और उत्तरदायी बनाते हैं। साम्प्रदायिकता और धार्मिक कट्टरता जैसे मुद्दों पर केन्द्रित

उनकी प्रस्तुति *फाइनल सॉल्यूशन* को रेखांकित किया जाना चाहिए। उन्होंने इस प्रस्तुति के माध्यम से रंगकर्मियों को ही नहीं बल्कि, दर्शकों की बहुत बड़ी संख्या को सजग किया है। आज हिन्दी रंगमंच पर ऐसे युवा रंगकर्मियों की एक बहुत बड़ी संख्या है, जिनके रंगमंचीय सरोकार, विचार और कलात्मकता को लेकर स्पष्ट हैं। वे अपने रंगकर्म के सामाजिक दायित्वों से परिचित हैं। नुक्कड़ नाटकों से जुड़े रंगकर्मियों ने पिछले तीन दशकों में एक नए और अपेक्षाकृत ज़्यादा सजग रंगपरिवेश का निर्माण किया है। अपने राजनीतिक और सामाजिक सरोकारों की सीधी और सम्प्रेषणीय अभिव्यक्ति का कौशल इन्हें बड़े दर्शक वर्ग से जोड़ता है। ऐसी तमाम घटनाओं-स्थितियों पर, जहाँ फ़ौरी प्रतिक्रिया आवश्यक होती है, नुक्कड़ नाटकों से जुड़े रंगकर्मियों की गतिशीलता से आन्दोलनधर्मी वातावरण का निर्माण सम्भव हो पाता है।

आज एक तरफ़ ऐसा रंगमंच है, जिसके संचालन की डोर अंग्रेज़ी के माध्यम से भारत को जानने-समझने वाले प्रभुओं के हाथ है। इसके बरअक्स अपनी भाषा, परम्परा और मिट्टी-पानी, बोली-बानी से जुड़ा रंगमंच है। दोनों के सरोकार स्पष्ट हैं। एक के लिए वैभव और धन महत्त्व रखता है, तो दूसरे के लिए मनुष्य और जीवन।

हिन्दी रंगपरिदृश्य और नाट्यालेखन

हिन्दी साहित्य और रंगमंच की दुनिया में नाट्यालेखन गम्भीर विमर्श की बाट जोह रहा है। साहित्य की दुनिया ने इसे रंगमंच के खाते में डालकर मुक्ति पा ली है और रंगमंच की दुनिया आरोपों-प्रत्यारोपों में उलझी हुई है। नाटक हमारी साहित्य-परम्परा की आरम्भिक विधा रही है। नाटक को कविता का एक प्रकार यानी दृश्यकाव्य माना जाता है, पर आज यह दृश्यकाव्य हिन्दी साहित्य के हाशिए पर भी स्थान पाने को तरस रहा है। हिन्दी भाषा और साहित्य के प्रस्थान बिन्दु पर खड़े भारतेन्दु के नाटकों को उनकी कविताओं के समकक्ष सम्मान मिला। यहाँ तक कि कई बार यह फ़र्क़ करना मुश्किल हो जाता है कि उनका रंगकर्मी-व्यक्तित्व बड़ा है या कवि-व्यक्तित्व। भारतेन्दु काल में कई रचनाकारों ने इस विधा को अपनी मूल विधा के रूप में स्वीकार किया और अपनी रचनाशीलता से नाट्यसाहित्य और रंगमंच को समृद्ध किया। इसके बाद के दौर में प्रसाद की नाट्यप्रतिभा को उनकी काव्यप्रतिभा के विस्फोट का ही एक रूप माना गया। उनके नाटकों को साहित्य में श्रेष्ठ स्थान मिला। हमारा रंगमंच भले ही इन नाटकों को पूरी तरह स्वीकार नहीं कर सका, पर साहित्य ने इन्हें स्थायी महत्त्व दिया। आज भी साहित्य और रंगमंच की दुनिया में इन नाटकों को लेकर समय-समय पर अन्तर्द्वन्द्व उजागर होते रहते हैं। हालाँकि, अब बहुत सारा भ्रम छँट चुका है। कई लोग यह स्वीकार करने लगे हैं कि अपनी रंगपरम्परा से मुँह मोड़कर पश्चिम की नैचुरलिस्टिक प्रदर्शन-परम्परा का पिछलग्गुआ बनने के कारण ही हिन्दी रंगमंच प्रसाद के नाटकों से दूर भागता रहा। हमारी रंगप्रयोगशाला ही इस योग्य नहीं थी कि हम प्रसाद के नाटकों का परीक्षण कर सकें। अगर हिन्दी रंगमंच भारतेन्दु के 'समग्र रंगमंच' की परिकल्पना की राह पर चलता, तो शायद प्रसाद का हम अपने समय के लिए सार्थक पुनराविष्कार कर पाते। आज़ादी के बाद जिन नाटककारों ने नाट्यसाहित्य और हिन्दी रंगमंच को समृद्ध किया उनमें मोहन राकेश को व्यापक प्रसिद्धि और स्वीकृति मिली। हालाँकि, उनके नाट्यालेखन को साहित्य की आलोचना ने पर्याप्त स्थान नहीं दिया। आज भी उनके समकालीनों में कुछ यह कहते हुए पाए जाते हैं कि *'वह नाटक की ओर भाग गया'*। यह *'भाग जाना'* एक चलताऊ टिप्पणी

है, जो क्रूर क़िस्म की उपेक्षा को प्रकट करती है। आज़ादी के बाद जिन हिन्दी नाटककारों ने साहित्य और रंगमंच की दुनिया को अपनी विविधवर्णी रचनात्मकता से समृद्ध किया उनमें जगदीशचन्द्र माथुर, लक्ष्मीनारायण लाल, सुरेन्द्र वर्मा, शंकर शेष, भीष्म साहनी, मुद्राराक्षस आदि के नाटक आज भी हिन्दी साहित्य की आलोचना के परिदृश्य पर अनुपस्थित हैं। धीरे-धीरे साहित्य लेखन की दुनिया से नाटककार अदृश्य होते गए। पर क्या साहित्य की आलोचना में इतनी शक्ति होती है कि उसकी उपेक्षा से रचनात्मकता का नैसर्गिक उत्स ही सूख जाए? शायद नहीं। फिर कारण क्या है कि आज नाटकों की कमी का रोना बन्द नहीं हो रहा है? हर रंगकर्मी नया नाटक करना चाहता है। फिर भी, हिन्दी के लेखक नाट्यालेखन के लिए उत्सुक क्यों नहीं होते?

उपन्यास, कविता या कहानी की तरह लिखे जाने मात्र से नाटक की यात्रा पूरी नहीं होती। नाटक को केवल साहित्यिक मूल्यों की कसौटी पर नहीं परखा जा सकता। उसके रंगमूल्यों का भी उसके महत्त्व और उसकी सफलता में बराबर का योगदान होता है। इन रंगमूल्यों को अर्जित करने के लिए यह आवश्यक नहीं कि नाटककार रंगकर्मी हो। इस विधा की शिल्पगत माँग के प्रति उत्सुकता और सतर्क दृष्टि से सधाव पाया जा सकता है। ठीक इसी तरह केवल रंगमूल्यों के आधार पर नाटक की रचना नहीं हो सकती। जीवन की संवेदनाओं की गहनता और मानवीय प्रवृत्तियों-अन्तर्द्वन्द्वों और जगत के लिए नवीन विचारों के बिना नाटक की रचना सम्भव नहीं; और इसे नाटक बिना साहित्यिक मूल्यों के अर्जित नहीं कर सकता। केवल रंगमूल्य नाट्य प्रदर्शन को तात्कालिक रूप से सफल और दर्शकों को कुछ देर के लिए चमत्कृत करनेवाला ही बना सकते हैं। ऐसे नाटक दीर्घजीवी नहीं होते। वे जीवन और समाज के सरोकारों से कटे होते हैं और दर्शकों की स्मृतियों का हिस्सा नहीं बन पाते। *आला अफ़सर* मुद्राराक्षस का चर्चित और सफल नाटक है, पर इसके सन्दर्भ में बेबाक़ी से प्रकट की गई उनकी टिप्पणी रेखांकित करने योग्य है। मुद्राराक्षस लिखते हैं– *"आला अफ़सर सफल नाटक है जिसमें मैंने साहित्यिक रचनात्मकता का दस फ़ीसदी का उपयोग किया है, बाक़ी चालू माल है, ठेठ फ़िकरेबाज़ी है या फिर चुटकुलेबाज़ी। इसमें स्थायी मूल्य का कुछ नहीं है; नाट्य-विधा को आगे ले जानेवाला भी कुछ नहीं है। फिर भी आला अफ़सर एक सफल नाटक है और यही सबसे बड़ा ख़तरा है।"* अपने ही नाटक पर की गई मुद्राराक्षस की यह टिप्पणी कुछ ऐसे तथ्यों की ओर संकेत करती है, जिनकी आज हिन्दी रंगमंच उपेक्षा कर रहा है। यह सच है कि तात्कालिक सफलता के सूत्र किसी भी विधा को *'गहरे भावबोध और गहन रचनात्मकता'* से विमुख कर देते हैं। मुद्राराक्षस इस नाटक को *'अपना दुर्भाग्य'* मानते हैं। यह दुर्भाग्य आज हिन्दी रंगमंच की नियति बन चुका है। यही कारण है कि आज हिन्दी रंगमंच बौद्धिक आवेगों, सामाजिक परिवर्तनों की आहट और दर्शकों से कटा हुआ है। आज बड़ी

संख्या में ऐसे नाटकों के प्रदर्शन आलेख उपलब्ध हैं, जो आरम्भिक प्रदर्शनों में सफल माने गए; पर जिनके पुनर्प्रदर्शनों को दर्शकों ने नकार दिया या अन्य किसी रंगकर्मी ने मंचन के लिए चुना ही नहीं। देवेन्द्र राज अंकुर इन प्रदर्शन आलेखों के सम्बन्ध में टिप्पणी करते हैं–*"...ये सभी आलेख निर्देशक ने अपनी प्रस्तुति को सामने रखकर लिखे थे, इसलिए किसी दूसरे निर्देशक की इनमें कोई दिलचस्पी नहीं रह जाती। एक नाटककार का आलेख किसी निर्देशक के लिए अपने अभिनेताओं के साथ उसे पुनर्व्याख्यायित करने की जो सम्भावनाएँ प्रदान करता है वे इन आलेखों में बिल्कुल भी नहीं मिलतीं। एक तरह से ये आलेख मात्र प्रस्तुतिपरक और काफ़ी हद तक एकायामी होकर रह जाते हैं।"* हालाँकि, इस टिप्पणी से पहले वे निर्देशकों द्वारा प्रदर्शन आलेख तैयार करने को *'उनकी अपार रचनात्मक क्षमताओं का परिचायक'* मानते हुए उदाहरण के तौर पर रतन थियम के *चक्रव्यूह के* अलावा मोहन महर्षि के *आइंस्टाइन, राजा की रसोई, दीवार में एक खिड़की रहती थी* और *साँप-सीढ़ी;* अरुण मुकर्जी के *जगन्नाथ,* भानुभारती के *चन्द्रमा सिंह उर्फ़ चमकू, एक किसान की कहानी, कथा कही एक जले पेड़ ने* आदि नाटकों की चर्चा करते हैं। इनमें से *चक्रव्यूह* और *जगन्नाथ* को ही प्रस्तुति के स्तर पर सफलता मिली। एक बड़े दर्शक वर्ग ने इन्हें देखा और आज भी इनके प्रति उत्सुकता बनी हुई है। यहाँ यह बात ध्यान देने योग्य है कि ये दोनों नाटक हिन्दी के नहीं हैं। शेष सभी नाटक प्रदर्शन की दृष्टि से सफल नहीं रहे। इनमें से कुछ को सरलीकृत और कुछ को निर्देशक की बौद्धिक जुगाली मानकर दर्शकों ने नकार दिया। हाँ, *चरनदासचोर* को ज़रूर इसका अपवाद माना जाएगा।

कविता, कहानी और उपन्यास आदि में रचे जाने के बाद शब्द अपना स्थान और महत्त्व प्राप्त कर लेते हैं, पर नाटक में ऐसा नहीं होता। रचे जाने के बाद शब्द एक नई यात्रा पर निकलते हैं; रंगयात्रा पर। यह यात्रा उन्हें उस स्थान और महत्त्व तक ले जाती है, जिसके वे अधिकारी होते हैं। नाट्यकर्म एक ऐसा सृजन है जिसे हर प्रदर्शन के साथ जन्म लेना और मरना होता है; अतः नाट्यालेख को हर बार पूर्णता हासिल करने के लिए रंगप्रदर्शन के साथ इस यात्रा पर निकलना पड़ता है। इस लम्बी प्रक्रिया ने कई प्रकार की जटिलताओं को जन्म दिया है और इसी क्रम में हिन्दी रंगसंसार में नाटककार और निर्देशक के सम्बन्ध जटिल होते गए हैं। इसका प्रभाव नाट्यलेखन और रंगकर्म, दोनों पर पड़ा है। रंगकर्मी नाट्यालेखों में छिपे उपपाठों को आविष्कृत करने की बजाय नाटककारों से अपनी रुचि और दृष्टि के अनुरूप पाठ में बदलाव और सम्पादन की छूट चाहते रहे हैं। दूसरी ओर, नाटककार नाट्यालेख की मूल भाव-सम्पदा को नष्ट करनेवाले बदलाव और सम्पादन की मनमानी का आरोप निर्देशकों पर लगाते रहे हैं। यह विवाद बहुत नया नहीं है, पर यह सच है कि इसके कारण लेखकों में नाट्यलेखन के प्रति उत्साह कम होता गया है। नाटक

एक सामूहिक कला है, जिसे अपनी सम्पूर्ण यात्रा में कई पड़ावों से होकर गुज़रना पड़ता है। यहाँ दम्भ का कोई स्थान नहीं। पर हिन्दी रंगमंच पर एक लम्बे समय से यह दम्भ काबिज़ है। यही दम्भ एक ओर निर्देशक को उसकी रचनाशीलता के स्पर्श से नाट्यालेख को अलग रखना चाहता है, तो दूसरी ओर लेखक को दूसरे दर्ज़े की नागरिकता देकर अपना वर्चस्व स्थापित करना चाहता है। इसका ही प्रतिफल है कि रंगमंच पर दोहरी मार पड़ रही है। कुछ लेखकों ने नाट्यलेखन से तौबा कर ली है और कुछ के नाटकों की पांडुलिपियाँ मंचन की प्रतीक्षा कर रही हैं या प्रकाशित होकर गोदामों की शोभा बढ़ा रही हैं। कई नाट्यालेख ऐसे हैं जो किसी निर्देशक के रंगानुभव और रचनात्मकता के हल्के स्पर्श से दीर्घ जीवन पा सकते हैं, पर निर्देशक अपने दम्भ में उन्हें छूना नहीं चाहता और लेखक इस भय से किसी निर्देशक को छूने नहीं देता कि कहीं वह नाटक ही न हड़प ले। लेखक अपनी विधा बदलकर अपनी रचनात्मक भूख और तृषा शान्त कर सकता है, पर नाट्यनिर्देशक क्या करे? परिणामतः कई निर्देशकों ने रंगमंच पर शब्दों की उपस्थिति को ही नकारना शुरू किया और आंगिक गतियों-मुद्राओं-चेष्टाओं मात्र से रंगभाषा विकसित कर नाट्य रचने का प्रयास किया। पर एक-दो नाटकों के बाद ही ऐसी प्रस्तुतियों की सीमाएँ प्रकट होने लगीं और उनके निर्देशकों की रचनात्मक प्रतिभा की पोल खुलने लगी। कुछ ने साहित्य की अन्य विधाओं का आधार लेकर प्रस्तुति-आलेख तैयार किया और उन्हें मंचित किया। पर विधाएँ जब अपना रूप बदलती हैं, उनकी बाहरी ही नहीं आंतरिक संरचना भी टूटती है; और रचना में निहित भावों और संवेदनाओं को नए रूप में उनकी मौलिक त्वरा के साथ जीवन्त बनाए रखना सहज-सरल नहीं होता। साथ ही, दर्शक भी रचना के पुराने रूप के प्रभाव में बँधा हुआ प्रेक्षागृह तक आता है और प्रस्तुति में वही सब जाने-अनजाने तलाशता है, जो उसने उस कविता-कहानी या उपन्यास में पाया होता है। कई महत्त्वपूर्ण उपन्यासों के नाट्यरूपांतरण दर्शकों द्वारा नकारे जा चुके हैं। निर्देशकों द्वारा विकसित नाट्यालेखों के दम पर जैसे-तैसे घिसटते हुए हिन्दी रंगमंच के साथ एक और सच जुड़ा हुआ है। अधिकांश निर्देशक परियोजना आधारित रंगकर्म कर रहे हैं। उन्हें अपनी स्वीकृत परियोजना के लिए नाट्यालेख की आवश्यकता होती है। अब यह आवश्यक नहीं कि नाटककार अपनी रचनात्मकता की बलि देकर उनकी परियोजना का हिस्सा बने और नाटक रचे। इन परियोजनाओं में धन की प्रभावकारी भूमिका होती है और समय का अभाव होता है। ऐसे में आनन-फ़ानन में कुछ भी मंचित कर धन सहेज लेने की प्रवृत्ति भी कुछ निर्देशकों को नाटककार बनने के लिए विवश करती है।

यह एक ग़ैररचनात्मक और भयावह स्थिति है। हिन्दी रंगमंच को इससे उबरना होगा। रंगमंच एक जनतांत्रिक कला है। एकाधिकार, शुचितावाद और श्रेष्ठतावाद से उबरना होगा। नाटक और रंगमंच न तो अकेले लेखक का है और न ही निर्देशक

का। यहाँ हर प्रकार के अहं की हवि देनी होती है। नाटककार या रंगनिर्देशक के अहं से रंगमंच के सामाजिक सरोकार बड़े हैं। अगर रंगमंच को अपने सरोकारों का निर्वहन करना है और अपने प्रयोगों-नवाचारों से रंगपरिदृश्य को गतिशील बनाए रखना है, तो इसे अपने सारे बन्द दरवाज़ों और खिड़कियों को खोलना होगा ताकि नए विचारों, नई रचनात्मक चुनौतियों, नई प्रतिभाओं और सहयोगी कलाओं की दुनिया से नए अनुभवों की आवाजाही बनी रहे।

रंगमंच पर विद्रोह की आवाज़

''नीलकर रूपी विषधर साँपों ने सारे सुख में आग लगा दी।...मेरी तो सारी गृहस्थी लाशों से भरे मरघट जैसी हो गई। मेरे पिता, माता, भाई, पत्नी—सभी मर गए। आह! नील का कैसा कराल कर है! हाय!...''

नील दर्पण के अन्तिम दृश्य में बिन्दुमाधव का यह विलाप स्वर उन्नीसवीं शताब्दी के मध्य में अंग्रेज़ प्रभुओं के दमन और भारतीय किसानों की दुर्दशा का जीवन्त चित्र प्रस्तुत करता है। दीनबन्धु मित्र का यह बांग्ला नाटक भारतीय रंगमंच का एक ऐसा धवल पक्ष है, जो रंगमंच के सामाजिक सरोकारों की पुष्टि करता है। यह नाटक एक ऐसा ऐतिहासिक साक्ष्य है; जिसमें अंग्रेज़ों द्वारा भारतीय किसानों को नील की खेती के लिए विवश किए जाने, मुआवज़े के नाम पर धोखाधड़ी करने और अमानुषिक यातनाओं से उनके जीवन को रौरव नरक में बदल देने के जीवन्त दृश्य हैं। ज़मींदारों और किसानों की एक-सी दशा है। ज़मींदार गोलोकचन्द्र बसु का पूरा परिवार श्रेष्ठ मानवीय गुणों से भरा हुआ है। किसानों के साथ आत्मीय और पारिवारिक रिश्तों में बँधे इस आदर्श ज़मींदार परिवार का पूरा ताना-बाना सहृदयता और संवेदनशीलता से बुना हुआ है, जिसे अंग्रेज़ों की निर्ममता और संवेदनहीनता उजाड़ देती है। गोलोकचन्द्र बसु को अंग्रेज़ झूठे मुक़दमे में फँसाकर जेल भेज देते हैं। बसु मोशाय जेल में ही फाँसी लगाकर मर जाते हैं। नवीनमाधव अंग्रेज़ साहब आई. आई. वुड की मार से मर जाता है। उसकी माता सावित्री विक्षिप्त हो जाती हैं और अपनी छोटी बहू सरलता की हत्या कर देती हैं और फिर स्वयं मर जाती हैं। साधुचरण और रायचरण जैसे छोटे किसानों की खेती और श्रम पर अंग्रेज़ों का कब्ज़ा उन्हें भूख और दरिद्रता के दलदल में जीने के लिए विवश कर देता है। साधुचरण की गर्भवती युवा बेटी क्षेत्रमणि से अंग्रेज़ साहब पी. पी. रोग (रोज़) बलात्कार की कोशिश करता है। ज़मींदार के पुत्र नवीनमाधव और तोराप, क्षेत्रमणि को बचाते हैं। तोराप अंग्रेज़ पी. पी. रोग की पिटाई करता है। यह दृश्य अपमान के विरुद्ध भारतीयों का रंगमंच पर पहला मुखर प्रतिवाद है। *नील दर्पण* के अनुवादक महादेव साहा ने अपनी पुस्तक में प्रसिद्ध अभिनेत्री विनोदिनी दासी के *आमार अभिनेत्री जीबोन* के

हवाले से इस घटना को दर्ज किया है। कलकत्ता का ग्रेट नेशनल थियेटर *नील दर्पण* को मंचित करने उत्तर भारत की यात्रा पर निकला था। इसी क्रम में सन् 1875 में लखनऊ के छत्तर मंज़िल के सभागार में हो रहे प्रदर्शन के दौरान जब अंग्रेज़ पात्र मि. रोग (रोज़) किसान साधु चरण की बेटी क्षेत्रमणि की अस्मत लूटने की कोशिश कर रहा था और उसे बचाने नवीनमाधव और तोराप पहुँचे और तोराप ने मि. रोग को पीटा, तूफ़ान खड़ा हो गया। मि. रोग का गला पकड़कर तोराप को पीटते हुए देखकर अंग्रेज़ों ने आपा खो दिया और वे मंच पर चढ़ गए। उन्होंने तोराप का अभिनय करनेवाले अभिनेता मणिराम सुर को पीटना शुरू कर दिया। नाट्य प्रदर्शन रोक दिया गया और नाट्यदल को जबरन वापस कलकत्ता भेज दिया गया। हालाँकि इस नाटक के प्रतिबन्धित होने की पहली सूचना (*थियेटर में मनाही– 'नीलदर्पण' एक नील कोठी वाले के अत्याचार का बांग्ला नाटक बना हुआ है और खेला भी जाता था पर अब सुनते है इस खेल को रंगभूमि में लाने की मनाही हुई है।*) महेश आनन्द द्वारा सम्पादित *रंग दस्तावेज़* के अनुसार *मारवाड़ी गज़ट* के 5 सितम्बर, सन् 1897 के अंक से प्राप्त होती है।

ग्रामीण जीवन के यथार्थ की अनुभूति, संवेदना और संघर्षों को अभिव्यक्त करनेवाले नाटक *नील दर्पण* का प्रथम प्रकाशन सन् 1860 में ढाका से हुआ। वहीं पहला प्रदर्शन भी हुआ। आरम्भ में नाटककार का नाम गोपनीय था, पर इस नाटक की लोकप्रियता ने इसके लेखक को स्वतः ढूँढ़ लिया और दीनबन्धु मित्र का नाम किसी से छिपा नहीं रह सका। रेवरेंड जेम्स लौंग नामक एक पादरी ने इसका अंग्रेज़ी अनुवाद माइकेल मधुसूदन दत्त से करवाया। इसका प्रकाशन सन् 1861 में हुआ। कलकत्ता के शाम बाज़ार में 8 मार्च, सन् 1862 को इसका अनौपचारिक मंचन और लगभग दस सालों बाद 7 दिसम्बर, 1872 को ग्रेट नेशनल थियेटर द्वारा औपचारिक मंचन हुआ। ग्रेट नेशनल थियेटर बांग्ला का पहला सार्वजनिक मंच था, जो टिकट बेचकर नाटकों का प्रदर्शन करता था। *नील दर्पण* देखने के लिए दर्शकों की भारी भीड़ जुटी, पर अंग्रेज़ी अख़बारों ने तल्ख़ प्रतिक्रिया व्यक्त की और अंग्रेज़ सरकार ने रंगमंच की अभिव्यक्ति की लगाम कसने की तैयारी शुरू की। अंग्रेज़ सरकार ने सन् 1876 में *'ड्रैमेटिक परफ़ॉर्मेंसेज़ कंट्रोल एक्ट'* लागू किया। इस एक्ट के लागू होने में *नील दर्पण* जैसे नाटक का प्रदर्शन भी एक कारण बना। अन्य कई कारणों के अलावा रंगमंच का यह विद्रोही तेवर अंग्रेज़ों के लिए चिन्ता और भय का बड़ा कारण था।

सन् 1861 में इसके अंग्रेज़ी अनुवाद के प्रकाशित होते ही पादरी रेवरेंड जेम्स लौंग पर मुक़दमा दायर हुआ। महारानी बनाम लौंग के इस मुक़दमे में महारानी की ओर से वास्तविक वादी थे 'इंग्लिशमैन' अख़बार के मालिक और सम्पादक मि. वॉल्टर ब्रैट। यह मुक़दमा नीलकरों की सहमति से चला था। इस मुक़दमे की सारे देश में

चर्चा हुई। लौंग ने अंग्रेज़ी में अनूदित नाटक की प्रतियाँ ब्रिटिश पार्लियामेंट के सदस्यों, भारत के सचिव और कुछ चर्चित लोगों, संस्थानों तथा अख़बारों को बंगाल सरकार की ओर से भिजवा दी थीं। गवर्नर की अनुमति के बग़ैर नाटक को प्रचारित करने का दोष लौंग पर लगाया गया और *नीलदर्पण* के नाट्यालेख को अपलेख माना गया। मि. पीटरसन और मि. कावी वादी की ओर से तथा मि. ऐग्लिंटन और मि. न्यूमार्च प्रतिवादी की ओर से वकील थे। बेहद रोचक बहस हुई। अभिव्यक्ति की स्वतंत्रता का नाटक करनेवाले और भारतीयों को आधुनिकता का ज्ञान देनेवाले अंग्रेज़ों की कुटिलताओं की पोल खोलनेवाली यह बहस अंग्रेज़ी उपनिवेशवाद का चरित्र प्रस्तुत करती है। सज़ा से पूर्व रेवरेंड जेम्स लौंग ने अदालत के सामने अपना बयान दिया। हालाँकि उन्हें बयान पूरा नहीं करने दिया गया। यह बयान नीलकरों के अत्याचार और भारतीयों की दुर्दशा का जीवन्त चित्रण है। लौंग ने अपने बयान में आम भारतीय जनता के लिए शिक्षा की आवश्यकता पर बल दिया। उन्होंने इस बात को गहराई से रेखांकित किया कि सामाजिक उत्थान से ही पिछड़े समाज की मानसिक और नैतिक प्रगति हो सकती है। लौंग ने अपने बयान में कहा–*"...सारे नीलकरों की बदनामी करने की मेरी तनिक भी इच्छा नहीं थी, यद्यपि आन्तरिक विश्वास और खोजबीन के कारण मैं उस व्यवस्था के विरुद्ध अवश्य हूँ।...प्रजा तो एक मूक पशु की भाँति है जो अपने शासक की भाषा नहीं जानती। और इस 'नील दर्पण' के प्रकाशन के समय, नील-सम्बन्धी विवाद बड़ा डरावना रूप धारण कर रहा था; इसलिए यह बात महत्त्वपूर्ण थी कि प्रभावशाली व्यक्ति यह जानें कि घाव सतही नहीं, बल्कि गहरी खोज की अपेक्षा रखता है। क्या एक पादरी के नाते मैं इस प्रकार की पुस्तक को रोक रखता जो नील की खेती के बारे में प्रजा के कुछ गहरे जमे हुए विरोध के कारणों को सूचित करती थी? यह पुस्तक 'नील दर्पण' मेरे पास अन्य सैकड़ों देशी भाषा की पुस्तकों की भाँति ही भेजी गई थी, क्योंकि यह बात बहुत क्षेत्रों में भली-भाँति विदित है कि मुझे देशी भाषा के साहित्य में गहरी दिलचस्पी है।... मान्यवर, उस बात को केवल चार बरस ही बीते हैं जब कलकत्ता बड़ी तीव्रता के साथ ग़दर के परिणाम की प्रतीक्षा करता था। उस समय जब नागरिकों को स्वयं सारी रात जान-माल की निगरानी करनी पड़ती थी, भविष्य के बारे में स्थिरता से सोच सकने वाले लोग बहुत कम थे। उस समय बहुत लोगों ने वही बात अनुभव की जो मैं पहले से करता था कि इस देश की भाव-धारा से अपरिचित और उदासीन होकर अंग्रेज़ों का हिन्दुस्तान में रहना बहुत ही अरक्षित है। अफ़ग़ान युद्ध की भाँति ही ग़दर ने यह प्रकट कर दिया है कि हिन्दुस्तान में अंग्रेज़ आमतौर पर उससे अनभिज्ञ ही थे; इसी भाँति ग़दर से कुछ ही समय पहले संथाल युद्ध जनता के ऊपर फट पड़ा था।...क्या कलकत्ता ग़दर के सब सबक भूल गया? मैं पूछता हूँ कि क्या शासक जाति को नील के विषय में देशी विचारों और भावनाओं की उस अप्रत्यक्ष धारा को बताना*

बहुत विद्वेषपूर्ण है जिसने सारे देश में उथल-पुथल मचाई हुई है और जिसके कारण अराजकता, लूटपाट और हत्याकांड की आशंका है? क्या मेरे लिए यह न्यायोचित होता कि ऐसे संकट के समय प्रभावशाली व्यक्तियों को जाग्रत करने के महान उद्‌देश्य में मैं अपनी शक्ति-भर योग न दूँ और देशी सूत्रों से ही यह न दिखाऊँ कि असन्तोष गहरा है और जब तक घाव को गहरे तक न टटोला जाएगा तब तक उसके उपचार के उपाय कारगर न हो सकेंगे? बार-बार प्रजा की अवस्था, उसकी ज़रूरतों और दुःखों को पास से देखकर मेरी आत्मा काँपती और लगभग कुचली जाती रही है। वह प्रजा उस पढ़ने की क्षमता से वंचित है, जिसके बिना प्रेरणा के पृष्ठ उसके लिए ताले में बन्द हैं। उसकी सामाजिक अवस्था के सुधार में मुझे उसके ज्ञानालोक के उपभोग का साधन दिखाई पड़ता है। मैंने 'प्रजा, उसके शिक्षक और पीड़क' विषय पर तथा प्रजा को देशी भाषा की ठोस शिक्षा न मिलने की बुराई पर इंग्लैंड में बहुत सी पुस्तिकाएँ प्रचारित की हैं। जब मैं प्रजा को जकड़े रखनेवाली ऐसी बहुत-सी सामाजिक बुराइयों को खोलकर दिखाने में नहीं झिझका तो मेरा निवेदन है कि अपनी इस स्थिति में क्या मैं उनके नील-प्रथा से होने वाले दुःखों को प्रकट करने से कतरा सकता था?...मान्यवर, मैं उस जनता में वर्षों से रह रहा हूँ, और आशा करता हूँ कि जब तक मैं ज़िन्दा हूँ तथा जब तक मेरे मस्तिष्क में विचार की शक्ति और हाथ में लिखने की कलम है, तब तक मैं इस बात का प्रचार करता रहूँगा कि मानसिक और नैतिक आलोक की प्रगति जनता के सामाजिक उत्थान के साथ जुड़ी हुई है।...यदि यह पुस्तक अपलेख है तो किसी भी सामाजिक बुराई का—जातिवाद, बहुविवाह, कुलीन ब्राह्मणत्व, अफीम के व्यापार तथा किसी भी ऐसी बुराई का—भंडाफोड़, जिसे लोगों के स्वार्थों का समर्थन प्राप्त हो, अपलेख माना जाएगा और इस भाँति नैतिक, सामाजिक और धार्मिक सुधारों का महान कार्य रुक जाएगा।" (नेमिचन्द्र जैन द्वारा अनूदित *नीलदर्पण* से लौंग के बयान के अंश।)

रेवरेंड जेम्स लौंग को एक महीने की सज़ा और एक हज़ार रुपए का दंड मिला। कलकत्ता के उस समय के प्रसिद्ध साहित्यकार बाबू कालीप्रसन्न सिंह ने ज़ुर्माने की रक़म तो चुका दी पर लौंग सज़ा भुगतने के लिए विवश थे। लौंग ने किसान असन्तोष की जाँच के लिए बने आयोग के सचिव मि. सीटन-कार से अनुवाद की अनुमति ली थी, अतः उन्हें भी अपना पद छोड़ना पड़ा। अनुवादक माइकेल मधुसूदन दत्त की सुप्रीम कोर्ट की नौकरी भी चली गई।

नील दर्पण आज भी अपने यथार्थ के ऐतिहासिक महत्त्व और सशक्त रंगयुक्तियों के लिए भारतीय रंग परम्परा में अपना विशिष्ट स्थान रखता है। इसको मंचित करना और देखना मात्र अतीत को याद करना नहीं है। यह पीड़ा, दुःख और अपमान के बीच भी अपनी संघर्ष-क्षमता को जीवित रखने के अभ्यास की तरह है।

हिन्दी रंगमंच पर अठारह सौ सत्तावन

एक विस्मृत नायक की रंगस्मृति से अपनी बात आरम्भ करना चाहता हूँ। पिछले दिनों अठारह सौ सत्तावन पर एक लेख लिखने के सिलसिले में नाटक *पीर अली* की याद आई। जब इस प्रकाशित नाट्यालेख को ढूँढ़ना शुरू किया तो निराशा हाथ लगी। मेरे निजी संग्रह से पुस्तक ग़ायब थी। जाने कहाँ गई! पटना इप्टा के साथी भी इसे उपलब्ध नहीं करवा सके। पचास वर्ष पहले लिखे और मंचित हुए इस नाटक को पीपुल्स पब्लिशिंग हाउस, नई दिल्ली ने प्रकाशित किया था। अन्ततः पत्रकार मित्र प्रकाश चन्द्रायन ने इसकी फोटोप्रति नागपुर से भेजी।

क़िताबें बेचने और जिल्दसाज़ी का पेशा करनेवाले पीर अली सात जुलाई सन् अठारह सौ सत्तावन को पटना में अपने साथियों के साथ शहीद हुए थे। उन्हें फाँसी दी गई थी। फाँसी से कुछ देर पहले पटना के कमिश्नर विलियम टेलर ने पीर अली को लालच दिया था कि वह चाहें तो अपने दूसरे साथियों के नाम बताकर छूट सकते हैं। विलियम टेलर ने *द पटना क्राइसिस* में पीर अली के साथ हुई अपनी इस बातचीत को दर्ज किया है। पीर अली ने विलियम टेलर के दिए इस लालच को ठुकराते हुए किसी फ़क़ीर को कुछ दान करने की इच्छा प्रकट की थी और इसके लिए एक अर्ज़ी दी थी। टेलर ने *द पटना क्राइसिस* में पीर अली की प्रशंसा की है। तेईस जून सन् अठारह सौ सत्तावन को नारायण सिंह और रामदास सहित दो अन्य विद्रोहियों को फाँसी दी गई थी। पीर अली की फाँसी से ठीक पहले यानी छह जुलाई को वारिस अली को फाँसी दी जा चुकी थी। पुराने पटना का यह इलाक़ा, जिसे आज पटना सिटी या पटना साहिब के नाम से जाना जाता है, उस समय विद्रोहियों का गढ़ था।

इक्कीस जुलाई सन् अठारह सौ सत्तावन के *अख़बार-ए-बिहार* में यह दर्ज है कि तीन जुलाई को *या अली-या अली* का घोष करते हुए पचास से ज़्यादा लोगों की संगठित भीड़ पटना सिटी के पुरआबाद महल्लों-कूचों से गुज़रती हुई पादरी की हवेली पहुँची। भीड़ के हाथों में बहादुरशाह ज़फ़र का झंडा था और लोग *दीन बोलो दीन* के नारे लगा रहे थे। ये लोग गलियों-कूचों से गुज़रते राहगीरों और घरों के दरवाज़ों-छतों पर खड़े लोगों से साथ हो जाने और मदद करने की गुहार लगा रहे थे। सरकारी

रिपोर्ट कहती है कि दो सौ से ज़्यादा लोग इस जुलूस में शामिल थे। पीर अली इस विद्रोही जत्थे का नेतृत्व कर रहे थे। विद्रोहियों के हमले में हवेलीवाला पादरी तो बच गया, पर अफ़ीम गोदाम का एजेंट डॉ. लायल मारा गया। इस विद्रोही जत्थे को कुचलने के लिए एक अंग्रेज़ कैप्टन के साथ सिख पुलिस के जवानों को लगाया गया था। चार जुलाई की रात पीर अली के घर से हथियारों की बरामदगी हुई। उस समय वह मिले नहीं, पर थोड़ी ही देर बाद ही उन्हें गिरफ़्तार कर लिया गया। लखनऊ से आकर पटना में बसनेवाले पीर अली 'बहावी आन्दोलन' के नेता थे। अठारह सौ सत्तावन के इस इस विस्मृत नायक के नायकत्व को हिन्दी रंगमंच ने विनत भाव से याद रखा। अठारह सौ सत्तावन की शताब्दी के अवसर पर जन नाट्य संघ (इप्टा) की पटना इकाई ने इस शहीद पर केन्द्रित एक नाटक *पीर अली* का मंचन किया। नाटककार थे–लक्ष्मीनारायण और नाटक को निर्देशित किया था डॉ. एस. एम. घोषाल ने। डॉ. घोषाल को पटना के आधुनिक रंगमंच का जनक माना जाता है। सहायक निर्देशक थे–रामेश्वर सिंह कश्यप, जिन्होंने बाद में निराला के जीवन पर केन्द्रित नाटक *नीलकंठ निराला* लिखा और अपने रेडियो धारावाहिक के लिए *लोहा सिंह* नामक लोकप्रिय चरित्र की रचना की और अपने जीवनकाल में ही मिथक बन गए। *पीर अली* का मंचन तेईस दिसम्बर सन् उन्नीस सौ सत्तावन से पहली जनवरी सन् उन्नीस सौ अट्ठावन तक दिल्ली में सम्पन्न भारतीय जन नाट्य संघ के आठवें राष्ट्रीय सम्मेलन में भी हुआ। इस नाटक से इप्टा को लोकप्रियता मिली और साथ ही विस्मृत नायक पीर अली का पुनराविष्कार हुआ। बिहार के सबसे ज़्यादा लोकप्रिय नाटककार चतुर्भुज ने भी पीर अली पर केन्द्रित नाटक लिखा। इसका मंचन चतुर्भुज अपने नाट्य दल *मगध कलाकार* द्वारा करते थे। चतुर्भुज के नाट्यदल की प्रस्तुतियाँ बिहार के गाँवों में बेहद चाव से देखी जाती थीं। वे स्वयं टेलर की भूमिका करते थे। लक्ष्मीनारायण के नाटक की भाषा में एक बौद्धिक गांभीर्य था, तो चतुर्भुज की भाषा में लोकप्रिय रवानगी थी। चतुर्भुज का नाटक *पीर अली* आज भी गाँवों में लोकप्रिय है। जिस नायक को इतिहास की धोखाधड़ी का शिकार बनना पड़ा, उसे रंगमंच ने अपना अटूट हिस्सा और गौरव माना।

संस्कृत रंगमंच के अवसान के बाद हमारे देश की जनता ने अपनी भौगोलिक और सांस्कृतिक विविधताओं के अनुरूप अपना रंगमंच विकसित किया। इस पारम्परिक रंगमंच ने विशाल जनजीवन के सुख-दुःख को अभिव्यक्ति दी। भारतेन्दु ने इस पारम्परिक रंगमंच को अपने चिन्तन, लेखन और रंगकर्म से नई त्वरा दी, पर उनके निधन के बाद यह काम आगे नहीं बढ़ सका। पर कोई संवेदनशील समाज बिना रंगमंच के जीवित नहीं रह सकता, इसलिए हिन्दीभाषी गाँवों-क़स्बों में विविध पारम्परिक छवियों के साथ यह रंगमंच चलता रहा। इस पारम्परिक रंगमंच ने सन् अठारह सौ सत्तावन के नायकों को सर्वाधिक महत्त्व दिया। सारी-सारी रात चलनेवाले

रंग-प्रदर्शनों और गाथाओं में झाँसी की रानी, तात्या टोपे, नाना साहेब पेशवा, बाबू कुँवर सिंह आदि की शौर्य-गाथाओं की प्रस्तुतियाँ होती रहीं। साथ ही, इतिहास के पन्नों में स्थान नहीं पा सकने वाले अनाम बलिदानियों की गाथाएँ भी पारम्परिक नाट्य का कथानक बनीं। जनता ने इनकी स्मृतियों को धरोहर की तरह आती हुई पीढ़ियों को सौंपा।

आज़ादी के बाद या आज़ादी के आसपास सन् अठारह सौ सत्तावन के शहीदों पर कई नाटक लिखे गए, जो मंचित और प्रकाशित हुए। लक्ष्मीबाई ने नाटककारों को सबसे ज़्यादा आकर्षित किया। *झाँसी की रानी* शीर्षक से कई नाटक लिखे गए। इनमें से कुछ नाटकों को रंगमंचीय गुणों के चलते व्यापक लोकप्रियता मिली। सुप्रसिद्ध उपन्यासकार वृंदावनलाल वर्मा ने अपने उपन्यास *झाँसी की रानी* का स्वयं नाट्य रूपांतर किया। इस नाटक का आरम्भ बिठूर में मनु (लक्ष्मीबाई) के बचपन से होता है। लक्ष्मीबाई का बचपन, गंगाधर राव से विवाह, दामोदर राव को गोद लेना, गंगाधर राव की आकस्मिक मृत्यु जैसी घटनाओं के संयोजन से नाटक में एक संवेदनात्मक रचाव देखने को मिलता है। इस नाटक में लक्ष्मीबाई के समग्र जीवन को समेटने का प्रयास किया गया है। निराश लक्ष्मीबाई जब आत्महत्या करना चाहती हैं, उनसे भोपटकर का संवाद जीवन और मृत्यु, दोनों की सार्थकता की विवेचना करते हुए गहन नाटकीय प्रभाव का सृजन करता है। भोपटकर रानी को युद्ध करने के लिए प्रेरित करते हैं। युद्ध में वीरगति प्राप्त करने के बाद बाबा गंगादास द्वारा लकड़ी के अभाव में अपनी कुटिया तोड़कर रानी के अन्तिम संस्कार करने का दृश्य इस नाटक को प्रभावशाली बनाता है। इसके अलावा *झाँसी की रानी* शीर्षक से रचित रणधीर साहित्यालंकार, चतुर्भुज और न्यादर सिंह बेचैन के नाटकों को भी काफ़ी लोकप्रियता मिली। इनकी कथावस्तु में एकरूपता है, पर चतुर्भुज का नाटक वहाँ से आरम्भ होता है, जहाँ ब्रिटिश मेजर लक्ष्मीबाई को आत्मसमर्पण के लिए कहता है। छोटे-से कालखण्ड के इस कथानक को नाटकीय कौशल के साथ बुना गया है।

महेश्वर दयाल का नाटक *अठारह सौ सत्तावन की दिल्ली* अनूठा नाट्यालेख है। इस नाटक में दिल्ली शहर के लोग पात्र हैं। इसमें लालक़िले का युद्ध चित्रित है, पर क़िला और बादशाह दोनों ही नहीं हैं। यह नाटक आम लोगों को पात्र बनाकर सन् अठारह सौ सत्तावन के विद्रोह के बाद की दिल्ली की करुण-कथा कहता है। ऐसा ही एक प्रयोग राही मासूम रज़ा के दीर्घकाव्य *1857* में है, जिसका एक अध्याय नाट्यशैली में है। नाटककार असगर वजाहत ने भी *फिरंगी लौट आए* नामक नाटक लिखा है। पातीराम भट्ट के नाटक *तात्या टोपे* को भी पर्याप्त लोकप्रियता मिली थी। इसका कथानक भी सन् अठारह सौ सत्तावन का विद्रोह ही है। यह नाटक हिन्दुस्तान की नब्ज़ टटोलता है। मंगल पांडे सहित इस काल के तमाम नायकों को यह नाटक पात्र बनाता है। परिपूर्णानन्द वर्मा का नाटक *बहादुरशाह* अंग्रेज़ शासकों की

कुटिलताओं-अत्याचारों को चित्रित करता है। बहादुरशाह इसके केन्द्र में हैं। हिम्मत हारते हुए बहादुरशाह और साहस सौंपती ज़ीनत महल के संवाद बेहद रोचक हैं।

हरिकृष्ण प्रेमी के नाटक *अमर बलिदान* को भी श्रेष्ठ नाटक का दर्ज़ा और लोकप्रियता हासिल हुई। यह नाटक लक्ष्मीबाई, तात्या टोपे, दीवान लक्ष्मण राव आदि के बलिदान को चित्रित करता है। विष्णु प्रभाकर के सुपरिचित नाटक *स्वाधीनता का संग्राम* में सन् अठारह सौ सत्तावन से सन् उन्नीस सौ सैंतालीस तक का स्वतंत्रता-इतिहास अपने नाटकीय रूपों के साथ दर्ज है। पहले अंक में स्वाधीनता का बीज बोनेवाले शहीदों—रानी लक्ष्मीबाई, तात्या टोपे, मंगल पांडे, बेगम हज़रत महल, शाहज़ादा फीरोज़ आदि की वीरता और शहादत चित्रित है। दूसरे अंक से सन् अठारह सौ सत्तावन के बाद की कथा को विस्तार दिया गया है। यह नाटक विष्णु प्रभाकर के पूर्व प्रकाशित रेडियो रूपक *हमारा स्वाधीनता संग्राम का* मंच रूप है।

लक्ष्मीबाई के साथ-साथ नाट्यरचना के लिए बाबू कुँवर सिंह सर्वाधिक लोकप्रिय चरित्र रहे हैं। पूर्वी उत्तर प्रदेश और बिहार के गाँव-गाँव में बाबू कुँवर सिंह की गाथा और जनश्रुतियाँ आज भी प्रचलित हैं। शौर्य, देशप्रेम और साहस का बखान बाबू कुँवर सिंह की चर्चा के बगैर यहाँ आज भी अधूरा माना जाता है। पँवारा, फाग, चैता आदि के असंख्य गीतों के नायक बाबू कुँवर सिंह पर आज भी ग्रामीण इलाक़ों में नाटक खेले जाते हैं। हालाँकि इन दिनों हिन्दी फ़िल्म के नायकों के मायाजाल के कारण विस्मृति का दौर ज़ोरों पर है।

कुँवर सिंह शीर्षक से आज़ादी के पूर्व दुर्गाशंकर सिंह और आज़ादी के बाद चतुर्भुज लिखित नाटकों को बहुत प्रसिद्धि मिली। सत्ताईस जुलाई सन् अठारह सौ सत्तावन को बाबू कुँवर सिंह ने आरा शहर पर क़ब्ज़ा किया था। बाईस मार्च सन् अठारह सौ अट्ठावन को उन्होंने आज़मगढ़ को अंग्रेज़ों से मुक्त कराया और आज़मगढ़ में ही दस-बारह दिनों बाद दूसरी बार अंग्रेज़ों को युद्ध में पराजित किया। तेईस अप्रैल सन् अठारह सौ अट्ठावन को उन्होंने अपनी रियासत जगदीशपुर को मुक्त कराया। अस्सी वर्ष के इस योद्धा ने गोली से ज़ख़्मी अपनी बाँह स्वयं काटकर गंगा को समर्पित कर दी। छब्बीस अप्रैल सन् अठारह सौ अट्ठावन को उनकी मृत्यु हुई। दुर्गाशंकर सिंह के नाटक में भोजपुरी का अत्यन्त सुन्दर प्रयोग देखने को मिलता है। चतुर्भुज का नाटक अपने नाटकीय कौशल के कारण रंगमंच के लिए ज़्यादा सफल नाटक है।

सन् अठारह सौ सत्तावन की स्मृतियों को हिन्दीभाषी क्षेत्र के रंगकर्म ने विविध रूपों में जीवित रखा और इन स्मृतियों का उपयोग जनता को स्वाधीनता के प्रति जागरूक रखने के लिए किया। इन नाटकों की लोकप्रियता इस बात को चित्रित करती है कि सन् अठारह सौ सत्तावन सिर्फ़ सैनिकों का विद्रोह नहीं था, बल्कि दमन, क्रूरता, अपमान और गुलामी से मनुष्य की मुक्ति का प्रस्थान था।

लोक की अवधारणा और हबीब तनवीर

अक्सर अंग्रेज़ी के *फ़ोक* शब्द के पर्याय के रूप में *लोक* का प्रयोग होता रहा है। लोक को फ़ोक कहने का प्रचलन आज आम बात है और आलोचना तथा विमर्श की भाषा में इस फ़ोक ने कई रूढ़ियों को पैदा किया है। इन रूढ़ियों ने हमारे अध्ययन, शोध, विमर्श और आलोचना को दिग्भ्रमित किया है। रंगमंच की दुनिया में लोक के साथ फ़ोक के इस घालमेल से सबसे ज़्यादा क्षति पहुँची है। हिन्दी रंगमंच का एक बड़ा हिस्सा आज अनुदानजीवी या परियोजनाजीवी है। फ़ोक के नाम पर काफी धन वितरित होता रहा है। इस धन पर कब्ज़ा करने की होड़ मची है। इस होड़ में शामिल रंगकर्मियों ने अपने लोक और रंगकर्म, दोनों को भारी क्षति पहुँचायी है। लोक की हमारी यानी भारतीय अवधारणा व्यापक है जबकि फ़ोक बेहद सीमित है। योरोप में फ़ोक प्ले अशिष्ट और भदेस समझे जानेवाले नाटकों को कहा जाता था। वहाँ का तथाकथित भद्र समाज अपनी नापसन्द प्रकट करने के लिए एक अपमानजनक संज्ञा के रूप में इसका प्रयोग करता था। वहाँ के आदिम जीवन के लोकोत्सवों में आरम्भ हुए इन नाटकों में मृत्यु और पुनर्जन्म की कथाएँ तथा नटों के आंगिक करतब होते थे। इन नाटकों के प्रति वहाँ के पढ़े-लिखे समाज के मन में गहरी घृणा और उपेक्षा का भाव था। इंग्लैंड में इन नाटकों को *ममर्स प्ले* कहा गया।

भारतीय समाज ने समय-समय पर बार-बार अपने लिए अपने लोक को आविष्कृत किया है। इसके लिए एक समेकित दृष्टि आवश्यक होती है। इस दृष्टि के अभाव में हम अक्सर लोक को शास्त्र से निरपेक्ष या शास्त्र विरोधी मान बैठते हैं और अपनी वाचिक परम्परा में स्वीकृत या प्रचलित जीवन को विकसित और समृद्ध करनेवाले कला रूपों की उपेक्षा करते हैं। इतना ही नहीं, बल्कि लोक को मनुष्य-समुदाय मात्र तक सीमित करना भी लोक की व्यापकता को सीमित करना है। लोक की व्यापकता में विन्यस्त है हमारा समग्र जीवन। जीवन, जो संचरणशील है,...जीवन, जो स्थावर है। यानी वानस्पतिक, नदी, पहाड़, चल-अचल, चेतन-अचेतन–सबकुछ। लोक व्यतीत नहीं है। लोक हर क्षण उपस्थित है। वर्तमान है। लोक सजीव है, निर्जीव नहीं। लोक हमारे बीच प्रमाण के रूप में स्वीकृत होता है। इस लोक की संस्कृति

का अपना समाजशास्त्र है। साथ ही, संस्कृति को आप लोकतत्त्वों से अलग नहीं कर सकते। हमारा लोक साहित्य संस्कृति और विश्वदर्शन से गहरे जुड़ा हुआ है, परस्पर अनुस्यूत है। शब्दों से परे जाकर भाव और संवेदन की जो अदृश्य दुनिया होती है, लोक उसे थाती की तरह सँभालकर रखता है और भविष्य की पीढ़ियों के लिए उपलब्ध कराता है। लोकजीवन के विविध उपांगों, चाहे वह साहित्य हो, कहावतें या मुहावरे हों, या गीत-गवनई सहित प्रदर्शनकारी और रूपांकर कलाओं की विविध सरणियाँ हों; इनमें जीवन को सम्पन्न करनेवाली अनुभूति या प्रतीति की अजस्त्र धाराएँ छिपी हुई हैं। इनमें काल की सूक्ष्म से सूक्ष्मतर अनुगूँजें और परिवर्तनशीलता की ध्वनियाँ उपस्थित हैं। इन दिनों लोक से इतिहास के रिश्ते को लेकर भी गहन विमर्श जारी है। काल और देश की परिधियाँ लाँघकर इतिहास लोक में विचरण करता है। लोक में इतिहास के इस स्वच्छन्द विचरण ने पिछली शताब्दियों में इतिहास-लेखन में हुई बे-ईमानियों को उजागर किया है। आज लोकजीवन के अध्ययन के माध्यम से इतिहास के मौन को मुखर करने और इतिहास के भीतर की रिक्तताओं को भरने का काम शुरू हो चुका है। हमारे स्वतंत्रता आन्दोलन को बीते हुए बहुत दिन नहीं हुए, पर इतिहास की बे-ईमानियाँ जग-जाहिर हैं। सन् 1857 के सिलसिले में हुए हाल के अध्ययनों ने कई ऐसे जननायकों को उजागर किया, जिन्हें इतिहास पचा गया था। यह लोक-स्मृति की शक्ति का ही प्रतिफल है।

आज हम जिन हबीब तनवीर पर चर्चा करने के लिए यहाँ एकत्र हुए हैं, उनका समग्र रंगकर्म लोक के आलोक से दीपित है। हबीब तनवीर के रंगकर्म पर बातचीत उनके एक कथन से शुरू करना चाहता हूँ। उनका यह कथन लोक और भारत के आधुनिक रंगमंच के प्रति उनकी दृष्टि को रेखांकित करता है। वे कहते हैं–*"शहरी रंगमंच ने जो स्वरूप हमारे सामने स्थापित किया है, वह पश्चिमी थिएटर से माँगा हुआ है और हमारे देश की सामयिक बुनियादी समस्याओं, सांस्कृतिक बुनावट, जीवनपद्धतियों और सामाजिक अपेक्षाओं को पूरा करने में एकदम असमर्थ है। भारतीय संस्कृति के स्वरूप की सही पहचान हमें भारत के देहातों, गाँवों और क़स्बों में मिलती है। यहाँ के गाँवों में ही हमें अपनी प्राचीन गौरवशाली नाट्य परम्पराओं के सन्दर्भ-संकेत मिलते हैं जो आज भी बरक़रार हैं। यहाँ के नाट्यदलों को ही समुचित प्रोत्साहन दिए जाने की आवश्यकता है। उन्हें उनके सम्पूर्ण विकास के लिए एक ऐसे माहौल को बनाने की ज़रूरत है जहाँ वे सहज रूप से विकसित हो सकें। दूसरी ओर, जब तक शहरी युवा वर्ग के लोग पारम्परिक नाट्यरूपों से तादात्मय स्थापित नहीं करेंगे तब तक सही मायनों में भारतीय रंगमंच, जो कि अपने जड़ों से गहरा जुड़ा हो और साथ ही आधुनिक तथा विश्वजनीन हो, स्थापित नहीं हो सकता।"*

हबीब तनवीर के इस कथन में लोक के प्रति उनका गहरा राग छिपा हुआ है,

पर इस राग में हठधर्मिता या अन्धश्रद्धा नहीं है। इसमें है, अनुभवजनित ताप से पैदा हुई वैज्ञानिक चेतना। *"जहाँ तक शैली, तकनीक और प्रस्तुतिकरण का प्रश्न है, हमें कुछ ऐसा चाहिए जो देशज हो, अपनी सम्पूर्णता में देशज हो। लेकिन साथ ही कथ्यात्मक रूप से विश्वजनीन, आधुनिक, समसामयिक हो, हमारे अपने युग का हो, इस स्पेस एज का हो।"* वे परम्परा को जानते थे। वे यह अच्छी तरह जानते थे कि परम्परा का बहुत सारा हिस्सा मृत, अनुपयोगी और जीवनविरोधी भी होता है। इस बात को लेकर वे बेहद सजग थे। उन्होंने कहा–*"हमें परम्परा का दास नहीं बनना है, पर साथ ही हमें उसके साथ मनमानी करने का भी कोई अधिकार नहीं। आधुनिक कला रचना में परम्परा के सृजनात्मक समावेश के लिए उसके प्रति अधिक गम्भीर और संस्कार-परक दृष्टिकोण की आवश्यकता है। प्रत्येक परम्परागत पद्धति, रीति अथवा दृष्टिकोण में कुछ अंश ऐसा होता है जिसकी सार्थकता समाप्त हो चुकी है और जिसे जिलाने या फिर से लादने का चाहे जितना प्रयत्न किया जाए, वह सफल नहीं होता। केवल अवांछनीय पुनरुत्थानवादी विकृति को प्रश्रय दे सकता है।...रंगमंच के विकास के मौजूदा दौर में हमें पारम्परिक नाट्य की ओर उन्मुख होने की जितनी आवश्यकता है, उतनी ही उसके प्रति एक स्वस्थ और दायित्वपूर्ण दृष्टिकोण अपनाने की भी है।"*

मैं जिस अनुभवजनित ताप की बात कर रहा था, उसे महसूस करने, जानने के लिए उनके जीवन पर ग़ौर करना ज़रूरी है। हबीब तनवीर के जीवन में अनगिनत उतार-चढ़ाव आए। 1 सितम्बर, सन् 1923 को छत्तीसगढ़ के रायपुर में जन्मे जिस हबीब अहमद ख़ाँ को आज हम सब हबीब तनवीर के नाम से जानते हैं, उन्होंने अलीगढ़ मुस्लिम विश्वविद्यालय में एक साल तक एम. ए. की पढ़ाई करने के बाद बम्बई में हथियारों के एक कारख़ाने में सुपरवाइज़र की नौकरी से अपना जीवन शुरू किया पर वे जीवन भर हिंसा के विरुद्ध संघर्ष करते रहे। हिंसा के प्रतिकार स्वरूप अपने रंगकर्म के अन्तिम दौर में उन्होंने टैगोर के नाटक *विसर्जन* को मंचित किया। हबीब तनवीर ने आकाशवाणी में स्क्रिप्ट राइटर के रूप में काम किया और इसके बाद फ़िल्म पत्रिका *फ़िल्म इंडिया* के सहायक सम्पादक बने। उन्होंने *धरती के लाल, दिया जले सारी रात, आकाश, राही* आदि फ़िल्मों में अभिनय किया। वे इप्टा से जुड़े। बालभवन में बच्चों के साथ रंगकर्म किया। फिर नज़ीर अकबराबादी के जीवन पर आधारित नाटक *आगरा बाज़ार* मंचित किया। इसके बाद वे प्रशिक्षण के लिए लन्दन गए और रॉयल एकेडमी ऑफ ड्रमेटिक आर्ट्स, ब्रिस्टिल ओल्ड विक और ब्रिटिश ड्रामा लीग में प्रशिक्षित हुए। कई यूरोपीय देशों का यात्रा की और जर्मनी के रंगमंच का गहन अवलोकन किया। रॉयल एकेडमी ऑफ ड्रमेटिक आर्ट्स यानी राडा में एक साल का प्रशिक्षण पूरा करने के बाद उन्हें इस प्रशिक्षण की निरर्थकता का अहसास हुआ। उन्होंने राडा छोड़ने की ज़िद ठान ली। इस सन्दर्भ में उनका कथन ग़ौरतलब

है–*"मैंने अनुभव किया कि भाषा का सम्बन्ध वाणी से है जो गतिविधि या कार्य-व्यापार से जुड़ी है। इसीलिए सीधी-सादी बात है कि भाषा का परिवर्तन क्रिया या गतिविधि में भी परिवर्तन ला देता है और चरित्र और सांस्कृतिक लोकाचार में भी।"* अन्ततः राडा को उनकी ज़िद माननी पड़ी और उन्हें एक साल का प्रमाणपत्र देना पड़ा। फिर वे प्रशिक्षण के लिए ब्रिस्टिल ओल्ड विक में गए और इसके बाद ब्रिटिश ड्रामा लीग में प्रशिक्षण प्राप्त किया। आख़िर वह क्या था जिसके चलते उन्होंने राडा जैसे प्रतिष्ठित संस्थान को छोड़ दिया? अपनी लोक-संवेदना के स्पन्दनों को अपने भीतर बचाए रखने, अपनी बोलियों-भाषा के आंतरिक लय के भीतर छिपी शक्ति को खो देने और लोक, जिसे उन्होंने लोकाचार कहा, के भीतर विन्यस्त जीवन के असंख्य सूत्रों से वंचित रह जाने की चिन्ता ने उन्हें ऐसा करने को विवश किया। वे अपने लोकजीवन के दर्शन की गहनता और ऊर्जा की विराटता को पहचान चुके थे। लम्बी अवधि तक परतंत्रता के बाद नवनिर्माण की प्रक्रिया से गुज़र रहे भारतीय समाज को जिस समतामूलक सांस्कृतिक चेतना की ज़रूरत थी, उसे लोक से ही अर्जित किया जा सकता था। लोक से शास्त्र के रिश्ते पर उनकी दृष्टि साफ़ थी। उनकी लोकधर्मिता में शास्त्र शामिल था। उन्होंने शास्त्र की सांद्रता को अपने प्रयोगों से तरल बनाया। इतना तरल कि उनकी प्रस्तुतियों में इसे अलग से चिह्नित करना असम्भव है। उनकी प्रस्तुति *मिट्टी की गाड़ी* को इस सन्दर्भ में रेखांकित किया जा सकता है। मैंने उनके सारे नाटक नहीं देखे फिर भी पटना, दिल्ली, गुवाहाटी, मुम्बई आदि जगहों पर *चरनदास चोर, बहादुर कलारिन, हिरमा की अमर कहानी, मोटेराम का सत्याग्रह, दुश्मन, जिस लाहौर नईं देख्या वो जन्म्याईं नहीं, देख रहे हैं नैन, कामदेव का अपना वसन्त ऋतु का सपना* और *विसर्जन* देखा है।

हबीब तनवीर के दीर्घ जीवन की संघर्षधर्मिता, उनके व्यक्तित्व की संवेदनशीलता और उनके रंगकर्म की रचनात्मकता को पारम्परिक और पूर्वनिर्धारित खाँचों में नहीं रखा जा सकता हैं। उनके रंगकर्म का महाकाव्यात्मक विस्तार और उनके जीवन का ताप अपने लिए नए स्थान और नई आलोचना पद्धति की माँग करता रहा है। देश की आज़ादी के साथ-साथ पैदा हुई पश्चिमोन्मुख सांस्कृतिक लालसाओं, परम्परा की वापसी के नाम पर पुनरुत्थानवाद और शुचितावाद की प्रवृत्ति तथा पूँजी के बल पर मनोरंजन की फूहड़ कल्पनाओं के बीच उलझे परिदृश्य पर हबीब तनवीर की सतर्क नज़र थी। उन्हें लगा कि पूँजी के दबाव में फ़िल्में उन्हें वह सृजनात्मक स्वतंत्रता नहीं दे सकतीं, जिसकी उन्हें चाह है। आज़ादी के बाद पैदा हुई पश्चिमोन्मुख सांस्कृतिक लालसाओं की गिरफ़्त में भी वह नहीं फँसे। पुनरुत्थानवाद और शुचितावाद को उन्होंने एक सिरे से नकारा। अपने रंगकर्म के आरम्भिक काल से ही हबीब तनवीर इस बात की पक्षधरता करते रहे कि रंगमंच को आलोचनात्मक होना चाहिए। राजनीतिक विचारों से लैस रंगमंच की उनकी कल्पना को आरम्भिक दौर में सन्देह

की नज़र से देखा गया, पर जैसे-जैसे उन्होंने अपने नाटकों के लिए नई युक्तियों की खोज की और नाटकों में विचार के स्तर पर मनुष्य की पक्षधरता का संघर्ष तेज़ किया, रंगकर्मियों-दर्शकों का एक बड़ा तबका उनकी तरफ आकर्षित हुआ। भारतेन्दु के बाद भारतीय समाज के सांस्कृतिक संघर्ष को नेतृत्व देनेवाले कुछ गिने-चुने व्यक्तित्वों में हबीब तनवीर भी शामिल हैं। उन्होंने भारतेन्दु का एक भी नाटक मंचित नहीं किया, फिर भी वह अपने रंगचिन्तन में भारतेन्दु के सर्वाधिक निकट रहे। उन्होंने लोक की व्यापक अवधारणा को अपने रंगकर्म का आधार बनाते हुए अभिव्यक्ति के नए कौशल के जादू से दर्शकों को विस्मित किया है। विस्मय अक्सर हमारी चेतना को जड़ बनाता है, पर हबीब तनवीर के रंग कौशल का जादू हमें इसलिए विस्मित करता है कि उनकी प्रस्तुतियों में सहजता के साथ वे सारे प्रपंच हमारे सामने खुलने लगते हैं, जो सदियों से मनुष्य को गुलाम बनाए रखने के लिए मनुष्य द्वारा ही रचे जा रहे हैं। इन प्रपंचों के तहख़ानों में निर्भय होकर उतरना और सारे गवाक्षों को खोलकर आवाज़ लगाना कि *आओ, देखो सत्य क्या है*; आज सरल काम नहीं है। रचनाकर्म में इसके दोहरे ख़तरे होते हैं। एक तो कलात्मकता के ह्रास का ख़तरा हमेशा बना रहता है और दूसरी ओर प्रपंच रचनेवालों की हिंसा का सामना भी करना पड़ता है। हबीब तनवीर इन दोनों ख़तरों से जूझते हैं। कलात्मकता के स्तर पर वह निरन्तर उन रूढ़ियों को तोड़ते हैं, जिन्होंने आज़ादी के बाद के हिन्दी रंगमंच का नैसर्गिक विकास नहीं होने दिया। तथाकथित बौद्धिकता और आभिजात्यपन की लालसा में इन रूढ़ियों के आधार पर हिन्दी रंगमंच का ऐसा स्वरूप उभरा, जो आज सामान्य जनता की सांस्कृतिक भूख मिटाने में सक्षम नहीं है। हबीब तनवीर ने इन रूढ़ियों को तोड़ते हुए नए प्रयोग किए और प्रयोगों की सफलताओं-असफलताओं के बीच से अपनी प्रस्तुतियों के लिए नई रंगभाषा और नई रंगयुक्तियों की खोज की। उन्होंने अपने नाटकों की केन्द्रीय चेतना से कभी कोई समझौता नहीं किया। अपने हर नाटक को अपने समय और समाज के प्रति उत्तरदायी बनाए रखा। समाज के सारे प्रपंचों और अन्तर्द्वन्द्वों को उजागर करते हुए उस शक्ति से कभी भयभीत नहीं हुए या समझौता नहीं किया, जो मनुष्यता के विरोध में संगठित होकर हिंसा करती है। हबीब साँझा संस्कृति की पक्षधरता करते रहे हैं। धार्मिक आडम्बरों-बाह्याचारों-कट्टरताओं के ध्वजवाहकों की क्रूरताएँ हों या पूँजी के मद में बौराई शक्तियों की हिंसा; हबीब तनवीर ने सबका सामना किया है। उनके रंगकर्म को तीखी आलोचनाओं का भी सामना करना पड़ा। उनके रंगकर्म की आधुनिक चेतना को झुठलाने के प्रयास हुए। उन्होंने दृढ़ता से इसका सामना करते हुए कहा—*"मैं कहना चाहूँगा कि इन आँचलिक मुहावरे के नाटकों को दिल्ली जैसी जगहों में प्रस्तुत करने का एक उद्देश्य तो यह है कि मैं इस तथाकथित सभ्य समाज के बनावटी और ओढ़े हुए आवरण को उतार देना चाहता हूँ। उन्हें एक ऐसे अहसास से परिचित कराना चाहता हूँ जो अत्यन्त खरा,*

अधिक ऊर्जावान और जीवन्त है जिसके वे अभ्यस्त नहीं हैं।"

उनकी प्रस्तुतियों में सहजता के साथ हमारे समय और समाज के सारे अन्ध-गह्वर उजागर होते रहे। हबीब तनवीर ने आगा हश्र कश्मीरी, विशाखदत्त के अलावा मौलियर, ब्रेख़्त, लोर्का, ऑस्कर वाइल्ड, शेक्सपीयर, गोल्डनी आदि के नाटकों को मंचित किया। उन्होंने ग़ालिब के जीवन पर भी नाटक किया। हमेशा उनकी प्रयोगधर्मिता बहस के केन्द्र में रही। अभिनय की जिस अनौपचारिक पद्धति को उन्होंने अपने नाटकों के लिए आविष्कृत किया उसने अभिनय के भारतीय सौन्दर्य-शास्त्र की आधुनिकता को पुनः रेखांकित किया। वे परिस्थितियाँ, जो हमारे भीतर रसोद्रेक पैदा कर हमारे भावजगत को प्रभावित या उद्वेलित करती हैं, हबीब तनवीर के नाटकों की अभिनय शैली में महत्त्वपूर्ण होती हैं। वे अपने अभिनेताओं को इन स्थितियों से परिचित कराते और इसके बाद अभिनेता स्वयं अपनी कल्पना शक्ति और उन्मुक्त रंगव्यवहार के बल पर रचते। लोक-परम्परा से ऊर्जा ग्रहण करनेवाले अभिनेताओं की नैसर्गिक अभिनय-प्रतिभा का सार्थक उपयोग करते हुए हबीब तनवीर ने हिन्दी रंगमंच को गोविन्द राम, फिदाबाई और मदनलाल जैसे अभिनेता दिए।

हबीब तनवीर बार-बार यह बात दुहराते थे कि *"मेरे आसपास का समाज मेरी सबसे महत्त्वपूर्ण पुस्तक है।"* यह आसपास का समाज क्या है? यही है उनका लोक। इसी लोक में वह विचरते रहे। इसे ही पढ़ा-गुना। इसी लोक के अनन्त में पसरा हुआ था उनका देश और काल। इसी के गर्भ में थे उनकी रचनात्मकता के बीज, उनकी प्रयोगधर्मिता के सूत्र। और इसी लोक की धरती पर खड़े होकर उन्होंने इस अछोर जगत को देखा-परखा। इसी लोक के भीतर उन्होंने अनन्त यात्राएँ की और संवत्सरों के पार गए।

हबीब तनवीर को याद करना सिर्फ़ रंगकर्म से जुड़े एक व्यक्ति को याद करने की तरह नहीं है। दसों दिशाओं से टकराते उस व्यक्ति की कल्पना कीजिए, जिसके सिर पर टूटने को आसमान आमादा हो, घरती पाँव खींचने को तैयार बैठी हो और कुहनियाँ अन्य दिशाओं से टकराकर छिल रही हों; और वह व्यक्ति सहज भाव से सजगता तथा बेफ़िक्री दोनों को एक साथ साधकर चला जा रहा हो। मृत्युपर्यन्त कुछ ऐसा ही जीवन रहा है हबीब तनवीर का। हबीब, जिसका अर्थ प्रिय होता है।

(इंदिरा संगीत कला विश्वविद्यालय, खैरागढ़ में राष्ट्रीय नाट्य विद्यालय, नई दिल्ली के सहयोग से हबीब तनवीर की जयन्ती पर आयोजित राष्ट्रीय संगोष्ठी में प्रस्तुत आलेख।)

विसंगतियों की खोज में सैमुअल बेकेट

सैमुअल बेकेट ने अपनी रचनात्मकता से नाट्य की सम्भावनाओं को ग़ैरपारम्परिक ढंग से विस्तारित किया। उन्होंने रंगमंच को मानव अस्तित्व की विसंगतियों से परिचित करवाया। जीवन की अर्थवत्ता की आकुल तलाश ने सैमुअल बेकेट को विवश किया कि वह मनुष्य के अकेलेपन की गहनतम् घाटियों और मनुष्य की भाषा और लालसा के बीच फैली विशाल खाड़ी में उतरकर अभिव्यक्ति के नए सूत्र खोजें।

सैमुअल बेकेट का जन्म 13 अप्रैल, सन् 1906 को आयरलैंड के डब्लिन शहर के एक उपनगरीय इलाक़े में हुआ। उनका परिवार एक मध्यवर्गीय एंग्लो-आयरिश प्रोटेस्टेंट परिवार था। सैमुअल बेकेट भाषा के प्रति बेहद उत्सुक और जिज्ञासु थे। स्कूली जीवन के दौरान ही भाषा के प्रति उनका गहरा लगाव प्रकट हो चुका था। बाद में उन्होंने डब्लिन के ट्रिनिटी कॉलेज से फ्रेंच और इटालियन भाषा की पढ़ाई पूरी करते हुए स्नातक की डिग्री हासिल की। पिता बिल बेकेट से उनके गहरे सम्बन्ध थे। सन् 1933 में पिता की मृत्यु से उन्हें गहरा सदमा पहुँचा। सैमुअल बेकेट के लिए यह एक भावनात्मक संकट का काल था। इसी साल रिश्ते की एक बहन की मृत्यु से भी उन्हें भारी दुःख पहुँचा। बेकेट अपनी इस बहन के बेहद क़रीब थे। अपनी माँ से उनके सम्बन्ध तनावपूर्ण और यातनादायी थे। उनकी समग्र रचनात्मकता पर इस तनावपूर्ण और यातनादायी सम्बन्ध की प्रतिच्छाया दिखती है। अनसुलझे सम्बन्धों और प्रतिरोध के पदचिह्नों से भरा है उनका रचना संसार। स्त्रियों के साथ सैमुअल बेकेट के सम्बन्ध हमेशा जटिल और असफल रहे। वह गम्भीर और अन्तरंग सम्बन्धों से भागते रहे। जेम्स जॉयस की बेटी लुसिया हों या पेरिस के आरम्भिक दिनों में उनसे जुड़ने की चाह रखनेवाली स्त्रियाँ, सैमुअल बेकेट किनाराकशी करते रहे। बाद के दिनों में भी कई स्त्रियाँ उनके निकट आने के लिए आतुर रहीं, पर वह निराशा और मनोवैज्ञानिक समस्याओं से घिरे रहे और इसी के बीच विसंगतियों की छायाएँ और इन छायाओं को अभिव्यक्त करने का कौशल आविष्कृत करते रहे। सन् 1928 में सैमुअल बेकेट की मुलाक़ात आयरिश लेखक जेम्स जॉयस से हुई। वह आयरलैंड लौट गए और उन्होंने ट्रिनिटी कॉलेज में फ्रेंच पढ़ाना शुरू किया, पर थोड़े ही दिनों बाद

उन्होंने त्यागपत्र दे दिया। उनके भीतर छिपा था—एक बेचैन यायावर। वह अनथक लन्दन, फ्रांस, जर्मनी, इटली आदि देशों में भटकते रहे। अन्ततः उन्होंने सन् 1937 में पेरिस में बसने का निर्णय लिया। द्वितीय विश्वयुद्ध में जर्मनों के कब्ज़े तक वह पेरिस में ही बने रहे। सन् 1941 में वह एक भूमिगत प्रतिरोधी संगठन से जुड़ गए थे। सन् 1942 में जब उन्हें यह सूचना मिली कि उनके संगठन के कुछ सदस्यों को गेस्टापो ने गिरफ़्तार कर लिया है, वह तत्काल फ्रांस के उस हिस्से में जाकर छिप गए जहाँ जर्मनों का कब्ज़ा नहीं था। फ्रांस की मुक्ति तक वह एक खेत मज़दूर का रूप धारण कर पकड़े जाने से बचते रहे। वह कुछ दिनों के लिए आयरलैंड लौटे ज़रूर, पर सन् 1945 में अन्तिम रूप से फ्रांस में जाकर बस गए।

द्वितीय विश्वयुद्ध के पूर्व जेम्स जॉयस और फ्रांसिसी उपन्यासकार प्राउस्ट पर सैमुअल बेकेट के दो लेख प्रकाशित हुए। सन् 1934 में *मोर प्रिक्स दैन किक्स* नामक उनकी पुस्तक आई, जिसमें दस कहानियाँ थीं और इन कहानियों में डब्लिन के एक बुद्धिजीवी का चित्रण था। सन् 1938 में उन्होंने अपना प्रसिद्ध उपन्यास *मरफ़ी* पूरा किया, जो जिसमें लन्दन में रहनेवाले एक आयरिश का जीवन दर्ज था। फिर उनकी कविताओं के संकलन आए। सैमुअल बेकेट ने इस बीच *वाट* नामक उपन्यास पूरा किया, जो सन् 1953 तक अप्रकाशित रहा। स्थायी रूप से पेरिस लौटने के बाद उन्होने कई कहानियों की रचना की।

सैमुअल बेकेट का पहला नाटक *एन एटेंडेंट गोडो* सन् 1952 में प्रकाशित हुआ और सन् 1953 के जनवरी महीने में पेरिस के *थियेटर डी बेबीलोन* में उसका पहला मंचन हुआ। उन्होंने स्वयं अपने इस नाटक को अंग्रेज़ी में *वेटिंग फॉर गोडो* शीर्षक से अनूदित किया। यह विश्व रंगमंच पर एब्सर्ड नाटक की पहली बड़ी सफलता थी। इस सफलता ने सैमुअल बेकेट को विश्वप्रसिद्ध नाटककार के रूप में स्थापित किया। इंग्लैंड और अमरीका में सैमुअल बेकेट के इस नाटक की धूम मच गई। उन्होंने रंगमंच की पारम्परिक संरचना में कई मौलिक बदलावों के साथ एक नई रंगभाषा की रचना की। इसमें कथा-विन्यास और संवाद-संयोजन ग़ैरपारम्परिक ढंग से किया गया था। यह नाटक हिन्दी रंगमंच के लिए भी आकर्षण का केन्द्र बना और इसके मंचन का विस्तार *गोडाला देखत हन्* शीर्षक से बोली तक पहुँचा। उनके अन्य नाटकों *एण्ड गेम* और *क्रेप्स लास्ट टेप* की भी पर्याप्त चर्चा हुई। *एण्ड गेम* मनुष्य के आपसी सम्बन्धों के भीतरी विभ्रम को अद्‌भुत रंगभाषा में अभिव्यक्त करता है। मृत्यु के क्षणों में मनुष्य की सत्ता के विलुप्त होने अथवा अध्यात्मिक और दैहिक पक्षों के बीच सन्धियों के टूटकर बिखरने को यह नाटक विलक्षण ढंग से प्रस्तुत करता है। *क्रेप्स लास्ट टेप* का पहला मंचन सन् 1958 में हुआ। इस नाटक में एक बूढ़ा व्यक्ति अपनी उन आत्मस्वीकृतियों को सुनता है, जिसे उसने अपने युवा और ख़ुशहाल दिनों में रिकॉर्ड किया था। सैमुअल बेकेट इस युक्ति से मनुष्य के 'स्व' की रहस्यात्मकता को

बिम्बधर्मिता प्रदान करते हैं। बूढ़े मनुष्य को युवा मनुष्य का स्वर अपरिचित लगता है और उसे विस्मित करता है। यह विस्मय कई प्रश्नों को जन्म देता है। *हैप्पी डेज़* में मृत्यु से साक्षात्कार का एक और रूप सैमुअल बेकेट प्रस्तुत करते हैं। जीवन की निरर्थकता और सार्थकता के प्रचलित मानदंडों के बीच छिपी विसंगतियों को यह रचना अभिव्यंजित करती है। मनुष्य की पहचान का संकट सैमुअल बेकेट की रचनात्मकता की मुख्य चेतना है। वह कहते थे कि *"मेरे 'मैं' का एक हिस्सा यह वर्णन कर रहा होता है कि दूसरा हिस्सा क्या कर रहा है।"*

अस्सी के सिद्धनाथ

वह अपनी विधा के सिद्ध हैं। उन्होंने यह सिद्धत्व अपनी रचनात्मक सक्रियता और रचनात्मक विवेक के बल पर प्राप्त किया है। इसी साल (सन् 2007) तेरह अगस्त को उन्होंने अस्सी पार किया। उनकी याद आते ही सबसे पहले उनकी हँसी याद आती है। उनकी दूधिया-धवल हँसी का निर्माल्य हमेशा स्मृतियों में भी जीवन्त रहता है।

मैं उनके बहुत निकट नहीं रहा, पर कई-कई बार मिलना हुआ। राँची में अपने प्रवास के दौरान, पटना में उनकी यात्राओं के दौरान और कभी-कभार विभिन्न आयोजनों के दौरान मुलाक़ातें और रंगमंच पर बातें होती रहीं। जब भी मिला वह अपेक्षाकृत ज़्यादा ऊर्जावान, गतिशील, उत्साही और रचने की आकुलता से भरे-भरे लगे। यहाँ तक कि आँखों के ऑपरेशन के बाद जब वह पटना आए थे, लिखने और सिर्फ़ लिखने की बातें करते रहे मानो आँखों को उन्होंने सिर्फ़ लिखने के लिए फिर से पाया हो। एक अरसा हुआ, इधर उनसे मुलाक़ात नहीं हुई। मैंने उनकी खोज-ख़बर नहीं ली। पर इससे कोई फ़र्क़ नहीं पड़ता। मुलाक़ात के बीच चाहे जितना भी फ़ासला हो, उनकी आत्मीयता पर कोई असर नहीं पड़ता। वह सघन से सघनतर होती रही है।

हिन्दी का रचना-संसार कुछ मामलों में बेहद क्रूर और हिंसक रहा है। विशेषतः अपने पूर्वजों के अवदान पर मिट्टी डालकर उनके जीवन-काल में ही उन्हें बिसार देने के अनेक उदाहरण हैं। सिद्धनाथ कुमार उन गिने-चुने लोगों में हैं, जिन्होंने हिन्दी के रंगपरिवेश को अपनी उपस्थिति और लेखन से समृद्ध किया है। जब आज़ादी के बाद रंगमंच की दुनिया ने रचनात्मक स्तर पर अपना कलेवर बदलना शुरू किया, तो उसके सामने सबसे बड़ा संकट अपने को रंगमूल्यों की दृष्टि से आँकते हुए नए रास्तों के निर्माण का था। साहित्य की दुनिया से रंगमंच के रिश्ते कमज़ोर होते गए और महाविद्यालयों-विश्वविद्यालयों की प्राध्यापकीय जड़ता ने उसे जकड़ना शुरू किया। रंगमूल्यों से लगभग अपरिचित गुरुओं ने अपने ज्ञान का ऐसा आतंक फैलाया कि परम्परा के अन्वेषण की दिशा ही बदल गई। इस अन्वेषण से प्राप्त सिद्धान्त और

तत्त्व भविष्य के रंगमंच के लिए उपयोगी नहीं थे। हिन्दी के प्राध्यापकों ने नाटकों के अध्ययन-अध्यापन की ऐसी पद्धति विकसित की जिसका रंगमंच से कोई रिश्ता नहीं था। नाटक के सिर्फ़ लिखित पाठ के आधार पर नाटकालोचन के सिद्धान्त गढ़े गए। इस भूल और एकांगी दृष्टि ने हमारी नाट्य परम्परा की कई श्रेष्ठ कृतियों को हाशिए पर डाल दिया और वे कृतियाँ रंगप्रयोगों से वंचित रह गईं। यह नए रंगमूल्यों, नए रंगबोध और नई रंगभाषा के जनमने और विकसित होने का काल था, जिसके प्रति उत्सुकता और जिज्ञासा के बदले निषेध की भावना को हवा दी गई। आज जिन्हें हम अपनी रंगपरम्परा की श्रेष्ठ उपलब्धि मानते हैं, कई बार ऐसे रंगकर्मियों की रचनात्मकता को अपमानजनक ढंग से ख़ारिज किया गया। इस दौर में नेमिचन्द्र जैन के अलावा कुछ गिने-चुने लोग ही सामने आए, जिन्होंने नाटक के लिखित पाठ के साथ-साथ प्रस्तुति-पाठ को भी महत्त्वपूर्ण माना। सिद्धनाथ कुमार ऐसे ही लोगों में एक हैं। हालाँकि, वह विश्वविद्यालय से प्राध्यापक के रूप में लम्बे अरसे तक जुड़े रहे हैं, पर उन्होंने नाटक के दूसरे पाठ यानी प्रस्तुति पाठ पर विमर्श के लिए आलोचना के नए उपकरणों की तलाश की और साथ ही, नाटक के तीसरे पाठ यानी प्रस्तुति के बाद जिसे दर्शक की स्मृति रचती है, उसके विश्लेषण की पद्धति को भी आविष्कृत करने का प्रयास किया।

डॉ. सिद्धनाथ कुमार ने नाटक-लेखक और सहायक प्रोड्यूसर के रूप में पाँच वर्षों तक आकाशवाणी में नौकरी की और इसके बाद बत्तीस वर्षों तक विश्वविद्यालय में अध्यापन करते रहे। यह बात चकित करती है कि रचनात्मकता के लिए क़ब्रगाह साबित होनेवाले इन संस्थानों की जड़ता से जूझते हुए उन्होंने अपनी सृजनात्मक भूख को जीवित रखा। उन्होंने कई नाटकों की रचना की। हालाँकि उनके नाटकों को बहुत प्रसिद्धि नहीं मिली, पर उनके काव्य-नाटक *सृष्टि की साँझ* को *अन्धायुग* के बाद लिखे गए काव्य-नाटकों की परम्परा में महत्त्वपूर्ण स्थान प्राप्त है। इसके अलावा *रंग और रूप, वे अभी भी क्वाँरी हैं, मुर्दे जिएँगे, आदमी है नहीं है, रोशनी शेष है, रास्ता बन्द है, आतंक* और *अशोक* आदि कई नाटकों की उन्होंने रचना की और इनका मंचन भी हुआ। परन्तु मूलतः एक नाट्य-सिद्धान्तकार और रंग-आलोचक के रूप में अपने अवदान से उन्होंने रंगजगत को समृद्ध किया। *प्रसाद के नाटकों का पुनर्मूल्यांकन* नामक अपनी पुस्तक में उन्होंने पहली बार प्रसाद के नाटकों में निहित रंगतत्त्वों को उजागर किया और प्राध्यापकीय आलोचना द्वारा उनके अभिनयोचित होने पर जड़े तालों को खोला। प्रसाद के नाटकों का पुनर्मूल्यांकन प्रस्तुत करते हुए सिद्धनाथ कुमार ने भारतीय और पाश्चात्य, दोनों नाट्य परम्पराओं से अपने लिए आलोचना के उपकरण चुने। उन्होंने एक समन्वित दृष्टि विकसित की और प्रसाद के नाटकों की रंगप्रकृति, रंगस्वरूप, रंगतत्त्व, रंगस्थापत्य आदि का विवेचन किया। सिद्धनाथ कुमार ने इस बात को गहराई से रेखांकित किया कि दृश्यकाव्य के दृश्यत्व में ही इसके

सिद्धान्तों के बीजसूत्र छिपे होते हैं, जिनकी कसौटी पर नाट्यालेख की रंगसम्भावनाओं पर विचार-विमर्श किया जाना चाहिए। उनकी इन स्थापनाओं ने नाटकों के अध्ययन और अध्यापन के लिए नए रास्तों की खोज की। उनकी इस खोज से नीरस व्याख्याओं और सिद्धान्तों की जड़ता से मुक्ति का वातावरण बना। उन्होंने अपनी एक पुस्तक की भूमिका में लिखा है–"*अध्यापक के रूप में बत्तीस वर्षों तक भारतीय और पाश्चात्य नाट्यशास्त्र पढ़ाता रहा और छात्रों को प्रसिद्ध नाटककारों के नाटक पढ़ाता रहा। मित्र पूछते, 'आधे-अधूरे में क्या है, एक-डेढ़ महीने का नाटक है, आपको साल भर कैसे लग जाता है?' मैं कहता, उसमें जो नहीं लिखा है उसे भी पढ़ाना पड़ता है।*" यह जो नाटकों में नहीं लिखा होता है, मंचन के दौरान सर्वाधिक जीवन्त, अनिवार्य और महत्त्वपूर्ण हो उठता है, अतः उसकी उपयोगिता पढ़ने-पढ़ाने के दौरान महत्त्वपूर्ण हो उठती है। इस उपपाठ के भीतर ही रंगरचना के वे तत्त्व छिपे होते हैं, जो दर्शकों तक पहुँचकर उनकी स्मृतियों में तीसरे पाठ के रूप में दर्ज होते हैं। अपनी सजग रंगदृष्टि के बल पर सिद्धनाथ कुमार ने कई नाटकों के मर्म को खोला। छात्रों, नाट्यप्रेमियों, दर्शकों, रंगअध्येताओं के लिए रंगस्वाद को सहज-सुलभ बनाया। उन्होंने प्रसाद के नाटकों *चन्द्रगुप्त, स्कन्दगुप्त,* भारतेन्दु के नाटकों *अँधेर नगरी, भारत दुर्दशा* और मोहन राकेश के नाटक *आधे अधूरे* की संवेदना और शिल्प पर विशेष रूप से काम किया।

आज़ादी के तत्काल बाद, जिन दिनों समग्र भारतीय रंगमंच नया आकार ले रहा था, नाटकों के प्रसारण के लिए रेडियो की एक नई दुनिया भी आँखें खोल रही थी। ध्वनि-नाटकों की चमत्कृत करनेवाली यह दुनिया आज समाप्त हो चुकी है। अन्य माध्यमों के दबाव के अलावा इसे मारनेवाले कुछ और कारण भी हैं, जिनकी चर्चा यहाँ अभीष्ट नहीं, पर यह सच है कि प्रारम्भिक दौर में कई महत्त्वपूर्ण नाम इससे जुड़े थे। सिद्धनाथ कुमार ने कई रेडियो-नाटक लिखे। रेडियो ने उनकी नाट्यलेखन की प्रतिभा का दोहन किया और कुछ अच्छे मंच नाटकों की सम्भावनाएँ समाप्त हो गईं। उनके रेडियो नाटकों को पढ़ते हुए यह साफ़-साफ़ पता चलता है। उन्होंने रेडियो नाटकों की कला और शिल्प पर सैद्धान्तिक लेखन किया। *रेडियो नाट्यशिल्प और रेडियो नाटक की कला*–दो पुस्तकें प्रकाशित हुईं। प्रसारण की दुनिया में इन पुस्तकों को मील का पत्थर माना जाता है। हिन्दी में एकांकी लेखन का भी एक दौर रहा है। सिद्धनाथ कुमार इस दौर के भी साक्षी रहे हैं और उन्होंने हिन्दी में एकांकी लेखन के विकास क्रम तथा शिल्पविधान पर गम्भीर लेखन किया है। उनकी दो पुस्तकें–*हिन्दी एकांकी की शिल्पविधि का विकास* और *हिन्दी एकांकी* प्रकाशित हैं।

नाटकालोचन के सिद्धान्त सिद्धनाथ कुमार की सबसे महत्त्वपूर्ण पुस्तक है। अपनी इस पुस्तक में वह सबसे पहले रंगनाट्य की प्रासंगिकता पर बातचीत करते हैं और *'रंगमंच की सार्थकता का बोध'* कराते हैं तथा *'रंगनाट्य में हमारी आस्था'*

को सुदृढ़ बनाते हैं। वह रंगमंच द्वारा सिद्ध होनेवाले प्रयोजनों की व्यापक चर्चा करते हैं। वह कई उदाहरणों के साथ सहज शैली में अन्य प्रदर्शनकारी विधाओं से रंगनाटकों को अलगाते हुए उनकी विशिष्टता को स्थापित करते हैं। इस प्रसंग में वह दर्शकों की भूमिका को रेखांकित करते हुए कहते हैं–*"इसका दर्शक संवेदनाशून्य उपभोक्ता नहीं होता, वह रंगप्रदर्शन का अनिवार्य अंग होता है–वह नहीं रहे तो नाटक हो ही नहीं सकता। 'दर्शक नही तो नाटक नहीं' की उक्ति प्रसिद्ध है। कहते हैं, अनेक कलाओं और शिल्पों से सम्बद्ध व्यक्तियों की सृष्टि है, तो इन अनेक सहयोगियों में दर्शक की भूमिका अत्यन्त महत्त्वपूर्ण है।"* सिद्धनाथ कुमार रंगनाट्य को सृजनात्मक तनाव के क्षणों की निर्मिति मानते हैं, जिससे प्रस्तुतकर्ता या अभिनेता और दर्शक, दोनों को आनन्द की प्राप्ति होती है। इस तनाव के क्षण के रचनात्मक पहलुओं को भी वह विश्लेषित करते हैं। समूह के जीवन से उत्पन्न हुई सामूहिकता के भाव से जुड़ी इस समूह की कला की सफलता को वह इस बात पर निर्भर मानते हैं कि यह तभी सार्थक होगी जब *'दर्शकों की सामूहिक चेतना का स्पर्श करे, व्यक्तियों को समूह में बदल दे'।* रसमयता की स्थिति की व्याख्या करते हुए सिद्धनाथ कुमार के लेखन की शैली और भाषा गल्प का स्वाद देती है। दर्शक के व्यक्तित्व के बन्धन से मुक्त होकर भाव मात्र बन जाने, मौन के मुखर होने, सौन्दर्य और विमलता में आत्मा के आप्लावित होने जैसी रंगक्रियाओं पर सिद्धनाथ कुमार का रंगचिन्तन नए गवाक्षों को उद्घाटित करता है।

'सजीव रंगकर्मियों और सजीव दर्शकों के बीच जीवन्त सम्बन्ध' ही सिद्धनाथ कुमार के रंगविवेचन का आधार है। काव्य और नाट्य के सम्बन्धों का विवेचन करते हुए वह पहले तो श्रव्य-काव्य और दृश्य-काव्य के अन्तर को स्पष्ट करते हैं, और फिर दृश्य-काव्य पर अपने को केन्द्रित करते हुए कई महत्त्वपूर्ण प्रश्न उठाते हैं। वह दृश्य-काव्य को भी नाट्य और सम्भाव्य नाट्य यानी नाट्यालेख में विभाजित करते हैं। फिर उनके प्रश्न महत्त्वपूर्ण हो उठते हैं कि *कवि रंगकर्म को क्या देता है?* या फिर कि *क्या नाट्यकला स्वायत्त है?* वह इस बात को सादगी के साथ स्पष्ट करते हैं कि नाट्य में भाषा का स्वतंत्र अस्तित्व नहीं होता बल्कि स्थितियाँ ही शब्दों को अर्थ और शक्ति देती हैं। यह आवश्यक है कि नाटककार स्थितियाँ रचे और इनके बीच अन्तर्पाठ या उपपाठ विन्यस्त हों। सिद्धनाथ कुमार ने मंच पर उपन्यास और कहानी की उपस्थिति पर भी विचार किया है। उन्होंने *नैरेटिव थिएटर* पर चर्चा करते हुए भारतीय रंगपरम्परा में गहरे उतरकर न सिर्फ़ उसके उत्स को खोजा है बल्कि उसकी शक्ति को भी रेखांकित किया है। नाट्य की प्रकृति को विश्लेषित करते हुए वह प्रदर्शन की पद्धतियों और रूढ़ियों को सामने रखते हैं।

नाटकालोचन के सिद्धान्तों को आविष्कृत करते हुए सिद्धनाथ कुमार अनुदार नहीं होते। वह पश्चिम के तमाम रंग विचारकों और सिद्धान्तों तक जाते हैं। उन्हें

अपनी परम्परा के आमने-सामने खड़ा करने की बजाय समन्वय की भावना के साथ वहाँ से ऐसे सूत्रों को चुनते हैं, जो हमारे रंगमंच को आधुनिकता से पूरित कर सकें। उन्होंने नाट्यालोचन को शास्त्रीयता और लोकधर्मिता, दोनों से जोड़ा है। वह रंगमंच के सिद्ध भी हैं और नाथ भी। वह आपाधापी के इस माहौल में यश के प्रति मोहाछन्न हुए बिना रचते रहने की निर्मल जिजीविषा के प्रतीक हैं।

पुरुष हिंसा के विरुद्ध विजय तेंडुलकर

विजय तेंडुलकर के निधन का समाचार जब मिला, मैं छोटानागपुर के जंगलों में भटक रहा था। लखनऊ से मेरे एक पत्रकार मित्र ने मोबाइल पर यह सूचना दी थी। यह समाचार पाते ही जंगल की नीरवता का स्वाद और अर्थ मेरे लिए बदल गया था। विजय तेंडुलकर लम्बे समय से बीमार चल रहे थे। उनकी मृत्यु अप्रत्याशित नहीं थी, फिर भी ऐसी ख़बरें मन के भीतर एक हाहाकार भर देती हैं। वे लोग, जो हमारी रचनात्मकता में नींव की ईंट की तरह शामिल होते हैं, जिनके शब्दों से हम संस्कारित होते हैं; उनके न होने को मन स्वीकार नहीं करता है। विजय तेंडुलकर की उपस्थिति का हिन्दी रंगमंच और रंगकर्मियों के लिए एक ख़ास अर्थ रहा है। वह हिन्दीभाषी क्षेत्र में भी समान रूप से चर्चित रहे हैं। उनके नाटकों के अनुवाद सातवें दशक में हिन्दी रंगमंच की अनिवार्यता थे। उनके लगभग तीस से ज़्यादा नाटक हिन्दी में अनूदित हुए। उस दौर में उनके नाटकों के माध्यम से भारतीय समाज, विशेषतः मध्यवर्ग की मनोवृत्ति, संकटों और आंतरिक संघर्षों पर एक नए सिरे से विमर्श आरम्भ हुआ था। उनके नाट्यलेखन की यात्रा अन्तर्द्वन्द्वों से भरी हुई है। उनके नाटकों के कथ्य के आवेग, उपपाठ के भीतर छिपे अन्तर्द्वन्द्व और रंगभाषा ने हिन्दी रंगमंच को भी एक नया तेवर दिया था। देश की आज़ादी से मोहभंग के बाद हिन्दी रंगमंच पश्चिम के रंगतत्त्वों के सहारे अपनी राहें तलाश रहा था। विजय तेंडुलकर के नाटकों ने नई अन्तर्दृष्टि और संवेदना के नए तत्त्वों को आविष्कृत करने में हिन्दी रंगमंच की मदद की और भारतीय रंगपरम्परा के बन्द पड़े गवाक्षों को उद्घाटित किया। सामाजिक परिवर्तन के इस महत्त्वपूर्ण मोड़ पर उन्होंने अपने नाटकों से ऐसी दृष्टि दी, जिससे भारतीय जन-जीवन के आंतरिक संघर्षों, समाज के उद्वेलनों और तनावों का विश्लेषण किया जा सके। इन विश्लेषणों से कई प्रकार के वैचारिक द्वन्द्व उभरे और विमर्श की भूमि तैयार हुई। समाज में हो रहे परिवर्तनों तथा विकास की प्रक्रियाओं और दिशाओं को खोजने में उनके नाटकों का बहुत बड़ा योगदान रहा।

विजय धोंडोपन्त तेंडुलकर का जन्म 7 जनवरी, सन् 1928 को हुआ था। हिन्दी में मंचित उनके नाटकों–*ख़ामोश, अदालत जारी है; जाति ही पूछो साधु की, घासीराम*

कोतवाल, गिद्ध, सखाराम बाईंडर, कमला, कन्यादान, बेबी, पंछी ऐसे आते हैं आदि ने पर्याप्त सफलता अर्जित की और हिन्दी रंगमंच के प्रति दर्शकों को आकर्षित किया। सम्भवतः पहली बार सन् 1968 में उनका नाटक *शान्तता, कोर्ट चालू आहे* हिन्दी में *ख़ामोश, अदालत जारी है* के नाम से रूपांतरित हुआ और इसने अपने कथ्य और शिल्प की नवीनता के चलते समस्त भारतीय रंगजगत का ध्यान अपनी ओर खींचा। इसकी रंगभाषा बेहद प्रभावशाली थी। उन्होंने नाटक के कलाकारों के बहाने कथ्य को सम्प्रेषित किया। नाटक के भीतर एक नकली नाटक होता है। पुरुष समाज की क्रूर हिंसा और अन्याय की गिरफ़्त में छटपटाती रंगमंच कलाकार अविवाहिता बेणारे की कथा भारतीय स्त्री-जीवन की प्रतीक-कथा बन जाती है। अविवाहित मातृत्व के अपराध में बेणारे के भ्रूण की हत्या का निर्णय दर्शकों के मन और मस्तिष्क को मथता है।

विजय तेंडुलकर के नाटकों में हिंसा और प्रतिहिंसा की केन्द्रीय उपस्थिति ने उनके नाटकों को विवादों में घसीटा है और उन पर समाज को जानने-परखने की अतिरंजित दृष्टि रखने का आरोप भी लगा है। पर सच तो यह है कि वह अतिरंजना का शिल्प की तरह उपयोग करते हैं और हिंसा-प्रतिहिंसा की युक्तियों से मानवीय सम्बन्धों की भीतरी तहों तक उतरते हैं; और उन तथ्यों को भी उजागर करते हैं जो छल-छद्म से भरे होते हैं। कुछ रंगकर्मियों-लेखकों ने उनके नाटकों की सिर्फ़ उग्र, आक्रामक और तेवर भरी छवि का प्रचार किया और भ्रम फैलाया। पर वह एक सधे हुए विश्लेषक की तरह अपने पात्रों के अन्तर्मन में उतर कर सम्बन्धों की परत-दर-परत पड़ताल करते हैं और व्यवहार और संवेदना का नया यथार्थ रचते हैं। सन् सत्तर के आसपास विजय तेंडुलकर के प्रसिद्ध नाटक *गिद्ध* के प्रथम मंचन के बाद सम्बन्धों की नैतिकता और मनुष्य के व्यवहार आदि पर ख़ूब बहसें हुईं। *गिद्ध* के पात्रों को मानसिक विकृति का शिकार माना गया, पर सच यह है कि वे हमारे समाज के सांस्कृतिक पतन की उपज हैं। अपसंस्कृति ने इनका भयानक विनाश किया था और पाश्विक वृत्ति दी थी। यह अनैतिक भूख की स्वाभाविक परिणति थी। यह एक दारुण स्थिति थी। तेंडुलकर का यह नाटक समाज की प्रवृत्तियों पर टिप्पणी करता है। इस नाटक में मनुष्य के रूप में पपा, रमाकान्त, उमाकान्त और माणिक जैसे गिद्धों का एक कुनबा है, जिसकी गिरफ़्त में फँसे हैं—रमा और रजनीकान्त जैसे निरीह लोग। रमाकान्त द्वारा अपनी बहन रमा का गर्भपात क्रूरता की पराकाष्ठा है। नाटक की भाषा गालियों से भरी हुई है। ये गालियाँ मनुष्य के गिद्धत्व को उजागर करती हैं। अधिकार, धन और भोग की लालसा में पशु बने मनुष्यों का यह संसार भीतर तक दहला देनेवाला है। डॉ. श्रीराम लागू ने *गिद्ध* को पहले-पहल प्रस्तुत किया और कहा—*"इतना अचूक, इतना सच्चा और इतना अशिष्ट प्रहार मराठी दर्शकों पर इसके पूर्व किसी भी नाटक ने नहीं किया था। प्रत्येक मनुष्य में छिपकर बैठे हिंस्र पशु का प्रत्यक्ष*

अनुभव यह नाटक बड़ी दृढ़ता के साथ दिखा रहा था। उसे उतनी ही ईमानदारी से रंगमंच पर साकार करना भी आवश्यक था और उसके लिए रंगमंच पर ओढ़े सभ्यता के अनेक आवरणों को हटा देना था।"

गिद्ध के अलावा *सखाराम बाईंडर, घासीराम कोतवाल, बेबी, कन्यादान* आदि की अन्तर्वस्तु को यदि हम विश्लेषित करें और नाटकों के पाठ को खोलें तो यह सत्य व्यापक रूप से सामने आता है कि मनुष्य के जीवन में हिंसा के प्रवेश के रास्तों तथा हिंसा के फलने-फूलने की प्रवृत्तियों और सेक्स में बदलते हिंसा के विविध रूपों को परखने में उनकी सजग दृष्टि ने कभी चूक नहीं की। कई बार उनके निष्कर्षों से सहमत हो पाना कठिन होता है, पर यथार्थ के वे सारे पहलू हमारा पीछा करते रहते हैं जिन्हें वे अपने नाटकों में उद्‌घाटित करते हैं। *गिद्ध, सखाराम बाईंडर, घासीराम कोतवाल,* और *बेबी* जैसे नाटकों में वह वाचिक हिंसा से आगे की यात्रा तय करते हैं और इस हिंसा को शारीरिक स्तर पर रचते हैं। हिंसा की यह आक्रामकता दर्शकों को स्तब्ध और बेचैन करती है। प्रभुता और प्रतिशोध की अन्धलिप्सा ही *कन्यादान* की ज्योति के प्रति अरुण आठवले की उग्रता और क्रूरता को निर्धारित करती है। अरुण आठवले गर्भवती ज्योति के पेट पर लात मारता है। *बेबी* नाटक की बेबी को शिवप्पा सिर्फ़ मादा बनाकर छोड़ देता है। वह उसके भाई रग्घू को पागल साबित कर रास्ते से हटा देता है और फिर बेबी की निस्सहायता का लाभ उठाते हुए उसके साथ बलात्कार करता है। बेबी उसके तलवे चाटने को विवश होती है। लोकतंत्र, विकास, भव्य अतीत और समृद्ध परम्परा का दावा करनेवाले भारतीय समाज में पुरुष वर्चस्व और स्त्री की दयनीयता का यह स्वरूप एक कलंक की तरह सामने आता है।

सखाराम बाईंडर में लक्ष्मी और चम्पा, दो स्त्रियों के माध्यम से तेंडुलकर परम्परा और आधुनिकता के बीच पुरुष वर्चस्व की हिंसा की पड़ताल करते हैं। लक्ष्मी एक पारम्परिक स्त्री है, जो स्वभावतः धर्मभीरु है और पति को परमेश्वर मानती है। वह संवेदनशील है, पर बेबस और निरीह है। चम्पा शक्तिशाली है। स्वभाव से उग्र और रोबदाब वाली चम्पा अग्निशिखा की तरह अपनी आँच की तपिश से सखाराम को ललकारती है। सखाराम चम्पा की इस आँच को बर्दाश्त नहीं करता। वह लक्ष्मी का उपयोग करता है और उसके सहयोग से चम्पा की हत्या कर देता है। चम्पा और लक्ष्मी, दोनों को तेंडुलकर एक धरातल पर लाकर खड़ा कर देते हैं। लक्ष्मी का भोलापन और उसकी संवेदनशीलता उसकी रक्षा नहीं कर पाती और वह सखाराम के अपराध में सहभागी बनती है। दूसरी ओर, चम्पा की तमाम ताक़त भी उसके जीवन की रक्षा नहीं कर पाती। सखाराम दोनों का उपयोग कर लेता है।

तेंडुलकर अपने अधिकांश नाटकों में पुरुष की पाशविकता, हिंसा और क्रूरता को स्त्री द्वारा सहने की निर्विकल्प विवशता को केन्द्रीय कथ्य बनाते हैं। *कमला* का अन्त भी यही निष्कर्ष सम्प्रेषित करता है। स्त्री की दयनीयता को वह पुरुष की हिंसा

की उपज मानते हैं। उनके आरम्भिक नाटक *अमीर* में ही पुरुष की हिंसा के प्रति उनकी दृष्टि के बीज देखे जा सकते हैं। पशुता और असभ्यता का प्रतीक *अमीर* का नायक श्रीधर नायिका मथुरा को घुट-घुट कर मरने के लिए लाचार करता है। इसी श्रीधर में छिपे हैं—सखाराम और अरुण आठवले जैसे पात्रों के भ्रूण। *एक ज़िद्दी लड़की* की मीनाक्षी को उसका श्वसुर विवश करता है कि वह एक भ्रष्ट परिवार को स्वीकार करे। पर अन्ततः परिवार से मिले सारे अधिकार धोखा साबित होते हैं और वह कठपुतली की तरह जीने लगती है। *अंजी* की नायिका अंजली की आत्मनिर्भरता और स्वतंत्रता के पीछे पीड़ा का समुद्र छिपा हुआ है। तीस साल तक अविवाहित रहने के बाद एक गुंडा उससे बलात्कार करता है और उसके मुँह पर थूक देता है। इससे बड़ी त्रासदी और क्या हो सकती है कि वह बलात्कार के इस भयावह अनुभव में सुख खोजने लगती है! *जाति ही पूछो साधु की* नायिका को सत्ताधारी काका कठपुतली की तरह जीने पर विवश करता है और उसके प्रेम की बलि चढ़ा देता है। *पंछी ऐसे आते हैं* की सरू को भी अरुण अन्ततः अकेलापन और दुःख ही देता है। असहमतियों के बावजूद कुछ ठोस कारणों को प्रस्तुत करते हुए जयदेव तनेजा मानते हैं कि *"...तेंडुलकर समकालीन भारतीय रंग-परिदृश्य के शायद एकमात्र रंग-सिद्ध शिल्पी हैं कि असहमति और असुविधाजनक होने के बावजूद उनके नाटकों के समग्र प्रभाव से मुक्त नहीं हुआ जा सकता।"*

तेंडुलकर के नाटक *घासीराम कोतवाल* को भी मंच पर पर्याप्त सफलता प्राप्त हुई। उच्चवर्गीय नाना के भीतर भाषा से लेकर व्यवहार तक में समस्त कुरूपताएँ उपस्थित हैं। वह स्त्रियों को गाली देता है और मारपीट तथा हत्या तक को अंजाम देता है। जब यह लिखा गया, पारम्परिक मराठी नाटकों से अलग प्रभाव के लिए जाना गया। अपनी दृश्यात्मकता और संगीतात्मक प्रभाव के साथ-साथ लोक रंग युक्तियों के प्रयोग के कारण *घासीराम कोतवाल* विभिन्न भारतीय भाषाओं में अनूदित हुआ। इसके रंगविधान ने रंगकर्मियों को प्रयोगधर्मिता के लिए प्रेरित किया। यह नाटक सत्ता की हिंसा और कुटिलताओं को जिस तरह सम्प्रेषित करता है उसे देखकर दर्शक अवसन्न रह जाते हैं।

तेंडुलकर की भाषा की छवियाँ रंगभाषा के सृजन में सहयोगी बनती हैं। उनके नाटकों के कथ्य और अन्तर्वस्तु के भीतर से स्वतः उपजती पात्रानुकूल भाषा और बोलियों के प्रभाव में भाषा की शक्ति के नवोन्मेष को साफ-साफ रेखांकित किया जा सकता है। तेंडुलकर के नाट्यालेखन में मनुष्य की दुर्बलता के साथ-साथ मनुष्य की असली आवाज़ सुनी जा सकती है। वर्तमान समाज-रचना के निरीक्षण, समाज की पुनर्रचना तथा समाज की विसंगति में मनुष्य के व्यवहार की खोज की ओर संकेत करनेवाले तेंडुलकर के नाटकों में एक ऐसी संस्कृति का प्रवाह है, जो निरन्तर हमें अपने भीतर की पशुता की भयावहता के दर्शन कराता है और नए मनुष्य के निर्माण

की ओर संकेत करता है। वह अन्यायपूर्ण, अनुचित और नृशंस समाज में जीनेवाली स्त्रियों की उत्कट जिजीविषा के नाटककार भी हैं। विजय तेंडुलकर इस अनैतिक होते विकट समय में नैतिकता के नए अर्थों की तलाश करते हैं। आज जबकि हमारा समय लगातार हिंसक होता जा रहा है और मानवीय सम्बन्धों की संवेदना संकटग्रस्त होती जा रही है, विजय तेंडुलकर का अनुपस्थित होना एक बड़ी विपदा है।

हिन्दी नाट्य सम्पदा के संरक्षक : डॉ. दशरथ ओझा

भूलना हिन्दी जगत की विशेष क्रिया है। आज अपने पूर्वजों के किए हुए पर मिट्टी डालकर आगे निकलने की होड़ मची हुई है। पिछले दिनों एक युवा रंगकर्मी से बातचीत हो रही थी। वह नये नाट्यालेख के अभाव का रोना रो रहा था। उसका कहना था कि कुछ भी नया मिल जाता तो वह उसे अपनी रचनात्मकता के बल पर आधुनिक और महत्त्वपूर्ण बना देता। वह प्रयोग करने को बेहद उत्सुक और बेचैन दिखा। मैंने उससे कहा कि अगर नया कुछ नहीं मिल रहा तो क्यों नहीं वह किसी पुराने नाटक के साथ प्रयोग करता! मैंने उसे सलाह दी कि बेहतर होगा कि वह डॉ. दशरथ ओझा द्वारा सम्पादित *हिन्दी नाटक कोश* पढ़े। इस कोश में कई पुराने नाटकों के बारे में सूचनाएँ और विवरण दर्ज हैं। वह चाहे तो इन नाटकों में से अपने लिए ऐसा कोई नाट्यालेख चुन सकता है, जो उसकी प्रयोग-भूमि बन सके। वह डॉ. दशरथ ओझा को नहीं जानता था। उसने इस बात पर भी आश्चर्य व्यक्त किया कि हिन्दी नाटकों का कोई कोश भी प्रकाशित है। उसकी इस अनभिज्ञता ने कई चिन्ताओं और प्रश्नों को जन्म दिया। अपनी इस अनभिज्ञता के लिए क्या वह अकेले ज़िम्मेवार है? आज हमारे नाट्य वातावरण से बहुत कुछ लुप्त हो चुका है। नाट्य प्रशिक्षण की हमारी पद्धति का क्या इसमें कोई दोष नहीं?

इस वर्ष के जनवरी महीने में डॉ. दशरथ ओझा के जन्म के सौ वर्ष पूरे हुए। 18 जनवरी, सन् 1909 को उनका जन्म वाराणसी ज़िला के ताड़गाँव में हुआ था। शताब्दी वर्ष बीत गया और साहित्य-शिक्षा-रंगमंच का संसार चुप रहा। वे पच्चासी वर्ष की अवस्था तक जीवित रहे और सक्रिय रहे। अपनी मृत्यु से दो दिन पहले उन्होंने *दिल्ली में नाटक* विषय पर *नटरंग प्रतिष्ठान* द्वारा आयोजित गोष्ठी की अध्यक्षता की थी। 4 अप्रैल, सन् 1994 को उनका निधन हुआ। डॉ. दशरथ ओझा ने *चित्तौड़ की देवी, प्रियदर्शी सम्राट अशोक, स्वतंत्र भारत, सम्राट समुद्रगुप्त, भारत विजय, महल और झोंपड़ा* आदि कई नाटकों की रचना की, पर उनके नाटकों को मंच पर महत्त्व नहीं मिला। वे मूलतः शिक्षक थे और उन्होंने नाट्य विधा के इतिहासकार और समीक्षक के रूप में आरम्भिक दौर में महत्त्वपूर्ण योगदान दिया।

उनका शोधग्रन्थ *हिन्दी नाटक : उद्भव और विकास* सन् 1953 में प्रकाशित हुआ और अपने प्रथम प्रकाशन काल से अब तक यह नाट्य विधा का मानक ग्रन्थ बना हुआ है। उनकी इस पुस्तक की भूमिका में डॉ. हज़ारी प्रसाद द्विवेदी ने लिखा है, *"ओझाजी ने हिन्दी के नाटकों की दीर्घकालीन परम्परा और उनकी विशाल पृष्ठभूमि का अध्ययन किया है। यद्यपि हिन्दी में नए ढंग के बहुत नाटक हाल में लिखे जाने लगे हैं, परन्तु इसका मतलब यह नहीं है कि हिन्दी नाटकों की परम्परा नई शुरू हुई है। हिन्दी के लोकनाट्य की परम्परा बहुत पुरानी है। संस्कृत-साहित्य से हम उसके अंश-मात्र से परिचित हो सकते हैं परन्तु पूरी लोक-परम्परा का ज्ञान हमें उस साहित्य के द्वारा नहीं हो सकता। इसमें कोई सन्देह नहीं कि संस्कृत के साहित्यकार लोक-परम्परा के बहुत-से रूपकों और उपरूपकों का भी आकलन अपने ग्रन्थों में कर लेते थे—कई रूपक-भेदों के तो उदाहरण भी संस्कृत-साहित्य में नहीं मिलते, क्योंकि मूलतः वे लोकप्रचलित मनोरंजन-मात्र थे परन्तु फिर भी उससे पूरी लोक-परम्परा ज्ञान नहीं होता, केवल इस प्रकार की विशाल परम्परा का आभास मात्र मिल जाता है। ओझाजी ने परिश्रम के साथ उन संकेतों को ढूँढ़ा है और प्राकृत, अपभ्रंश आदि पूर्ववर्ती और बांग्ला, गुजराती आदि पार्श्ववर्ती साहित्यों में पाए जानेवाले संकेतों के आधार पर प्रचीन नाटकीय परम्परा के छिन्न सूत्रों को खोज निकालने का प्रयास किया है। रासलीला के उद्भव और विकास का उन्होंने नवीन रूप में अध्ययन किया और महत्त्वपूर्ण निष्कर्षों पर पहुँचे हैं। हिन्दी नाटकों के विकास के अध्ययन के लिए जिस प्रकार पुराने साहित्य के इंगित सहायक हैं, उसी प्रकार लोक-परम्परा के अनेक मनोरंजन नाट्यरूप भी सहायक हैं। ओझाजी ने सावधानी से दोनों परम्पराओं के सम्भावित प्रभावों के अध्ययन का प्रयास किया है।"* द्विवेदीजी की यह टिप्पणी डॉ. दशरथ ओझा के कार्य की गम्भीरता और अनिवार्यता को रेखांकित करती है।

डॉ. दशरथ ओझा ने अपने जीवनकाल में इस पुस्तक के हर संस्करण को अद्यतन किया। उन्होंने नाटक और रंगमंच के इतिहास लेखन की नवीन परम्परा की नींव रखी। हिन्दी नाटक के प्रारम्भ को लेकर चले आ रहे भ्रम को उन्होंने दूर किया। एक पक्ष संस्कृत नाटक प्रबोधचन्द्रोदय के अनुवाद को दूसरा पक्ष अंग्रेज़ी और बांग्ला के प्रभाव को हिन्दी नाटकों के उदय का कारण मानता था। डॉ. दशरथ ओझा ने यह सिद्ध किया कि हिन्दी नाटकों के आदि स्रोत वैष्णव और जैन रास हैं। इस क्रम में उन्होंने इन रासों के अलावा उमापति उपाध्याय के मैथिली नाटकों और असम के अंकिया नाटों से तथ्यों और प्रमाणों को एकत्र किया और हिन्दी नाटक के आदि स्रोतों को खोजा। वह अपने पुस्तक के प्राक्कथन में यह दर्ज करते हैं कि *"मैथिली, मगही, भोजपुरी के नेपाल में उपलब्ध शताधिक नाटकों से यह दृढ़ हो गया कि हिन्दी नाटक का उद्भव लोक-नाट्यधारा और संस्कृत परम्परा के मिलन से राजदरबारों में हुआ, पर मन्दिरों में मूलतः जन-भाषा के माध्यम से जैन देवालयों में और संस्कृत का पुट*

देते हुए लोक-भाषा के द्वारा वैष्णव रास लीलाओं से हुआ।'' डॉ. दशरथ ओझा की पुस्तक *हिन्दी नाटक : उद्‌भव और विकास* पर डॉ. क्षितिमोहन सेन की यह टिप्पणी ध्यान देने योग्य है, *''भारत के विभिन्न लोक-नाट्यों, संस्कृत-अपभ्रंश, पुरानी हिन्दी, पुरानी राजस्थानी, जूनी गुजराती में विरचित एवं असम से पंचनद तथा नेपाल से कर्नाटक तक अभिनीत प्राचीन नाट्य-साहित्य की खोज का ऐसा प्रमाणिक शोध-कार्य अभी तक किसी अन्य भारतीय भाषा में प्रस्तुत नहीं किया जा सका है। असम के अंकिया नाटक एवं वैष्णव-जैन-रास-नाटकों की भाषा, उनकी अभिनय कला का विश्लेषण ग्रन्थ की महत्ता को अखिल भारतीय स्तर पर पहुँचा देता है।''*

डॉ. दशरथ ओझा ने *हिन्दी नाटक कोश* तैयार किया। यह पुस्तक हिन्दी नाट्य-जगत को उनकी अनुपम देन है। यह लगभग पन्द्रह वर्षों की उनकी निरन्तर साधना का प्रतिफल है। इस कोश की विशेषता यह है कि इसमें विवरण और परिचय एक साथ उपलब्ध हैं। कोश की भूमिका के आरम्भ में डॉ. दशरथ ओझा ने लिखा है, *''साढ़े छह सौ वर्षों की दीर्घ अवधि में अनेकानेक हिन्दी नाटक रचे गए—कुछ रंगशालाओं में प्रदर्शित हुए, अधिकांश पुस्तकालयों में पड़े रह गए। नाटकों की रचना रंगमंच के समृद्धि काल में होती है, पर हिन्दी में रंगमंच की परम्परा ही खंडित रही। अतः यह धारणा बननी स्वाभाविक है कि हिन्दी में नाटक साहित्य नगण्य है पर यह कम आश्चर्य की बात नहीं कि रंगमंच के अभाव में भी अपने यहाँ नाटकों की रचना बड़ी संख्या में होती रही है।''* इस कोश में बड़ी संख्या में नाटक शामिल हैं। हिन्दीभाषी क्षेत्रों के अलावा असम, नेपाल, तंजावुर, धारवाड़, महाराष्ट्र आदि में रचे गए प्राचीन नाटकों को भी इसमें स्थान मिला है। यह कोश हमारी समृद्ध नाट्य परम्परा का साक्ष्य है। डॉ. दशरथ ओझा ने कई प्राचीन नाटकों की असमिया लिपि से नागरी लिपि में प्रतिलिपि तैयार की जो *प्राचीन भाषा नाटक* के रूप में प्रकाशित हैं। इसी कार्य ने उन्हें *हिन्दी नाटक कोश* तैयार करने के लिए प्रेरित भी किया था। *हिन्दी नाटक : उद्‌भव और विकास, हिन्दी नाटक कोश* और *प्राचीन भाषा नाटक* के अलावा डॉ. दशरथ ओझा ने *नाट्य-समीक्षा, नाट्य-निबन्ध, हिन्दी नाटक : प्रगति और प्रभाव, आधुनिक हिन्दी नाटकों में मिथक-प्रयोग* आदि पुस्तकों से भी नाट्य-जगत को समृद्ध किया। उन्होंने हिन्दी की नाट्यसम्पदा को संरक्षित कर हमें अभावग्रस्तता की कुंठा से मुक्त किया। उन्हें हिन्दी के शीर्ष कवि-नाटककार-चिन्तक जयशंकर प्रसाद के बेहद निकट रहने का भी सौभाग्य मिला। डॉ. दशरथ ओझा हिन्दी नाट्य-परम्परा का जीवन्त हिस्सा हैं। जब भी हमें अपने ख़ज़ाने की आवश्यकता पड़ेगी, हमें याद रखना होगा कि ख़ज़ाने का एक रास्ता डॉ. दशरथ ओझा से होकर गुज़रता है।

आधुनिक हिन्दी रंगमंच के स्थपति : श्यामानन्द जालान

एक रंगदर्शक या एक रंगकर्मी के रूप में जो लोग सातवें या आठवें दशक की रंगसक्रियता के गवाह रहे हैं, उन्हें मोहन राकेश के नाटक 'लहरों के राजहंस' के जटिल कथानक में उलझे नन्द, सुन्दरी, श्यामांग, श्वेतांग और अलका जैसे पात्र याद होंगे। *लहरों के राजहंस* के मंचन की तैयारी में लगे निर्देशक श्यामानन्द जालान ने नाटककार मोहन राकेश से कई सवाल पूछे थे। बात सन् 1965 की है। वे 'लहरों' और 'राजहंस' जैसे प्रतीकों के भीतर छिपी भावनाओं का रंगाविष्कार करना चाहते थे। सुन्दरी के मर्म को उकेरते हुए नन्द से उसके सम्बन्धों की केवल नई व्याख्या ही नहीं करना चाहते थे बल्कि, सुन्दरी के माध्यम से सौन्दर्य का विरल संसार भी रचना चाहते थे। सुन्दरी के सम्बन्ध में नाटककार से उनके विचारों की भिन्नता ने उनके भीतर कई प्रश्नों को जन्म दिया था। उन्होंने मोहन राकेश से पत्राचार किया। पूछा–*"सुन्दरी के चरित्र का क्या रूप है और नन्द तथा सुन्दरी का पारस्परिक सम्बन्ध क्या है? क्या नन्द उससे डरता है? क्या सुन्दरी सचमुच उससे प्रेम करती है या स्वयं अपने से ही? मैं सुन्दरी के सम्बन्ध में आपसे भिन्न विचार रखता हूँ। वह अभिजात-वर्गीय स्त्री है। वह शीघ्र क्रोधित नहीं होती। वह न केवल शारीरिक रूप से, अपितु वार्तालाप तथा भावनाओं के नियंत्रण में भी सौन्दर्य का प्रतिनिधित्व करती है। मैं उसे अत्यन्त आकर्षक तथा स्पृहणीय चित्रित करना चाहता हूँ।"* श्यामानन्द जालान चाहते थे मृग की मृत्यु के वृत्तान्त के साथ-साथ नन्द और बुद्ध के मिलन के रहस्य को अपने चाक्षुष काव्य में सम्प्रेषित करना। नाटक के अन्त को लेकर भी उलझनें थीं। उन्होंने अन्त के लिए मोहन राकेश के सुझावों को आमंत्रित करते हुए और कई प्रश्न किए–*"...मैं यह जानना चाहूँगा कि नन्द क्यों मुंडन करवाता है? उसके केश किस भावना का प्रतिनिधित्व करते हैं और अन्त में वह क्यों घर छोड़कर चला जाता है? फिर भिक्षु आनन्द क्यों आता है? उसके आगमन का उद्देश्य क्या है? नाटक के अन्त में सुन्दरी क्यों बोलती है?"* इन प्रश्नों के अलावा अपनी रचनात्मकता को लेकर एक विनम्र सजगता उनके भीतर थी। उनके जिज्ञासा-भाव ने उन्हें दीन नहीं बनाया बल्कि अहं से मुक्त किया और उनकी सजगता ने उन्हें रचनात्मकता के प्रति विश्वास से पूरित

और संशय से मुक्त किया। अपने पत्र का समापन करते हुए उन्होंने लिखा–*"मैं यहाँ इतना और जोड़ देना चाहता हूँ कि आपके विचार केवल हमारी सहायता करेंगे, हमें बाँधेंगे नहीं। आशा है, आप इस बात को अन्यथा नहीं लेंगे। मैं इस नाटक को उसी रूप में ग्रहण करूँगा और प्रदर्शित करूँगा जिस रूप में यह मुझे प्रभावित करता है, न कि उस रूप में जिसमें आपने इसे प्रस्तुत किया है। किन्तु मैं आपको अच्छी तरह समझाना चाहता हूँ और जहाँ तक सम्भव हो, आपके साथ समझौता करके ही चलना चाहता हूँ।"*

लहरों के राजहंस का प्रकाशन सन् 1963 में हो चुका था और इसके कुछ प्रदर्शन भी हो चुके थे। पर श्यामानन्द जालान ने अपनी प्रस्तुति से पहले जो रचनात्मक अभ्यास किया उसने हिन्दी रंगजगत को एक बौद्धिक गरिमा दी थी। आधुनिक हिन्दी रंगमंच पर सम्भवतः यह पहली बार हो रहा था कि एक नाटककार और नाट्य निर्देशक के बीच नाट्यालेख और प्रस्तुति को लेकर गम्भीर संवाद हो और इस संवाद को केन्द्र में रखकर एक सार्थक विमर्श आरम्भ हो। केवल यही नहीं, नाटककार और नाट्य निर्देशक के एक साथ मिलकर, पर अपने-अपने रचनात्मक दबावों की निजता के साथ रचने का नवाचार भी आरम्भ हुआ। *लहरों के राजहंस* का श्यामानन्द जालान के निर्देशन में पहला मंचन सन् 1966 के अगस्त में हुआ। उन्होंने नाटककार से विमर्श और पूर्वाभ्यास के लिए लम्बा समय लिया। अन्तिम दौर में राकेश साथ रहे। तीसरे और अन्तिम अंक का उन्होंने पुनर्लेखन किया और स्त्री-पुरुष के परस्पर सम्बन्धों के बीच पलते अहम् और अन्तर्द्वन्द्वों को इस अंक में नए आवेगों के साथ चित्रित किया गया। इसके प्रथम मंचन को याद करते हुए प्रतिभा अग्रवाल लिखती हैं–*"प्रदर्शन के दो दिनों पहले तक यह पता नहीं था कि नाटक का अन्त क्या होगा। कलाकार काफी अनिश्चय में थे।...तीसरे अंक में नन्द और सुन्दरी की जो मनःस्थिति दिखलाई गई, उसके लिए प्रथम दो अंकों में अनुकूल पृष्ठभूमि नहीं बन पाई, पात्र अचानक भावनाओं के बहुत ऊँचे और आधुनिक धरातल पर पहुँच गए।"* इस सब के बावजूद *लहरों के राजहंस* का यह मंचन अपनी नवीनता के कारण चर्चा में रहा। श्यामानन्द जालान अपनी प्रस्तुतियों में अलंकरण के लिए भी जाने जाते रहे हैं। उन्होंने सुन्दरी और अलका के वस्त्र किनखाब से बनवाए थे। हज़ारों रुपयों के आभूषण भी ख़ासतौर पर बनवाए गए। बौद्धकालीन चित्रों से सज्जित विशाल दृश्यबन्ध और भाव तीव्रता के लिए कई वाद्यों से रचा गया प्रभावकारी संगीत भी इस प्रस्तुति की विशिष्टता थी। इस नवाचार की विविध छवियाँ थीं। इस मंचन की समीक्षा करते हुए 9 सितम्बर, 1966 के अंक में *दिनमान* ने लिखा–*"कलकत्ते के हिन्दी हाई स्कूल के वातानूकूलित परिक्रामी मंच से प्रायः हज़ार जोड़ी उत्सुक दृष्टियाँ बँधी हैं इस आशा में, कि 'लहरों के राजहंस' एक योग्य निर्देशक एवं अभिनेताओं के प्रायः वर्ष व्यापी परिश्रम और नाटककार के लम्बे सहयोग और दिशा निर्देशन को*

सार्थक करेगा। और सचमुच उस संध्या ने हमें निराश नहीं किया।'' साप्ताहिक पत्र *दिनमान* की यह टिप्पणी उस समय के रंगवातावरण में श्यामानन्द जालान की इस प्रस्तुति को लेकर पलनेवाली उत्सुकता को प्रकट करती है। यह उत्सुकता आज हिन्दी रंगमंच के लिए दुर्लभ स्वप्न की तरह है। श्यामानन्द जालान अपने नाटकों की प्रस्तुति में दृश्यबन्ध को लेकर भव्यता और विस्तार के पक्षधर थे। उन नए या युवा नाट्यप्रेमियों को, जिन्होंने *लहरों के राजहंस* की आरम्भिक प्रस्तुतियों को नहीं देखा है, *दिनमान* की यह टिप्पणी उस प्रस्तुति की भव्यता का अनुमान लगाने में मदद करेगी। पत्र में लिखा–*''पीछे रंगमहल का प्राचीर, दोनों ओर से ऊपर जाती हुई सीढ़ियाँ और पृष्ठभूमि में राजगृह का तोरण; मंच सज्जा सुरुचिपूर्ण और भव्य थी। मध्ययुगीन वातावरण को प्रस्तुत करने में छोटी-छोटी बातों का भी घ्यान रखा गया था।''* भव्यता, अलंकरण और यथार्थवादी नाट्यरूपों और प्रस्तुतिशैली के प्रति यह सघन आग्रह ही उनके रंगकर्म की सीमा भी बना। रंगकर्मियों और रंगदर्शकों का एक बहुत बड़ा वर्ग यह मानता है कि यथार्थवादी प्रस्तुतिशैली के इस आग्रह के कारण ही हिन्दी रंगमंच का स्वाभाविक विकास नहीं हो सका और हमारा रंगमंच अपनी परम्पराओं से कट कर रह गया। दृश्यबन्ध की भव्यता का वर्णन करने के तत्काल बाद की गई *दिनमान* की यह टिप्पणी ग़ौरतलब है–*''किन्तु नाटक की सांकेतिकता और प्रतीकात्मकता के साथ यह यथार्थवादी दृश्यांकन मेल नहीं खा रहा था और नाटक के मूल आशय को पूरा-पूरा उद्घाटित नहीं कर सका।''* श्यामानन्द जालान की रचनात्मक प्रक्रिया की चर्चा करते हुए प्रतिभा अग्रवाल उनकी इस प्रवृत्ति को एक अलग नज़रिए से देखती हैं–*''श्यामानन्द हमेशा बड़े रूप में चीज़ों की परिकल्पना करते हैं। अनेक बार इतने बड़े रूप में कर बैठते हैं कि बाद में नाना तरह की उलझनें उठ खड़ी होती हैं, पर वे इसकी परवाह नहीं करते। वे मानते हैं कि बड़े रूप में सोचे बिना बड़ा काम किया ही नहीं जा सकता। यह उनके स्वभाव का अंग है।''* इस नाटक में श्यामानन्द जालान ने नन्द की भूमिका की थी। एक अभिनेता के रूप में वे हमेशा प्रशंसित रहे हैं। *दिनमान* ने लिखा–*''श्यामानन्द जालान ने नन्द के चरित्र को अपनी पूरी नाट्यशक्ति और अभिनय सामर्थ्य से रूपायित करने का प्रयास किया है। विशेषतया तृतीय अंक में बुद्ध के प्रभाव में अपने केश मुड़वा कर और फिर वन में जा कर व्याघ्र से द्वन्द्व करने के पश्चात् घर लौटे हुए नन्द की भूमिका बड़ी गहराई, आंतरिकता तथा शक्ति के साथ श्यामानन्द ने प्रस्तुत की।''* ग्यारहवें भारत रंग महोत्सव (2009) में चालीस सालों से ज़्यादा के अन्तराल के बाद श्यामानन्द जालान ने इस नाटक का पुनर्मंचन किया। उन्होंने कई स्तरों पर बदलाव किए थे। उन्होंने भरपूर प्रयास किया कि शास्त्रीयता के साथ-साथ आधुनिकता-समकालीनता के समन्वित रूप को अपनी रंगपरिकल्पना से अभिव्यक्त कर सकें। श्यामानन्द जालान के रंगकर्म में *लहरों के राजहंस* को सर्वाधिक महत्त्वपूर्ण और चर्चित प्रस्तुति के रूप

में रेखांकित किया गया है क्योंकि इसमें असहमतियों और मतभेदों के रंग भी शामिल थे। *आधे-अधूरे* के समय मोहन राकेश ने अपनी डायरी में दर्ज किया—*''आज श्यामानन्द से हुई बातचीत के बाद निश्चय है कि नये नाटक के प्रस्तुतीकरण से पहले कलकत्ता जाकर नहीं रहूँगा। अपनी ओर से बहुत आगे बढ़कर अपनी ही क़ीमत पर दिये गए सुझाव का अर्थ दूसरों तक पहुँचकर बिल्कुल दूसरा हो जाता है। अपने को अपने केन्द्र पर रखा जाए, दृष्टि यही रखनी चाहिए। व्यक्ति का मान भी उसी से है। वह काम भी इसी तरह कर सकता है। दूसरों के केन्द्र पर जाने से न काम होता है और न ही वह मान रह जाता है—विशेष रूप से जबकि प्रस्ताव अपनी ओर से हो।''* अपने अन्तर्द्वन्द्वों और असहमतियों के बावजूद श्यामानन्द जालान के रंगसृजन की क्षमता को मोहन राकेश ने पर्याप्त सम्मान दिया। सन् 1968 में *नटरंग* में प्रकाशित *नाटककार और रंगमंच* शीर्षक अपने लेख में मोहन राकेश ने लिखा—*''मुझे यह स्वीकार करने में संकोच नहीं है कि बिना रात-दिन श्यामानन्द के साथ नाटक के वातावरण में जिये, आधी-आधी रात तक उससे बहस-मुबाहिसे किये, और नाटक की पूरी अन्विति में एक-एक शब्द को परखे, वह अंश अपने वर्तमान रूप में कदापि नहीं लिखा जा सकता था।...कम से कम हिन्दी नाटक के सन्दर्भ में शायद पहली बार लेखन और प्रस्तुतीकरण की प्रक्रिया को उस रूप में साथ जोड़ा जा सका था। इसे सम्भव बनाने के लिए जो अनुकूल वातावरण मुझे वहाँ मिला था, मैं समझता हूँ कि उसी तरह के वातावरण में रंगमंच की वास्तविक खोज की जा सकती है—लेखन के स्तर पर भी और परिचालना के स्तर पर भी।''*

आधे-अधूरे का मंचन श्यामानन्द जालान ने सन् 1970 में किया जबकि, इसका धारावाहिक का प्रकाशन लगभग दो साल पहले *धर्मयुग* में और बाद में पुस्तकाकार हो चुका था। इस बीच इसे दिल्ली में ओम शिवपुरी और बम्बई में सत्यदेव दुबे मंचित कर चुके थे। श्यामानन्द ने मोहन राकेश को एक निश्चित राशि देकर कलकत्ता में इसके प्रदर्शन का सर्वाधिकार लिया था, पर वे इसके मंचन को लेकर दुविधाग्रस्त थे। एक दिन जब उन्हें पता चला कि सत्यदेव दुबे अपने नाट्यदल के साथ इसका मंचन करने कलकत्ता आ रहे हैं, तब उन्हें अपनी चूक का अहसास हुआ। इस प्रसंग को लेकर मोहन राकेश, श्यामानन्द जालान और सत्यदेव दुबे के बीच एक रोचक विवाद भी हुआ था। श्यामानन्द जालान द्वारा निर्देशित *आधे-अधूरे* की प्रस्तुति को पर्याप्त सराहना मिली, पर जब *अनामिका* ने दिल्ली में इसका मंचन किया, दर्शकों ने इस प्रस्तुति के बरअक्स ओम शिवपुरी द्वारा निर्देशित *दिशान्तर* की प्रस्तुति को रख कर देखा। श्यामानन्द जालान निर्देशित *अनामिका* की इस प्रस्तुति की चमक दर्शकों को कुछ फीकी लगी। श्यामानन्द सावित्री और बिन्नी के बीच प्रतिद्वन्द्विता चाहते थे, पर उनके अभिनेता इससे सहमत नहीं थे। इन असहमतियों के बावजूद श्यामानन्द जालान पर उनके अभिनेताओं का विश्वास अटूट था। *अनामिका* के आरम्भिक दौर

से लेकर सन् 1971 तक उनके अधिकांश नाटकों की प्रमुख अभिनेत्री प्रतिभा अग्रवाल ने लिखा है– *"किसी भी कृति के मर्म को पकड़ने का उनका आग्रह स्तुत्य है। आमतौर पर अपने-आपको वे नाट्यकार पर थोपते नहीं। वैसे उनमें यह प्रतिभा है कि वे अपनी बात सबसे मनवा लेते हैं, चाहे वह नाट्यकार हो या अभिनेता, अन्तरंग साथी हो या बाहर का व्यक्ति।"*

रंगकोश में दर्ज सूचनाओं के अनुसार कलकत्ता की नाट्यसंस्था *तरुण संघ* के साथ जुड़कर श्यामानन्द जालान ने अपना रंगकर्म आरम्भ किया। ललित कुमार सिंह नटवर उनके आरम्भिक रंगगुरु थे। *नया समाज* और *विवाह का बन्धन*, इन दो एकांकियों के अलावा उन्होंने दो पूर्णकालिक नाटकों *समस्या* और *अलग-अलग रास्ते* में अभिनय किया। इसके बाद आरम्भ हुई उनकी निर्देशकीय यात्रा। उन्होंने तरुण राय लिखित बच्चों के नाटक *एक थी राजकुमारी* और इसके बाद सन् 1955 में जगदीशचन्द्र माथुर के नाटक *कोणार्क* को निर्देशित किया। उन्हें लगा, नाट्यसंस्था *तरुण संघ* के साथ वे लम्बी रंगयात्रा पर नहीं निकल सकते और फिर उन्होंने कुछ साथियों के साथ मिलकर *अनामिका* की स्थापना की। उनके निर्देशन मे *हम हिन्दुस्तानी हैं* नाटक से *अनामिका* की यात्रा आरम्भ हुई। इसके बाद एक लम्बा सिलसिला आरम्भ हुआ और *जनता का शत्रु, आषाढ़ का एक दिन, घर-बाहर, छपते-छपते, मादा कैक्टस, लहरों के राजहंस, शुतुरमुर्ग, एवम् इंद्रजित, आधे-अधूरे, पगला घोड़ा और पंछी ऐसे आते हैं* जैसे नाटकों की अविस्मरणीय प्रस्तुतियाँ श्यामानन्द जालान के निर्देशन में हुईं। सन् 1971 में श्यामानन्द *अनामिका* से अलग हुए, पर तब तक *लहरों के राजहंस* और *एवम् इंद्रजित* की प्रस्तुतियों ने उन्हें भारतीय रंगपरिदृश्य पर अग्रणी रंगनिर्देशक के रूप में स्थापित कर दिया था और उनके रंगकर्म के प्रति एक बड़ा दर्शक वर्ग निरन्तर उत्सुक रहने लगा था। उनकी प्रस्तुतियों की विविधता ने सबसे ज़्यादा रंगजगत का ध्यान आकर्षित किया। उन्होंने प्रस्तुतीकरण ही नहीं, नाटकों के चुनाव में भी कथ्य की विविधता का ध्यान रखा। अपने को किसी ख़ास शैली में बाँधने की अपेक्षा उन्होंने नवाचार और प्रयोगधर्मिता को ज़्यादा महत्त्व दिया। ज्ञानदेव अग्निहोत्री के नाटक *शुतुरमुर्ग* के राजनीतिक व्यंग्य को प्रस्तुत करते हुए या *एवम् इंद्रजित* के भीतर विन्यस्त आधुनिक मन के अन्तर्द्वन्द्वों को दर्शकों तक सम्प्रेषित करते हुए श्यामानन्द जालान की रंगप्रतिभा के प्रभाव की चर्चा आज भी होती है। उन्होंने *मिहल सेबेशियन* के नाटक *स्टॉप प्रेस* के अनुवाद *छपते-छपते* को एरिना थिएटर में मंचित किया था। न कोई दृश्यबन्ध और न ही कोई विशेष प्रकाश योजना। चारों ओर दर्शक और बीच में अभिनय स्थल। निरन्तर गतिशील पात्र। चारों तरफ़ से पात्रों का प्रवेश और प्रस्थान। उस समय यह हिन्दी रंगमंच के लिए नवाचार था। इसका पुनर्मंचन सन् 1964 में हुआ, जिसे एरिना थिएटर में बैठकर पृथ्वीराज कपूर, इब्राहिम अलकाजी, जगदीशचन्द्र माथुर, धर्मवीर भारती, सुरेश अवस्थी,

लक्ष्मीनारायण लाल, आद्य रंगाचार्य, शम्भु मित्र आदि ने देखा। *शुतुरमुर्ग* को कलकत्ता के हिन्दी दर्शकों ने बहुत नहीं सराहा, पर यह प्रस्तुति भी अपनी प्रयोगधर्मिता के कारण बंगाली दर्शकों और देश के अन्य नगरों के दर्शकों के बीच प्रशंसित हुई। नेहरू-युग की दुर्बलताओं पर गम्भीर टिप्पणियाँ करनेवाले इस नाटक के सम्बन्ध में प्रतिभा अग्रवाल एक रोचक टिप्पणी करती हैं–*"किसी प्रकार की राजनीतिक प्रतिबद्धता न होते हुए भी 'अनामिका' और उसके सदस्य दक्षिणपंथी रहे हैं। स्वयं श्यामानन्द के पिता ईश्वरदास जालान उस समय पश्चिम बंग की कांग्रेस सरकार में मंत्री थे। अतः इस नाटक को करने में मन में दुविधा थी, नेहरूजी पर किसी प्रकार की टीका-टिप्पणी हम करें, यह भी हमें अभीष्ट न था। पर नाटक उत्तेजक था, अतः करने का मन भी बहुत था।"* श्यामानन्द जालान ने इस नाटक को शैलीबद्धता से एक नया कलेवर दिया। वे *अनामिका* के दक्षिणपंथ से लड़ नहीं सकते थे। सो उन्होंने समग्र प्रस्तुति में अतिरंजना का सहारा लेते हुए कथ्य को सम्प्रेषित किया। उनकी अद्भुत कल्पनाशक्ति ने प्रस्तुति को उस समय की रंगचर्चा के केन्द्र में लाकर खड़ा कर दिया। श्यामानन्द जालान की रंगयात्रा में *एवम् इंद्रजित* के मंचन को *लहरों के राजहंस* के बाद एक महत्त्वपूर्ण मोड़ के रूप में और साथ ही *आधे अधूरे* के मंचन के बाद की ख्याति की पूर्वपीठिका के रूप में भी देखा जाना चाहिए। *एवम् इन्द्रजित* की गम्भीरता ने उन्हें अपने भीतर उतरकर उपपाठों को जानने और दृश्यकाव्य में रचने का आग्रही बनाया। उनके समस्त रंगकर्म में यही वो स्थल है, जहाँ से यह आग्रह तीव्रतर होता गया है। उन्होंने इस नाटक की प्रस्तुति के दौरान अभिनय की कुछ अतिरंजित और अस्वाभाविक युक्तियों का भी उपयोग किया और विलक्षण प्रभाव अर्जित किया। इसकी एक विशेष प्रस्तुति में उनके निर्देशन में इन्द्रजित की भूमिका सत्यदेव दुबे ने भी की थी। इस प्रस्तुति को देखने के लिए उत्सुकतावश बड़ी संख्या में दर्शक आए थे। इसे श्यामानन्द जालान और सत्यदेव दुबे की अभिनय-स्पर्धा के रूप में भी रेखांकित किया गया। *एवम् इन्द्रजित* और नाटककार बादल सरकार को मिली राष्ट्रीय ख्याति में श्यामानन्द जालान की इस प्रस्तुति का बहुत योगदान रहा। *अनामिका* से अलग होने से पहले उन्होंने बादल सरकार के *पगला घोड़ा* और विजय तेंडुलकर के *पंछी ऐसे आते हैं* को मंचित किया। श्यामानन्द जालान की प्रस्तुति से ठीक पहले *बहुरूपी* ने *पगला घोड़ा* का मंचन किया। भारतीय रंगमंच पर जीवित किंवदन्ती बन जाने वाले शम्भु मित्र और श्यामानन्द जालान की प्रस्तुतियाँ दर्शकों की कसौटी पर आमने-सामने थीं। दोनों प्रस्तुतियों की मंच परिकल्पना ख़ालिद चौधरी और प्रकाश परिकल्पना तापस सेन ने की थी, पर प्रभाव की दृष्टि से दोनों में काफी अन्तर था। शम्भु मित्र की प्रस्तुति के बरअक्स श्यामानन्द जालान की प्रस्तुति को ज़्यादा सफल और सम्प्रेषणीय माना गया। *पंछी ऐसे आते हैं* के बाद श्यामानन्द जालान *अनामिका* से अलग हो गए। उन्होंने अपने नाटकों की प्रसिद्ध अभिनेत्री

चेतना तिवारी से विवाह कर लिया। कलकत्ता के रूढ़िबद्ध मारवाड़ी समाज के लिए, जो *अनामिका* का संस्थापक-संचालक था, यह अनहोनी थी। परम्पराभंजक श्यामानन्द जालान और *अनामिका,* दोनों का साथ-साथ चल पाना सम्भव नहीं था। उनके अलग होते ही *अनामिका* की चमक फीकी पड़ गई और धीरे-धीरे वह रचनात्मक प्रतिभा के अभाव में भारतीय रंगपरिदृश्य पर अपनी क्षीण उपस्थिति के कारण प्रासंगिकता खोती गई। विमल लाठ जैसे दूसरी पंक्ति के निर्देशक *अनामिका* को नई आभा और त्वरा नहीं दे सके।

श्यामानन्द जालान ने सन् 1972 में *पदातिक* की स्थापना की और विजय तेंडुलकर के नाटक *गिद्ध (गिधाड़े)* के मंचन से नए सिरे से अपना रंगकर्म आरम्भ किया। अगले वर्ष उन्होंने विजय तेंडुलकर के ही नाटक *सखाराम बाईंडर* को प्रस्तुत किया और साथ ही *एवम् इंद्रजित* को 'पदातिक' के लिए फिर से मंचित किया। *अनामिका* के लिए नाटकों को चुनते हुए जिन तथाकथित नैतिकताओं का पालन करना पड़ता था, श्यामानन्द जालान उनसे मुक्त हो चुके थे। इस रचनात्मक खुलेपन ने उनकी कल्पनाशीलता के पंखों को खोल दिया था। अब उनके पास उड़ान भरने के लिए एक नया आकाश था, प्रयोगधर्मिता के विस्तार के लिए नए अवसर थे और विचारों की आवाजाही के लिए एक नया रंगसंसार था। सन् 1974 में उन्होंने महाश्वेता देवी के उपन्यास *हज़ार चौरासी की माँ* के नाट्यांतर को मंचित कर एक नए दर्शक वर्ग को अपनी ओर आकर्षित किया। मौलियर के एक नाटक के हिन्दी रूपांतरण *कौवा चला हंस की चाल* के मंचन के बाद श्यामानन्द जालान ने मोहन राकेश द्वारा अनूदित कालिदास के नाटक *शकुंतला* को निर्देशित किया। इस नाटक को प्रस्तुत करते हुए उन्होंने भारतीय रंगपरम्परा और नाट्यशास्त्र के रससिद्धान्त पर अपने को केन्द्रित किया। दर्शकों का नई रंगानुभूतियों से साक्षात्कार करवाया। विख्यात गुरु केलुचरण महापात्र ने नाटक की नृत्य संरचना की और प्रसिद्ध गायिका गिरिजा देवी ने संगीत रचा। यह अभिनव किन्तु, हिन्दी रंगमंच पर एक चुनौती भरा प्रयोग था। अपनी शास्त्रीय परम्परा के भीतर उतरकर अपने समय और समाज के लिए आधुनिक जीवनबोध की तलाश का साहस बहुत कम निर्देशकों ने हिन्दी रंगमंच पर दिखाया है। श्यामानन्द जालान ने *पंछी ऐसे आते हैं* और *आधे अधूरे* को पुनः मंचित किया। अपनी रंगरचनाओं से उन्होंने *पदातिक* की सक्रियता को निरन्तरता दी और *उध्वस्त धर्मशाला, बीवियों का मदरसा, जनता का शत्रु, मुखिया मनोहर लाल, कन्यादान, ख़ामोश! अदालत जारी है, रामकथा-रामकथा* आदि नाटकों को निर्देशित किया। उनकी उपस्थिति में *पदातिक* देश के अन्य रंगकर्मियों और भारत आकर काम करनेवाले दूसरे देश के नाट्य निर्देशकों के लिए भी आकर्षण का केन्द्र बना रहा। जब फ्रिट्ज़ बेनेविट्ज़ ने *राजा लियर* निर्देशित किया तो उन्होंने उसमें अभिनय किया। *पदातिक* से जुड़कर काम करनेवाले फ्रिट्ज़ बेनेविट्ज, रॉडनी मेरियट, विन्सेंज़ो कोज़ी

सहित अभिजीत दत्ता, सत्यदेव दुबे, रंजीत कपूर, कुणाल पाढ़ी, विनय शर्मा, सिद्धार्थ चक्रवर्ती, इसराफिल शाहीन, गोविन्द देशपांडे, निखिल शर्मा आदि नए-पुराने रंगकर्मियों की एक लम्बी क़तार है।

श्यामानन्द जालान असाधारण अभिनेता थे। उनके निर्देशित नाटकों की प्रशंसा और आलोचना, दोनों हुईं पर उनके अभिनय का जादू निरन्तर बना रहा। वे आधुनिक हिन्दी रंगमंच की आधारशिला रखनेवाले ऐसे श्रेष्ठ स्थपति थे, जिन्होंने स्वयं को नींव में ईंट की तरह डाल दिया। वे हमेशा नींव में ईंट की तरह बने रहेंगे।

लोक की आवाज़ : बिन्ध्यवासिनी देवी

बात कहाँ से शुरू करूँ! लगभग तीन दशकों में फैली स्मृतियाँ ठट्ठ-के-ठट्ठ चली आ रही हैं। नेह-छोह और आत्मीयता की उमड़ती हुई लहरों में बहा जा रहा है मन-प्राण। उनकी खनकती हुई आवाज़ और सधे हुए स्वर से दीप्त हो रहे हैं जीवन के अँधेरे कोने। *"बबुआ,...बेटा,...बाबू!"* जैसे सम्बोधनों के साथ-साथ उनका स्नेहिल स्पर्श मेरी रगों में बहते हुए मेरे भीतर एक नए मनुष्य की रचना कर रहा है।...वह आकाशवाणी पटना के पुराने परिसर के बीच दूब के मैदान में बैठी हैं। जाड़े की कनक-धूप से खेलती हुई गुनगुना रही हैं।...वह स्टूडियो में बैठी अपने स्वर से दूरस्थ गाँवों में बसनेवाली हज़ार-हज़ार स्त्रियों के भीतर जीवन का नया स्पन्दन भर रही हैं।...वह अपने संगीत विद्यालय की नन्ही छात्राओं की दादी बनकर उन पर अपनी संगीत-विरासत न्योछावर कर रही हैं।...सिर पर आँचल सँभालती अस्सी पार की उम्र में वह अपने स्वर से नवोढ़ा स्त्री के अन्तरंग की छवियाँ उकेर रही हैं।...वह जीवन और जगत के सम्बन्धों की व्याख्या के साथ आत्मा के गह्वरों में उतरकर अपने स्वर से अध्यात्म के मोती चुन रही हैं।...आज़ादी की पचासवीं वर्षगाँठ पर स्वधीनता-संग्राम की स्मृतियों को पुकारती हुई वह गा रही हैं–*'पिया, हमसे बिदेसी जनि बोलऽ/ बोलऽ तऽ देसी बोल बोलऽ।'*

स्वतंत्रता के बाद बिहार की जो आवाज़ सबसे ज़्यादा सुनी गई, वह आवाज़ थी–बिन्ध्यवासिनी देवी की। उनका बिन्ध्य पर्वत 'लोक' था। लोक उनके लिए एक ऐसा व्यापक संसार था, जहाँ मिट्टी की गरिमा थी,...जहाँ श्रम और सृजन के प्रति आदर था,...जहाँ सुख-दुःख की तमाम छवियाँ जीवन से फूटती थीं,...जहाँ आकाश की कोख से उपजती भोर और धरती की कोख से उपजती साँझ, दोनों के स्वागत का साहस था। वह लोक की उस अवधारणा से जुड़ी रहीं, जहाँ सृजन का दायित्व मनुष्य के जीवन को मंगलमय बनाना है। उनके लिए संगीत में प्रकृति के साथ मनुष्य के संघर्ष का आत्मबोध शामिल था। इस संघर्ष में प्रकृति उनके आमने-सामने नहीं होती बल्कि, वह उनकी सहचरी होती थी। उनका यह आत्मबोध आनन्द का ऐसा अद्‌भुत संसार रचता था, जहाँ मानवीय सम्बन्धों की उष्मा थी, और थी पूरी सृष्टि

को जानने-समझने की उत्कंठा। विराटता के भीतर लघुता की रक्षा और लघुता के भीतर विराटता की रचना ने उनके संगीत को विश्वसनीय बनाया। वह संगीत को ऐसी भाषा मानती थीं, जो दूसरी सभी भाषाओं के मौन होने के बाद आरम्भ होती है। बिन्ध्यवासिनी देवी के लिए संगीत मनुष्य और ईश्वर, दोनों तक पहुँचने का रास्ता था। वह जीवन भर अपने राम को लोकगीतों में ढूँढ़ती रहीं। उन्होंने कुछ वर्षों पहले ही विशाल लोक रामायण को रूपाकार दिया। असंख्य लोगों के राम लोक स्मृतियों से निकलकर इस लोक रामायण में शामिल हुए। अब युगों तक इस लोक रामायण के राम असंख्य कंठों से फूटते रहेंगे और हमें लोकजीवन की मर्यादा सिखलाते रहेंगे।

बिन्ध्यवासिनी देवी ने जब सन् उन्नीस सौ पैंतालीस में आर्य कन्या विद्यालय में संगीत शिक्षिका के रूप में नौकरी शुरू की और इसी के आस-पास मंच पर लोकसंगीत का गायन शुरू किया। बिहार जैसे प्रदेश में यह कल्पना भी नहीं की जा सकती थी कि सम्भ्रांत परिवार की कोई स्त्री मंच पर गायन का कार्यक्रम प्रस्तुत करे। सिर्फ़ गणिकाएँ ही सार्वजनिक कार्यक्रमों में भाग लेती थीं। भागलपुर की जहाँआरा, कज्जनबाई, गया की ढेलाबाई, मुज़फ़्फ़रपुर की पन्ना बाई आदि स्त्रियाँ मंच पर गायन करने के लिए प्रसिद्ध थीं। बिन्ध्यवासिनी देवी में अकूत साहस था। संगीत के प्रति आस्था थी। उनके प्रथम गुरु थे उनके पति—सहदेश्वर वर्मा। पारसी रंगमंच शैली के नाट्य-निर्देशक सहदेश्वर वर्मा के सहयोग और विश्वास ने उन्हें सामाजिक रूढ़ियों से संघर्ष करने की शक्ति दी। बिन्ध्यवासिनी देवी की मंच पर उपस्थिति से देखते-देखते बिहार में एक नए वातावरण का आरम्भ हुआ। उनकी सक्रियता से सिर्फ़ लोकसंगीत को ही गरिमा नहीं मिली, बल्कि स्त्री के हुनर को भी स्वीकृति मिली। सन् उन्नीस सौ अड़तालीस में आकाशवाणी पटना के स्थापना समारोह में उन्होंने गायन प्रस्तुत किया और फिर नियमित रूप से आकाशवाणी के लिए गाने लगीं। उनके इस माध्यम से जुड़ते ही सम्भावनाओं के नए द्वार खुल गए और बिन्ध्यवासिनी का स्वर दूर-दराज़ के गाँवों तक पहुँचने लगा। सन् उन्नीस सौ पचपन में जगदीशचन्द्र माथुर के आग्रह पर आकाशवाणी पटना में लोकसंगीत प्रोड्यूसर के रूप में कार्य शुरू करने से पहले वह एक परिचित नाम बन चुकी थीं। वे गीत, जो कल तक गाँव-जवार की सीमाओं में बँधे थे, मुक्त हुए और उनमें पिरोए जीवन के राग-विराग दिक्-दिगन्त में गूँजने लगे। उस समय की रिकॉर्ड कम्पनियों में बिध्यवासिनी देवी को रिकॉर्ड करने की होड़ मच गई, पर आज के लोक-गायकों की तरह बिन्ध्यवासिनी देवी ने बाज़ार की गुलामी नहीं स्वीकार की। उन्होंने बाज़ार को विवश किया कि वह उनकी और लोक की सुरुचि के हिसाब से चले। उन्होंने ऋतुओं के गीत रचे। उन्होंने प्रकृति की तमाम लीलाओं को स्वर दिया। संस्कार गीतों की पारम्परिकता को नए अर्थ देते हुए उन्हें पुनर्जीवन दिया। बिन्ध्यवासिनी स्त्री-जीवन की पीड़ा को महाविस्तार देते हुए आलाप भरती रहीं। रोज़ी-रोटी के संघर्ष में गाँव-घर छोड़कर परदेस गए लोगों की छूट गई

स्त्रियों का विरह-स्वर बनकर भी वह गूँजती रहीं। उन्होंने चुहल और हास-परिहास को स्वर देते हुए सम्बन्धों की उष्मा को संगीत में रूपान्तरित किया। उन्होंने गाया, *'पिया ला दे रेशम की डोरी झमाझम पानी भरूँगी'*, तो साथ-साथ यह भी गाया कि *'फाँस बनी है रेशम डोरी/पिया नहीं आए अबकी होरी'*। उन्होंने ननद से दुःख को साझा करते हुए कहा, *'जेठ दुपहरिया में तलफे भुभुरिया/बेयरिया जियरा जारे हे छोटी ननदी'* और जब ननदोई से परिहास करने पर ननद शंकित हुई तब कहा, *'दिनवा हमार, रात तोहार ननदी'*। बिन्ध्यवासिनी देवी ने अनगिनत कंठों फूटे परम्परिक गीतों को संकलित किया और ढेरों नए गीत रचे। *मानव लोकसंगीत रूपक, लोक रामायण, वैशाली महिमा, लोकसंगीत सागर* और *ऋतुरंग* जैसी प्रकाशित पुस्तकों के अलावा उनकी कई पुस्तकें अभी अप्रकाशित पड़ी हैं।

बिन्ध्यवासिनी देवी का जन्म सन् उन्नीस सौ बीस के मार्च माह की पाँचवीं तारीख़ को मुज़फ़्फ़रपुर में उनके नाना चतुर्भुज सहाय के घर हुआ। पिता जगतबहादुर प्रसाद, गौर रौतहट के रहनेवाले थे। गौर रौतहट नेपाल तराई का पिछड़ा क्षेत्र है। उनकी शिक्षा मुज़फ़्फ़रपुर में नाना के घर हुई। विवाह हुआ, छपरा ज़िले के दिघवारा में। मैथिली, भोजपुरी, बज्जिका का संस्कार लिये बिन्ध्यवासिनी पटना आईं तो मागधी ने भी उन्हें अपना बना लिया। बिहार की तमाम भाषाएँ-बोलियाँ उनके गायन में शामिल हुईं। यही कारण था कि वह किसी भी भाषा या बोली में गातीं, पूरा प्रदेश उसे स्वीकार करता। वह भाषा का भेद मिटा देतीं। उनके गीतों के भाव प्रमुख होते और उनकी स्वर-भंगिमाओं के जादू में लोग खो जाते। उन्हें भारत के प्रथम राष्ट्रपति डॉ. राजेन्द्र प्रसाद ने स्वर्णपदक देकर सम्मानित किया। उन्हें पद्मश्री सम्मान मिला। केन्द्रीय संगीत नाटक अकादमी के पुरस्कार, फेलोशिप और रत्न सदस्यता से वह सम्मानित हुईं। वह कई देशों की यात्रा पर गईं। बढ़ती हुई उम्र का शिकंजा कसता रहा और धीरे-धीरे छीजती रही उनकी देह। अन्तिम दिनों तक उनका कभी न थकनेवाला मन उन्हें सुरों की यात्रा के लिए ऊर्जा देता रहा और वह अपने संगीत से *'जुगन जुगन की तृषा'* बुझाती रहीं। अट्ठारह अप्रैल सन् दो हज़ार छह को निधन से कुछ दिनों पहले तक बिन्ध्य कला मन्दिर में नन्ही बच्चियों पर ही नहीं बल्कि, हर उम्र की स्त्रियों पर वह संगीत का ख़ज़ाना लुटाती रहीं। वह हर तरह के ज्ञान को लोक-सम्पदा मानती थीं। लोकसंगीत को समर्पित बिन्ध्यवासिनी देवी की उपस्थिति का अपना अलग अर्थ था। आज जबकि संस्कृति की दुनिया एक फूहड़ बाज़ार में बदल चुकी है और लोकगीतों के नाम पर अश्लीलता और विकृति का कारोबार चल रहा है, बिन्ध्यवासिनी देवी के बोल और उनका संगीत लोक का सहारा हैं।

संस्कृति विरोधी हैं बिहार के राजनेता और नौकरशाह

आज से कई वर्षों पूर्व सन् अट्ठारह सौ छिहत्तर में जब केशवराम भट्ट ने बिहार की पहली शौकिया (एमेचर) नाट्य-संस्था *पटना नाटक मंडली* की स्थापना की होगी, तो सपने में भी नहीं सोचा होगा कि उनके प्रदेश की आनेवाली पीढ़ियाँ ऐसी नकारा और संस्कृति विरोधी होंगी कि शताब्दी गुज़र जाने के बाद भी अपने लिए एक ढंग का प्रेक्षागृह नहीं बनवा सकेंगी या जो कुछ बनेगा उसे बचा नहीं सकेंगी। रंगमंच सामाजिक सरोकारों से गहरे जुड़ी हुई विधा है। रंगमंच समाज की हलचलों को वाणी देता रहा है और बेहतर ज़िन्दगी के लिए चलनेवाले सामाजिक संघर्षों में उत्प्रेरक की भूमिका निभाता रहा है। केशवराम भट्ट भारतेन्दु काल के एक ऐसे रंगकर्मी थे जिनका रंगमंच भारत की स्वतंत्रता की आकांक्षा से जुड़ा हुआ था। उन्होंने यह भी नहीं सोचा होगा कि जिस राजनीतिक स्वतंत्रता की आकांक्षा को उनका रंगमंच समर्पित है, उस राजनीतिक स्वतंत्रता के गर्भ से ऐसे राजनीतिज्ञ पैदा होंगे जिनके लिए संस्कृतिकर्म का अर्थ भड़ैती होगा और वे इसका, जब-जब ज़रूरत होगी राजनीतिक प्रपंच के लिए दुरुपयोग करेंगे और फिर घूरे पर फेंक देंगे। उन्होंने यह ज़रूर कल्पना की होगी कि स्वतंत्रता के बाद देश और समाज के दिन बहुरेंगे और प्रदेश की भावी सन्तानें साहित्य-संगीत-रंगमंच आदि विविध कलाओं की सांस्कृतिक दीप्ति से आलोकित होंगी। पर ऐसा कुछ भी नहीं हुआ। हाँ, इतना ज़रूर हुआ कि उनके रंगकर्मी वंशज उनके रोपे हुए बिरवे को आज तक सींच रहे हैं और अपनी प्रतिभा तथा दीवानगी के बल पर उसे जीवित रखे हुए हैं। राजनीतिक आज़ादी के बाद मनुष्य की आज़ादी के लिए नाट्य रचने का सिलसिला जारी है। सुविधाओं-साधनों के अभाव के बावजूद रंगजिजीविषा जीवन्त है। केशवराम भट्ट के काल में पटना के अलावा बिहार के अन्य नगरों में भी शौकिया रंगमंच सक्रिय था। यह सिलसिला कई दशकों तक चलता रहा। उन दिनों आरा, छपरा आदि नगरों में *जैन नाटक मंडली, सार्वजनिक नाटक मंडली, छपरा क्लब, शारदा नाट्य समिति* आदि नाट्य-संस्थाएँ सक्रिय थीं और मनोरंजन के साथ-साथ स्वतंत्रता का अभियान भी चला रही थीं। शिक्षण संस्थानों में भी काफी गतिविधियाँ थीं। बिहार नेशनल कॉलेज देश का एक ऐसा संस्थान था,

जहाँ नाटक का पाठ पढ़ाने के दौरान उसके अंशों को मंचित कर व्यावहारिक प्रशिक्षण दिया जाता था। आज बिहार में शायद ही कोई ऐसा जनपद होगा जहाँ नाट्य गतिविधियाँ न हों। बिहार के कई दूरस्थ इलाक़ों में भी नाट्यदल सक्रिय हैं।

आज़ादी के बाद के ये साल पलक झपकते नहीं गुज़रे। बिहार के संस्कृतिकर्मियों के लिए ये साल संघर्ष, अपमान, उपेक्षा और अभाव के अनन्त संवत्सरों की तरह हैं। इन सालों में जयप्रकाश नारायण को छोड़कर एक भी ऐसा राजनीतिज्ञ नहीं हुआ जिसने संस्कृति की दुनिया से कोई रिश्ता बनाया हो। आत्मीयता और बराबरी का रिश्ता तो दूर की बात है, व्यावहारिक रिश्ता भी नहीं बन सका। जगदीशचन्द्र माथुर को छोड़ दें तो एक भी नौकरशाह ऐसा नहीं निकला जिसने संस्कृति की दुनिया को अपनी प्रशासनिक क्षमताओं से विकसित किया हो। संस्कृति से जुड़े प्रशासनिक दायित्वों को बिना लाभ का पद मानकर बिहार के नौकरशाह संस्कृति का काम उपेक्षा भाव से निबटाते रहे। अपने आस-पास चारणों की भीड़ जुटाकर सामन्तों की तरह संस्कृति का उपयोग करनेवाले राजनीतिज्ञों और नौकरशाहों की यहाँ लम्बी परम्परा रही है।

जगदीशचन्द्र माथुर एकमात्र ऐसे अधिकारी थे जिनकी उपस्थिति से बिहार का सांस्कृतिक परिदृश्य गौरवान्वित हुआ। वह मूलतः लेखक थे। नाटककार और नाट्यचिन्तक थे। उन्होंने समग्र भारतीय रंगमंच की परिकल्पना की। वह भारतीय संस्कृति की विविधता के पक्षधर थे। उन्होंने अपने रचनात्मक अवदान के साथ-साथ प्रशासनिक योगदान से भी सांस्कृतिक परिदृश्य को गतिशील बनाया। उन्होंने *वैशाली महोत्सव* की उस समय परिकल्पना की जब देश में ऐसे महोत्सवों का चलन नहीं था। आज ऐसे महोत्सवों के बल पर मध्य प्रदेश देश का एक महत्त्वपूर्ण सांस्कृतिक राज्य बना हुआ है और बिहार का *वैशाली महोत्सव* नौकरशाहों के वास्ते लूट और राजनीतिज्ञों के वास्ते वोट का अखाड़ा बना हुआ है। *बौद्ध महोत्सव* और *राजगीर महोत्सव* के नाम पर बिहार में जो कुछ भी होता है, वह किसी से छुपा हुआ नहीं है। स्तरहीन और अफ़रा-तफ़री भरे इन आयोजनों के प्रति देश के सांस्कृतिक जगत में कोई उत्सुकता-जिज्ञासा देखने को नहीं मिलती। जगदीशचन्द्र माथुर ने *प्रेमचन्द रंगशाला* का निर्माण करवाया था। इस रंगशाला की कथा से बिहार ही नहीं, समग्र देश की जनता परिचित है। बिहार के सत्ताधारियों ने इसे कमज़ोर की लुगाई समझ केन्द्रीय रिज़र्व पुलिस बल को सौंप दिया था। लम्बे समय तक इस पर केन्द्रीय रिज़र्व पुलिस बल का कब्ज़ा रहा। बिहार के रंगकर्मियों-साहित्यकारों-कलाकारों ने *प्रेमचन्द रंगशाला* की मुक्ति के लिए आन्दोलन चलाया। संस्कृतिकर्मियों को लाठियों से पीटा गया। इस आन्दोलन में नेमिचन्द्र जैन, ब. व. कारंत, देवाशीष मजूमदार, कुमार राय, शमिक बैनर्जी आदि राष्ट्रीय ख्याति के लोग शामिल हुए। जुलूस-धरना-प्रदर्शन हुआ। अन्ततः रंगशाला को मुक्ति मिली। पर यह मुक्ति चार दिनों की चाँदनी साबित हुई।

पिछले कई सालों से इसे संस्कृति विभाग के अधिकारी और ठेकेदार मिलकर लूट रहे हैं। इस रंगशाला को पुनर्निर्माण के नाम पर उजाड़ दिया गया है। बिहार के सत्ताधारियों के पास कोई सांस्कृतिक दृष्टि नहीं है। संस्कृतिकर्म के लिए आधारभूत संरचना के विकास के बारे में सोचने की फुर्सत किसी के पास नहीं है।

बिहार में राज्य कला अकादमी की स्थापना हुई, जिसे बाद में दो भागों में बाँटकर बिहार संगीत नाटक अकादमी और बिहार ललित कला अकादमी का गठन हुआ। राज्य कला अकादमी के पहले अध्यक्ष थे कोई बन्धु महतो। इनका सांस्कृतिक अवदान आज तक शोध का विषय है और राज्य के सत्ताधारियों की यह सांस्कृतिक दृष्टि शर्म का विषय बनी हुई है। बिहार राज्य की इन अकादमियों का हाल जग जाहिर है। यहाँ के कर्मचारी वेतन के लिए तरसते हैं और संस्कृति विभाग के अफ़सर अकादमी पर शासन करते हैं। इन अकादमियों की गरदन संस्कृति विभाग की मुट्ठी में फँसी है, जिसे लगातार छुटभैये अधिकारी मरोड़ते रहते हैं। आचार्य शिवपूजन सहाय के नेतृत्व में स्थापित उच्च शिक्षा विभाग का केन्द्र *बिहार राष्ट्रभाषा परिषद्* जो एक अरसे तक पूरे देश के लिए उत्सुकता का केन्द्र था, आज मरघट की शान्ति में डूबा रहता है। कुछ दिनों पहले मैं परिषद् के शोध पुस्तकालय में एक पत्रिका की तलाश में गया था। पुस्तकालय के दृश्य दुःस्वप्न की तरह आज तक मेरा पीछा कर रहे हैं। दुर्लभ पत्रिकाओं की सैकड़ों फाइलें वहाँ सड़ रही हैं, दीमकों का ग्रास बन रही हैं। यह सम्पदा कोई राजनीतिज्ञ या नौकरशाह अपनी जान देकर भी नहीं जुटा सकता। वोट और धन की पिपासा में पगलाए लोगों के लिए ज्ञान के इस अकूत भंडार की कोई क़ीमत नहीं। यह है संस्कृति की दुनिया को बिहार के शासकों का उपहार।

पर इससे अलग भी है एक दुनिया। जिन पत्रिकाओं की फाइलों को दीमकों के हवाले किया गया है उनके सम्पादकों, उनमें छपनेवाले लेखकों-कवियों-पत्रकारों की परम्परा को..., *पटना नाटक मंडली* के संस्थापक केशवराम भट्ट, दरभंगा-बेतिया के ध्रुपदियों, पटना कलम के चित्रकारों की परम्परा को जीवित रखनेवालों की दुनिया। अभावों के बावजूद सृजनात्मकता की आँच में तपकर लगातार नया और महत्त्वपूर्ण इस दुनिया में रचा जा रहा है। अगर यहाँ सिर्फ़ रंगमंच की बात की जाए तो सच यह है कि समकालीन भारतीय रंगमंच बिहार के बिना अधूरा है। यहाँ के रंगकर्मियों और रंगप्रस्तुतियों की चर्चा के बगैर रंगमंच पर बात सम्भव नहीं। यहाँ चतुर्भुज हुए हैं जिन्होंने बिहार के ग्रामीण और क़स्बाई क्षेत्र की जनता की सांस्कृतिक भूख को लगभग आधी शताब्दी तक तृप्त किया है। यहाँ अनिल कुमार मुखर्जी जैसे रंगकर्मी हुए हैं जिन्होंने अकेले अपने बूते पर *कालिदास रंगालय* जैसी रंगभूमि तैयार की, जिस पर आज पटना का अभावग्रस्त रंगमंच पालित-पोषित हो रहा है। रामेश्वर सिंह कश्यप और एस. एम. घोषाल ने आज़ादी के बाद के यहाँ के रंगमंच को समृद्ध

किया। फल्गु घटक जैसे विरल अभिनेता ने बिहार को अपनी कर्मभूमि बनया था। अगर केवल पटना की चर्चा करें तो प्यारेमोहन सहाय, सतीश आनन्द, परवेज़ अख़्तर, परेश सिन्हा, किरणकान्त वर्मा, अजित गांगुली, तनवीर अख़्तर, अरविन्द रंजन दास, संजय उपाध्याय, विजय कुमार, सुमन कुमार आदि निर्देशकों की एक लम्बी क़तार है। इन लोगों ने समय-समय पर यहाँ के रंगमंच को गति दी है। आज परवेज़ अख़्तर और संजय उपाध्याय की प्रस्तुतियों के प्रति देश के विभिन्न हिस्सों के दर्शकों के भीतर उत्सुकता बनी रहती हैं। नुक्कड़ नाटकों के लिए बिहार समूचे देश में जाना जाता है। बहुत बड़ी संख्या में रंगकर्मी इससे जुड़े हुए हैं। नए नाटकों की रचना हो रही है। मैथिली रंगमंच ने राष्ट्रीय स्तर पर अपनी पहचान क़ायम की है। पटना सहित दिल्ली, कोलकाता, जमशेदपुर, नेपाल आदि में मैथिली रंगमंच के पदचापों को सुना जा सकता है।

संस्कृति की दुनिया अविनाशी दुनिया है और रंगमंच तो बार-बार जनमने और मरने, और फिर जनमने की प्रक्रिया का रचनात्मक शिल्प है। बिहार के सांस्कृतिक परिदृश्य से खेल करनेवाले राजनीतिज्ञों और नौकरशाहों को यह याद रखना चाहिए कि इतिहास के पास एक कूड़ादान भी होता है, जो सत्ता के शिखर से फिसलते ही या अवकाश प्राप्ति के बाद निगलने के लिए मुँह खोले तैयार रहता है।

संस्कृति, सिविल समाज और मीडिया

संस्कृति मेरे लिए उत्सुकता का विषय है। यह संस्कृति आख़िर है क्या, जिसके प्रदूषित होने की चिन्ता हमें सता रही है? सभ्य नागरिक समाज यानी सिविल सोसायटी को लेकर भी यह जिज्ञासा रही है कि अपने देश के सन्दर्भ में इसे कैसे रेखांकित किया जाए? पॉलिटिकल सोसायटी से इसके सम्बन्धों को कैसे व्याख्यायित किया जाए और इन पर शासन करनेवालों या Hegemony के चरित्र को कैसे रेखांकित किया जाए?

'संस्कृति' शब्द से आज हम जिन मूल्यों को सम्प्रेषित करना चाहते हैं, उन मूल्यों के सम्प्रेषण के लिए पहले हमारे पास अलग से कोई शब्द नहीं था। वे सारे मूल्य, जिन्हें हम संस्कृति शब्द से आज अभिव्यक्त करते हैं धर्म की अवधारणा के भीतर ही समाहित थे। उपनिवेशवाद ने हमारे समाज पर जो प्रभाव डाला, उसी क्रम में धर्म से अलग इसकी स्वतंत्र पहचान बनी। हमारे समाज की अधिरचना पर अंग्रेज़ों के प्रभाव ने अलौकिकता के व्यूह से कई चिन्ताओं और मूल्यों को बाहर निकाला। हालाँकि, बाद में इन चिन्ताओं और मूल्यों ने उनकी औपनिवेशिक ताक़त को आघात पहुँचाया। उन दिनों अर्थ और काम भी धर्म के आवरण में प्रस्तुत होते थे।

आज संस्कृति को धर्म के उपकरणों से परखने के दिन लद चुके हैं। सांस्कृतिक मूल्यों को समाज के विकास से जोड़कर देखे बिना आज संस्कृति की परख सम्भव नहीं है। मध्यवर्ग, जो आज सिविल सोसायटी का हिस्सा है, के चरित्र पर बात किए बग़ैर संस्कृति पर बात नहीं की जा सकती है।

औपनिवेशिक शासन की पद्धतियों और आर्थिक संरचना ने सामाजिक अधिरचना के क्षेत्र में व्यापक प्रभाव डाला। इसके कारण एक नया मध्यवर्ग तथा एक नई अर्थव्यवस्था का जन्म हुआ, जिसे हम पूँजीवादी अर्थव्यवस्था कहते हैं पर भारत के समाज में यह परिवर्तन ठीक वैसे ही नहीं हुआ, जैसा यूरोप में हुआ। यह मध्यवर्ग यथार्थजनित संरचना पर आधारित नहीं है। यह एक ऐसा वर्ग है, जिसके पास जड़ें नहीं हैं, जिसकी डालों पर फल-फूल नहीं लगते। यह दोगला और नकली मध्यवर्ग भारतीय समाज को अंग्रेज़ों की देन है। यह जीवनयापन के लिए तिकड़में करने में विश्वास रखता है। उत्पादन, आर्थिक विकास या सामाजिक संरचना के बदलाव में

इसकी कोई रुचि या भूमिका नहीं रही है। यह पूर्वाग्रहों या अन्धविश्वासों से मुक्ति का नाटक करता है। लाभ के लिए या अपना वजूद बनाए रखने के लिए कभी-कभार उन्हें त्यागने का प्रपंच ज़रूर करता है, पर जीता है उन्हीं पूर्वाग्रहों और अन्धविश्वासों के सहारे। सामन्ती व्यवस्था के पतन और औद्योगिक विकास के बाद जैसा मध्यवर्ग यूरोप में विकसित हुआ, यह वैसा नहीं है। अंग्रेज़ों ने हमारे पुराने मध्यवर्ग को नष्ट किया और अपने लिए हितकारी मध्यवर्ग विकसित किया। ऋण पर जीने की कला में माहिर यह मध्यवर्ग पूँजी नहीं पैदा करता। अब यह अपने नए कलेवर में, नई भंगिमाओं और नई प्रविधियों के साथ हमारे समाज में उपस्थित है। यह अपने मुखौटे उतार रहा है। अब यह लोक-लाज के नाटक से उबरकर हत्या और लूट जैसे अपराधों का खुलेआम प्रदर्शन कर रहा है। यह मध्यवर्ग अब ज़्यादा बर्बर होता जा रहा है। यह वर्ण और जाति जैसी रूढ़ियों का अपने लाभ के लिए ठीक उसी तरह उपयोग कर रहा है, जैसे अपनी प्रभुता के काल में अंग्रेज़ों ने किया था। वर्ण अब भी भारतीय मध्यवर्ग का सबसे कारगर हथियार है। सामाजिक ही नहीं, राजनीतिक-प्रशासनिक स्तर पर भी यह हमारे भारतीय समाज की सबसे असभ्य रूढ़ि है। सिर्फ़ इस मध्यवर्ग को ही सिविल सोसायटी मानकर इसकी संस्कृति पर विमर्श करना भूल होगी।

वह वर्ग, जो सचमुच में उत्पादन करता है, जो मध्यवर्ग के प्रपंच और प्रभु वर्ग की प्रभुता का शिकार हो रहा है; उसकी संस्कृति पर मँडरा रहे ख़तरों पर विमर्श आज की सबसे बड़ी आवश्यकता है। भारत में यह वर्ग बहुत बड़ी जनसंख्या में और बहुत बड़े भू-भाग पर अपनी विविध छवियों के साथ उपस्थित है। यह श्रम करनेवालों का, उत्पादन करनेवालों का यानी, पूँजी के निर्माण में सीधा योगदान देनेवालों का वर्ग है। यह वर्ग आधुनिक ज्ञान की सम्पदा से वंचित है। इसकी सबसे बड़ी शक्ति श्रम पर दूसरों का कब्ज़ा है। इसके विकास की प्रक्रिया अवरुद्ध है, अतः इसकी सांस्कृतिक छवियों की आभा का विकीरण नहीं हो पाता।

हमारे भारतीय समाज में विकास और परिवर्तन को लेकर जो अन्तर्विरोध हैं, उनके कारण संस्कृति के प्रश्न आज ज़्यादा महत्त्वपूर्ण हो उठे हैं। वे लोग, जो सामाजिक व्यवहार से सीधे जुड़े हैं, संस्कृति के प्रश्नों को विकास से सीधे जोड़ते हैं। अर्थव्यवस्था, सत्तासंघर्ष और संस्कृति की खोज को एक प्रक्रिया के रूप में देखते हैं। विकास की सही अवधारणा के केन्द्र में मनुष्य होता है। उसकी चेतना और उसके आचरण से अलग होकर विकास की नींव नहीं रखी जा सकती। विकास के फलों को चखने या उपभोग की लालसा का आज जो विस्फोट हमारे समाज में दिख रहा है, उसने जीवन से अनुशासन, रचनात्मकता और उत्तरदायित्व की भावना का लोप कर दिया है। यह मनुष्य केन्द्रित विकास नहीं है। इस स्थिति से उबरने के लिए संस्कृति के प्रश्नों के माध्यम से ही शायद हम रास्ते पा सकें। संस्कृति मनुष्य के अन्तर्जगत और बहिर्जगत के बीच एक क्रियाशील और सृजनात्मक सम्बन्ध स्थापित

करती है। मनुष्य के अन्तर्जगत के बल पर आर्थिक विकास या लोकतंत्र की स्थापना का सही लक्ष्य पाया जा सकता है। इस अन्तर्जगत के तमाम पक्ष संस्कृति की दुनिया से ही संचालित होते हैं या वहीं से इनके निर्माण के लिए कच्चा माल मिलता है।

विश्व बाज़ार की नई व्यवस्था हमारे समाज की अधिरचना पर, ख़ासतौर पर मध्यवर्ग की अधिरचना पर नए प्रभाव डाल रही है। इन दिनों तीव्रता या एक क़िस्म की बेचैनी से यह ग्रस्त है। एक तरफ़ लूट की प्रवृत्ति बढ़ी है, तो दूसरा सच यह भी है कि इस मध्यवर्ग के एक तबके ने ज्ञान की पूँजी पर अधिकार रखनेवालों के सामने नई चुनौतियाँ पेश की हैं, आर्थिक संसाधनों के संचालकों और Hegemony से नए रिश्ते क़ायम किए हैं। अर्धसामन्ती व्यवस्था के पतन के बाद गाँवों से मध्यवर्ग का बड़े स्तर पर पलायन हुआ है। पलायन की इस प्रक्रिया में मध्यवर्ग ने जीने की नई प्रविधि विकसित की है। पलायन की पीड़ा के संसार का मनोविज्ञान अलग होता है। गाँवों से उखड़कर नगरकेन्द्रित हुए इस मध्यवर्ग ने अपने लिए कई जगह सेंधमारी की है। पॉलिटिकल सोसायटी पर यह मध्यवर्ग पसरा हुआ है। इसके एक हिस्से में पूँजी-निर्माण की लालसा भी जगी है और दुनिया के बाज़ार में उतरकर अपनी प्रतिभा और अपने श्रम के बल पर पूँजी-निर्माण का साहस भी दिखने लगा है। बाज़ार और समय के दबाव में विकास की प्रक्रिया में शामिल होते इस तबके के लिए अब यह ज़रूरी है कि यह संस्कृति को साधन या लक्ष्य की तरह महत्त्व दे। संस्कृति परिवर्तन के मार्ग में सहायक होती है। संस्कृति किसी पोखर के ठहरे हुए जल की तरह नहीं बल्कि, एक प्रवहमान धारा की तरह होती है जिसके सहारे मनुष्य अपनी यात्रा तय करता है। समाज के विश्वासों, मूल्यों और संस्थाओं में बदलाव लाकर ही हम विकसित हो सकते हैं और यह रास्ता संस्कृति से होकर गुज़रता है।

इन दिनों हमारे समाज के सांस्कृतिक हलचलों में अचानक एक उछाल आया है। इस उछाल में मीडिया की भूमिका पर बहसें हो रही हैं, दोषारोपण हो रहे हैं और मीडिया भी इन हलचलों से उबचुभ हो रहा है। क्या मीडिया इन हलचलों को रोक सकता है? इन हलचलों को और अधिक तीव्र गति देने के लिए क्या वह अपनी सारी शक्ति झोंक दे रहा है? मीडिया की आख़िर कैसी भूमिका हो? और साथ ही यह प्रश्न भी उठता है कि क्या संस्कृति को प्रदूषित किया जा सकता है? मुझे लगता है, यह सम्भव नहीं है। संस्कृति प्रदूषित नहीं होती। उसमें परिवर्तन होता है। संस्कृति का रूप परिवर्तनशील होता है। संस्कृति का परम्परा से भी गहरा रिश्ता होता है। जैसे परम्परा के मृत अंश को समाज छोड़ देता है और जीवित अंश के साथ नई परम्पराएँ विकसित होती हैं; वैसे ही संस्कृति उन मूल्यों को छोड़ती चलती है, जो जीवन के लिए उपयोगी नहीं होते। बदलाव या निर्माण की इस प्रक्रिया को प्रदूषण नहीं कहा जा सकता।

अगर संस्कृति का ऐसा पक्ष निर्मित हो रहा है, जो जीवनविरोधी है; तो हमें

इस निर्माण की प्रक्रिया पर नज़र रखनी होगी और इसके लिए सिविल सोसायटी को मध्यवर्गीय प्रपंचों से उबरना होगा। जीवन-विरोधी,...मनुष्य-विरोधी संस्कृति के साथ मीडिया को भी विवेकपूर्ण व्यवहार करना होगा। मीडिया यदि ज़िम्मेदार भूमिका का निर्वाह करे तो संस्कृति के इस स्वरूप को सिविल समाज नकारना सीख जाएगा। मीडिया को यह अधिकार नहीं कि वह पक्ष या विपक्ष में नियामक भूमिका निभाए। उसे उम्प्रेरक (Catalyst) की भूमिका में ही रहना होगा। उसे अपनी प्रभुता के दम्भ से मुक्त होकर विवेक पैदा करने के लिए अपनी शक्ति का उपयोग करना होगा। आज मीडिया विवेक पैदा करने के बदले नियमन जारी कर रहा है और स्वयं विवेकहीन होकर सबकुछ परोस रहा है। मनुष्य के पास सम्पादित करने की नैसर्गिक क्षमता होती है। अगर मनुष्य को इस क्षमता का उपयोग करने का हुनर दे सके मीडिया तो संस्कृति के ख़तरों से बचा जा सकता है। आज हम जिस बाजार में खड़े हैं, वहाँ नियंत्रण बहुत कठिन काम है। मृत परम्पराओं और मूल्यों को लादने का षड्यंत्र बन जाने का ख़तरा भी इस नियंत्रण का एक पक्ष हो सकता है। यह भी सम्भव है कि इस नियंत्रण के माध्यम से धर्म की रहस्यमय अलौकिकताओं के गर्त में संस्कृति को फिर से ढकेल दिया जाए। मेरी समझ से ज़रूरी यह है कि मीडिया मनुष्य की इस क्षमता का विकास करे कि वह स्वयं संस्कृति के मनुष्य-विरोधी पक्ष को नकार सके। मैं इस बात को फिर दुहराना चाहूँगा कि मीडिया को उत्प्रेरक बनने की ज़रूरत है, सहभागी नहीं।

(पटना में आयोजित एक संगोष्ठी में दिए गए भाषण के सम्पादित अंश)

जीवन की रूपकथा के नाटककार : बादल सरकार

"आम का पत्ता जोड़ा-जोड़ा..." पटना की एक पुरानी अभिनेत्री विनीता सिंह की आवाज़ आज भी मेरे कानों में यदा-कदा गूँजती रहती है। यह जिस नाटक के संवाद का हिस्सा है, उस नाटक ने मुझे पटना के मोहल्ले के रंगमंच से बाहर निकालकर एक नई रंगयात्रा के प्रस्थान के लिए प्रेरित किया था। सन् उन्नीस सौ पचहत्तर के अप्रैल माह के अन्तिम सप्ताह का कोई एक दिन था जब मैं *पगला घोड़ा* देखने गया था और पाँच दिनों तक लगातार इस नाटक का प्रदर्शन देखने जाता रहा। इस नाटक में विनीता सिंह ने लड़की की तीनों भूमिकाएँ की थीं। कथाकार-अभिनेता वसन्त कुमार ने सातू का चरित्र निभाया था। विनीता सिंह एक समर्थ अभिनेत्री थीं। वह बहुत दिनों तक रंगमंच पर सक्रिय नहीं रहीं, पर उनकी इस भूमिका के लिए पटना रंगमंच के पुराने दर्शक आज भी उन्हें याद करते हैं। वसन्त कुमार इसके बाद लम्बे समय तक सक्रिय रहे और उनके साथ काम करने का भी अवसर मिला, पर उनके द्वारा अभिनीत अविस्मरणीय चरित्रों में *पगला घोड़ा* के सातू का विशिष्ट स्थान है। पटना की नाट्यसंस्था 'कला संगम' की इस प्रस्तुति में सुमन कुमार और उमेश श्रीवास्तव ने भी काम किया था। ये दोनों भी उन दिनों पटना के सर्वाधिक सक्रिय अभिनेता थे। बादल सरकार से मेरे रंगकर्म के भावनात्मक जुड़ाव का यह बड़ा कारण है कि उनका नाटक *पगला घोड़ा* के देखने के बाद मैं कला संगम से जुड़ा और फिर आधुनिक रंगकर्म का सिलसिला आरम्भ हुआ। इसके पहले पटना में *बाक़ी इतिहास* का मंचन हो चुका था। फिर तो उनके कई नाटक मंचित हुए। सन् उन्नीस सौ अठहत्तर में *जुलूस* का पटना के नुक्कड़ों-चौराहों पर प्रदर्शन आरम्भ हुआ। जेपी आन्दोलन के दौर में *पत्ताखोर* के छिटपुट प्रदर्शनों के बाद पहली बार पटना के नुक्कड़ों-चौराहों पर किसी नाटक का योजनाबद्ध ढंग से निरन्तरता में प्रदर्शन हो रहा था। शहर और रंगमंच, दोनों को नया स्वाद मिल रहा था। मैं *जुलूस* में गुरुदेव का चरित्र निभाता। परवेज़ अख़्तर, विनीत कुमार, झुन्नू श्रीवास्तव, कन्हैया, अशोक पांडेय, विवेक करपटने, प्रह्लाद कुमार, शिवशंकर रत्नाकर, परितोष शुक्ल आदि देखते-देखते अपने शहर में पहचाने जाने लगे थे। हालाँकि उन दिनों इस नाटक के

कुछ संवादों से गहरी असहमतियाँ उभरतीं और कुछ स्थितियाँ उलझनें पैदा करतीं। इन्हीं असहमतियों और उलझनों ने उनके नाट्यलेखन और उनके रंगकर्म के प्रति उत्सुक और जिज्ञासु बनाया। उनकी रचनात्मकता के अन्तर्द्वन्द्वों के भीतर उतरना और वहाँ से फूटती जीवनद्युति के विकीरण को सहेजना रंगनिर्देशकों और अभिनेताओं के लिए हमेशा एक चुनौती भरा काम रहा है। रंगमंच की सरलता और सम्प्रेषणीयता को लेकर उनकी अवधारणाएँ जनपक्षधरता से जुड़ी थीं, इसलिए उनके नाट्यलेखन या रंगकर्म में कलात्मकता की एक अदृश्य या तरल उपस्थिति हमेशा बनी रही। प्रदर्शनकारी विधाओं के लेखन में सरलीकृत होने के ख़तरे हमेशा बने रहते हैं। बादल सरकार का सरलीकरण सम्भव नहीं था। यही कारण है कि उनके नाटक बांग्ला के अतिरिक्त अन्य भारतीय भाषाओं के रंगमंच के लिए भी प्राण बन गए। उन्होंने अपने नाटकों के कथ्य पर भरोसा किया और अतिरिक्त प्रयासों की बजाय उसके भीतर से शिल्प को उपजने दिया। उनके नाटक आज भी रंगकर्मियों को प्रयोग के लिए उकसाते हैं और चुनौतियाँ प्रस्तुत करते हैं।

अपने नाट्यलेखन और रंगकर्म में दर्शकों से सीधा संवाद क़ायम करना बादल सरकार की विशिष्टता रही है। उनके नाटक *एवम् इन्द्रजित* को अभूतपूर्व सफलता मिली। विभिन्न भारतीय भाषाओं में इसका अनुवाद और मंचन हुआ और देखते-देखते यह नाटक भारतीय रंगमंच की प्रतिनिधि नाट्यरचना बन गया। *एवम् इन्द्रजित* की सबसे बड़ी सफलता यह रही कि इसने रंगमंच को बौद्धिक विमर्श के केन्द्र में ला खड़ा किया। यह नाटक अपने कथ्य और अपनी रंगभाषा, दोनों के कारण रंगकर्मियों के लिए जिज्ञासा का केन्द्र बना। इसने प्रयोग और नवाचार के लिए उत्सुक बनाया। यह वह समय था जब भारतीय मध्यवर्ग आज़ादी के बाद नई तरह की समस्याओं से घिर रहा था। तथाकथित आधुनिकता की ललक में जीवन की मूल संवेदनाओं का लोप हो रहा था और जीवन यांत्रिक और संघातिक रूप से आत्मकेन्द्रित होता जा रहा था। तुच्छ आकांक्षाओं के प्रवाह में डूबते-उतराते मनुष्य के अन्तर्द्वन्द्वों की बहुस्तरीय रंगाभिव्यक्ति करता यह नाटक मात्र ऐसे जीवन की अर्थहीनता को प्रस्तुत नहीं करता बल्कि मनुष्य के नैसर्गिक स्वप्नों, सिसृक्षा, मानवीय सम्बन्धों की प्रामाणिकता और जीवन की सार्थकता का अन्वेषण भी करता है। बादल सरकार इस नाटक में लेखक को भी एक पात्र बनाते हैं, जिसके बारे में यह कहा गया कि वह उनका ही प्रतिरूप है। एक तरफ निर्मल जीवन जीते हुए अमल-विमल-कमल जैसे इसके तीन पात्र हैं जो एक बने बनाए ढर्रे पर वृत्ताकार गति में जीवन जीते हैं, तो दूसरी ओर है इन्द्रजित; जो इनसे अलग है। वह अपेक्षाकृत जीवन्त और संवेदनशील है। मानवीय और उदात्त होने के लिए संघर्षरत है। पर इन्द्रजित भी अपने जीवन में कोई उपलब्धि हासिल नहीं कर पाता। वह अपने को अमल-विमल-कमल की तरह साधारण और निर्मल ही मानता है। बादल सरकार इस नाटक में साधारण

और निर्मल जैसे शब्दों के लिए नये अर्थसंधान करते हैं। नाटक का पात्र लेखक साधारण होने को महत्त्व देता है, पर इस तथाकथित निर्मलता को जीवन की रूढ़ि के रूप में देखता है। वह कहता है– *"तुम्हारे-मेरे लिए अब निर्मल होने का रास्ता नहीं। हमें जीवित रहना होगा। चलते जाना होगा।"* जीवन की व्यर्थता का बोध चाहे जितना सघन हो, जितना अनन्त हो और अपनी व्याप्ति में जितना प्रभावकारी हो; तथाकथित निर्माल्य के साथ जीवन जीते जाने का, चलते रहने का कोई अर्थ नहीं। ऐसे में यह नाटक एक इन्द्रजित की खोज करता है, जो साधारण हो पर जीवन की दुरभिसन्धियों से जूझ सके। बादल सरकार किसी भी तरह के रुमान से बचते हैं। वह भावुक आशावाद के परे जाकर नाटक में मनुष्य की अदम्य जिजीविषा को आविष्कृत करते हैं। उस विशिष्टता को चिह्नित करने का प्रयास करते हैं जो असफलताओं के बाद भी जीवन-संघर्ष के लिए मनुष्य को पुनर्नवा करती है। *एवम् इन्द्रजित* गहन अन्धकार, व्यर्थताबोध, नैराश्य और संगतिहीनता के विरुद्ध जिजीविषा का स्वर है और यही कारण है कि यह नाटक भारतीय रंगमंच की पहचान बना और रंगपरिदृश्य पर इसकी उपस्थिति अनिवार्य हुई। यह नाटक अपनी रंगभाषा की प्रवाहमयता और तरलता के लिए भी चर्चित हुआ। यह नाट्यालेख अभिनटन और रंगचर्या के लिए बहुस्तरीय स्पेस देता है। गतियों और वाक्-संयोजन में विविधता और कल्पनाशीलता के लिए भी पर्याप्त अवसर यहाँ उपलब्ध हैं। यहाँ रूढ़ हो चुकी अभिनय पद्धतियों और शैलियों से मुक्ति के भी पर्याप्त अवसर हैं; और हैं महाकाव्यात्मक विस्तार के साथ सर्जनात्मक सम्प्रेषण के अनन्त अवसर। *एवम् इन्द्रजित* को देश के तमाम महत्त्वपूर्ण निर्देशकों ने मंचित किया और कई इसको मंचित कर महत्त्वपूर्ण बने। श्यामानन्द जालान की प्रस्तुति सर्वाधिक चर्चित रही। श्यामानन्द जालान के निर्देशन में *एवम् इन्द्रजित* के मंचन का बादल बाबू की अखिल भारतीय प्रसिद्धि में बड़ा योगदान रहा। अभिनय की कुछ अतिरंजनाओं और अस्वाभाविकता के बावजूद यह प्रस्तुति अपने समग्र प्रभाव के कारण देश भर में चर्चित-प्रशंसित हुई। नेमिचन्द्र जैन ने लिखा– "जालान का प्रस्तुतीकरण विशिष्ट और सुनियोजित रहा। उसमें नाटक की मूल भाव-वस्तु, जीवन की चक्राकार गति और यांत्रिकता तथा व्यर्थता की बड़ी संयमित अभिव्यक्ति थी।" मोहन महर्षि निर्देशित मंचन को लेकर नेमिचन्द्र जैन ने बेहद तल्ख़ टिप्पणी की है। नेमिजी ने इस प्रस्तुति को *'नाटक के मूलभाव से विपरीत और उसे नष्ट और विकृत'* करनेवाला तथा *'कथ्य और रूप की आंतरिक अन्विति'* को तोड़नेवाला माना। इस प्रस्तुति में ओम शिवपुरी ने लेखक की भूमिका की थी। इस नाटक ने अपने विविध मंचनों से रंगसमीक्षा को भी नये उपकरण विकसित करने के लिए विवश किया। *एवम् इन्द्रजित* लम्बे समय तक भारतीय रंगपरिदृश्य को अपनी उपस्थिति से स्पन्दित करता रहा।

बादल सरकार ने अपने लन्दन प्रवास के दौरान सबसे पहले *सल्यूशन एक्स*

नाटक लिखा। यह एक अंग्रेज़ी फ़िल्म पर आधारित हास्य नाटक था। उन्होंने अपने नाटकों के लिए दुनिया के श्रेष्ठ साहित्य और फ़िल्मों का प्रेरणा-स्रोत के रूप में उपयोग किया। उन्होंने लगभग पचास के आसपास मौलिक, रूपान्तरित और अनूदित नाटक भारतीय रंगजगत को दिए। *एवम् इन्द्रजित* के अलावा हिन्दी रंगमंच पर *राम-श्याम-जदु, बड़ी बुआजी, बल्लभपुर की रूपकथा, सारी रात, बाक़ी इतिहास, पगला घोड़ा, सगीना महतो, अबु हुसैन, स्पार्टकस, जुलूस, भोमा* आदि का निरन्तरता में मंचन हुआ। इन नाटकों ने एक दौर में हिन्दी रंगमंच को अपने कथ्य की विविधताओं से वैचारिक उत्तेजना दी और प्रयोगधर्मिता से सम्पन्न किया। इस दौर में मोहन राकेश, गिरीश कारनाड और विजय तेंडुलकर के साथ बादल सरकार रंगकर्मियों के लिए अनिवार्य नाटककार थे। उन्होंने *राम-श्याम-जदु* और *बल्लभपुर की रूपकथा* जैसे हास्य नाटक लिखे अवश्य, पर वह मूलतः राजनीतिक चेतना सम्पन्न नाटककार थे। वह अपने जीवन के अन्तिम क्षण तक वामपंथ के पक्षधर बने रहे। पर उनका वामपंथ भारत की दलीय वामपंथी राजनीति से अलग था। वह इस दलीय राजनीति के चरित्र के प्रखर विरोधी रहे। उनका मानना था–*"समाजवाद या कम्युनिज़्म फेल कर गया है, यह एक अर्द्धसत्य है–इस समय का महान अर्द्धसत्य। हमें सवाल पूछना चाहिए समाजवाद या कम्युनिज़्म फेल कर गया है या फिर समाजवादी या कम्युनिस्ट फेल कर गए हैं? हार तो पार्टी की हुई है–विचारधारा की नहीं हुई है। मैं समझता हूँ वे वामपंथी पार्टियाँ हारी हैं जो समाजवाद के नाम पर पूँजीवाद के रास्ते पर चली थीं।...यह तो मैं तय मानता हूँ कि वामपंथी पार्टी राजनीति असफल सिद्ध हुई है।...मुझे शर्म आती है इन्हें कम्युनिस्ट कहने में। आप अब ये खुलेआम कह रहे हैं कि पूँजीवाद का विकल्प नहीं है। पूँजीपतियों के तलवे चाट रहे हैं... ।"* उनकी इस तल्ख़ टिप्पणी के पीछे हमारी भारतीय राजनीतिक व्यवस्था के दोमुँहेपन की पीड़ा है। इस दोमुँहेपन ने कई अन्तर्द्वन्द्वों और अन्तर्विरोधों को जन्म दिया। जिन्हें जनता ने अपना भरोसा सौंपा उन्होंने ही छल किया और इस छल से उपजी पीड़ा और इस पीड़ा से मुक्ति की कामना बादल सरकार की रचनात्मकता के उत्स रहे हैं। उनका नाटक *अन्त नहीं* ऐसे ही अन्तर्द्वन्द्वों और अन्तर्विरोधों की कथा है। इस नाटक में भी 'लेखक' एक पात्र है। यह लेखक कई लोगों की अपेक्षाओं के विपरीत जाकर अपने सृजन को सर्वोपरि रखता है। बादल सरकार ने पश्चिम बंगाल के वामपंथी राजनीतिक दल में सक्रिय ऐसे कार्यकर्ताओं के अन्तर्द्वन्द्वों को इस नाटक में उभारा है जो संस्कृतिकर्म से जुड़े हुए हैं। यह नाटक एक सृजनशील व्यक्ति की निजता और पूर्णता की खोज की प्रक्रिया में समाज और पारिवारिक सम्बन्धों से उपजती अपेक्षाओं, तनावों और यातनाओं को भी विश्लेषित करता है। इस नाटक के आंतरिक बुनावट में भावपक्ष बेहद सघन और आवेगमय है। शिल्प के स्तर पर बादल सरकार ने यथार्थवादी चरित्रों और स्थितियों को अयथार्थवादी शिल्प में

अभिव्यक्त किया है। अपने नाटक *भोमा* में वह आदिवासी जनजीवन के संघर्षों को कथ्य बनाते हैं। दुरूह वनक्षेत्र सुन्दरवन के ग़रीब किसानों-मज़दूरों के जीवन की विसंगतियों को रचते हुए वह शोषण-उत्पीड़न की हृदयविदारक कथा ही नहीं कहते बल्कि, एक सजग रचनाकार के दायित्वों का निर्वहन करते हुए भविष्य की ओर भी संकेत करते हैं। *"भोमा टूटता नहीं। भोमा रचता है। भोमा को हम सब तोड़ते हैं। /...भोमा जंगल है। भोमा आबाद। भोमा गाँव। हिन्दुस्तान की पचहत्तर प्रतिशत आबादी गाँव में रहती है। भोमाओं का ख़ून पीकर हम जीते हैं शहरों में।/...हाँ अगर भोमा लोग भात खाते तो हमें भात नहीं मिलता। भोमा का लाल ख़ून/सफ़ेद चमेली के फूलों जैसे खिल उठते हैं हमारी भात की थालियों में—दोनों वक़्त।/...भोमा उठ रहा है, जाग रहा है। ज़ंग लगी कुल्हाड़ी को उसने उठा लिया है-चारों ओर जंगल। कुल्हाड़ी पर भोमा की पकड़ मज़बूत हो रही है। भोमा की घायल आँखों में शेर मारने की आग धधक रही है।"* घायल आँखों की यह आग बादल सरकार की समग्र रचनाशीलता की प्राण-ज्योति है। *स्पार्टकस* हो या *सगीना महतो*, उनके अधिकांश नाटकों में यह आग धधकती हुई मिलेगी, पर कलात्मक सन्तुलन के साथ; अपने ही गर्भ से अपने लिए युक्तियों को सिरजते हुए।

बादल सरकार के समग्र लेखन और रंगकर्म का विश्लेषण किसी एक लेख या किसी एक पुस्तक में सम्भव नहीं। नाटककार और रंगकर्मी के रूप में उनका विस्तार इतना व्यापक है कि उसे सहेजकर प्रस्तुत कर पाना एक दुरूह कार्य है। पर एक सच यह भी है कि हिन्दी ही नहीं, उनकी अपनी भाषा में भी उन पर फुटकर लेखों के सिवा गम्भीर काम नहीं हो सका है। दो साल पहले हिन्दी में प्रकाशित अशोक भौमिक की पुस्तिका *बादल सरकार : व्यक्ति और रंगमंच* अवश्य एक महत्त्वपूर्ण प्रयास है। इसमें संकलित *रंगमंच की बदलती भाषा* एक दुर्लभ दस्तावेज़ है, जिसे पढ़ते हुए केवल रंगमंच और नाटक ही नहीं बल्कि, हमारे समय और समाज की कई गुत्थियाँ सुलझती हैं। इसी पुस्तक में चिन्मय गुहा की एक टिप्पणी का अंश दर्ज है। यह अंश बादल सरकार, जिन्हें भारत का रंगजगत आदर और आत्मीयता के साथ *बादल बाबू* सम्बोधित करता था; के महत्त्व को रेखांकित करता है। *"आज से सौ वर्ष बाद शायद इस बात पर बहस हो कि क्या बीसवीं और इक्कीसवीं सदी के सन्धि काल में, एक ही साथ तीन-तीन बादल सरकार हुए थे जिसमें से एक ने सरस पर बौद्धिक रूप से प्रखर संवादों से भरे, कॉमिक स्थितियों की बारीकियों पर अपनी पैनी नज़र साधे, बेहद प्रभावशाली हास्य नाटक लिखे थे। दूसरे, जिन्होंने समाज में हिंसा के विश्व राजनीतिक खींचातानी के चलते युद्ध की काली परछाई के, परमाणु अस्त्रों के, आतंक के और समाज में बढ़ती आर्थिक असमानता के ख़िलाफ़ अपनी आवाज़ को अपने नाटकों में दर्ज किया था। और तीसरे, जिन्होंने प्रेक्षागृहों के अन्दर क़ैद मनोरंजन प्रधान रंगमंच को एक मुक्ताकाश के नीचे आम जनता तक पहुँचाने का सपना देखा था।"*

संवाद

ज्ञान पर एकाधिकार की साज़िश है

(रंगनिर्देशक अरविन्द गौड़ से बातचीत)

पिछले दिनों दिल्ली में राष्ट्रीय नाट्य विद्यालय द्वारा आयोजित भारत रंग महोत्सव चल रहा था और मात्र हज़ार-डेढ़ हज़ार दर्शक मंडी हाउस के इर्द-गिर्द चक्कर काटते हुए नाटक देख रहे थे। श्रीराम सेंटर, कमानी, एल. टी. जी. के अलावा राष्ट्रीय नाट्य विद्यालय के अभिमंच, बहुमुख और सम्मुख में नाटकों के प्रदर्शन हो रहे थे और ये गिने-चुने दर्शक इस प्रेक्षागृह से निकलकर उस प्रेक्षागृह में आ-जा रहे थे। इन मुठ्ठी भर लोगों के लिए सम्भवतः करोड़ों की धनराशि ख़र्च हुई। ठीक इसी समय दिल्ली की निम्न और मध्यवर्गीय बस्तियों-महल्लों में *अरविन्द गौड़* और उनके नाट्यदल *अस्मिता* के साथी नुक्कड़ नाटकों का प्रदर्शन कर रहे थे। सामाजिक जागृति के लिए विविध विषयों को नाटकों का कथ्य बनाकर दस दिनों तक चलनेवाली इस प्रदर्शन-शृंखला को लगभग पच्चीस-तीस हज़ार दर्शकों ने देखा। एक तरफ़ अपार धनराशि, देश की सबसे बड़ी नाट्य संस्था की आधारभूत संरचना और उत्सवधर्मिता का वैभव तथा दूसरी ओर सुविधा और साधन के अभाव के बावजूद रंगकर्म और सामाजिक सरोकारों के प्रति गहरी प्रतिबद्धता तथा बिना किसी अनुदान के निरन्तर सक्रिय रहने की संघर्षशीलता का वैभव वर्तमान रंगपरिदृश्य के अन्तर्द्वन्द्वों को उजागर करता है। *अरविन्द गौड़* उन गिने-चुने रंगनिर्देशकों में हैं, जो इन अन्तर्द्वन्द्वों पर पैनी नज़र रखते हैं। वह संस्कृति की दुनिया के इस प्रपंच को गहराई से विश्लेषित करते हुए इस बात पर भी चिन्ता प्रकट करते हैं कि कई नामवर रंगकर्मी महसूस तो करते हैं, पर चुप्पी साध लेते हैं। *अरविन्द गौड़* कहते हैं–*"मुझे यह चुप्पी बहुत परेशान करती है। यह भारतीय समाज के वंचितों की सांस्कृतिक भूख के साथ धोखा है। आपने उन्हें बेहतर जीवन से वंचित रखा, रोटी और शिक्षा से वंचित रखा, और उनके जीवन को नई दिशा देनेवाले सांस्कृतिक अभियानों से भी उन्हें वंचित रखना चाहते हैं ताकि वे आपके सुख का साधन बनते रहें। यह अन्याय है और इस अन्याय का प्रतिवाद होना चाहिए।...जिन उद्देश्यों को लेकर भारत रंग महोत्सव की शुरुआत हुई, यह उन उद्देश्यों से भटक गया। इस आयोजन को भारतीय रंगमंच को*

प्रतिनिधित्व देना था। आरम्भिक दौर में यह हुआ भी। क्षेत्रीय नाट्यदलों को अवसर मिला, पर धीरे-धीरे भारत रंग महोत्सव का स्वरूप बदलता गया। अब तो इसका पूरा चरित्र ही बदल गया है,...आभिजात्य हो गया है। अब चयन का आधार स्पष्ट नहीं है। चयन में पारदर्शिता नहीं है। हिन्दी में प्रचार सामग्री तक उपलब्ध नहीं है। यह समारोह राष्ट्रीय नाट्य विद्यालय का नहीं है, इसने इस आयोजन का अपहरण कर लिया है।...देश की शीर्ष नाट्य संस्था होने के कारण राष्ट्रीय नाट्य विद्यालय को आयोजन के लिए मात्र नोडल एजेंसी होना था, पर यह निर्णायक बन बैठा। इस साल तो हद ही हो गई। राष्ट्रीय नाट्य विद्यालय ने इस पूरे आयोजन का अपनी पचासवीं वर्षगाँठ के लिए उपयोग कर लिया। इस साल भारत रंग महोत्सव में नाटक करने के लिए सिर्फ़ राष्ट्रीय नाट्य विद्यालय के पूर्व छात्रों को आमंत्रित किया गया है। यह भारत रंग महोत्सव के नाम पर संस्कृति मंत्रालय से प्राप्त पैसे का दुरुपयोग है। देश के अन्य रंगकर्मियों और रंगमंच के साथ धोखा है। आप अपने विद्यालय का पचासवाँ साल देश के अन्य रंगकर्मियों का हक़ मारकर मना रहे हैं। यह ग़ैरक़ानूनी काम है। सरकार के पास कोई सांस्कृतिक नीति नहीं है। पैसा दिया और भूल गए। कोई पद्धति नहीं कि यह पता चले कि आख़िर उस पैसे का क्या हो रहा है?...और इसके अलावा भी कई तरह की अनियमितताएँ हैं,...जैसे नाटकों का चयन चुप-चुप किया जाता है। राष्ट्रीय नाट्य विद्यालय प्रविष्टियों के लिए अख़बारों में विज्ञापन क्यों नहीं देता? भारत के रंगमंच का अर्थ केवल राष्ट्रीय नाट्य विद्यालय नहीं होता। राष्ट्रीय नाट्य विद्यालय के लोग शामिल ज़रूर हैं, पर रंगकर्म की दुनिया में केवल वे ही नहीं शामिल हैं। उनकी संख्या थोड़ी ही है। भारत रंग महोत्सव के लिए नाटकों के चयन की पारदर्शी पद्धति होनी चाहिए। इसके लिए अलग से ऐसी समिति बननी चाहिए, जिसका राष्ट्रीय नाट्य विद्यालय से कोई सीधा सम्बन्ध नहीं हो। इसमें रंगकर्मी, नाटककार, रंगसमीक्षक आदि शामिल हों। अगर ऐसा नहीं हुआ, तो बहुत जल्दी ही वह समय आएगा जब जेनुइन रंगकर्मियों की इसमें रुचि नहीं रह जाएगी और कुछ लोग जो आज अपनी दुकान चला रहे हैं, चलाते रहेंगे। वे ऐसा ही चाहते हैं। आज भारत रंग महोत्सव में शामिल होनेवाले रंगकर्मियों और नाट्यदलों में ऐसे लोगों की संख्या अधिक हो चुकी है, जो साल भर नाटक नहीं करते, सिर्फ़ फ़ेस्टिवल में आते हैं। कहीं से अनुदान लिया, एक प्रदर्शन किया और फिर फ़ेस्टिवल के इन्तज़ार में लग गए। राष्ट्रीय नाट्य विद्यालय ऐसे लोगों को तरजीह देता है और निरन्तरता में ग्रुप थिएटर करनेवाले लोगों की उपेक्षा करता है। राष्ट्रीय नाट्य विद्यालय प्रशिक्षण संस्थान है। इसे नीति निर्धारक नहीं बनना चाहिए।''

इन दिनों राष्ट्रीय नाट्य विद्यालय और इसके वर्तमान स्वरूप की प्रासंगिकता पर सवाल उठ रहे हैं। लम्बे अरसे बाद धीरे-धीरे ही सही, देश के विभिन्न हिस्सों से उठते इन सवालों की मुखरता अब तीव्र होने लगी है। इस मुद्दे पर रंगकर्मियों

में विमर्श गति पकड़ रहा है। सुप्रसिद्ध रंगकर्मी प्रसन्ना ऐसे ही कुछ मुद्दों को लेकर एक नेशनल फेडरेशन के गठन के लिए सक्रिय हैं और जनमत तैयार करने में लगे हैं। उन्होंने *पटना रंगमंच* के रंगकर्मियों को पहला अधिवेशन बुलाने के लिए प्रस्ताव दिया है। राष्ट्रीय नाट्य विद्यालय को लेकर *अरविन्द गौड़* के पास ढेरों प्रश्न हैं और चिन्ताएँ भी। वह कहते हैं–*''राष्ट्रीय नाट्य विद्यालय को मनमानी करने के लिए नहीं छोड़ा जाना चाहिए। उस पर जनता का पैसा ख़र्च हो रहा है। जिन छात्रों का राष्ट्रीय नाट्य विद्यालय में एडमिशन होता है, वे पहले कहीं-न-कहीं ग्रुप थिएटर के साथ जुड़कर काम कर रहे होते हैं, पर प्रशिक्षण के बाद ग्रुप थिएटर अधिकांश की प्राथमिकता नहीं रह जाता। उन्हें एक्टीविस्ट नहीं बनाया जाता। उन्हें अभिजन बना दिया जाता है। वे उन्हें पढ़ाते हैं कि भारत का शेष रंगमंच बकवास है। ये पहले तो नए छात्रों को हीन समझते हैं और उन्हें कुंठित करते हैं और फिर अभिजन बनाते हैं। राष्ट्रीय नाट्य विद्यालय ने भारतीय रंगमंच पर अभिनय के स्तर को गिरा दिया है। रंगमंच का काम चौंकाना नहीं है। आपने देखा होगा, भारत रंग महोत्सव के दौरान राष्ट्रीय नाट्य विद्यालय के परिसर में चलनेवाले रियालिटी शो को। ग्लास टैंक में बन्द होकर आप हमें क्या दिखाना चाहते हैं? यह भरे हुए पेट का रंगकर्म है। यह भरी हुई जेबों से होता है और जेब भरने के लिए होता है।...हो सकता है, मेरी कुछ बातों को रंगविरोधी बयान माना जाए, पर मुझे यह कहते हुए ज़रा भी संकोच या हिचक नहीं है कि राष्ट्रीय नाट्य विद्यालय का विकेन्द्रीकरण होना चाहिए। यह संस्थान ज़्यादातर परजीवी रंगकर्मियों को पैदा कर रहा है। रंगकर्म के लिए सरकारी अनुदान भी बन्द होना चाहिए। यह अनुदान भी रंगमंच को परजीवी बना रहा है। जो जनता के बल पर थिएटर नहीं कर रहे, वे अपराध कर रहे हैं।...ग्रांट पर चलनेवाली हिन्दुस्तान की अधिकतर रिपर्टरी कम्पनी अभिनेताओं का पैसा खा रही हैं और अभिनेता केन्द्र से ग़ायब होता जा रहा है। अभिनेता ही रंगमंच की केन्द्रीयता है और उसे ही लुप्त करने की साज़िश चल रही है। काग़ज़ों का पेट भरकर निर्देशक ग्रांट लेते हैं और अपनी जेब भरते हैं। ग्रांट बन्द हो या इसकी मॉनिटरिंग हो। जो रंगमंच पर ईमानदारी की बात करते हैं, वे नेपथ्य में लूट मचाते हैं।...मैंने आज तक सरकार से एक पैसा नहीं लिया और अप्रशिक्षित युवाओं के साथ काम करता हूँ। लोग अपने बल पर रंगमंच करें तो पता चले। दूसरों के पैसे से शीशे का घर बनाकर उसमें बैठ जाना बहुत आसान है।...राष्ट्रीय नाट्य विद्यालय ने सरकार को दिग्भ्रमित किया है। अगर आई. आई. टी और आई. आई. एम. छह हो सकते हैं, तो राष्ट्रीय नाट्य विद्यालय एक से ज़्यादा क्यों नहीं हो सकता? इस विद्यालय की छाया से अलग कुछ और राष्ट्रीय नाट्य विद्यालय खोले जाने चाहिए, जो स्वायत्त हों। राष्ट्रीय नाट्य विद्यालय एक है और उसमें मात्र बीस छात्र पढ़ते हैं। यह अलोकतांत्रिक है। यही है ब्राह्मणवाद कि हम विशिष्ट हैं, विशिष्ट बनाते हैं और विशिष्ट बने रहना चाहते*

हैं। ज्ञान पर एकाधिकार की साज़िश है यह राष्ट्रीय नाट्य विद्यालय। यह स्थानीयता की क़द्र नहीं करता, जबकि स्थानीयता रंगमंच का गुणधर्म है।''

हानूश, तुग़लक़, अन्धायुग, रक्तकल्याण, कोर्टमार्शल, माधवी, अलादाद ख़ाँ, इंस्पेक्टर मातादीन चाँद पर, लवर्स, कैलिगुला, दिलफ़रोश, कलन्दर, एक मामूली आदमी, सबसे उदास कविता, जूलियस सीज़र, कॉकेशियन चाक सर्किल, लोगबाग, अम्मा तुझे सलाम, फ़ाइनल साल्युशंस, एक्सीडेन्टल डेथ ऑफ़ एन एनार्किस्ट, द गुड वुमन ऑफ़ सेत्जुआँ, रोमियो जूलियट और अँधेरा, काल कोठरी, तारा, अन्तिम दिवस, वेटिंग फ़ार गोडो आदि पचास से अधिक नाटकों की लम्बी फ़ेहरिस्त *अरविन्द गौड़* के नाम दर्ज है। इन नाटकों को निर्देशित करते हुए *अरविन्द गौड़* ने मनुष्य की संवेदना और संघर्ष को रंगमंच पर कलात्मकता के साथ अभिव्यक्त किया है। उन्होंने देश के विभिन्न हिस्सों में ही नहीं, दुनिया के विभिन्न देशों में अपने नाटकों को मंचित करते हुए एक वैश्विक दृष्टि अर्जित की है। अरविन्द गौड़ अभिनेता को रंगमंच की केन्द्रीय शक्ति मानते हैं और अभिनय आधारित रंगभाषा को अपनी प्रस्तुतियों के लिए आविष्कृत करते हैं। वह रंगमंच पर शब्द की उपस्थिति और महत्ता को स्वीकारते हैं। अभिनय और शब्द की रंगयुक्तियों से विनयस्त उनकी प्रस्तुतियाँ दर्शकों पर दीर्घकालिक प्रभाव डालती हैं। जो शब्दबहुलता दूसरे निर्देशकों को डराती है, *अरविन्द गौड़* उसे चुनौती की तरह स्वीकारते हैं। यही कारण है कि उन्होंने अपने रंगकर्म के आरम्भ में *हानूश* और बाद में *माधवी* जैसे नाटकों को मंचित किया।

मनुष्य और समाज के सरोकारों से गहरे जुड़े अरविन्द गौड़ को उनके रचनात्मक दबावों ने हमेशा गतिशील रखा है। इंजीनियरिंग की स्नातकोत्तर पढ़ाई छोड़कर उन्होंने नवभारत टाइम्स के लिए लगभग चार सालों तक पत्रकारिता की। इसी दौरान उन्होंने ज़ाकिर हुसैन कॉलेज के साथ पहला नुक्कड़ नाटक किया। इसके बाद पीटीआई टेलिविजन से जुड़े और इलेक्ट्रॉनिक मीडिया के लिए काम किया। नाट्यदल *अस्मिता* की स्थापना के बाद कई सालों से वह पूरी तरह रंगकर्म को समर्पित हैं। उन्होंने रंगकर्म की औपचारिक शिक्षा नहीं प्राप्त की है, पर अब तक पाँच सौ से ज़्यादा युवाओं को रंगकर्म का व्यावहारिक प्रशिक्षण दे चुके हैं। *अरविन्द गौड़* कहते हैं–*''मेरे लिए हर दिन नए पाठ की तरह होता है और मेरे साथ रंगकर्म के लिए जुड़नेवाला हर नया युवा शिक्षक की तरह।''* *अरविन्द गौड़* स्कूलों-कॉलेजों को हीरे की खान मानते हैं और वहीं से चुनते हैं युवा रंगकर्मियों को। इन संस्थानों में थिएटर कार्यशालाएँ संचालित करना, इनके लिए नाटक करना और दिल्ली की उपनगरीय बस्तियों में वंचितों के लिए नुक्कड़ नाटकों का निरन्तर मंचन करना उनकी प्राथमिकताएँ हैं। वह नाटकों की कमी का रोना नहीं रोते। उनका कहना है–*''हिन्दी या किसी भी भाषा में नाटकों की कमी नहीं है। यह अपेक्षाकृत एक कठिन विधा है। इसलिए जिस मात्रा में कविताएँ लिखी जा रही हैं, उसी मात्रा में नाटक लिखे*

जाने की अपेक्षा ग़लत है हालाँकि, अच्छी कविताएँ भी कम मात्रा में ही लिखी जाती हैं। नाटकों की कमी नहीं। मुझे हमेशा यही लगता है कि मेरे पास समय की कमी है। मेरे पास कई नाटक हैं, जो मेरी कई कमियों के कारण मेरी प्रतीक्षा कर रहे हैं।''

मंडी हाउस के चारों तरफ़ भारत रंग महोसव की गहमागहमी,...श्रीराम सेंटर की कैन्टीन की चहल-पहल के बीच हम घंटों बातें करते रहे। मैं उनके द्वारा निर्देशित नाटकों की उन्हें याद दिलाता और उस नाटक से जुड़ी उनकी चिन्ताएँ मुखर हो उठतीं। बाबरी मस्जिद के ध्वंस के बाद हमारे जीवन में घुस आई साम्प्रदायिकता ने उन्हें *फाइनल साल्युशंस* करने के लिए विवश किया, तो स्त्री-जीवन के दुःखों और संघर्षों ने उन्हें *माधवी* के मंचन के लिए।...*अरविन्द गौड़* की रचनात्मकता का उत्स उनके सामाजिक सरोकार हैं। उनके लिए रंगमंच की कलात्मकता का उत्स भी समाज ही है। वर्तमान रंगपरिदृश्य में मची अफ़रा-तफ़री के बारे में वह अपनी चिन्ताएँ प्रकट करते हैं–*''नाटक डिज़ाइन से नहीं बनता। शब्द ज़रूरी होते हैं। यह ग़लत धारणा है कि आप मंच पर जो करेंगे, वह नाटक होगा। यह दर्प है। ऐसी गर्वोक्तियों का रंगमंच की दुनिया में कोई स्थान नहीं होता। शब्दरहित नाटक यानी डिज़ाइन नाटक का प्रदर्शन लम्बे समय तक नहीं चल पाता।* कोर्टमार्शल *जैसा नाटक आज भी लोकप्रिय है और मंचित हो रहा है।...संजय उपाध्याय का* बिदेसिया *लोग बार-बार देखना चाहते हैं।...*मोटेराम का सत्याग्रह *के डेढ़ सौ से ज़्यादा प्रदर्शन* अस्मिता *ने किए हैं।...रंगमंच के अभिनेता शब्दों के साथ अनुभव से गुज़रते हैं। जिन्हें नाटक में शब्दों की ज़रूरत नहीं,...जो केवल डिज़ाइन के बल पर नाटक करना चाहते हैं, वे ज़रा बिना अभिनेता के नाटक करके दिखाएँ। जनता का रंगमंच डिज़ाइन के बल पर नहीं हो सकता। हाँ, अभिजन का रंगमंच हो सकता है। रंगमंच एक समग्र माध्यम है। हमें शब्द और अभिनेता चाहिए, तभी दर्शक मिलेंगे।''*

प्रसन्ना द्वारा *राष्ट्रीय* थिएटर फोरम की स्थापना को लेकर *अरविन्द गौड़* उत्साहित हैं और उनके काम के प्रति भी उत्सुक रहते हैं। उन्हें बलवंत ठाकुर, केवल धालीवाल, संजय उपाध्याय, विजय कुमार, अरुण पांडेय, अजय और उषा आठले, वामन केन्द्रे आदि का काम भी प्रिय है।...*अरविन्द गौड़* को अपने नाट्यदल *अस्मिता* की वह लड़की बहुत प्रिय है, जिसका थैंक्यू कार्ड उनके बैग में है, जो उन्हें पापा पुकारती है। उसके माता-पिता उसका नाटक देखने कभी नहीं आते। *अरविन्द गौड़* अपनी इस बेटी के लिए अपना ही नाटक उसका पिता बनकर देखते हैं।

रंगकर्म एक विकासात्मक गतिविधि भी है

(रंगनिर्देशक सुबोध पटनायक से बातचीत)

साइकिल की पैडिलों पर तेज़ गति से अपने पैरों को चलाते हुए वे लोग डगर-डगर गाँव-गाँव घूमते हैं। वे अपनी साइकिलों पर अपना रंगमंच साथ लिये चलते हैं। उनका रंगमंच दर्शकों की प्रतीक्षा में आँसू नहीं बहाता बल्कि स्वयं चलकर अपने दर्शकों तक पहुँचता है और उनकी ज़िन्दगी में शामिल हो जाता है। यह रंगमंच उड़ीसा के गाँवों में भूख, ग़रीबी, अशिक्षा, प्राकृतिक आपदाओं और उपेक्षा से संघर्ष करते हुए असंख्य लोगों की सांस्कृतिक भूख को तृप्त करता है। यह रंगमंच समाज की अन्तिम पंक्ति में खड़े मनुष्य की चेतना को जगाता है, उनके सुख-दुःख का सहभागी बनता है, उनके मन-प्राण को स्पन्दित करता है, उनके जीवन के अन्ध-गह्वरों को अपने आलोक से दीपित करता है। यह रंगमंच उबड़-खाबड़ रास्तों से गुज़रते हुए एक ऐसी अनथक यात्रा पर निकलता है, जिसमें नए रंगमूल्य, नई रंगभाषा और नई रंगचेतना आविष्कृत होती है।

नाट्य निर्देशक *सुबोध पटनायक* और उनके नाट्यदल *नाट्य चेतना* के साथियों की सक्रियता अब तीसरे दशक में प्रवेश कर चुकी है। जहाँ महानगरों के रंगकर्मी और नाट्यदल टेलिविजन और सिनेमा जैसे माध्यमों का दबाव महसूस करते हुए संसाधनों कमी और दर्शकों की कमी का रोना रो रहे हैं और सरकारी अनुदान की आस लगाए अपनी छाती कूट रहे हैं, रंगमंच की निष्क्रियता के लिए नित नए तर्क गढ़ रहे हैं; वहीं *नाट्य चेतना* ने पिछले कुछ सालों में अपने लिए नई राह बनाई है। रंगमंच के सामाजिक सरोकारों को प्राथमिकता देते हुए *नाट्य चेतना* ने न्यूनतम संसाधनों और सुविधाओं के बावजूद बड़े दर्शक समूह तक अपनी पहुँच बनाई है। *सुबोध पटनायक* कहते हैं–*"आज कहीं भी नाट्यदलों को दो मुख्य समस्याओं का सामना करना पड़ता है। पहली समस्या पैसे के अभाव की होती है और दूसरी समस्या प्रेक्षागृह के अभाव की। हमें इन समस्याओं से मुक्ति के लिए नई राहों की तलाश करनी थी और हमने ऐसा ही किया।* नाट्य चेतना *के रंगकर्मी नाटक को मात्र मनोरंजन का साधन नहीं मानते। रंगमंच मनुष्य की चेतना का विस्तार करता है।*

हम इस माध्यम का उपयोग आम लोगों को जागरूक करने के लिए करते हैं। जब गाँवों से हमारा सम्बन्ध सघन हुआ, मैंने महसूस किया कि मैंने पारम्परिक रंगकर्म के बारे में जो भी पढ़ा है, आज भी वह सब गाँवों में जीवित है और यह पश्चिम के रंगमंच से ज़्यादा पुराना है। इस बात ने मेरे ऊपर गहरा प्रभाव डाला। दूसरी तरफ़, मैंने पाया कि रंगकर्म की एक ऐसी भी दिशा हो सकती है, जो कलामक सुखों और मनोरंजन की सीमा से परे जाकर मनुष्य और समाज के काम आ सकती है। नाटकों के माध्यम से एनएसएस कैम्प द्वारा चलाए जानेवाले जागरूकता अभियानों के दौरान ऐसे अनुभव और समृद्ध हुए। भारतीय रंगमंच की शक्तिशाली परम्परा के बीच से अपने लिए कलात्मकता और विषय का चुनाव करते हुए मैंने रंगकर्म को पॉलिटिकल एक्शन की तरह उपयोग किया। रंगकर्म ने मुझे जागरूक बनाया और यह दर्शकों को भी जागरूक बनाता है, यही कारण है कि हमारे नाट्यदल का नाम नाट्य चेतना *है।''*

सुबोध पटनायक जब बहुत छोटे थे, लगभग पाँच साल के, उनकी माँ ने बच्चों के साथ एक नाटक किया था। वह उड़ीसा के एक छोटे से क़स्बे में शिक्षिका थीं। *सुबोध पटनायक* ने भी उस नाटक में अभिनय किया था। उन्होंने अपने से अलग व्यक्ति की तरह यानी जो वह नहीं थे, ऐसे व्यक्ति की तरह व्यवहार करने का मज़ा लिया था। अपने स्कूल के वार्षिक आयोजन में वह हर साल नियमित रूप से नाटक में हिस्सा लेते रहे। पर उन्होंने कभी इसे पेशे के रूप में अपनाने के बारे में नहीं सोचा। उन दिनों थियेटर को पेशे के रूप में चुनने के बारे में सोचा भी नहीं जा सकता था। *सुबोध पटनायक* कहते हैं–*''मैं इंजीनियरिंग का विद्यार्थी था और कॉलेज में रैगिंग की समस्या मेरे सामने दुर्घटना की तरह उपस्थित हुई। वरिष्ठ छात्रों से दुर्भाग्यपूर्ण मतभेदों के कारण मुझे कॉलेज छोड़ना पड़ा। फिर मुझे उस कॉलेज के बारे में पता चला, जहाँ नाटक एक विषय के रूप में पढ़ाया जाता था और स्नातकोत्तर तक उकी पढ़ाई होती थी। उस विभाग के दो वरीय व्याख्याता उड़िया सिनेमा के बड़े स्टार थे।...सो मैं अपनी माता-पिता की इच्छा के विरुद्ध जाकर नाटक विभाग में पढ़ने लगा। वहाँ मुझे पता चला कि थिएटर विज्ञान की अपेक्षा एक कठिन विषय है और मेरे शिक्षकों का व्यक्तित्व उनके सिनेमा के व्यक्तित्व से ज़्यादा विशाल है। फिर मैंने थिएटर को गम्भीरता से लेना शुरू किया।''*

सन् 1989 की बात है कि रवीन्द्र मंडप में *सुबोध पटनायक* और उनके साथी अपने नाटक का मंचन करनेवाले थे। कठिन पूर्वाभ्यास के बाद नाटक का प्रदर्शन होनेवाला था कि ठीक प्रदर्शन के दिन किसी राजनीतिक दल के कार्यक्रम के लिए प्रेक्षागृह का आवंटन रद्द कर दिया गया। यह एक आँख खोलनेवाली घटना थी। सब तुरन्त धरना पर बैठे और यह तय किया कि अपनी राह अलग बनाएँगे। *सुबोध पटनायक* बताते हैं–*''यहीं हमें अन्तरंग रंगमंच की आवश्यकता महसूस हुई। हमारे दल के सारे रंगकर्मी एक साथ रहते। साथ रहने कि इस प्रक्रिया ने भविष्य में एकजुट*

रहने, एक जगह पर रहने के लिए प्रेरित किया। हम लोगों ने एक जगह का चुनाव किया और अपनी सालाना बचत से उसे ख़रीदा। फिर इस स्थान को विकसित किया। ये सन् 1991 के दिन थे। यह हमारे स्वप्न के एक हिस्से के साकार होने की तरह था।"

नाट्य चेतना का *नाट्यग्राम* भुबनेश्वर से लगभग पैंतीस किलोमीटर दूर खुर्दा ज़िला में है। ज़िला मुख्यालय खुर्दा से पाँच किलोमीटर दूर शियालिया गाँव के पास की जनशून्य भूमि आज रंगकर्मियों के पदचापों और स्वरों से जीवन्त है। औषधीय गुणों वाले वृक्षों-पौधों-लताओं और जड़ी-बूटियों से आच्छादित बारुनाई पहाड़ियों के पार्श्व में बसा यह *नाट्यग्राम* आज रंगकर्म की अभिनव प्रयोगस्थली है। बारुनाई की जो पहाड़ियाँ हमारे स्वतंत्रता संग्राम के दौरान स्वतंत्रता सेनानियों का गढ़ हुआ करती थीं, आज उनसे *नाट्यग्राम* से उठती हुई रंगध्वनियाँ टकराती हैं और फैल जाती हैं आसपास के गाँवों में। *नाट्य चेतना* ने सन् 1999 के सुपर साइक्लोन जैसी प्राकृतिक आपदा का सामना किया। सबकुछ नष्ट होने के बाद पुनर्निर्माण की प्रक्रिया से गुज़रना एक साहसी अभियान था। प्रशिक्षण केन्द्र (नाट्य-आश्रम), अभिलेखागार और संग्रहालय (नाट्यज्ञान), प्रकाशन गृह (नाट्य लिपि), थिएटर प्रोडक्शन यूनिट (नाट्यशाला), प्रदर्शन मंच (नाट्यमंडप), थिएटर बाज़ार (नाटऽ हाटऽ), और बीस रंगकर्मी परिवारों के लिए आवासीय परिसर (नाट्यनिवास) जैसी आधारभूत संरचनाओं के स्वप्न को साकार करता *नाट्यग्राम* रंगकर्मियों की दृढ़ इच्छाशक्ति का प्रतिफल है। बेल्ज़ियम, फ्रांस, नार्वे, फिनलैंड में प्रदर्शन के साथ-साथ *नाट्य चेतना* ने कोलकाता के नांदीकार नाट्य समारोह, रानावि के भारत रंग महोत्सव और नेशनल परफॉर्मिंग आर्ट एकेडमी के रंगस्वर्ण आदि आयोजनों में प्रदर्शन किया है। अब तक चालीस से ज़्यादा साइको नाटकों की असंख्य प्रस्तुतियों के अलावा नाट्य चेतना ने अन्तरंग रंगमंच की शैली में लगभग बाईस नाटकों का मंचन किया है, जिसमें *काबुलीबाला, बिलेइ बेकेरे घंटी, कुदुड़ी, प्रायश्चितऽ, कनकलता, काठऽ, आबु, पताका उत्तोलनऽ, भोकऽ, गीतऽ, बिप्लबी बिहंगऽ, भूतऽ, टूटे झुरे मूँ राति दिनऽ, रेबोती, धुआँ, माटी* आदि प्रमुख हैं। इस लम्बी यात्रा में *सुबोध पटनायक* और उनके साथी रंगकर्मियों ने विपुल अनुभव अर्जित किया है। ग़रीबों के स्वावलम्बन के लिए चलनेवाली सरकारी योजनाओं को लागू करने में भ्रष्टाचार की शिकायतें आम हैं। एक बैंक अधिकारी ऐसे ही भ्रष्टाचार में लिप्त था। *नाट्यचेतना* ने अपने नाटक *दुखियारा दुःखऽ कथा* के माध्यम से अभियान चलाया और उस अधिकारी को विदा होना पड़ा। *कहापाइनऽ आत्महत्या* ने अपने जंगल के बाँस काटकर अपने ही हाथों ठेकेदारों के ट्रकों पर लादनेवाले आदिवासियों को ऐसा नहीं करने के लिए प्रेरित किया। *पचीसऽ भूतऽ* के मंचन के बाद उस क्षेत्र के असंख्य मज़दूरों ने न्यूनतम मज़दूरी के लिए ठेकेदारों विरुद्ध अपनी आवाज़ बुलन्द की। कई गाँवों के ग्राम

पंचायतों के लिए ग्रामीणों ने सर्वसम्मति से सदस्यों को चुना और राजनीतिक दलों को अँगूठा दिखाया। इसके लिए उन्हें नाटक *टँगिया छाप* ने राह दिखाई। *बिसऽ बाज़ार* ने ग्रामीण महिलाओं को शराबबन्दी आन्दोलन के लिए एकजुट किया। यह महज संयोग नहीं था कि *नाट्यचेतना* ने सुपर साइक्लोन के ठीक पहले *सपना रऽ सपन* को मंचित कर वृक्षों के अभाव में तटीय क्षेत्रों के पर्यावरण में हो रहे परिवर्तन के ख़तरों की ओर संकेत किया था। *सुबोध पटनायक* कहते हैं–*"हमारा रंगमंच बहुआयामी सामाजिक सरोकारों से जुड़ा है। हम रंगमंच को केवल कलात्मक काम नहीं मानते। रंगकर्म विकासात्मक गतिविधि भी है। हम सब एक ग़रीब राज्य में रंगकर्म कर रहे हैं और ज़ाहिर है कि हमारे प्रदर्शनों को लगातार कोई प्रायोजित नहीं करनेवाला। हम विकासात्मक कार्यों में रुचि लेनेवालों को विश्वास दिलाना चाहते हैं कि रंगकर्म भी एक विकासात्मक काम है।"*

नाट्यचेतना और *सुबोध पटनायक* ने अपनी रंग गतिविधियों से एक ऐसी सांस्कृतिक कथा लिखी है, जिसे पढ़ते-सुनते हुए आनेवाले दिनों का रंगसंघर्ष अनुप्राणित होगा।

रंगमंच पर केवल शब्द आवश्यक नहीं

(रंगनिर्देशक प्रोबीर गुहा से बातचीत)

सन् 1984 के अक्तूबर माह का अन्तिम सप्ताह। मैं भुबनेश्वर में था। पहला पूर्वी क्षेत्र नाट्य समारोह चल रहा था। यह संगीत नाटक अकादमी, नई दिल्ली का आयोजन था। मैं पटना के नाट्यदल कला संगम के साथ इस आयोजन में भाग लेने पहुँचा था। मेरे पहले नाटक *अमली* का पहली बार मंचन होना था। मैं इसमें अभिनय भी कर रहा था। अपने नाटक को लेकर कई तरह की शंकाएँ थीं मन में। नाटक लिखने और नाटक के मंचित होने की साध पूरी होने जा रही थी। मन में कहीं बहुत गहरे असफलता का भय भी छिपा था। नाट्य समारोह के पहले दिन मंचित नाटक को देखने के बाद यह भय बहकर जाने कहाँ चला गया! मानो आत्मा के पोर-पोर खुल गए हों,...रगों में बहते रुधिर के साथ मिलकर कोई संजीवनी शक्ति मन-प्राण में ऊर्जा का संचार कर रही हो। पहली बार देखा और जाना कि देह केवल देह नहीं होती; उसके भीतर होती है एक विशाल दुनिया और इसमें बसते हैं असंख्य लोग। देह पृथ्वी होती है,...आसमान,...पहाड़,...और नदी होती है। देह होती है प्रकृति रचित एक ऐसी गुफा, जिसके भीतर छिपी होती स्वयं प्रकृति और उसकी समस्त लीलाएँ। इस देह को साधकर और अपने विवेक से संचालित कर अगर एक अभिनेता चाहे तो इसके भीतर के संसार से दर्शकों का साक्षात्कार करवा सकता है। समारोह के पहले दिन मंचित यह नाटक था–*अहिल्या* और निर्देशक थे–*प्रोबीर गुहा*। आज भी *अहिल्या के उस मंचन की तमाम छवियाँ* मेरे भीतर बसी हुई हैं। अपने द्वारा देखे गए भारतीय रंगमंच के कुछ श्रेष्ठ प्रदर्शनों को जब याद करता हूँ; नाटक *अहिल्या* की याद आती है। अब तक इस नाटक के तीन सौ से ज़्यादा प्रदर्शन हो चुके हैं।

इसके बाद *प्रोबीर गुहा* से बहुत मुख़्तर-सी कुछ मुलाक़ातें हुईं। उनके कुछ नाटकों को देखने का अवसर भी मिला। सन् 1965 से आरम्भ हुई अपनी रंगयात्रा के दौरान कुछ सालों तक भटकने के बाद उन्होंने पश्चिम बंगाल के एक छोटे से क़स्बे खड़दा में *लिविंग थिएटर* नाट्यदल की स्थापना सन् 1977 में की और स्वतन्त्र रूप से नाट्य निर्देशन शुरू किया। *समुद्र अस्थिर* उनका पहला नाटक था। सन् 1983

में *अब्दुल हन्नानेर मोरोन* के मंचन और भोपाल में आयोजित नुक्कड़ नाट्य समरोह में भागीदारी के बाद उनकी जो चर्चा शुरू हुई थी; *अहिल्या* ने उसे ख्याति में बदल दिया। हालाँकि इस बीच वे *एखोन माझरात, लाश कथा घर, गायेर पंचाली, मालुरा, सूर्य संधाना* और *झिंगे फूल* सहित लगभग बीस नाटकों को मंचित कर चुके थे। रंगसक्रियता का चौथा दशक। *रात दिन, प्रतिरात अमाबश्या, बिष अर्जन, कालोबस्ती, अन्धाकारेर धेउ, जयबोती कन्या, तृतीय युद्ध, सिलारी, अम्मा,* और *कोलकाता-कोलकाता,* सहित साठ से ज़्यादा नाटकों का मंचन। देश और दुनिया के लगभग इतने ही महत्त्वपूर्ण नाट्य समारोहों में प्रस्तुतियों के साथ भागीदारी। चिरविद्रोही प्रकृति, नया सीखने-करने को हमेशा उत्सुक और साठ के पार पहुँची उम्र के बावजूद बलिष्ठ युवा शरीर-मन...। पाँच मई सन् 1947 को बांग्ला देश के खुलना में जन्मे, अपने भीतर विस्थापन की पीड़ा का हाहाकार सँजोए प्रोबीर गुहा अपने आत्मीय जनों से दोनों बाँहें फैलाकर उन्हें सहेजते हुए मिलते हैं। वर्षों बाद हम दोनों रायपुर में साथ-साथ हैं। हमें हबीब तनवीर पर केन्दित रायपुर इप्टा की एक संगोष्ठी में भाग लेना है। *प्रोबीर दा* वर्षों के अन्तराल को क्षणांश में पाट देते हैं। मैं उनसे उनकी बेटी का हाल पूछता हूँ। वे उदास हो जाते हैं। कहते हैं–*"मुझे बेटी नहीं है सुलभ।...एक होती तो कितना अच्छा होता।"* मैं चौंकता हूँ। उन्हें एक पुराने नाटक के उस बाल कलाकार की याद दिलाता हूँ, जिसे मैं उनकी बेटी समझता रहा हूँ। *प्रोबीर दा* ठहाके लगाते हुए बताते हैं–*"अरे!...वह तो बेटा है मेरा।...अब बड़ा हो चुका है...और मेरे नाटकों में संगीत देता है।...उस नाटक में लड़की का पार्ट करता था।"*

प्रोबीर गुहा मूलतः एक राजनीतिक रंगकर्मी हैं। उनका मानना है कि कलाएँ राजनीति निरपेक्ष नहीं रह सकतीं। उनके जीवन का आरम्भ एक राजनीतिक कार्यकर्ता के रूप में हुआ था। वे छात्र जीवन में ही राजनीति से जुड़े। पहले आरएसपी, फिर सीपीआई (एम) और उसके बाद सीपीआई (एमएल)। अपने एक दोस्त के साथ चारु मजुमदार से मिलने सीलीगुड़ी पहुँचे। पर यह मुलाक़ात उनके लिए पथप्रदर्शक नहीं बन सकी। उनके अन्तर्द्वन्द्व तीव्र से तीव्रतर होते गए।...अवसाद,...यंत्रणा,...तनाव,...जीवन की संवेदनाओं और मनुष्य की प्रतिष्ठा के लिए राह तलाशने की रचनात्मक आकुलता ने कुछ भी सहज नहीं रहने दिया था। *"...यह तनाव...यह बेचैनी मेरे साथ बचपन से लगी हुई है।...जन्म के चार साल बाद स्कूल मास्टर पिता के साथ अपने जन्म-स्थान खुलना...बांग्ला देश से हिन्दुस्तान चला आया। अत्यन्त कष्ट,...अनाहार,...भूख। पिता को पुलिस की नौकरी मिली। अब सोचता हूँ तो अजीब लगता है। स्कूल मास्टर और एक सिपाही के बीच का इतना बड़ा गैप कैसे सँभाला होगा उन्होंने!...ऊपर से ईमानदारी की सज़ा...बार-बार यहाँ से वहाँ तबादला। प्रोमोशन होने तक हमलोग भटकते रहे...रानाघाट...नैहाटी...दमदम।...वामपंथी राजनीति के अन्तर्द्वन्द्वों ने मेरे भीतर ऐसा द्वन्द्व पैदा किया कि मैं अकेला होने लगा।*

*ऐसे हालात बेहद ख़तरनाक होते हैं। बार-बार सोचता,...क्या करूँ?...क्या कर सकता हूँ?...कविता लिखी,...कहानी लिखी,...पर अपने को अभिव्यक्त करने का संकट बरक़रार था। फिर सामने आया रंगमंच।...मैंने नाट्यदल गठित किया। नाम रखा—*नाम नेई*।...फिर भी संतुष्टि नहीं।...कलकत्ता में इधर-उधर भटकता रहा।...नाटक देखे। फिर मैंने विभाष चक्रवर्ती के ग्रुप के साथ काम करना शुरू किया। यहाँ बहुत सारा सीखने के लायक था और मैंने सीखा भी। अपने थिएटर की कई परम्पराओं के बारे में,...अभिनय की शैलियों के बारे में,...प्रकाश-मेकअप और स्टेज क्राफ़्ट के बारे में बहुत कुछ जानने-समझने को मिला।...पर वह नहीं मिला जो मैं खोज रहा था। मार्क्सवाद ने प्रश्न करना सीखा दिया था। प्रश्न,...प्रतिप्रश्न,...जिज्ञासाएँ,...अनन्त जिज्ञासाएँ। विभाषदा,...तापसदा,...सब हैं,...उनकी कला का शिखर है, पर मैं जो खोज रहा हूँ,...वो कहाँ है?...कहाँ है कन्टेन्ट? कहाँ है हमारे जीवन को सांस्कृतिक क्रान्ति से बदल देने वाले नाट्य के रूप और कथ्य? नाटक है, पर यह नाटक क्या हमारे जीवन के,...हमारे भविष्य के,...समाज के अन्तिम क़तार में खड़े मानव के काम आएगा? ऐसे प्रश्नों का जवाब मुझे नहीं मिल सका। वह भद्र समाज का नाटक था,. ..भद्र लोगों के लिए। वह नाटक का भद्रलोक था। हमारा लोक नहीं था वहाँ। हमारा लोक, माने हमारे गाँव नहीं थे वहाँ,...गाँव के ग़रीब लोग नहीं थे,...भूख और बीमारी से मरते लोग नहीं थे वहाँ,...दिन-रात श्रम करने के बाद भी दरिद्र जीवन जीनेवाले किसान नहीं थे वहाँ। मैं अलग हो गया।...फिर बादल सरकार के पास पहुँचा। शुरु-शुरु में उनका काम अच्छा लगा। पर वहाँ दूसरे संकट थे। वहाँ रंगकर्म के सिद्धान्त थे,...वहाँ दर्शन था, पर व्यवहार पक्ष बिल्कुल अलग था। दर्शक नहीं थे। वहाँ रंगकर्म के दौरान जनतांत्रिकता नहीं थी। उनके साथ बातचीत, प्रश्न, सलाह-सुझाव सम्भव नहीं था।...वहाँ से अलग होने के बाद मैंने नए सिरे से विचार करना शुरू किया। पढ़ना शुरू किया। मैंने ग्रोटोवस्की को पढ़ा...*टूवार्ड्स द ग्रुप थिएटर*। इसके बाद एक बड़ा परिवर्तन आया। मुझे लगा कि मेरा रास्ता दिख रहा है। मैंने नए लड़कों के साथ खड़दा में 'लिविंग थिएटर' की स्थापना की और आठ महीनों की रिहर्सल के बाद *अस्थिर समुद्र* नाटक तैयार किया।...कलकत्ता से दूर खड़दा में नाटक करते हुए मुझे लगातार संकटों का सामना करना पड़ा।...सबसे ज़्यादा संकट सीपीआई(एम) ने खड़ा किया। उन लागों ने मेरे बारे में दुष्प्रचार किया। मेरे नाटकों को बाधित करने का प्रयास किया। लोगों को नाटक देखने से मना किया।...मैंने लोगों से कहा कि मैं न सीपीआई(एम) हूँ और न तो नक्सली हूँ। मैं मार्क्सवादी हूँ, पर किसी राजनीतिक दल से बँधा नहीं हूँ। मैं एक सांस्कृतिक कार्यकर्ता हूँ और मेरा अपना सांस्कृतिक स्टैंड है। मेरा थिएटर, राजनैतिक थिएटर है।''* अपनी रंगयात्रा के आरम्भिक दिनों को याद करते हुए *प्रोबीर गुहा* के चेहरे पर विश्वास, साहस, कल्पनाशीलता और प्रश्नाकुलता की चमक है। यह चमक उनके

संघर्ष की आँच में तपकर निकली है।

प्रोबीर गुहा उन रंगकर्मियों में हैं जिन्होंने अपनी प्रयोगधर्मिता और अपने नवाचार से निरन्तर अपने ही काम को पीछे छोड़ा है। इसके लिए वे भारतीय ही नहीं, विश्व रंगपरम्परा के द्वार खटखटाते रहे हैं। अपनी रंगभाषा को नवीन बनाए रखने के लिए उन्होंने ऐसी तमाम रंगयुक्तियों का पुनराविष्कार किया है, जो उनके विचारों-संवेदनाओं को सम्प्रेषित करने में कारगर हों। उन्होंने पुरुलिया के गाँवों में जाकर सुधीर कुमार से छऊ, संयुक्ता पाणिग्रही से ओडिसी, लोकेन्द्रजीत सिंह से काबुइ नागा, पी. एन. राजीव से कथकली, कृष्णा दास से कलारी, ओझा मांगी से थांगटा, हु चू लिन (चीन) से पेकिंग ऑपेरा के गुर सीखे। जार्जी ग्रोटोवस्की (पोलैंड), यूजीनो बारबा (जर्मनी), पीटर ब्रुक (फ्रांस), जॉन मार्टिन (ब्रिटेन), जे. बी. हैच, अन्ना हालप्रिन, रोजर सिमॉन, रिचर्ड शेकनर, (अमरीका) आदि के साथ काम करते हुए स्वयं को प्रशिक्षित किया। अपने नाट्यदल का नाम उन्होंने *लिविंग थिएटर* से बदलकर *ऑल्टरनेटिव लिविंग थिएटर* किया। वे अपने रंगकर्म को वैकल्पिक रंगकर्म कहते हैं। उनका मानना है कि उनका रंगमंच पारम्परिक रंगमंच का विकल्प है। वे विनम्र लेकिन ठोस स्वर में कहते हैं–*"मैं प्रक्रिया में विश्वास रखता हूँ। यह प्रक्रिया रंगमंच के माध्यम से सीधे मनुष्य और समाज से जुड़ती है। रंगकर्म मेरे लिए सामाजिक क्रिया-कलाप है, न कि प्रदर्शन और मनोरंजन। मैं अपने रंगमंच के माध्यम से वर्तमान समाज और जीवनस्थितियों का विकल्प तलाश रहा हूँ। आज यह तलाश संस्कृतिकर्म का पहला और अन्तिम दायित्व है। मैंने इसे दर्शन, राजनीति और विचार–हर स्तर पर स्वीकार किया है, अपनाया है।"*

हम दोनों लगभग तीन दिनों तक साथ-साथ रहे। इस बीच रंगमंच और जीवन के विविध पहलुओं पर बातें होती रहीं। *प्रोबीर गुहा* अपने दर्शकों से सब कुछ बाँटना चाहते हैं। वे चाहते हैं–चेतन और अवचेतन के बीच पुल बनाना। वे चाहते हैं अभिनताओं और दर्शकों के बीच बौद्धिकता और अहसास की आवाजाही। वे दर्शकों के साथ साझेदारी के पक्षधर हैं क्योंकि उन्हें लगता है कि इनके सम्बन्ध निकटतम हैं...सच्चे हैं। नाटक देखते हुए दर्शकों द्वारा अहसास और भावनाओं के नैसर्गिक रूप से प्रकटीकरण का कारण वे इस सम्बन्ध को ही मानते हैं। यहाँ तक कि दर्शकों को अपनी नापसन्द प्रकट करने के लिए भी यह सम्बन्ध ही प्रेरित करता है। *प्रोबीर गुहा* को लगता है कि *"रंगमंच पर व्यवहार की नई पद्धतियाँ हमेशा चुनौती भरी होती हैं, पर ये विकास की प्रक्रिया का आवश्यक हिस्सा होती हैं।...हम अपने निजी जीवन में जिन मानसिक, शारीरिक और भावनात्मक रूढ़ियों-बाधाओं को साथ लेकर चलते हैं; हमारी रचनात्मक अभिव्यक्ति पर उसका सीधा प्रभाव पड़ता है। एक अभिनेता या एक रचनाकार को अपनी क्षमताओं के विकास के लिए मनुष्य की रचनात्मकता को आविष्कृत करना और स्वीकारना होता है। भावनात्मक बाधाएँ अक्सर एक*

कलाकार के विकास को बाधा पहुँचाती हैं। हमारा भारतीय रंगमंच रूढ़ियों का शिकार हो रहा है। इसे त्यागना होगा। यह अब काम नहीं कर रहा है। हमें नए रंगरूपों तक जाना होगा। ऐसी रंगयुक्तियाँ, जिनमें ताज़गी हो,...नयापन हो,...जो समग्रता में ऐसे आवेगों की रचना कर सकें कि जीवन गतिशील हो सके।...मैं केवल भाषा की काव्यमयता में विश्वास नहीं करता। मुझे अपने नाटक और विचारों की अभिव्यक्ति के लिए स्थान, काल, संगीत, प्रकाश, चित्र, ध्वनियों और वास्तुशिल्प—सबकी काव्यमयता की आवश्यकता है। एक विचार की अभिव्यक्ति के लिए रंगमंच पर केवल शब्द आवश्यक नहीं होते। कई बार शेष चीज़ें ज़्यादा कारगर होती हैं। केवल शब्दों से सच्चे अहसास का रूपांतरण सम्भव नहीं। इसी कारण मैं बिम्बों पर ज़ोर देता हूँ। मुझे लगता है कि संवाद की अपेक्षा रूपकों-दृष्टांतों, अलगाव और लाक्षणिकता के माध्यम से कथ्य और विचारों की अभिव्यक्ति ज़्यादा ताक़तवर ढंग से की जा सकती है।...मैं अपने नाटकों के माध्यम से कथा कहने की बात करता हूँ, तो इसका अर्थ पंडवानी या अन्य किसी वाचिक शैली की पुनरावृत्ति नहीं है। मैं दो स्तरों पर काम करना चाहता हूँ। एक, सुनने-देखने वालों की कल्पना शक्ति को विकसित करना और दूसरा, विविध ध्वनियों के साथ बहुस्तरीय प्रयोग। हमारे समाज ने मनुष्य की आवाज़ को एक संरचना में,...एक शिल्प में बाँध दिया है। इसे विस्तारित और विकसित किया जा सकता है। हम सामान्यतः शब्दों को उनके प्रचलित अर्थ में ही सुनते हैं पर अभिनेता को उस क्षण अपनी अन्तरात्मा की केन्द्रीयता में घटित होते का प्रतिनिधित्व करना चाहिए। यदि आपकी सोच स्पष्ट है और उस क्षण का अनुभव वास्तविक और सच्चा है, तब एक सामान्य शब्द भी अकूत सम्प्रेषणीयता से भर जाता है।"

प्रोबीर गुहा जब संस्मरण सुनाते हैं उनकी बातों में अद्‌भुत गल्परस होता है। और जब वे वैचारिक मुद्‌दों से टकरा रहे होते हैं, अनुभव-सम्पन्न दृढ़ता और गहनता के साथ अपने को अभिव्यक्त करते हैं।

पुस्तक

सौन्दर्यशास्त्र की खोज

रंगमंच से जुड़े लेखकों में देवेन्द्र राज अंकुर पर अतिलेखन करने का आरोप लगता रहा है, पर दूसरी तरफ़ सच यह है कि हिन्दी में रंगमंच पर लिखनेवालों के नाम अँगुलियों पर गिने जा सकते हैं। यह संख्या इतनी कम है कि पिछले तीन दशकों के बीच रंगमंच सम्बन्धी लेखन के लिए देवेन्द्र राज अंकुर पर सर्वाधिक दबाव रहा है। इतिहास साक्षी है कि ऐसे दबाव लोगों को उनकी विधा के प्रति ज़्यादा ज़िम्मेदार और समर्पित बनाते हैं। इसके कई कारण हैं, पर इन कारणों का विवेचन यहाँ अभीष्ट नहीं। हाँ, इतना तो स्पष्ट है कि रंगमंच से जुड़े अधिकांश लोग शब्द और साहित्य की उपेक्षा करते हुए हिन्दी रंगमंच को विकसित करने की निरर्थक ज़िद में मुब्तला हैं। साथ ही शब्द और साहित्य से जुड़े अधिकांश लोग भी दृश्यकाव्य की इस दुनिया को अपेक्षाकृत जटिल और दूसरों की दुनिया मानकर इससे किनाराकशी करते रहे हैं। हिन्दी के रचनात्मक संसार में आरोपों-प्रत्यारोपों से भरी एक विचित्र स्थिति है, जो नाट्य-साहित्य और रंगमंच को निरन्तर घाटा पहुँचा रही है। देवेन्द्र राज अंकुर उन गिने-चुने रंगकर्मियों में हैं जिनका साहित्य की रचनात्मक परम्परा से गहरा रिश्ता है। वह अपने लेखन से रंगमंच की दुनिया को लगातार प्रश्नाकुल और संवादधर्मी बनाते रहे हैं। उनका रंगमंच सम्बन्धी लेखन रंगकर्मियों को नए रास्तों की खोज के लिए उत्सुक बनाता है और साथ-साथ दर्शकों को भी *'देखने की कला'* के प्रति जागरूक करता है। देवेन्द्र राज अंकुर की पुस्तक *रंगमंच का सौन्दर्यशास्त्र* पढ़ते हुए इन तमाम बातों की तसदीक़ की जा सकती है।

रंगमंच एक अशुद्ध कला है यानी कई कलाओं का मिश्रण है। इसकी अशुद्धता ही इसकी जीवन्तता और जनतांत्रिकता का मूलाधार है, पर यह अशुद्धता सिद्धान्तकारों के लिए उलझनें पैदा करती रही है। और यही कारण है कि रंगमंच के सौन्दर्यशास्त्र के अन्वेषण के क्रम में ज़्यादातर एकांगी विचार ही सामने आते रहे हैं। देवेन्द्र राज अंकुर रंगमंच की तमाम समस्याओं से जूझते हुए मौलिक चिन्तन प्रस्तुत करने का प्रयास करते हैं। वह शास्त्रों की उपेक्षा नहीं करते, पर उन्हें ज्यों का त्यों स्वीकारते भी नहीं हैं। व्यवहार के दुर्गम रास्तों से चलते हुए शास्त्र की खोज

देवेन्द्र राज अंकुर की विशिष्टता है। वह मानते हैं कि *"रंगमंच के सौन्दर्यशास्त्र पर गहराई से विचार करने के क्रम में आलेख और प्रस्तुति, सिद्धान्त और व्यवहार, परम्परा और शास्त्र—सभी चीज़ों का अपने-आप समावेश होने लगता है।"* पुस्तक में कुल सात खण्ड हैं। *नाट्यालेख, अभिनय, अभिनेता की रचना प्रक्रिया, निर्देशक, प्रेक्षागृह* और *दर्शक* के अलावा अन्तिम खण्ड *नाटक का अध्ययन* है, जिसमें *अभिज्ञान शाकुंतलम, यहूदी की लड़की, ध्रुवस्वामिनी* और *आषाढ़ का एक दिन* जैसे नाटकों का रंगमंचीय अध्ययन है।

साहित्य के लिए शब्दों और चित्रकला के लिए रंगों-रेखाओं की अनिवार्यता की तरह प्रदर्शनकारी कलाओं के लिए देवेन्द्र राज अंकुर जिस जीवन्त तत्त्व को अनिवार्य मानते हैं वह मनुष्य है—यानी नर्तक, गायक या अभिनेता। नृत्य और संगीत के लिए नर्तक और गायक की स्थिति से भिन्न रूप में वह नाट्य या रंगमंच के लिए अभिनेता को स्वीकार करते हैं। वह नाट्य की अनुभूति को एक जटिल प्रक्रिया मानते हुए लिखते हैं—*"सबसे पहले तो वहाँ भी साहित्य की तरह मात्र शब्द हैं, लेकिन वे अपने-आप में पूर्ण और अन्तिम नहीं हैं। साहित्य में एक बार लिखित और मुद्रित होने के बाद शब्द अपनी पूर्णता को प्राप्त कर लेता है, लेकिन रंगकर्म में शब्द के पूर्ण और अन्तिम होने की शुरुआत ही शब्द के लिखे जाने के बाद होती है।...साहित्य के शब्दों की इयत्ता और रंगमंच के शब्दों की इयत्ता बिल्कुल अलग-अलग है—जहाँ साहित्य का शब्द अपने मूल रूप में मात्र एक बिम्ब, एक चित्रण या एक नैरेटिव भर है, वहाँ नाटक का शब्द अपने-आप में शारीरिक हरक़त और दृश्य को भी समेटे हुए रहता है।"* नाट्य में शब्दों की परिणति पर यहाँ व्यापक विमर्श है। उनके निराकार से साकार होने और पुनः निराकार होने की प्रक्रिया को जानने के लिए वह तार्किकता और उदाहरणों का सहारा लेते हैं और पाठकों को बिना उलझाए अपनी बात सम्प्रेषित करते हैं। रंगमंच ने शब्दों से मुक्ति के प्रयास भी किए हैं। ऐसे प्रयासों ने अन्ततः शब्दों की सार्थकता-अनिवार्यता को और गहराई से रेखांकित किया और किसी-न-किसी रूप में शब्द नाट्य-प्रस्तुति के केन्द्र में बने रहे। देवेन्द्र राज अंकुर शब्दों से मुक्ति के इन प्रयासों के लिए यथार्थवादी नाट्यलेखन को उत्तरदायी मानते हैं। वह यथार्थवादी नाटकों और शब्दबहुलता के सन्दर्भ में फैले भ्रम को भी साफ़ करते हैं। पश्चिम के असंगत नाटकों के दौर में उपजी परस्पर विरोधी स्थितियों पर भी उनकी नज़र है और वह शब्दों की रंगभाषा का निषेध करनेवाले सैमुअल बेकेट के नाटक *वेटिंग फॉर गोडो* को उदाहरण स्वरूप सामने रखते हैं कि कैसे यह नाटक शब्दों के मोहजाल में फँसा हुआ है। नाटक के लिए रंगभाषा के निर्माण के तत्वों की खोज करते हुए देवेन्द्र राज अंकुर संवाद को सर्वाधिक महत्त्वपूर्ण मानते हैं, जो अभिनेता को एक शारीरिक भाषा में रूपांतरित करता है।

अभिनय और *अभिनेता की रचनाप्रक्रिया* देवेन्द्र राज अंकुर के प्रिय विषय रहे

हैं। वह इस पर निरन्तर लिखते रहे हैं। हिन्दी रंगमंच के अभिनेताओं पर बहुत कम लिखा गया है जबकि उन्होंने कई अभिनेताओं को केन्द्र में रखकर अभिनेता की रचना प्रक्रिया को विश्लेषित करने का प्रयास किया है। *रंगमंच का सौन्दर्यशास्त्र* में भारत के आदिम समाज से नाट्यशास्त्र तक और उसके बाद के विभिन्न कालों में अभिनय के स्वरूपों पर चर्चा करते हुए वह इस बात पर बल देते हैं कि भारत की रंगपरम्परा प्रस्तुतिपरक है, जिसका मूल मंत्र है–*तत्र भावानभाव संचारी भाव संयोगाद्ररसनिष्पत्ति*।

समय और समाज की गतिशीलता से जुड़कर अपने को निरन्तर पुनर्नवा करते रहने की शक्ति जिन कलाओं के पास है, रंगमंच उनमें अग्रणी है। रंगमंच, नृत्य और संगीत में से रंगमंच ने ही शास्त्रों और नियमों से मुक्ति के लिए सर्वाधिक संघर्ष किया है। इसने अपने को समाज के परिवर्तनों से जोड़े रखा है। यही कारण है कि भारत में अभिनय कला का बहुआयामी विकास हुआ। देवेन्द्र राज अंकुर संस्कृत रंगपरम्परा के अवसान को अभिनेता की मुक्ति के लिए वरदान मानते हैं। हालाँकि इस मुक्ति में अभिनेता को आर्थिक सुरक्षा और संरक्षण सहित बहुत कुछ खोना पड़ा, पर उसने जो पाया, वह ज़्यादा महत्त्वपूर्ण है। इस पाए हुए की चर्चा करते हुए वह अभिनेता के विकास का सूक्ष्म विश्लेषण प्रस्तुत करते हैं। इस क्रम में वह आगे आनेवाले समय की चुनौतियों को नज़रअन्दाज़ नहीं करते और इन्हें भी बेबाकी के साथ हमारे सामने रखते हैं। अभिनेता की रचना प्रक्रिया को विश्लेषित करते हुए देवेन्द्र राज अंकुर यह जिज्ञासा प्रकट करते हैं कि *"दूसरे सृजनधर्मी रचनाकारों की तुलना में अभिनेता को कहाँ तक सृजनशील कलाकार माना जा सकता है?"* अपनी इस जिज्ञासा का समाधान तलाशते हुए वह बेहद सजगता और अनुभवजनित तर्कशक्ति के साथ अभिनय की प्रक्रिया की परत-दर-परत खोलते हैं। यह एक जटिल बौद्धिक अभ्यास है, जिसे देवेन्द्र राज अंकुर ने सफलता के साथ पूरा किया है।

निर्देशक की रंगमंच में उपस्थिति विवादास्पद रही है। पर यह सच है कि वह हर काल में किसी-न-किसी रूप में उपस्थित अवश्य रहा है, भले ही उसका नाम कुछ भी हो। समकालीन रंगमंच में निर्देशक की उपस्थिति सबसे ताक़तवर उपस्थिति हैं। उसकी शक्ति का आलम यह है कि उसने नाटककार और अभिनेता, दोनों को विस्थापित कर केन्द्रीयता हथिया ली है। यहाँ तक कि अब वह अपनी शक्ति के मद में रंगमंच के सबसे ज़रूरी तत्त्व–दर्शक की भी उपेक्षा करने लगा है। कुछ लोग इसे रंगमंच पर दर्शकों का प्रतिनिधि मानते हैं, तो कुछ लोग इसे रंगमंच के भीतर असंवैधानिक सत्ता का विकास। रंगमंच पर एक प्रस्तुति सम्भव हो सके, इसलिए प्रस्तुति से जुड़ी पूरी प्रक्रिया में अतिरिक्त देख-रेख के लिए एक व्यक्ति का होना देवेन्द्र राज अंकुर ज़रूरी मानते हैं। वह कहते हैं–*"निर्देशन प्रक्रिया नाटक जैसी कला के जन्म और विकास के साथ जुड़ी हुई है।"* वह निर्देशन प्रक्रिया की मूल प्रकृति को जानने की कोशिशें करते हैं। निर्देशक प्रस्तुति का व्यवस्थापक है, व्याख्याकार है

या नाट्यालेख पर आधारित प्रस्तुति-आलेख का रचनाकार है? इस उलझनभरी स्थिति से उबरने के लिए वह *"एक लिखे हुए और प्रस्तुत हो रहे नाटक में क्या अन्तर है?"* जैसे प्रश्न का उत्तर तलाशते हैं। *"नाटक के लिखित आलेख के निहितार्थ और प्रस्तुति के निहितार्थ"* में फ़र्क़ ढूँढ़ते हैं। वह निर्देशन प्रक्रिया को कई चरणों में बाँटकर देखते हैं। आलेख के चुनाव, मंचन की तैयारी और विशेष क्षण में दर्शकों के सामने प्रस्तुति जैसे चरणों में वह निर्देशक को कई कोणों से परखते हैं। देवेन्द्र राज अंकुर ने नाटककार और निर्देशक के आपसी रिश्ते पर भी टिप्पणी दर्ज की है और रचना पर प्रभुत्व के प्रश्न को उठाया है। साथ ही, वह लिखित आलेख में मंचन की दृष्टि से परिवर्तन और सृजनात्मक स्तर पर रचयिता होने के परस्पर विरोधी दावों जैसे विवादों पर भी चर्चा करते हैं। इस समग्र चर्चा में वह समस्याओं को उकेरते हैं। कई उदाहरणों और तथ्यों को सामने रखते हैं, पर निष्कर्ष की ओर नहीं बढ़ते। यह दुविधा इस आलेख की विशिष्टता है। यहाँ प्रश्नाकुलता है। और यह प्रश्नाकुलता ही रंगमंच जैसी विधा को जीवन्तता प्रदान करती है।

प्रेक्षागृह और *दर्शक*—दोनों के लिए अलग-अलग आलेख इस पुस्तक में संकलित हैं। नाट्य-रचना और प्रेक्षागृह के स्थापत्य के आपसी सम्बन्ध से बात शुरू होती है और यहाँ भी कई प्रश्न स्वतः उपजते हैं। संस्कृत रंगमंच, यूनानी रंगमंच, नोह और काबुकी रंगशैली, शेक्सपीयर के रंगमंच, आदिम दौर के रंगमंच, पारसी रंगमंच हमारी पारम्परिक शैलियों तथा नुक्कड़ नाटकों की रंगस्थली से गुज़रते हुए देवेन्द्र राज अंकुर रंगमंच का व्यापक विश्लेषण प्रस्तुत करते हैं। इस तकनीकी विषय पर लिखते हुए वह पूरी विश्व-परम्परा को खँगालने का प्रयास करते हैं। इस प्रयास में वह रंगमंच सम्बन्धी पाठकों के लिए कई रोचक जानकारियाँ और सूचनाएँ दर्ज करते हैं। अपने निष्कर्षों को 'अन्तिम नहीं' मानते हुए वह लिखते हैं—*"जिस प्रकार प्रेक्षागृह का स्थापत्य अपने समय में लिखे जानेवाले नाटकों की संरचना और शिल्प को प्रभावित करता है उसी प्रकार मंचन किस प्रदर्शन-स्थल पर किया जा रहा है यह तथ्य भी नाटकों की प्रस्तुतिशैली को निर्धारित कर देता है।"* दर्शक पर बातें करते हुए देवेन्द्र राज अंकुर सर्वाधिक सहज शैली अपनाते हैं। दर्शक और अभिनेता की जीवन्त उपस्थिति रंगमंच को विशिष्ट बनाती है। रंगमंच का समग्र ताना-बाना ही दर्शक और अभिनेता के पारस्परिक सम्बन्ध पर आधारित है। देवेन्द्र राज अंकुर अपने लेख में इस सम्बन्ध की कई दृष्टियों से पड़ताल करते हैं। वह यांत्रिक माध्यमों की चमक-दमक में फँसकर रंगमंच की मूल प्रकृति से दूर गए दर्शकों की वापसी पर प्रसन्नता व्यक्त करते हुए इस मूल प्रकृति को रेखांकित करते हैं कि *"वह है एक जीवन्त दर्शक की उपस्थिति में एक जीवन्त अभिनेता के अभिनय को देखने और अनुभूत करने का आनन्द।"* रंगमंच का अस्तित्व मनुष्य के जीवन से जुड़ा है। यही है इस नश्वर कला की अनश्वरता का रहस्य। देवेन्द्र राज अंकुर नाटक देखने को

एक जादुई और रहस्यमय लोक में विचरण करने की तरह मानते हैं और टिप्पणी करते हैं कि *"नाटक को देखना मानो धीरे-धीरे अपनी वैयक्तिक स्मृतियों से अलग होते जाना और नाटक के पात्रों की स्मृतियों को अपना बनाकर अनुभूत करना है।"*

पुस्तक का अन्तिम खण्ड *नाटक का अध्ययन* इस चिर परिचित समस्या से आरम्भ होता है कि *"नाटक को मात्र साहित्यिक दृष्टि से विवेचित-विश्लेषित किया जाए अथवा उसके प्रस्तुतीकरण को अध्ययन का आधार बनाया जाए।"* नाटक के पहले लिखित-पाठ और फिर दूसरे प्रस्तुति-पाठ के समेकित अध्ययन पर बल देते हुए देवेन्द्र राज अंकुर चार प्रसिद्ध नाटकों–*अभिज्ञान शाकुंतलम, यहूदी की लड़की, ध्रुवस्वामिनी* और *आषाढ़ का एक दिन* को विश्लेषित करते हैं। कथ्य और कथानक तथा शिल्प और संरचना जैसे तत्त्व साहित्यिक मूल्यांकन का प्रारम्भिक आधार बनते हैं। देवेन्द्र राज अंकुर इन्हीं तत्वों को लिखित-पाठ के मूल्यांकन के लिए स्वीकारते हैं। नाटक में संवाद का महत्त्व निर्विवाद है। संवाद की मूल प्रकृति उनका क्रियात्मक होना है और देवेन्द्र राज अंकुर कई उदाहरणों के साथ इस भिन्नता और विशिष्टता को रेखांकित करते हैं। नाट्य समीक्षा और अध्ययन पर उनकी टिप्पणी ग़ौरतलब है कि *"नाट्य समीक्षा और अध्ययन के जो परम्परागत तत्त्व रहे हैं, यदि उन्हें भी एक नए और रंगमंचीय कोण से देखने की शुरुआत कर दी जाए तो नाटक के अध्ययन की असीम सम्भावनाएँ खुल जाती हैं।"*

रंगमंच का सौन्दर्यशास्त्र को पढ़ते हुए हिन्दी रंगमंच के पास बौद्धिक क्रियाओं के प्रति उत्सुक लोगों के अभाव की निराशा थोड़ी दूर होती है। रंगमंच के सौन्दर्यशास्त्र को खोजते हुए देवेन्द्र राज अंकुर अपने लेखन से रंगपरिवेश को समृद्ध करते हैं। *रंगमंच का सौन्दर्यशास्त्र* एक ज़रूरी क़िताब है, जिसका समय के साथ महत्त्व बढ़ता ही जाएगा।

पढ़ते सुनते देखते हुए अंकुर

मैं अपनी बात दुहरा रहा हूँ कि हिन्दी रंगमंच से जुड़े लोगों में देवेन्द्र राज अंकुर उन गिने-चुने लोगों में हैं जिनका साहित्य से गहरा नाता है। आज हिन्दी रंगमंच से जुड़े अधिकांश रंगकर्मी साहित्य से नाराज़ और लगभग कटे हुए हैं। वे बौद्धिक विमर्शों से कतराते हैं और अपने को व्यावहारिक रंगकर्म तक सीमित रखना चाहते हैं। ऐसी स्थिति में देवेन्द्र राज अंकुर साहित्य और रंगकर्म के व्यावहारिक पक्ष, दोनों में सन्तुलन साधते हुए रंगमंच की दुनिया में निरन्तर सक्रिय हैं। उनकी सक्रियता के कई साक्ष्य उपलब्ध हैं। उन्होंने साहित्य की महत्त्वपूर्ण–विधा कहानी को रंगमंच से जोड़कर कहानी के प्रभाव और दायरे का विस्तार तो किया ही है, रंगमंच के लिए प्रयोगधर्मिता की नई राहों और नई रंगभाषा का अन्वेषण भी किया है। उनकी सक्रियता का ताज़ा साक्ष्य हाल ही में प्रकाशित उनकी पुस्तक *पढ़ते सुनते देखते* है। इसके पहले उनकी पाँच पुस्तकें–*रंगमंच का सौन्दर्यशास्त्र, पहला रंग, रंग कोलाज़, दर्शन-प्रदर्शन* और *अन्तरंग बहिरंग* प्रकाशित हो चुकी हैं। नई पुस्तक *पढ़ते सुनते देखते* विभिन्न पत्र-पत्रिकाओं में प्रकाशित लेखों-टिप्पणियों का संकलन है और कुल छह खण्डों *नाटक, नाटककार, रंगमंच, निर्देशक, मंडली/प्रदर्शन,* और *रंगयात्रा/रंगस्मृति* में विभाजित है।

देवेन्द्र राज अंकुर अपनी पुस्तक का आरम्भ जयशंकर प्रसाद के उस कथन से करते हैं, जिस पर हिन्दी रंगमंच की दुनिया में व्यापक विमर्श हुआ है। यह कथन रंगमंच शीर्षक आलेख से लिया गया है। प्रसाद लिखते हैं–*"रंगमंच के सम्बन्ध में यह भारी भ्रम है कि नाटक रंगमंच के लिए लिखा जाए। प्रयत्न तो यह होना चाहिए कि नाटक के लिए रंगमंच हो, जो व्यावहारिक है।"* प्रसाद के इस मत पर आज भी वाद-विवाद जारी है। देवेन्द्र राज अंकुर प्रसाद की स्थापना से असहमति व्यक्त करते हैं, पर आंशिक रूप से सहमत होते हुए मानते हैं कि *"...पहले रचना होगी, तभी उसके अनुसार प्रेक्षागृहों का निर्माण होगा। इसे दूसरे रूप में ऐसा भी कहा जा सकता है कि पहले परम्परा का जन्म हुआ करता है और उसके बाद शास्त्र।"* वह प्रसाद के मत को सिक्के का एक पहलू मानते हैं और इसे आरम्भिक स्थितियों में की गई

टिप्पणी के रूप स्वीकार करते हैं। प्रसाद के कथन से *रंगमंच* शब्द को चुनकर उसकी व्यापक व्याख्या करते हैं। ऐसा करते हुए वह प्रसाद के रंगचिन्तन को सहजता से पाठकों तक पहुँचाते हैं। नाट्यधर्मी और लोकधर्मी जैसे अभिनय विधानों की प्रसाद द्वारा की गई व्याख्या पर देवेन्द्र राज अंकुर ने सहमति प्रकट की है। इस सहमति के क्रम में वह उन तथ्यों और स्थितियों की भी तलाश करते हैं, जिनसे प्रसाद का अनुभव संसार रचा गया। वह प्रसाद की टिप्पणी पर चलनेवाली इस बहस को रंगमंच की जीवन्तता से जोड़कर देखते हैं और इसे सार्थक मानते हैं। देवेन्द्र राज अंकुर अपनी पुस्तक में नाटक के बरअक्स रूप और शैली तथा नाटक में काल, स्थान और कार्य की अन्विति पर विचार करते हैं। इस क्रम में वह अंग्रेज़ी के शब्दों के अनुवाद से पैदा हुए भ्रम को साफ़ करने के साथ-साथ नाटक के सन्दर्भ में शिल्प और शैली के भेद को स्पष्ट करते हैं। वह शिल्प को नाट्यालेख और शैली को प्रस्तुति से जोड़कर देखने का आग्रह करते हैं। नाटक में काल-स्थान-कार्य की अन्विति के विश्लेषण के लिए देवेन्द्र राज अंकुर अरस्तू की पुस्तक *काव्यशास्त्र* और भरत के *नाट्यशास्त्र*, दोनों से तथ्यों को चुनते हैं। नाट्य रचना के विविध आयामों पर चर्चा करते हुए वह पारम्परिक रूप से चली आ रही उलझनों को सुलझाने को सुलझाने का प्रयास करते हैं। नाट्यालेखों की पद्य से गद्य की ओर यात्रा को विश्लेषित करते हुए वह मानते हें कि नए आविष्कारों ने नया समय रचा और मनुष्य के जीवन पर गहरा प्रभाव डाला। जीवन के हर क्षेत्र में व्यापक बदलाव आया। इस बदलाव ने सम्प्रेषण के लिए नई भाषा आवश्यकता पैदा की। वह लिखते हैं–*"उन्नीसवीं-बीसवीं सदी में यदि ज़्यादातर नाटक सिर्फ़ गद्य में लिखे गए और लिखे जा रहे हैं तो उसके लिए पिछली दो-तीन शताब्दियों में हुई तकनीकी और वैज्ञानिक क्रांतियाँ ज़िम्मेवार हैं।"* नाटक के *भीतर नाटक एक प्रसिद्ध रंगयुक्ति है, जिसकी रोचक चर्चा इस खण्ड में है। अंकुर कई नाट्यालेखों में प्रयुक्त इस रंगयुक्ति का मूल स्रोत भारतीय दर्शन में पाते हैं। वर्तमान में रहते हुए अतीत या भविष्य में आवाजाही के लिए इस युक्ति का उपयोग हमारा रंगमंच अपने आरम्भिक काल से करता आ रहा है। मूल रचना बनाम रूपान्तरण को लेकर सृजन की दुनिया में विवाद निरन्तर बना रहा है। मूल रचना के प्रशंसक रूपान्तरित रचना पर असन्तोष प्रकट करते रहे हैं। देवेन्द्र राज अंकुर रूपान्तरित रचनाओं के पक्ष में कई सार्थक और उचित तर्क प्रस्तुत करते हैं। साहित्य और दृश्य माध्यमों के आस्वाद के भेद को स्पष्ट करते हुए वह इस बात को रेखांकित करते हैं कि 'कि किसी भी रचना का रूपान्तरण मूल रचना के भीतर से एक नई रचना का जन्म होता है।' नाट्यालेख से मंच प्रस्तुति तक की अन्तर्यात्रा के क्रम में नाटककार और निर्देशक के बीच चलनेवाले विवाद-संवाद को विश्लेषित करते हुए वह स्वभावतः निर्देशक के पक्ष में ही खड़ा होते हैं। हालाँकि वह उस तरह आक्रामक नहीं होते, जिस तरह नाटककार के पक्ष में खड़ा होते हुए मुद्राराक्षस। अंकुर*

अपेक्षाकृत संयमित और सहिष्णुभाव से उन विचारों और स्थितियों की तलाश करते हैं जिनके आधार पर सृजन का सही पर्यावरण रचा जा सके। इस खण्ड में नाटक में जीवन या जीवन में नाटक, नाटक और व्यवस्था विरोध, कालजयी नाटक का अकाल, शास्त्रीय नाटकों की समकालीनता और नाटक के कुछ वर्जित प्रदेश जैसी कुछ रोचक टिप्पणियाँ शामिल हैं, जो रोचक हैं।

नाटककार खण्ड में गुरुशरण सिंह, नन्दकिशोर आचार्य, कृष्ण बलदेव वैद, भीष्म साहनी, मुद्राराक्षस, बृजमोहन शाह, रामकुमार वर्मा और लक्ष्मीनारायण मिश्र के नाटकों और नाट्यालेखन पर संक्षिप्त टिप्पणियाँ हैं। हालाँकि आरम्भ में मीराकान्त के नाटक नेपथ्य राग पर एक अति संक्षिप्त टिप्पणी है जिसमें नाटककार की दुविधा रेखांकित है। वह रंगयुक्तियों और नाटक की भाषा पर सटीक टिप्पणी करते हुए नाटक के संवाद से अनकहे और अनबोले की अनुगूँज की माँग करते हैं। गुरुशरण सिंह पर लिखते हुए वह उनकी आवाज़ और संवाद अदायगी के प्रभाव को याद करते हैं। गुरुशरण सिंह के रंगकर्म को वह 'सही मायनों में एक राजनैतिक अथवा सामाजिक रंगकर्म की भूमिका प्रस्तुत करनेवाला, रंगकर्म मानते हैं। नन्दकिशोर आचार्य के नाटक ज़िल्ले सुब्हानी की चर्चा के क्रम में देवेन्द्र राज अंकुर ने इतिहास के बरअक्स पुराण, लोककथा, पुराकथा और मिथक के अन्तर को स्पष्ट करने का प्रयास किया है। इस नाट्य रचना को विश्लेषित करते हुए वह अपने आलेख का समापन इस माँग से करते हैं कि "क्या यह आवश्यक नहीं हो गया है कि ऐसी कृति को जन-मानस के रूप में सम्प्रेषित करने के लिए ज़िल्ले सुब्हानी में उपलब्ध शिल्प से इतर किसी वैकल्पिक शिल्प की तलाश की जाए?" कृष्ण बलदेव वैद के नाटकों के रचना-जगत पर बातें करते हुए अंकुर के पास स्वयं द्वारा किए गए उनकी कहानी के मंचन के साथ-साथ उनके अन्य नाटकों के पाठ और प्रदर्शन के अनुभव हैं। वह वैद के नाटकों में शून्य, सवाल और सन्नाटे की मानवीय उपस्थिति को उनके नाटकों के शिल्प से जोड़कर देखते हैं और उन्हें कथ्य का नहीं, बल्कि रूप का नाटककार मानते हैं। वैद की प्रयोगधर्मिता का अतिरेक ही उनके नाटकों में क्लीशे बन जाता है। नाटककार भीष्म साहनी पर लिखी गई अति संक्षिप्त टिप्पणी सम्भवतः उनके निधन के बाद रस्मी तौर पर लिखी गई होगी। यह टिप्पणी विस्तार की माँग करती है। *मुद्राराक्षस के नाटकों में प्रयोग* और *लक्ष्मीनारायण मिश्र का नाट्य लेखन* भी ऐसी ही टिप्पणियाँ हैं।

पुस्तक के तीसरे खण्ड में रंगमंच के विविध पक्षों पर केन्द्रित दो दर्जन से ज़्यादा टिप्पणियाँ हैं। *रंगमंच का समाजशास्त्र* में रंगमंच और समाज की एक-दूसरे से लेने और लौटाने की प्रक्रिया को विश्लेषित किया गया है। देवेन्द्र राज अंकुर अपने विश्लेषण में रंगमंच के वर्तमान में घटित होने को सर्वाधिक महत्त्वपूर्ण मानते हैं। वह इस आलेख में रंगमंच और रंगकर्मियों के अपने समाज से सम्बन्ध के विविध पक्षों

पर अपनी नज़र डालते हैं और कई सार्थक प्रश्न खड़े करते हैं। देवेन्द्र राज अंकुर के लेखन की सबसे बड़ी विशेषता यह है कि वह प्रश्नों के जवाब तलाशने के क्रम में अपनी परम्पराओं का वैज्ञानिकता के साथ अवगाहन करते हैं। यह काम उन्होंने *भारतीय रंगमंच : पारम्परिक रंगतत्त्वों का प्रयोग, भारतीय रंगमंच में ब्रेष्ट, मराठी रंगमंच : यथास्थिति के रूप-रंग, विश्व रंगमंच बनाम हिन्दी रंगमंच, हिन्दी रंगमंच के आपसी अन्तर्विरोध, लोक नाट्यशैलियाँ : उत्तर और दक्षिण* आदि टिप्पणियों में बख़ूबी किया है। *हिन्दी रंगमंच के पचास वर्ष* शीर्षक आलेख अपनी संरचना में बेहद सुगठित है तथा पचास सालों की यात्रा को सामने रखता है। *निर्देशक* खण्ड में अंकुर की टिप्पणियाँ आधी-अधूरी और तात्कालिकता के दबाव में लिखी हुई लगती हैं। केवल हबीब तनवीर और रतन थियम पर स्वतंत्र टिप्पणियाँ हैं। *मंडली/प्रदर्शन* तथा *रंगयात्रा/रंगस्मृति* खण्डों में संकलित टिप्पणियाँ हमें विभिन्न प्रदेशों, महत्त्वपूर्ण रंगनगरों, नाट्य संस्थाओं तथा पाकिस्तान, चीन और इटली की रंगसक्रियता से हमारा परिचय कराती हैं। इन टिप्पणियों में डॉ. लक्ष्मीनारायण लाल, ओम शिवपुरी, ब. व. कारंत, सफ़दर हाशमी और नेमिचन्द्र जैन का स्मरण भी शामिल है।

भारतीय रंगमंच के विविध पक्षों को उद्घाटित करती इस क़िताब के गर्भ में आनेवाले समय के रंगमंच और रंगकर्म के लिए कई संकेत छिपे हैं और यही इसकी विशेषता है।

लोकरंग में मिले भूले-बिसरे रसूल मियाँ

मेरी अम्मा को जीवन भर अफसोस रहा कि उनके बेटे की छठी (जन्मोत्सव) में रसूल मियाँ का नाच नहीं हो सका। वो कहा करती थीं कि *"अगर वे गुज़रे न होते तो बिना बुलाए थोड़े रहती!...बस साध ही रह गई कि हमारे अँचरा पर रसूल मियाँ नाचते। रसूल का पउरा बड़ा सुभ था।"* मैंने रसूल को अपनी अम्मा के इस संवाद के माध्यम से पहली बार जाना था। बाद में बस इतना ही जाना कि जिस समय भिखारी ठाकुर के यश और कीर्ति की धूम मची थी और लोकप्रियता चरम पर थी, उसी कालावधि में सीवान के आसपास के रसूल मियाँ का नाचदल भी बहुत लोकप्रिय था। हिन्दू औरतें मन्नतें मानतीं और मन्नतें पूरी होने पर अपना आँचल धरती पर पसार देतीं और नर्तक उस पर नाचते। रसूल के पाँव इस काम के लिए सबसे शुभ और असरकारक माने जाते थे। बन्ना, सहाना, सेहरा, सोहर और खिलौना गाने में रसूल का कोई सानी नहीं था।...बस इतना ही जानता रहा मैं। एक दिन फ़ोन पर कथाकार सुभाष चन्द्र कुशवाहा ने जब रसूल मियाँ की बाबत पूछा तो जैसे नींद टूटी। अम्मा की बातें याद आईं।...पर बहुत देर हो चुकी थी। सचमुच। कुछ ही दिनों बाद कथादेश के प्रकाशक सहयात्रा प्रकाशन प्रा. लि., दिल्ली द्वारा प्रकाशित और सुभाष चन्द्र कुशवाहा द्वारा सम्पादित पुस्तक *लोकरंग* की प्रति मिली और मिले भूले-बिसरे *रसूल मियाँ*।

लोकरंग लोक संस्कृति के विविध पक्षों पर एकाग्र है। सूचनात्मक और विवेचनात्मक, दोनों प्रकार के लेख इसमें संकलित हैं। यह पुस्तक इतिहास की बेईमानियों से टकराती हुई उन गवाक्षों को खोलती और दीप्त करती है, जिनमें हमारे सामन्ती समाज ने जान-बूझकर अँधियारा फैलाया है। इतिहास कई तरह की क्रूरताएँ करता है। हाशिए पर खड़े लोगों के जीवन-गर्भ से उपजी कलाओं और कलाकारों की स्मृतियों पर मिट्टी डाल, इन्हें विस्मृति के गर्त में झोंक देना इन क्रूरताओं में एक है क्योंकि इन कलाओं और इन कलाकारों की रचनात्मकता में विन्यस्त होता है–जीवन का संघर्ष, जीवन की पीड़ा और जीवन के विरुद्ध रचे जाने वाले हर प्रपंच का लेखा-जोखा। जन-इतिहास की माँग करता हुआ सुभाष चन्द्र कुशवाहा का

सम्पादकीय लोक संस्कृति को जानने-परखने के लिए एक सार्थक दृष्टि की खोज करता है। सम्पादकीय के अलावा उनका एक लेख *क्यों गुमनाम रहे लोक कलाकार रसूल* भी इस पुस्तक में संकलित है। यह लेख जन-स्मृतियों और जन-श्रुतियों को आधार बनाकर लिखा गया है। यह बेहद श्रमसाध्य कार्य है और इसे सुभाष चन्द्र कुशवाहा और उनके साथियों ने धैर्य और समर्पण के साथ सम्पन्न किया है। यह लेख सूचित करता है कि *रसूल मियाँ का जन्म बिहार के गोपालगंज ज़िले के गाँव जिगना मज़ार टोला में हुआ। उनका निधन लगभग अस्सी साल की उम्र में सन् 1952 में हुआ। इस हिसाब से उनका जन्म सन् 1872 के आसपास ठहरता है। उनके पिता फतिंगा अंसारी गाने-बजाने के पेशे में थे और दोनों चाचा तथा फूफा सारंगी वादक थे। रसूल ने भी संगीत और नाच-गाने को अपना पेशा बनाया और पहले से खेले जा रहे नाटकों को त्याग कर नए नाटक लिखे और मंचित किया। भिखारी की तरह रसूल के लिए भी कलकत्ता सपनों और जीविका की नगरी थी। वे भी वहाँ जाकर प्रदर्शन करते। जिस तरह भिखारी को अपने संगीत गुरु बाबूलाल कलकत्ता में मिले वैसे ही रसूल को वहीं मिले—हलीम मास्टर। बिहार और पूर्वी उत्तरप्रदेश के गाँवों-कस्बों में रसूल ने लगातार प्रदर्शन किया। उनके नाटकों के नाम हैं—गंगा नहान, वफादार हैवान का बच्चा उर्फ सेठ-सेठानी, सती बसन्ती-सूरदास, गरीब की दुनिया साढ़े बावन लाख, चन्दा कुदरत, बुढ़वा-बुढ़िया, शान्ति, भाई-विरोध, धेबिया-धेबिन आदि।*

इस लेख में रसूल की रचनाओं के कुछ अंश उद्धृत हैं, जिन्हें स्मृतियों के आधार पर लिपिबद्ध किया गया है। इन्हें पढ़ते-गुनते हुए रसूल की रचनात्मकता की बानगी मिलती है। रसूल की रचनाओं में गुलामी की टीस और आज़ादी की आस दोनों विन्यस्त हैं। रसूल ने लिखा—*"छोड़ दऽ गोरकी के अब तू खुशामी बालमा / एकर कहिया ले करबऽ गुलामी बालमा।"* सुभाष चन्द्र कुशवाहा यह सूचना देते हैं कि कलकत्ता के मार्कुस लाइन में उनके इस गीत से प्रभावित होकर कुछ बिहारी सिपाहियों ने नौकरी छोड़ दी। अंग्रेज़ सरकार ने उन्हें गिरफ़्तार कर लिया। मार्कुस लाइन के बगल में वेश्याओं की गली थी—धकुरिया गली। पुलिस जब उन्हें लेकर उस गली से जा रही थी, वे गा रहे थे—*"भगिया हमार बिगड़ल, अइनीं कलकतवा, बड़ा मन के लागल / नाहक में जात बानी जेल, बड़ा मन के लागल।"*...और वेश्याओं ने अपने जेवर बेचकर उनकी जमानत दी। रसूल ने अपने गीतों से ज़मीदारों को भी झकझोरा—*"छोड़ दऽ बलमुआ जमीदारी परथा / सईंया बोअऽ ना कपास हम चलाइब चरखा।"* रसूल जीवन भर आज़ादी और सद्भाव के गीत गाते रहे—*"सर पे चढ़ल आजाद गगरिया, संभल के चलऽ डगरिया ना / एक कुइंया पर दू पनिहारिन, एक ही लागल डोर / कोई खींचे हिन्दुस्तान की ओर, कोई पाकिस्तान की ओर / ना डूबे, ना फूटे ई, मिल्लत की गगरिया ना।"* गाँधी की हत्या ने रसूल के रचनाकार मन को आहत किया था। उस दिन वह कलकत्ता में थे। उस रात उनका नाटक एक फैक्ट्री

में प्रदर्शित होनेवाला था। फैक्ट्री मालिक को बमुश्किल राज़ी किया और नाटक में बदलाव करते हुए उन्होंने गाया–*"के मारल हमरा गाँधी के गोली हो, धमाधम तीन गो?"* आज रसूल के नाटकों की प्रदर्शन-शैली या नाट्यालेखों के बारे में विस्तार से कुछ भी कह पाना किसी के लिए भी मुश्किल है क्योंकि प्रदर्शन-साक्ष्य या पूरे नाट्यालेख उपलब्ध नहीं हैं पर इतना तय है कि रसूल मियाँ अपनी उपस्थिति और अपने रचनात्मक अवदान से आमजन के जीवन को लम्बे समय तक सांस्कृतिक प्राणवायु देते रहे। उनकी विस्मृति का अपराध अक्षम्य है। सुभाष चन्द्र कुशवाहा विस्मृति के कारणों की पड़ताल करते हुए बार-बार उनकी तुलना भिखारी से करते हैं। शायद इसकी भी आवश्यकता नहीं है। दोनों का अपना-अपना महत्त्व है। विशाल भोजपुरीभाषी जनता की सांस्कृतिक भूख को दोनों ने अपनी कलात्मक प्रतिभा से तृप्त किया। रसूल अंग्रेज़ों से मुक्ति की कामना को अभिव्यक्त करते रहे, तो भिखारी सामाजिक रुढ़ियों से मुक्ति के संघर्ष और स्त्री-जीवन की पीड़ा को। भिखारी को रसूल का हिस्सा नहीं मिला है। इस बात का रंज नहीं होना चाहिए कि भिखारी को ख़ूब मिला। हाँ, रसूल को उनका देय हम सब नहीं दे सके, इसका अपराधबोध होना चाहिए। जन-स्मृतियों को लिखने से पूर्व छानना बेहद ज़रूरी होता है। 'बिदेसिया' फ़िल्म का बिदेसिया नाटक से कोई रिश्ता नहीं है। यह फ़िल्म नाटक पर आधारित नहीं है। भिखारी ठाकुर ठगी का शिकार हुए थे। इसकी एक अलग कथा है। रसूल को आविष्कृत करते हुए सुभाष चन्द्र कुशवाहा की आकुलता मर्मस्पर्शी है। रसूल हमारे जीवन की सांस्कृतिक थाती हैं। थाती लुटाकर बेचैनी ही मिलती है, नींद नहीं। सुभाष चन्द्र कुशवाहा की यह बेचैनी आनेवाली पीढ़ियों के काम आएगी।

लोकरंग में सिर्फ़ रसूल नहीं हैं, भिखारी भी हैं। चन्द्रशेखर (जिनकी सीवान में अपराधियों ने हत्या कर दर थी।) का लेख *बिदेसिया का इतिहास* एक गम्भीर लेख है। चन्द्रशेखर ने उन सामाजिक स्थितियों और संवेदनाओं का गहन विश्लेषण किया है, जिनसे भिखारी ठाकुर की कविताई उपजी और रंगकौशल ने आकार लिया। पहली जनवरी, 1965 को प्रो. राम सुहाग सिंह द्वारा लिया गया साक्षात्कार भी इस पुस्तक में संकलित है। भिखारी ठाकुर कई प्रश्नों के जवाब में मौन रह जाते हैं, पर उनका यह मौन बजता है और इस ओर संकेत करता है कि मौन कितनी असरदार रंगयुक्ति है। यह मौन जब उनके नाटकों के मंचन में आता होगा, तो दर्शकों के भीतर कैसा हाहाकार पैदा करता होगा। चन्दौली के जनकवि रामजियावन दास बावला, जौनपुर के वामिक जौनपुरी और रामकुमार बैद, देवरिया के मोती बी. ए. जैसे नैसर्गिक प्रतिभा के धनी रचनाकारों पर यह क़िताब सिर्फ़ आवश्यक सूचनाएँ ही नहीं देती, बल्कि उनकी रचनाओं की बानगी और रचना-संसार पर सार्थक टिप्पणियाँ भी उपलब्ध कराती है। कवि और इतिहासविद् बद्रीनारायण से बातचीत पर आधारित छोटी-सी टिप्पणी *चिड़ियों के अपने इतिहासकार कहाँ हैं?* में उपनिवेशवादी इतिहासदृष्टि और

भारतीय लोक के बीच पसरी दूरी को चिह्नित करते हुए नए सिरे से दलित लोकसंस्कृति और दलित आन्दोलनों को विश्लेषित करने की आवश्यकता पर बल दिया गया है। इप्टा आन्दोलन के अग्रणी नायकों में एक स्व. राजेन्द्र रघुवंशी के लेख *आगरा की भगत और भगतकार* में भगत की परम्परा का बारीक विश्लेषण है। भगत की रंगयुक्तियों को सूचित करते हुए स्वांग और नौटंकी से अलग उसे रेखांकित करने के क्रम में स्व. राजेन्द्र रघुवंशी इस रंगपरम्परा के जन्म और विकास को आनेवाली पीढ़ियों के लिए दर्ज करते हैं। छत्तीसगढ़ी लोकगाथा *नगैसर कैना* पर डॉ. रमाकान्त श्रीवास्तव और मिथिलांचल की लोकगाथा *दुलरा दयाल सिंह* पर डॉ. प्रफुल्ल कुमार सिंह 'मौन' का लेख लोकगाथाओं की विस्मृत होती परम्परा से *सीताराम नायक* और *दयाल सिंह* जैसे गाथानायकों की याद दिलाता है, जो शताब्दियों से वंचितों को साहस, शक्ति और जिजीविषा देते रहे हैं। *लोकसंस्कृति में दलित अभिव्यक्ति* (कँवल भारती), *स्वाधीनता संग्राम में भोजपुरी की भूमिका* (डॉ. वेदप्रकाश पांडेय), *प्रतिरोध का लोक-सृजन* (कमलनयन पांडेय), *ऋतुगीतों में कजली* (भवदेव पांडेय), *छत्तीसगढ़ी लोकगीत ददरिया की विशिष्टताएँ* (रामफल यादव), *बुन्देलखण्ड के नृत्य* (डॉ. परशुराम शुक्ल), *लोकगीतों में वर्णित समाज और मनुष्य का संघर्ष* (डॉ. अर्जुनदास केसरी), *लोक काव्य विरहा* (चन्द्रदेव यादव), *भोजपुरी लोकगीतों में जीवन का रस* (वीरेन्द्र सारंग), *बज्जिकांचल का लोकनृत्य : जट-जटिन* (अश्विनी कुमार आलोक), *आदिवासी परम्परा में लोकगीत* (रमेश चन्द्र मीणा) आदि लेखों में पाठकों को कहीं-कहीं अकादमीय उबाऊपन लग सकता है, पर सच यह है कि इनमें अपनी संस्कृति को जानने-बूझने के रास्ते छिपे हैं, और छिपा है ज्ञान का अकूत भांडार। *भोजपुरी लोकगीतों में नारियों के प्रतिरोध-स्वर* (डॉ. तैयब हुसैन) और *लोकगीतों में स्त्रीपीड़ा के स्वर* (आशा कुशवाहा) में हमारा लोककाव्य तथाकथित उत्तर आधुनिक स्त्रीविमर्श के बर-अक्स खड़ा है। इल लेखों में उद्धृत काव्यांश इस बात का साक्ष्य प्रस्तुत करते हैं कि पीर से पैदा हुए जीवनानुभव ही प्रतिरोध का स्वर रचते हैं और फिर यही स्वर मुक्ति के जयंत अभियानों का शंखनाद बनते हैं। इन गीतों का बहुलांश निश्चित रूप से स्त्रियों द्वारा रचा गया होगा। हमारे गाँवों की स्त्रियाँ अपढ़ अवश्य रही हैं, पर अपने संघर्षों के प्रति उनकी दृष्टि कुपढ़ों की अपेक्षा ज़्यादा साफ़ तथा केन्द्रित रही है। बचुभाई बरंडा और डॉ. रवीन्द्र पंचोली का लेख आदिवासी समाज तथा भगवान स्वरूप कटियार का लेख जिप्सियों पर केन्द्रित है और जानकारियों से भरा हुआ है। परिशिष्ट में कुछ लोकगीत संकलित हैं। आवश्यकता इस बात की है कि इनमें कुछ और रचनाओं को शामिल कर *लोकरंग* की अगली खेप के रूप में एक स्वतंत्र पुस्तक प्रकाशित हो।

विनिबन्ध के बहाने नेमिचन्द्र जैन

साहित्य अकादमी द्वारा हाल में प्रकाशित नेमिचन्द्र जैन के व्यक्तित्व कृतित्व पर एकाग्र विनिबन्ध को पढ़ते हुए कुछ-कुछ गल्प का स्वाद मिलता है। पिछले कुछ वर्षों में आलोचना-विवेचना या विमर्श की भाषा में लगातार क्षरण हुआ है। भाषा के नकलीपन ने आलोचना को अविश्वसनीय और अपठनीय बनाया है। ऐसा बहुत कम हो पाता है कि आलोचना की भाषा विकल्पों के सारे दरवाज़े खोल दे और पाठकों को साथ लेकर आलोच्य रचना-संसार की यात्रा पर निकले तथा उन्हें तार्किक परिणति तक पहुँचने में उनकी मदद करे। ज्योतिष जोशी लिखित यह विनिबन्ध नेमिजी को जानने तथा उनके रचनात्मक संसार की यात्रा करने के लिए पाठकों को उत्सुक बनाता है। उत्कट जिजीविषा से भरे नेमिजी के व्यक्तित्व के कई पक्ष हैं। उनका रचना-संसार भी बहुआयामी है। इसे एक विनिबन्ध में सहेज पाना दुरूह काम है। उनके रचनात्मक संसार की विराटता से गुज़रने के लिए आलोचना का जिज्ञासु होना आवश्यक है। मुठभेड़ के इस कोलाहल भरे समय में आलोचना के इस विनम्र भाव को कुछ लोग पिछड़ापन मान सकते हैं पर सच यह है कि ज्योतिष जोशी अपनी विनम्र जिज्ञासाओं से ही विवेचना की तार्किकता अर्जित करते हैं। वह पाठकों के भीतर पूर्वाग्रहों के बीज नहीं बोते।

जीवन संघर्ष की विविधताएँ शीर्षक पहले अध्याय में नेमिजी के जीवन प्रसंगों को दर्ज किया गया है। ज्योतिष जोशी इन प्रसंगों को उनके साक्षात्कारों, उन पर लिखे संस्मरणों-लेखों आदि के माध्यम से उद्घाटित करते हैं। सृजन और संस्कृति की दुनिया के इस विरल व्यक्तित्व का जीवन ऊपर से जितना सहज और शान्त दिखता है, भीतर उतना ही उथल-पुथल भरा और संघर्षमय रहा है। एक पारम्परिक जैन परिवार में जन्म हुआ। सात-आठ साल की उम्र में बरुआ सागर आए। पढ़ाई के सिलसिले में झाँसी और फिर आगरा में रहे। उम्र के सत्रहवें साल में जब इंटरमीडियट में पढ़ रहे थे, तीसरी कक्षा तक पढ़ी साढ़े बारह साल की रेखा जैन से विवाह हुआ। नेमिजी के जीवन प्रसंगों से पाठकों को रू-ब-रू कराते हुए ज्योतिष जोशी सिर्फ़ सूचनाएँ नहीं देते बल्कि उस समय और परिवेश के भीतर हो रही

हलचलों और उन पर पड़नेवाले प्रभावों की ओर भी संकेत करते चलते हैं। ज्योतिष लिखते हैं–*"यह वह समय है, जब नेमि का मन घरेलू जकड़बन्दियों से मुक्ति चाहने लगा था। वे देख रहे थे कि वे जैसा चाहते हैं, घर में वैसा वातावरण नहीं है। घर का माहौल एक तरफ़ तो धार्मिक था, जिसमें जैन धर्माचरण का सबक सिखाया जाता तो दूसरी तरफ़ व्यावसायिक भी था। पिता का बड़ा कारोबार था और बहुत स्वाभाविक था कि एकमात्र सन्तान होने के कारण उनसे पिता अपेक्षा रखते थे कि आगे चलकर नेमि उनके व्यवसाय को सँभालें और उसे आगे बढ़ाएँ पर नेमि को घर के वातावरण के इन दोनों स्तरों से लगभग विरक्ति-सी हो गई थी। वे देख रहे थे कि अगर धरेलू दायित्वों में बँधते हैं तो उनके व्यक्तित्व का विकास असम्भव है–इस दिशा में उनकी इच्छा के विरुद्ध विवाह करके परिवार ने उन्हें जैसे नैतिक रूप से बाँध देने की शुरुआत तो कर ही दी थी।"* नेमिजी के भीतर पलते विद्रोह में संयम था। इस संयम से वे स्वयं को अनुशासित करते रहे और अपने को दृढ़निश्चयी बनाए रखा। कुल-ख़ानदान की प्रतिष्ठा के विरुद्ध जाकर संगीत सीखने का साहस एक बड़ा निर्णय था। राष्ट्रीय आन्दोलनों में भागीदारी और बेटे को बड़ा अधिकारी बनाने की पिता की इच्छा जैसे अंतर्विरोधों पर भी चर्चा करते हुए ज्योतिष जोशी नेमिजी को उद्धृत करते हैं–*"पिताजी की पूरी उदारता के बावजूद मुझे लगा कि यह सामाजिक वातावरण बहुत दम घोंटनेवाला है, इसमें से निकलना बहुत ज़रूरी है।"* जोशी ने पच्चासी वर्षों में फैले नेमिजी के जीवन के हर उस मोड़ को दर्ज किया है जहाँ से वे नई शुरुआत करते हैं। उनके साहित्यिक और सांस्कृतिक जीवन की विराटता में कई ऐसे प्रसंग और लोग शामिल हैं, जिनसे उस अवधि के साहित्यिक-सांस्कृतिक वातावरण की झलक मिलती है। नेमिजी के जीवन के बीच जैसे-जैसे पाठक उतरता है, उसे उस दौर के सांस्कृतिक जीवन की हलचलों, विचारों के संघर्ष और अन्तर्द्वन्द्वों के टकराव का पता चलता है। आज़ादी के पहले का जीवन रास्तों की खोज की आकुलता का जीवन है, तो आज़ादी के बाद का जीवन नवीन रास्तों के निर्माण का।

प्रयोगशीलता और विराट् चेतना शीर्षक अध्याय में ज्योतिष जोशी ने नेमिजी के काव्य-संसार के माध्यम से उनकी काव्य-चेतना और काव्य-संवेदना को उद्घाटित किया है। वह नेमिजी को 'प्रथमतः और मूलतः' कवि मानते हैं और प्रयोगशीलता को उनकी मूल संवेदना। अक्सर नेमिजी के रंगमंच सम्बन्धी लेखन की ओट में उनके कविकर्म को छिपाकर चुप्पी बरतने का काम हिन्दी आलोचना ने किया है। इस अध्याय को आरम्भ करने के लिए ज्योतिष जोशी ने 'तारसप्तक' से नेमिजी की टिप्पणी के जिस अंश को चुना है, उसको आधार बनाकर उनकी कविता को आलोचकों के एक वर्ग ने प्रश्नों के घेरे में रखा है। ज्योतिष लिखते हैं–*"वे कविता को 'सौन्दर्य की अनुभूति' मानते थे, क्योंकि वह कवि की 'जीवन्तता' का, 'जीवन*

की स्वीकृति का एक महत्त्वपूर्ण चिह्न' है। इस वक्तव्य के बावजूद प्रगतिशीलता और सामाजिक सरोकारों के प्रति उनकी निष्ठा तथा प्रतिबद्धता में कभी कोई कमी नहीं देखी गई। जीवन के संघर्षों, कामनाओं और आकांक्षाओं के साथ-साथ उनके कवि ने जनता के जीवन से वास्ता रखा और निरन्तर उनके संघर्षों को वाणी दी।" अपने इस कथन की पुष्टि में वह कई काव्यांशों को उद्धृत करते हैं। वह नेमिजी को उनकी अन्तर्दृष्टि के कारण महत्त्वपूर्ण मानते हैं और यह दर्ज़ करते हैं कि *'उनकी कविताओं का फ़लक बड़ा है और उनकी अर्थवत्ता बड़ी तीक्ष्ण है।'* नेमिजी की कविताओं में प्रश्नाकुलता नहीं है और साथ ही उनकी कविता जगत और जीवन के प्रश्नों के जवाब देने से भी कतराती है। यह कविता स्थितियों को प्रकट कर देती है और अपने पाठक को यह अवसर देती है कि वह अपने विवेक और संवेदना के सहारे अपनी यात्रा तय करे। नेमिजी की कविता के इस टोन के पक्ष में ज्योतिष जोशी प्रसिद्ध कवि शमशेर बहादुर सिंह की यह टिप्पणी सामने रखते हैं–*"...नेमिजी की कविताएँ मुझे बराबर आकृष्ट करती रही हैं। अपने ब-ज़ाहिर क्वाईट टोन के कारण; और आंतरिक गरिमा और भावना की सच्चाई के कारण, निर्दोष अभिव्यक्ति और शैली के सहज संयम के कारण; और अपनी स्पष्टता के कारण। विशेष रूप से इसलिए भी कि उन्होंने कभी भी 'कविता लिखने के लिए कविता' नहीं लिखी। उनकी हर पंक्ति मुझे सच्ची और खरी लगती है।"* नेमिजी के बहुचर्चित संकलन *एकान्त* की कविताओं पर चर्चा करते हुए ज्योतिष जोशी एकान्त, चुप्पी और गहरी शान्ति को उनकी कविताओं का स्वभाव मानते हैं। कविता के गहरे भीतर पलते संशय और संकोच की व्याख्या करते हुए वह इसे गुण मानते हैं। यह द्वन्द्वात्मकता ही नेमिजी को बड़ा कवि बनाती है। ज्योतिष की यह टिप्पणी ग़ौरतलब है कि *"...अपनी रचना प्रक्रिया में में नितान्त भिन्न नेमिचन्द्र जैन की कविता आत्म सजगता, गहन वैचारिकता, तथा चिन्तनशीलता की कविता है, जिसमें प्रेम, प्रकृति, साहचर्य के साथ-साथ जीवन की छवियाँ दर्ज हैं। इस काव्यालोक में चमत्कार का नहीं, सादगी का राज है। कारीगरी भाषा में नहीं है, अर्थ की प्रतीति में है। पारदर्शिता इसका सबसे बड़ा लक्षण है। इसमें अनुशासन की अवज्ञा नहीं है, स्फीति का निषेध है और ऐसे मार्मिक क्षणों से साक्षत्कार का गहरा प्रयत्न है, जिससे कविता के आस्वाद का शास्त्र ही बदल जाए।"*

औपन्यासिक साक्षात्कार शीर्षक तीसरा अध्याय उपन्यास की आलोचना के क्षेत्र में नेमिजी के अवदान पर केन्द्रित है। उनकी पुस्तक *अधूरे साक्षात्कार* को औपन्यासिक आलोचना के उपकरणों को आविष्कृत करने के लिए जाना जाता है। अपनी एक अन्य पुस्तक *जनांतिक* में भी उन्होंने कुछ औपन्यासिक कृतियों पर विचार किया है। ज्योतिष जोशी की विवेचना का केन्द्र यहाँ नेमिजी की आलोचना दृष्टि, इस दृष्टि से विकसित हुए उपकरण और अन्ततः उनके द्वारा खोजे गए तथ्य हैं। नेमिजी उपन्यासों में मुख्यतः *'अनुभूति की गहराई और कलात्मक सौन्दर्यमूलक*

सम्पूर्णता' की तलाश करते हैं। नेमिजी द्वारा रेखांकित *'भाववस्तु की एकाग्रता, कवित्वपूर्ण दृष्टि, कलात्मक उपलब्धि, समग्र समन्वित मानवीय अनुभूति का सम्प्रेषण'* आदि कई निकषों की विवेचना करते हुए ज्योतिष जोशी तार्किकता के साथ उनके विचारों को उद्धरणों के माध्यम से प्रस्तुत करते हैं। पुस्तक का चौथा अध्याय *सभ्यता समीक्षा* भी नेमिजी के आलोचना कर्म पर ही केन्द्रित है। इस अध्याय के आरम्भ में ही ज्योतिष जोशी की टिप्पणी ध्यान देने योग्य है। वह लिखते हैं–*"नेमिचन्द्र जैन की आलोचना का केन्द्रीय आशय यह है कि वह सभ्यता समीक्षा का विमर्शात्मक उद्यम है। उसमें केवल साहित्य तथा कलाओं की वस्तुपरकता का विवेचन नहीं है, वरन् उसके दूरगामी अर्थों, निष्पतियों और निहितार्थों की खोज का प्रयत्न भी है। यही कारण है कि इस आलोचना में केवल कृति-केन्द्रिकता की सीमा नहीं है, बल्कि उसके बाहर तक देखने की दूरदर्शी चिन्ता भी है, जिसमें परिप्रेक्ष्य की सम्पूर्णता दिखाई दे। इस अर्थ में नेमिजी की आलोचना अपनी समग्रता में एक सांस्कृतिक उद्यम है।"* एक आलोचक और विचारक के रूप में नेमिजी इसलिए अत्यन्त महत्त्वपूर्ण हो उठते हैं कि उन्होंने साहित्य और कलाओं की दुनिया के कई ऐसे प्रश्नों से टकराने की चुनौतियों का सामना किया, जिससे हिन्दी संसार कतरा कर निकलता रहा। उन्होंने राजनीति से संस्कृति के सम्बन्धों पर बेबाकी के साथ निर्भय होकर बात की। सत्ता और संस्कृति के सम्बन्धों पर भी खुलकर लिखा। ज्योतिष जोशी उनके निबन्धों-टिप्पणियों से कई ऐसे अंशों को चुनकर प्रस्तुत करते हैं, जो नेमिजी के व्यक्तित्व की दृढ़ता और चिन्तन की स्पष्टता को उजागर करते हैं।

रंगालोचन का व्यावहारिक स्थापत्य शीर्षक अध्याय नेमिजी की रंगमंच सम्बन्धी आलोचना पर केन्द्रित है। यह सच है कि वे हिन्दी रंगालोचन के स्थपति हैं। उनके पहले नाट्यालोचना के लिए भी साहित्यिक मूल्यों को ही आधार बनाया जाता रहा। नेमिजी ने रंगमूल्यों को नाट्यालोचना में प्रतिष्ठित किया। हिन्दी रंगमंच और हिन्दी के बौद्धिक समाज के बीच बढ़ती दूरी को उन्होंने अपने चिन्तन और प्रयासों से पाटने की कोशिश की। वे रंगकर्म की दुनिया में प्रयोगधर्मिता के पक्षधर थे। यही कारण था कि वे जीवनपर्यन्त अनेक नए-पुराने रंगकर्मियों के लिए प्रेरणा का स्रोत बने रहे। *नटरंग* के प्रकाशन को रंगकर्म की दुनिया में एक बड़ी घटना की तरह देखा जाता है। इस पत्रिका ने हिन्दी रंगमंच के लिए एक ऐसी भूमि तैयार की जहाँ बौद्धिक विमर्श, नए प्रयोगों और समय तथा समाज के प्रश्नों से टकराने के लिए सृजनात्मक अवसर उपस्थित थे। ज्योतिष जोशी इस अध्याय में उनके रंगसिद्धान्तों और रंगसिद्धान्तों को प्रतिपादित करने की उनकी व्यावहारिक प्रक्रिया का विश्लेषण करते हैं। नेमिजी ने रंग के तकनीकी पक्षों की गहन विवेचना की है। वे नाट्य की सामाजिक सार्थकता का अध्ययन भी प्रस्तुत करते हैं। नाट्यानुभूति को लेकर उनकी संवेदनशीलता उनकी नाट्यालोचना को विशिष्ट बनाती है। ज्योतिष

जोशी ने नेमिजी के रंगचिन्तन के सभी ज़रूरी पक्षों को, संक्षेप में ही सही, दर्ज करने का प्रयास किया है।

विनिबन्ध की अपनी सीमाएँ होती हैं। फिर भी, यह एक ज़रूरी क़िताब है, जो नेमिजी के विराट व्यक्तित्व और विपुल सृजनात्मक संसार के प्रति हमें उत्सुक बनाती है।

लोकायन में भारतीय लोक

लोककला-रूपों पर एकाग्र ओमप्रकाश भारती की पुस्तक *लोकायन* पहली नज़र में ही ध्यान खींचती है। आवरण पर प्रसिद्ध चित्रकार उपेन्द्र महारथी का दुर्लभ चित्र *संथाल नृत्य* प्रकाशित है जो नृत्य की गति, लय और भंगिमाओं की जीवन्त अभिव्यक्ति के लिए चर्चित रहा है। *लोकायन* में भारतीय लोक का साक्ष्य दर्ज है। लोक की भारतीय अवधारणा अपनी व्यापकता में जीवन और जगत की समस्त मानवीय संवेदनाओं को सहेजती है। मनुष्य के अन्तरंग से बहिरंग तक का जीवन हमारी लोककलाओं में अभिव्यक्ति पाता रहा है। हमारी लोककलाओं ने हमारे जीवन के अँधेरे कोनों को दीपित किया है, हमारे दुःखों को स्वर दिया है, और साथ ही रचा है हर्ष की ध्वनियों और उल्लास के वैभव को भी। प्रकृति में विन्यस्त ऊर्जा के समस्त उद्गमों तक पहुँचने के लिए लोककलाओं ने ही राहों की खोज की है और हमें जीवन तथा मृत्यु, दोनों का उत्सव मनाना सिखाया है। ओमप्रकाश भारती अपनी पुस्तक *लोकायन* में लोककलारूपों का विश्लेषण करते हुए ऐसे ही कुछ स्थलों को रेखांकित करते हैं। वह अपने पाठकों को इस निर्मम होते समय में एक ऐसी यात्रा पर लेकर निकलते हैं, जहाँ जीवन अपनी समग्रता में उपस्थित है। वह लोककलारूपों का नया पाठ प्रस्तुत करते हैं, जो हमारे भाव-जगत को विनम्र और सजग बनाता है।

पुस्तक के पहले लेख *मछलियाँ क्यों हँस पड़ीं?* में कश्मीर के भांड जश्न या भांड पाथर का ज़िक्र है। ओमप्रकाश भारती इसमें भांडों के गाँव वाथोड़ा की यात्रा के संस्मरण भी दर्ज करते हैं। सिर पर मौत की तरह मँडराते आतंकवादियों के आतंक की छाया में भी मसखरी करने और क़िस्से सुनने-सुनाने का साहस, अपना घर ब्लास्ट हो जाने के बाद भी गुलाम साहब का नेशनल भांड थिएटर को जीवित रखने और चलाते रहने का संघर्ष मनुष्य की जिजीविषा का दुर्लभ उदाहरण है। क़िस्सागो अबू मौलवी की कहानी ही वह जीवनदृष्टि और साहस सौंपती है, जिसके बल पर कोई मसखरा कश्मीर के वर्तमान हालात में भी मंच पर खड़ा होकर पूछ सके कि *'चमन में क्यों कोई बुनबुल बेज़ार रोता है?'*

ओमप्रकाश भारती कश्मीर से केरल तक की लोककलाओं के संसार का

अवगाहन करते हैं। केरल के *चविट्टुनाटकम्* पर उनकी टिप्पणी संक्षिप्त है, पर उसमें कई आवश्यक सूचनाएँ उपलब्ध हैं। *तिस्ता किनारे के फूल फुल्यो!* में पहाड़ के शिखर पर बसा पूर्वोत्तर के सिक्किम का एक गाँव भुरुङ अपने सम्पूर्ण कलात्मक वैभव के साथ उभरता है। आतिथ्य की स्नेहिल परम्परा *नौमती बाजा* की ध्वनियों में गूँजती है। *सँगिनी, मारुनी, बालुनी* जैसे आनुष्ठानिक नाट्यरूपों और नौ वाद्योंवाले *नौमती बाजा* का विवरण देते हुए ओमप्रकाश भारती उन तमाम स्थलों को चिह्नित करते हैं जहाँ सिक्किम के पहाड़ी जीवन के संघर्ष और संवेदनाएँ अभिव्यक्ति पाती हैं। रामकथा के माध्यम से *बालुन* में मानवीय प्रपंच और *सँगिनी* में स्त्री-जीवन का मर्म उद्‌घाटित होता है। हमारी लोककलाओं ने चेतना के स्तर पर निरन्तर अपने को समकालीन बनाए रखा है। इनकी समय-सापेक्षता ही इनको प्रभावशाली और लोकप्रिय बनाती है। *गगन गरज्यो गूजर गाथा* में राजस्थान के अहीरों और गूजरों की प्रचलित गाथा-गायन शैली की चर्चा आरम्भ करने से पहले ओमप्रकाश भारती जल-संकट से जूझते डांगवासी जनसमुदाय की चिन्ताओं को भी सामने रखते हैं। *पानी बिनु पड़लै अकाल* में अकाल है, अनावृष्टि का भय और अतिवृष्टि के कारण जलप्रलय का आतंक है, दुग्ध-धवल चाँदनी में नहाती धरती पर गीत-संगीत-नृत्य से चित्रित होते जीवन के सुख-दुःख हैं और हैं—मानवीय संवेदनाओं के राग-विराग। वर्षा के लिए होनेवाला यह आनुष्ठानिक लोकनाट्य स्त्रियों का नाट्य है, जिसका वर्णन करते हुए ओमप्रकाश भारती उनके कौशल को रेखांकित करते हैं। *पिया मोर मति जाहो पुरुबवा* में बिदेसिया, *सखी हे हमर दुःखक नहि ओर* में बिदापत नाच *लुप्तप्राय पारम्परिक नाट्य* में किरतनिया और *चलऽ संघतिया नाच देखे* में नटुआ नाच की नाट्य-युक्तियों, गीत-संगीत तथा इनके माध्यम से अभिव्यक्त होते जीवन और समाज का विवेचन है।

उन्नीसवीं शती के प्रसिद्ध सन्त कवि और बाउल गायक लालन पर ओमप्रकाश भारती की टिप्पणी *लालन की बोले!* में भारतीय लोक-मनीषा की समृद्ध परम्परा का विश्लेषण है। भक्ति आन्दोलन के परवर्ती दौर में लालन एक ऐसे जनकवि थे जिन्होंने धर्म और सम्प्रदाय की जकड़नों से आज़ाद होकर मनुष्य की मुक्ति के गीत गाए और साथ ही अपने गीतों से राष्ट्रीयता की सामाजिक तथा भावनात्मक ज़मीन तैयार की। लालन के गीत गानेवाले कीना बाउल के जीवन को विभाजन की त्रासदी ने जो पीड़ा दी है, वह पीड़ा इस लेख में विस्तारित होती है। मनुष्य की श्रेष्ठता का गीत गानेवाले लालन और उनकी परम्परा के वाहक कीना बाउल जैसे लोग हमारी लोक परम्परा के शिखर हैं। असम के *अंकिया नाट* और बंगाल के *जात्रा* पर भी इस पुस्तक में टिप्पणियाँ हैं। इन शोधपरक टिप्पणियों में इन नाट्यरूपों का व्यापक विश्लेषण प्रस्तुत किया गया है। बिहार में लोकगाथाओं की परम्परा और बिहार की लोक चित्रकलाओं पर भी दो आलेख हैं, जिन्हें पढ़ते हुए कई रोचक सूचनाएँ प्राप्त होती हैं।

ओमप्रकाश भारती की पुस्तक *लोकायन* लोककलाओं की शक्ति और संवेदनशीलता को रेखांकित करती है। यह मूल्यहीनता के इस दौर में संकेत करती है कि हमारी लोककलाएँ मनुष्य की गरिमा को जीवित रखने में आज भी सक्षम हैं। भाषा सम्बन्धी कुछ असावधानियाँ ज़रूर खटकती हैं। फिर भी यह एक ज़रूरी क़िताब है, जो इस बदहवास समय में हमें हमारी जीवन्त परम्परा से जोड़ती है।

भारतीय सिनेमा से सार्थक संवाद

साहित्य और सिनेमा के बीच बहुत कम संवाद हुआ है। हिन्दी में तो यह न के बराबर है। जब हिन्दी साहित्य के भीतर ही संवादहीनता अमरबेल की तरह पसरती जा रही हो, तो ऐसी स्थिति में दूसरे कलारूपों से संवाद भला कैसे सम्भव है! विनोद दास हिन्दी के उन विरले कवि-लेखकों में हैं जिन्होंने पिछले कुछ वर्षों में भारतीय सिनेमा से निरन्तर गम्भीर संवाद क़ायम किया है। विनोद दास मूलतः कवि हैं। वह पढ़ने-लिखने की परम्परा का जीवित अंश हैं और अच्छी तरह जानते हैं कि शब्दबहुलता एक अच्छे समाज को ग़ैरज़िम्मेदार समाज में कैसे बदल देती है। वह दृश्यबहुलता के ख़राब परिणामों से भी परिचित हैं। दृश्यबहुलता के रूपजाल में उलझे भारतीय सिनेमा के बीच से अच्छी फ़िल्में चुनकर उन्हें देखने की दृष्टि क्या हो सकती है, यह विनोद दास के विमर्श की एक प्रमुख चिन्ता है। वह फ़िल्मों को देखते हुए पढ़ते भी हैं। यह कठिन काम है और इससे रसभंग सम्भव है। अगर इस कठिन काम को साध लिया जाए तो देखने की रुचि को परिष्कृत किया जा सकता है। विनोद दास का लेखन हमें फ़िल्म देखने और देखते हुए पढ़ने की कला भी सिखाता है। यह एक आवश्यकता है क्योंकि इसके बिना फ़िल्म के प्रभाव, उसकी रचनात्मकता और उसके उद्‌देश्यों का विश्लेषण सम्भव नहीं। आज जब दृश्य-माध्यम हमारे जीवन का अनिवार्य हिस्सा बनते जा रहे हैं, यह बात महत्त्वपूर्ण हो उठती है कि हम दृश्यों के देखने और उनके अन्तःकरण के भीतर उतरने की नई राहें ढूँढ़ें। बाज़ार के दबाव में जन्मी इस दृश्यबहुलता के बीच जीवन के साक्षी दृश्यों की पहचान और उन्हें देखने-पढ़ने का परम्परा के विकास को विनोद दास सिर्फ़ रेखांकित ही नहीं करते बल्कि अपने विमर्श के सार्थक हस्तक्षेप से कई नए रास्तों की तरफ़ संकेत भी करते हैं।

भारतीय सिनेमा का अन्तःकरण के पहले लेख में ही सत्यजीत राय के सिनेमा-संसार पर विमर्श करते हुए विनोद दास अपनी साफ़-सुथरी समझ और सजग दृष्टि का परिचय देते हैं। *सद्‌गति* पर केन्द्रित इस लेख में वह सत्यजीत राय के समग्र सिनेमा-संसार को सामने रखने का प्रयास करते हैं। विचार और भावना के बीच के

फ़र्क़, ज्ञान और रचनात्मकता के बीच के सम्बन्ध और जीवन-संघर्ष और तथाकथित वृहत्तर मानवीयता के बीच चलनेवाले लुकाछिपी के खेल को रेखांकित करते हुए वह सत्यजीत राय की प्रतिभा से आक्रांत नहीं होते हैं। वह बिना लाग-लपेट के यह बात साफ़-साफ़ कहते हैं कि *''दरअसल 'सद्गति' सत्यजीत राय के रचनात्मक स्वभाव से भिन्न प्रकृति की फ़िल्म है।''* इस भिन्न प्रकृति को वह सत्यजीत राय की अन्य फ़िल्मों के बरअक्स भी रखते हैं। वह *सद्गति* की प्रकृति को स्पष्ट करते हुए भारतीय समाज की विषमताओं के प्रति फ़िल्मकार की तीक्ष्ण होती दृष्टि को रेखांकित करते हैं। सत्यजीत राय की महाकाव्यात्मकता विनोद दास को आकर्षित करती है, पर उन्हें बहाकर नहीं ले जाती। वह राय की महाकाव्यात्मक संवेदनाओं के विस्तार में जीवन के ऐसे टुकड़ों की तलाश करते हैं, जहाँ मनुष्य के जीवन को विरूप करनेवाली शक्तियों पर आघात किया गया हो। ऐसे स्थलों की तलाश के क्रम में वह सत्यजीत राय के रचनात्मक द्वन्द्व की पहचान करते हुए लिखते हैं–*''सत्यजीत राय की सृजन-कला में यह भय किंचित बना रहता है कि आक्रोश कहीं उनकी फ़िल्म-कला के जादू को नष्ट न कर दे जो उन्होंने अपनी लम्बी सृजन-यात्रा में अथक संघर्ष के बाद अपने कलात्मक बिम्बों या दृश्यों से सांकेतिक फ़िल्म-भाषा के ज़रिए रचा है।''* प्रेमचन्द की कहानी *सद्गति* को दृश्यों में रूपांतरित करते हुए सत्यजीत राय ने जिन अंशों को अपने रचनात्मक स्पर्श से विकसित किया है या नई अर्थछवियों से पूरित किया है; विनोद दास उनकी बारीक़ पड़ताल करते हैं। इस क्रम में वह कैमरे की भाषा, संगीत एवं प्रकाश के प्रभाव और ध्वनियों के सार्थक प्रयोग का विश्लेषण करते हैं। पुस्तक का यह पहला लेख अन्य लेखों को पढ़ने के लिए प्रेरित करता है और अपने समय के सर्वाधिक शक्तिशाली चाक्षुष माध्यम के अन्तःकरण में उतरने के लिए जिज्ञासा और साहस देता है।

ऋत्विक घटक का जीवन तथा उनकी फ़िल्में अधिकांश लोगों के लिए मिथक की तरह रही हैं। उनकी फ़िल्मों को देखते हुए आकुलता और मर्मांतक पीड़ा से गुज़रना पड़ता है। ये फ़िल्में भावातिरेक में भी डुबोती रही हैं। ऋत्विक घटक पर केन्द्रित लेख इस आकुलता और पीड़ा के संसार की गुत्थियों को खोलता है, भावातिरेक में डूबने से बचाता है और उनकी फ़िल्में बार-बार देखने के लिए उकसाता भी है। विनोद दास उन्हें नए फ़िल्म-मूल्यों से सम्पन्न, सचेत, जागरूक और राजनीतिक दृष्टि से लैस फ़िल्मकार मानते हैं और इस तथ्य को उनकी फ़िल्मों के कथानक, उनके अनुभवों की संवेदना और उनकी फ़िल्म-भाषा के आधार पर सामने रखते हैं। विभाजन की त्रासदी ऋत्विक घटक की फ़िल्मों में खुलनेवाली एक गाँठ है, जिस पर बातचीत करते हुए विनोद दास लिखते हैं–*''ऋत्विक घटक की फ़िल्मों में लगातार एक तीखी, तल्ख़ और कसैली आवाज़ गूँजती रहती है : 'रिफ़्यूज़ी'। उनकी फ़िल्मों के रहस्य को समझने की कुंजी, मात्र यही एक शब्द है।''*

रिफ़्यूज़ी, मेघे ढाका तारा, कोमल गंधार और *सुवर्णरेखा* जैसी फ़िल्मों में इस त्रासदी की धारा कहीं अन्तःसलिला बनकर बहती है, तो कहीं तटों को तोड़कर वेगवती बनकर। विनोद दास ने अपने लेख में इस धारा का अन्वेषण किया है। जीवन का अधूरापन, घर की तलाश, प्रेम में प्रपंच की मार और अकेलेपन से टूटन यानी कि हाहाकार में घिरा जीवन और इस हाहाकार से जूझने-उबरने की शक्ति देते ऋत्विक घटक को विनोद दास दबे-कुचले लोगों की चेतना के फ़िल्मकार के रूप में देखते हैं। वह ऋत्विक घटक की फ़िल्मों में मनुष्य को उसकी सम्पूर्णता में देखने के आग्रह को महत्त्व देते हैं और यह मानते हैं कि यही विचार-दृष्टि इन फ़िल्मों को विराट फलक देती है। दलित-पीड़ित समाज के प्रति प्रतिबद्धता, चरित्रों पर अचूक पकड़ और दृश्यांकन तथा विवरण में महाकाव्यामकता को अपने लेख में रेखांकित करते हुए विनोद दास, ऋत्विक घटक और सत्यजीत राय के फ़र्क़ को भी सामने रखते हैं। अपने ध्वनि-कौशल, यथार्थ से मुठभेड़ करते कथ्य में अन्तर्गुंफित संगीत और कैमरे की आत्मपरक आँख से हर दृश्य को विचार में बदलते ऋत्विक घटक के जीवन पर विनोद दास जो टिप्पणियाँ करते हैं, वे भी उनके फ़िल्म-संसार को समझने में सहायक होती हैं। जीवन के प्रति गहरी आस्था से भरे इस फ़िल्मकार पर जब-जब बात होगी, विनोद दास का यह लेख याद किया जाएगा।

सत्यजीत राय और ऋत्विक घटक के अलावा बंगाल की पृष्ठभूमि से आनेवाले जिन फ़िल्मकारों पर विनोद दास ने लिखा है, वे हैं—मृणाल सेन, बुद्धदेव दासगुप्त, अपर्णा सेन और गौतम घोष। इस बंगाल स्कूल ने अपने गम्भीर अवदान से भारतीय सिनेमा को समृद्ध किया है। इन सभी फ़िल्मकारों पर लिखते हुए वह समृद्धि के तत्त्वों को जिज्ञासा-भाव से खोजते हैं। जितना कुछ दिख रहा है, उसके अलावा जो छिपा है, वह भी विनोद दास के लिए महत्त्वपूर्ण है। इन छिपे तत्त्वों की खोज के लिए मृणाल सेन के फ़िल्म-संसार में कभी उनकी राजनीतिक प्रतिबद्धता, तो कभी उनके कलात्मक वैभव के रास्ते विनोद दास उतरते हैं। उन फ़िल्मों की भी वह चर्चा करते हैं, जो व्यावसायिक सफलता के लिए समझौतों के साथ बनीं। *भुवन शोम* से आरम्भ हुए नए सिलसिले के दौरान मृणाल सेन की राजनीतिक मुखरता को उनकी सीमा बताते हुए विनोद दास उस दौर की भी छानबीन करते हैं, जो *एक दिन प्रतिदिन* से शुरू होता है। इस दौर की शान्त फ़िल्म-भाषा और मितकथन के शिल्प को रेखांकित करते हुए *अकालेर संधान* पर व्यापक चर्चा के क्रम में वह मृणाल सेन की प्रतिभा का आकलन नए अन्दाज़ में करते हैं। मनुष्य के दुखों की जड़ तक पहुँचने की लालसा को वह *अकालेर संधान* का रचनात्मक दबाव मानते हैं।

बुद्धदेव दासगुप्त की फ़िल्म *उत्तरा* और अपर्णा सेन की फ़िल्म *परमा* पर विनोद दास की टिप्पणियाँ कई प्रश्नों को जन्म देती हैं। नए बदलते सामाजिक सन्दर्भों और मनुष्य के जीवन से जुड़ती नई समस्याओं को सुलझाते-उलझाते इन फ़िल्मकारों के

काम पर पर्याप्त बहस की आवश्यकता है। बुद्धदेव दासगुप्त अपनी फ़िल्म *उत्तरा* में साम्प्रदायिकता जैसी भयावह समस्या को जिस फ़िल्म-भाषा में अभिव्यक्त करते हैं, वह इस समस्या की जड़ों तक पहुँचने और उससे संघर्ष करने में दर्शक को कोई मदद नहीं देती है। विनोद दास को यह समसामयिक विषय की अवहेलना लगती है। *उत्तरा* को विश्लेषित करते हुए वह फ़िल्मकार की काव्यदृष्टि की भूरि-भूरि प्रशंसा करते हैं। वह बुद्धदेव दासगुप्त की काव्यात्मक फ़िल्म-कला को उनकी काव्य-कला से प्रेरित मानते हुए कहते हैं–*"इस फ़िल्म में न्यूनतम संवाद, फ़ार्म के साथ बिम्ब और विचार की एकरूपता, शुद्ध चाक्षुष बिम्ब तथा उनके भावानुकूल ध्वनि का प्रयोग, बौद्धिकता के स्थान पर भावनाओं को तरजीह, स्थूलता और ऋजुता के बजाय सांकेतिकता और प्रतीकात्मकता जैसी काव्यात्मक युक्तियों का ही प्रयोग नहीं किया गया है, बल्कि फ़िल्म की विषय-वस्तु को भी अत्यन्त काव्यात्मक ढंग से प्रस्तुत किया गया है।"*

परन्तु फ़िल्म की भाषा, कविता की भाषा नहीं होती। अभिव्यक्ति के ये दोनों माध्यम एक-दूसरे से प्रभावित भले हों, पर एक-दूसरे का अनुकरण नहीं कर सकते। *उत्तरा* पर जहाँ भी बुद्धदेव दासगुप्त की कविता हावी होती है, अभिव्यक्ति में जटिलताएँ आती हैं। विनोद दास ऐसी जटिलताओं की भी पहचान करते हैं। अपर्णा सेन की फ़िल्म *परमा* स्त्री-मुक्ति की एक ऐसी गाथा है, जिसमें अभी कई आयामों का जुड़ना शेष है। भारतीय सृजन-संसार में इन दिनों स्त्री-विमर्श ज़ोरों पर है। नारीवादी आन्दोलन के कई नए रास्ते खुल रहे हैं। यौनशुचिता की टूटती हुई अवधारणाएँ भारतीय स्त्री के जीवन को नए रूपों में डालने लगी हैं। अपनी ही देह की गिरफ़्त में क़ैद भारतीय स्त्रियों का संसार अब नई करवटें ले रहा है। अपर्णा सेन की फ़िल्म पर विचार करते हुए विनोद दास इन तथ्यों को उकेरते हैं। अपर्णा सेन की फ़िल्म-कला पर विचार के क्रम में वह *'काव्यात्मक संवेदना की तरलता और मुखर रागात्मकता'* की बात करते हैं। उन्हें अपर्णा सेन की फ़िल्म-कला, सत्यजीत राय की फ़िल्म-कला के निकट लगती है। फ़िल्म में प्रयुक्त हुए बिम्बों को बहुत विस्तार के साथ विश्लेषित करते हुए विनोद दास को यह लगता है कि अपर्णा सेन *'फ़िल्म के कथ्य की मिट्टी से अपने बिम्ब गढ़ती हैं।'*

बंगाल के नए फ़िल्मकारों में गौतम घोष का अपना अलग रंग है। *पार* पर केन्द्रित अपने आलेख में वह गौतम घोष को *'मनुष्य-विरोधी पतनशील मूल्यों और अन्धविश्वासों के प्रति गहरा प्रतिकार व्यक्त करनेवाले फ़िल्मकार'* मानते हैं। रोज़ी-रोटी कमाने और त्रासद जीवन से मुक्ति के लिए गाँवों से विस्थापन तथा विस्थापन के बाद नारकीय जीवन-स्थितियों के दलदल में धँसते जाने का यथार्थ हमारे देश की बहुत बड़ी जनसंख्या का यथार्थ है जिसे गौतम घोष, समरेश वसु की कहानी को आधार बनाकर प्रस्तुत करते हैं। इस कथा के विस्तार में वह अपनी फ़िल्म-प्रतिभा का रचनात्मक उपयोग करते हैं। विनोद दास इस फ़िल्म को *'निर्मम समय में जूझ*

रहे सामान्य आदमी की चीख़' की संज्ञा देते हैं। इस फ़िल्म में वह गौतम घोष की प्रतिभा की मुक्तकंठ से प्रशंसा करते हुए उनकी रूढ़ियों की तरफ़ भी संकेत करते हैं। विशेषतः नौरंगी और रमा के कलकत्ता के त्रासद जीवन में प्रवेश से पूर्व दर्शनीय स्थलों के फ़िल्मांकन के प्रति अपनी गहरी असहमति प्रकट करते हैं।

श्याम बेनेगल, गोविन्द निहलानी और सथ्यू की फ़िल्मों पर चर्चा के दौरान विनोद दास विश्लेषण की जो शैली अपनाते हैं, वह उनके तकनीकी ज्ञान और चिन्तन का मिला-जुला प्रतिफल है। अपनी भाषा और शैली के प्रवाह के बल पर वह रोचक और पठनीय गद्य रचते हैं। गम्भीर जीवन-मूल्यों के प्रति आस्था के कारण हिन्दी की बाज़ारू फ़िल्मों की दुनिया में श्याम बेनेगल की उपस्थिति को वह एक आश्वस्ति की तरह महसूस करते हैं। लेख का मुख्य आधार *मंथन* फ़िल्म है। वह श्याम बेनेगल की फ़िल्म-प्रतिभा की विशेषताओं को रेखांकित करने के बाद *मंथन* पर चर्चा करते हुए उन्हें कोई छूट नहीं देते। यह फ़िल्म उन्हें *'बौद्धिक योजना की उत्पत्ति'* लगती है। यहाँ वह फ़िल्मकार से रचनात्मक छूट लेने की माँग करते हैं, जो सर्वथा जायज़ है। भारतीय मुस्लिम समाज पर विमर्श के क्रम में विनोद दास ने सथ्यू की फ़िल्म *गर्म हवा* का विश्लेषण किया है। भारतीय मुस्लिम समाज पर वर्षों से बहस जारी है। यह बहस अधिकतर एकांगी रही है और राजनीतिक स्वार्थों की बलि चढ़ती रही है। विनोद दास इससे बचने की कोशिश करते हैं और विश्लेषण के प्रचलित उपकरणों को स्वीकार नहीं करते। वह इतिहास और अतीत का फ़र्क़ समझते हुए तथ्यों को सामने ज़रूर रखते हैं, पर फ़िल्म के भीतर उतरकर मानवीय स्थितियों और जीवन के मर्म की तलाश उनका पहला लक्ष्य है। *गर्म हवा* के फ़िल्मांकन पर उनकी टिप्पणी ध्यान देने योग्य है–*"फ़िल्मांकन इतनी सतर्क, सम्पृक्त और आत्मीय आँख से किया गया है कि फ़िल्म का परिवेश एक जीवित इकाई के रूप में सक्रिय दिखाई देता है।"* गोविन्द निहलानी की फ़िल्म *आक्रोश* विनोद दास की आलोचनात्मक क्षमता का लाभ नहीं उठा पाती। इस फ़िल्म पर वह लगभग अनमने ढंग से अपने विचार रखते हैं। हालाँकि श्याम बेनेगल स्कूल से जुड़े इस फ़िल्मकार की प्रवृत्तियों पर विस्तार से बातचीत की पर्याप्त सम्भावनाएँ बनती हैं। मणि कौल की फ़िल्म *नौकर की कमीज़* विनोद कुमार शुक्ल के चर्चित उपन्यास पर आधारित है। यह उपन्यास अपनी बहुअर्थी रचनात्मक संशलिष्टता के कारण चर्चा में रहा है, पर फ़िल्म इस उत्कर्ष तक नहीं पहुँचती। विनोद दास इन कारणों की तलाश की कोशिशें तो करते हैं, पर अन्त में फ़िल्म को यह छूट दे देते हैं कि *'यह अपेक्षा करना कि समग्र उपन्यास को पर्दे पर नहीं उतारा गया है, उस माध्यम के प्रति ज़्यादती होगी।'*

अदूर गोपाल कृष्णन और गोविन्दन अरविन्दन की फ़िल्मों क्रमशः *मुखामुखम* और *थम्पू* पर चर्चा इस पुस्तक में शामिल है। अदूर की राजनीतिक उलझनें उनकी फ़िल्म को जहाँ कमज़ोर करती हैं, उन स्थलों के सन्दर्भ में विनोद दास की टिप्पणियाँ

निर्मम ज़रूर हैं, पर आवश्यक हैं। अरविन्दन की फ़िल्म-कला के पीछे उनकी सौन्दर्यपरकता के आग्रह को रेखांकित करते हुए विनोद दास उन्हें *'दृश्यों से आख्यान रचनेवाला'* फ़िल्मकार मानते हैं। इस पुस्तक में *गजगामिनी* पर आलेख पैबन्द की तरह लगता है।

भारतीय सिनेमा का अन्तःकरण एक ज़रूरी पुस्तक है। यह भारतीय सिनेमा-संसार कसे जानने-समझने की लालसा जगाती है। अच्छी फ़िल्मों के दर्शक इस क़िताब से देखने की कला अर्जित कर सकते हैं।

दस्तावेज़ों में दर्ज कुछ रंगकेन्द्र

महेश आनन्द की पुस्तक *रंग दस्तावेज़* के दूसरे खण्ड में सौ वर्षों की लम्बी अवधि के बीच हिन्दी रंगमंच में सक्रिय रहे प्रमुख केन्द्रों का जायज़ा लिया गया है। पुस्तक के अनुसार, हिन्दी रंगमंच के पाँच प्रमुख केन्द्र उभरते हैं। ये प्रमुख केन्द्र हैं–कानपुर, पटना, प्रयाग, वाराणसी और कलकत्ता। इन पर सामग्री संकलित करते हुए महेश आनन्द लिखते हैं, *"इनसे इन रंगकेन्द्रों में सक्रिय मंडलियों के साथ-साथ उन स्थितियों की जानकारी भी मिलती है, जिनसे टकराते हुए कुछ उत्साही नवयुवकों ने हिन्दी रंगमंच को जीवन्त रखा। बेशक, इस सामग्री से मिली सूचनाएँ पूर्ण नहीं हैं, परन्तु रंगकंन्द्रों का परिचय पाने के लिए केवल यही प्रामाणिक दस्तावेज़ उपलब्ध हैं।"* यह सच है कि उन्नीसवीं शताब्दी के उत्तरार्द्ध से बीसवीं शताब्दी के पूर्वार्द्ध के बीच इन नगरों की रंग-सक्रियता ने हिन्दी रंगमंच को आकार दिया। यदि हम ग़ौर करें तो इस अवधि में ये नगर हिन्दी की बौद्धिकता, पत्रकारिता, रचनाशीलता आदि के भी केन्द्र रहे। हिन्दीभाषी जनता की जातीय संस्कृति को इन नगरों की सक्रियता से एक नई त्वरा मिली। बोलियों और भाषाओं की एक ऐसी साँझा संस्कृति का यहाँ विकास हुआ, जिसने अपनी विविधवर्णी आभा से पत्रकारिता, साहित्य, रंगमंच आदि की दुनिया को दीपित किया। निश्चित रूप से कुछ दूसरे नगर भी सक्रिय रहे होंगे, पर केन्द्रीयता हासिल करने के कई अन्य कारण भी होते हैं। बहरहाल,...यह सच है कि आज सर्वाधिक पूज्य दिल्ली को इस अवधि में केन्द्रीयता हासिल नहीं थी। अगर इस अवधि में दिल्ली को केन्द्रीयता प्राप्त होती तो हिन्दी रंगमंच का जो थोड़ा-सा हिस्सा आज जीवन्त है या हिन्दीभाषी समाज के जीवन को अभिव्यक्त कर पाने में सक्षम है, वह भी हमारे लिए उपलब्ध नहीं होता। जब से दिल्ली को केन्द्रीयता हासिल हुई है, हिन्दी रंगमंच हिन्दीभाषी समाज की चिन्ताओं से कटता गया है, और इसने सत्ताधरियों-प्रभुओं के आगे घुटने टेके हैं। आज़ादी के बाद रंगमंच के लिए गठित संस्थानों पर क़ाबिज़ लोगों के पास आज रंगमंच के लिए कोई ऐसी दृष्टि या सोच नहीं है, जिसके बल पर वे रंगमंच को समाज से जोड़ सकें। हिन्दी ही नहीं, तमाम भारतीय भाषाओं-बोलियों का रंगमंच आज उपेक्षित है। दिल्ली की केन्द्रीयता का यह दर्प ही है कि वह प्रभुओं की भाषा अंग्रेज़ी की आँख से रंगमंच

को देखने की ज़िद करती है। देश के सबसे बड़े संस्थान राष्ट्रीय नाट्य विद्यालय के आयोजनों से यह कड़वा सच समय-समय पर प्रकट होता रहा है।

रंगकेन्द्र कानपुर की सक्रियता की सूचना देने के लिए महेश आनन्द सन् 1885 में *ब्राह्मण* पत्रिका में प्रकाशित प्रताप नारायण मिश्र के एक लेख का हवाला देते हैं। कानपुर में शौकिया रंगमंच का आरम्भ पंडित रामनारायण त्रिपाठी ने सन् 1876 में किया। उन्होंने अपने मित्र बिहारीलाल के सहयोग से भारतेन्दु के नाटकों *सत्य हरिश्चन्द्र* और *वैदिकी हिंसा हिंसा न भवति* को मंचित किया। सन् 1882 में प्रतापनारायण मिश्र ने *नीलदेवी* और *अँधेर नगरी* का मंचन किया। सन् 1885 में *भारत दुर्दशा* का मंचन हुआ और भारत इंटरटेनमेंट क्लब की स्थापना हुई। इस क्लब ने *अंजामे बदी* नाटक मंचित किया। इसके बाद क्लब दो भागों में बँट गया। एक हिस्से का नाम पड़ा *एम. ए. क्लब* और दूसरे को नाम मिला *भारत रजनी सभा*। इस सभा के संचालक बने स्वयं प्रताप नारायण मिश्र। सभा ने देवकीनन्दन त्रिपाठी के *जय नारसिंह*, अम्बिकादास व्यास के *गौ संकट* आदि नाटकों को मंचित किया। अपनी रंगसक्रियता के कारण कानपुर का रंगमंच तत्कालीन हिन्दी रंगमंच की मुख्यधारा से जुड़ गया। प्रताप नारायण मिश्र का लेख बेहद रोचक है। उस दौर की आपसी स्पर्धा का वर्णन इसे रोचक बनाता है। वह लिखते हैं–*''इस शहर के लोगों में यह है कि यदि कोई पुरुष अच्छा काम करना विचारे और अन्य लोग उसे समझ भी लें कि अच्छा है तो भी उनके सहायक हो के उन्नति न देंगे। अपनी नामवरी के लालच में कुछ सामर्थ्य न होने पर भी ढाई चावल की खिचड़ी अलग पकावेंगे।''* प्रताप नारायण मिश्र की यह टिप्पणी तत्कालीन रंगपरिवेश की गतिशीलता और उत्तेजना को अभिव्यक्त करती है। एक और नाट्य संस्था *ए. बी. क्लब* के गठन तथा अली हुसैन और भैरव प्रसाद वर्मा द्वारा मंचित नाटकों–सदा-ए-इश्क़ और *गोरक्षा* ने हलचल पैदा कर दी थी। यह सक्रियता अपने ढंग से परवान चढ़ती रही। आज़ादी के बाद भी कानपुर ने आधुनिक हिन्दी रंगमंच के विकास में बड़ा योगदान दिया। अकेले प्रो. सत्यमूर्ति ने अपनी सांगठनिक क्षमता के बल पर कानपुर के रंगमंच को गतिशील बनाए रखा। वह विरल व्यक्तित्व के धनी थे। उन्होंने नाट्यदल की स्थापना की जिसमें वंशी कौल, एम. के. रैना, त्रिपुरारी शर्मा, बलराज पंडित आदि महत्त्वपूर्ण रंगनिर्देशकों ने कानपुर जाकर काम किया। विजय बैनर्जी, राकेश वर्मा, जितेन्द्र मेहता, राधेश्याम दीक्षित, सुरेन्द्र तिवारी, सत्यव्रत चक्रवर्ती, सुधीर दास, राजेन्द्र सिंह, रवि वैद्य, अंजलि मित्तर, श्यामली मित्तर, रंजना गौड़, निष्ठा शर्मा, अल्पना ग्रोवर, सुभाषिनी नायर आदि कलकारों की उपस्थिति ने लम्बे समय तक कानपुर के रंगमंच को स्पन्दित किया। कानपुर को ज्ञानदेव अग्निहोत्री और गिरिराज किशोर जैसे नाटककारों के सानिन्ध्य का भी गौरव हासिल है। सुविख्यात नौटंकी कलाकार गुलाब बाई के सानिन्ध्य में यहाँ के शौकिया रंगमंच पर उनकी नौटंकी *औरत का प्यार* का मंचन हुआ पर लगभग पिछले दो दशकों से कानपुर की रंग सक्रियता को ग्रहण लगा हुआ है और यह रंगकेन्द्र निष्क्रिय

है। भारतेन्दु के काल से आज़ादी के बाद तक सक्रिय रहनेवाले इस रंगकेन्द्र को आख़िर लकवा क्यों मार गया? रंग दस्तावेज़ के पन्ने बिना ज़िक्र किए ऐसे सवाल चुपके से अपने पाठकों के भीतर उतार देते हैं।

रंगकेन्द्र पटना की उपस्थिति भी कम दिलचस्प नहीं है। रंग दस्तावेज़ में दर्ज तमाम सूचनाएँ *बिहार बन्धु* पत्रिका में प्रकाशित रंगकर्म सम्बन्धी समाचारों और टिप्पणियों से संकलित हैं। रंग दस्तावेज़ से यह पता चलता है कि *"बिहार की पहली शौकिया नाट्य-संस्था केशवराम भट्ट ने* पटना नाटक मंडली *के नाम से गठित की थी। उन्होंने बिहार बन्धु पत्रिका के छापेखाने में बने अस्थायी रंगमंच पर इसी मंडली द्वारा अपने दो नाटकों–*शमशाद सौसन *और* सज्जाद सुम्बुल *को प्रदर्शित किया।"* कई वर्षों बाद बिहार के अन्य नगरों में भी नाट्य मंडलियों के गठन की सूचना प्राप्त होती है। आरा, छपरा आदि नगरों में *सार्वजनिक नाटक मंडली, मनोरंजन नाटक मंडली, छपरा क्लब, शारदा नाट्य समिति* आदि नाट्य-संस्थाएँ बनीं। *"इन मंडलियों के गठन और रंगकार्यों के पीछे पारसी कम्पनियों द्वारा प्रदर्शित नाटकों का प्रभाव था।"*

केशवराम भट्ट ने तत्कालीन रंगमंचीय गतिविधियों पर *बिहार बन्धु* में निरन्तर लिखा। नाटककार-रंगकर्मी होने के साथ-साथ उन्होंने संस्कृति-जगत के लिए पत्रकार की भूमिका का निर्वाह भी किया। अपने लेखन से उन्होंने अपने समय के रंगमंच की समस्याओं को उजागर किया। उनकी विश्लेषण क्षमता उनके रंगचिन्तक होने की ओर भी संकेत करती है। उन्होंने बिहार में पटना सहित मुजफ़्फ़रपुर, गया, भागलपुर, आरा, छपरा आदि नगरों में *पारसी नाटक एलफिन्स्टन मंडली* और *बंगाल नेशनल नाटक कम्पनी* द्वारा पारसी नाटकों के प्रदर्शनों के बाद नाटक के प्रति रुझान बढ़ने की ओर संकेत किया है। इन्हीं कम्पनियों के अनुकरण पर सन् 1884 में पहली व्यावसायिक मंडली *बिहार थिएट्रिकल ग्रुप* की स्थापना की सूचना भी *बिहार बन्धु* पत्रिका से मिलती है। बम्बई की *पारसी विक्टोरिया नाटक कम्पनी* द्वारा पटना के बबुआगंज महल्ले में *शाहज़ादे लाल* और *शाहजादी जौहर* के क़िस्सों का फ़रवरी सन् 1880 में तथा पूना की *हिन्दू नाटक कम्पनी* द्वारा हरमन्दिर गली में *कीचक वध* का 2 अप्रैल, सन् 1881 को मंचन हुआ। एक ओर पारसी नाटक मंचित करनेवाली व्यावसायिक नाटक मंडलियों की आवाजाही पटना में बनी रही, तो दूसरी ओर भारतेन्दु की रंगधारा से जुड़कर केशवराम भट्ट जैसे लोग उपेन्द्रनाथ दास के नाटक *शरत सरोजिनी* के अनुवाद *सज्जाद सुम्बुल* के साथ-साथ मौलिक नाट्यालेखन, *पटना नाटक मंडली* के गठन, नाट्य-प्रदर्शन, रंग-पत्रकारिता आदि का मोर्चा सँभाले रहे। उन्नीसवीं शताब्दी के उत्तरार्द्ध में बिहार में रामलीला की परम्परा पूरी तरह स्थापित हो चुकी थी। मिथिलांचल में रामलीला मंचन करनेवाली कुछ मंडलियाँ थीं जो देश के दूसरे भागों में ग्रामीण इलाक़ों तक की यायावरी करती थीं। सन् 1880 के बाद पटना के कुम्हरार में नियमित रूप से रामलीला का मंचन होता रहा। आज़ादी के पूर्व यहाँ

के प्रवासी बंगालियों का बांग्ला रंगमंच भी सक्रिय हो चुका था। शुरू में यह उत्सवधर्मी रंगमंच था, पर बाद में यह शौकिया रंगमंच के रूप में विकसित हुआ तथा लगभग पच्चीस वर्षों पहले तक छिटपुट रूप से सक्रिय रहा।

जगदीशचन्द्र माथुर की उपस्थिति ने बिहार के रंगपरिवेश पर व्यापक प्रभाव डाला। उनके नाटक *कोणार्क* के मंचन से बिहार में आधुनिक रंगकर्म की शुरुआत मानी जा सकती है। बिहार के रंगवातावरण को चतुर्भुज ने अपने नाट्यालेखन ओर रंगकर्म से गतिशीलता दी। उन्होंने आज़ादी के समय से बाद के कई दशकों तक बिहार की ग्रामीण और क़स्बाई जनता की सांस्कृतिक भूख को तृप्त किया। बीसवीं शताब्दी के पूर्वार्द्ध में अनूठे नाट्यकौशल के साथ रचे और प्रदर्शित किए जानेवाले अपने नाटकों से भिखारी ठाकुर ने समग्र पूर्वांचल की हिन्दीभाषी जनता को आन्दोलित किया था। बंगाल में जन्मे अनिल कुमार मुखर्जी की कर्मभूमि बिहार रही। दरभंगा में कुछ समय रहने के बाद वह पटना आए और उन्होंने *कालिदास रंगालय* का निर्माण किया। यह रंगालय आज पटना की समस्त रंग-गतिविधियों का केन्द्र है। डॉ. एस. एम. घोषाल, फल्गु घटक, रामेश्वर सिंह कश्यप, आर. एस. चोपड़ा आदि कई रंगकर्मी आज़ादी के तत्काल बाद के इस रंगकाल में सक्रिय रहे। डॉ. घोषाल के निर्देशन में लक्ष्मीनारायण का नाटक *पीरअली* इप्टा द्वारा सन् 1957 में मंचित हुआ। राष्ट्रीय नाट्य विद्यालय के पहले बैच के स्नातक प्यारे मोहन सहाय की सक्रियता ने भी पटना को आधुनिक रंगबोध से परिचित करवाया। आठवें-नवें दशक में सतीश आनन्द और नाट्य-संस्था *कला संगम* ने पटना के रंगमंच को राष्ट्रीय पहचान दी। *इप्टा* के पुनर्गठन और परवेज़ अख़्तर की निर्देशकीय प्रतिभा ने भी पटना रंगमंच को नई छवि दी। परेश सिन्हा, किरणकान्त वर्मा, अजित गांगुली, जनवीर अख़्तर, अरविन्द रंजन दास, संजय उपाध्याय, विजय कुमार, राजीव रंजन श्रीवास्तव, सुमन कुमार आदि निर्देशकों तथा पच्चीस से ज़्यादा नाट्यदलों की लम्बी क़तार है जिसने यहाँ के रंगपरिवेश को समृद्ध किया है। आज लगभग दस नए निर्देशक सक्रिय हैं जो नएपन की गंध और ऊर्जा के साथ अपने रंगकर्म से अपनी पहचान बनाने में लगे हैं। आज परवेज़ अख़्तर और संजय उपाध्याय की प्रस्तुतियों के प्रति देश भर में उत्सुकता बनी रहती है। नुक्कड़ नाटकों के लिए बिहार चर्चित रहा है। केवल पटना में दो सौ से ज़्यादा कलाकार नुक्कड़ नाटकों से जुड़े हुए हैं। यहाँ मैथिली रंगमंच भी सक्रिय है। तमाम अभाव और सुविधाहीनता के बावजूद, यहाँ केशवराम भट्ट द्वारा आरम्भ शौकिया रंगमंच की परम्परा ने अपने को जीवित ही नहीं रखा है, बल्कि अपने को विकसित किया है और गतिशील रही है।

रंग दस्तावेज़ में प्रयाग यानी इलाहाबाद की चर्चा एक प्रमुख रंगकेन्द्र के रूप में है। आज़ादी से पहले और आज़ादी के बाद लम्बे समय तक प्रयाग एक सांस्कृतिक केन्द्र के रूप में सक्रिय रहा। स्वतंत्रता आन्दोलन का प्रमुख गढ़ होने के कारण भी इलाहाबाद का सांस्कृतिक सक्रियता का प्रभाव देश के अन्य क्षेत्रों पर पड़ता रहा। भारतेन्दु

के रंगकर्म के बाद सर्वाधिक सक्रिय रहनेवाला नगर इलाहाबाद ही था। सन् 1870-71 में यहाँ *आर्य नाट्य सभा* की स्थापना हुई और *रणवीर प्रेममोहिनी* नाटक का मंचन हुआ। इस नाट्यदल ने इलाहाबाद में केवल शौकिया रंगमंच का आरम्भ ही नहीं, *नाट्यपत्र* नामक एक पत्रिका का प्रकाशन भी किया। इसके बाद सन् 1898 में *रामलीला नाटक मंडली* की स्थापना पं. माधव शुक्ल ने की। सन् 1907 तक सक्रिय रहने के बाद यह संस्था बिखर गई और पं. माधव शुक्ल ने *हिन्दी नाट्य समिति* की स्थापना की। इन गतिविधियों में पं. बालकृष्ण भट्ट और उनके पुत्र पं. लक्ष्मीकान्त भट्ट, पं. महादेव भट्ट, गोपालदत्त त्रिपाठी, पं. रमाकान्त मालवीय, वेणीप्रसाद गुप्त, देवेन्द्रनाथ बैनर्जी आदि सक्रिय थे, पर केन्द्र में पं. माधव शुक्ल ही थे। *रंग दस्तावेज़* में महेश आनन्द लिखते हैं–*"नाटककार-निर्देशक माधव शुक्ल ने सादगी भरी प्रस्तुति एवं परिकल्पना द्वारा रंगमंच को एक नया रूप दिया। माधव शुक्ल की सामाजिक चेतना और सृजनशीलता ने उनके रंगकर्मी व्यक्तित्व को जिन बुनियादी तत्त्वों से सँजोया, उसकी तुलना केवल भारतेन्दु के रंगमंच से ही की जा सकती है।"* हिन्दी साहित्य सम्मेलन के छठवें अधिवेशन में सन् 1915 में जब माधव शुक्ल के नाटक *महाभारत पूर्वार्द्ध* का मंचन *हिन्दी नाट्य समिति* ने किया तो अंग्रज़ों के कान खड़े हो गए। नाटक को ज़ब्त कर लिया गया। माधव शुक्ल सन् 1916 में कलकत्ता चले गए। इसके बाद इलाहाबाद की रंग-सक्रियता में कई उतार-चढ़ाव आए।

यहाँ प्रसंगवश यह चर्चा कर दूँ कि पिछले दिनों युवा रंगकर्मी अनिल रंजन भौमिक के सम्पादन में इलाहाबाद विश्वविद्यालय के फोटो जर्नलिज़्म एण्ड विज़ुअल कम्युनिकेशन डेलीगेसी परिसर की पत्रिका *बरगद* का रंगमंच विशेषांक प्रकाशित हुआ है। इलाहाबाद के रंगमंच पर केन्द्रित इस अंक में विपुल सामग्री है, जिससे इलाहाबाद के रंगकर्म को जाना जा सकता है। कल्पना सहाय, प्रकाश त्रिपाठी, प्रो. अनिता गोपेश, उमेश चन्द्र भट्ट, डॉ. सचिन तिवारी, प्रो. राजेन्द्र कुमार, डॉ. अनुपम आनन्द, अजामिल आदि के लेखों-टिप्पणियों से इलाहाबाद के रंगमंच के सन्दर्भ में सिर्फ़ सूचनाएँ ही नहीं मिलती, बल्कि प्रवृत्तियों, व्यक्तित्वों और रंगपरिवेश के विश्लेषण के लिए सूत्र भी प्राप्त होते हैं। नगर के स्वभाव के अनुसार यहाँ के रंगकर्म के साथ लेखकों का गहन रिश्ता प्रकट होता है। तीसरे दशक में यहाँ रंगकर्म शिक्षण संस्थाओं में केन्द्रित रहा। चौथे दशक में एकांकियों का दौर आरम्भ हुआ। इन दशकों में डी. एल. राय और राधेश्याम कथावाचक के नाटक खेले गए। भगवतीचरण वर्मा नाट्य संयोजक बने। रामकुमार वर्मा और जगदीशचन्द्र माथुर के एकांकी मंचित हुए। सुमित्रानन्दन पन्त रंगकर्म से जुड़े। उन्होंने नाटकों के लिए कई गीत लिखे और अभिनय किया। तेजी बच्चन भी एक नाट्य-संस्था से जुड़ीं और मंच पर बतौर अभिनेत्री काम किया। लक्ष्मीकान्त वर्मा के नाटकों और जगदीशचन्द्र माथुर के *कोणार्क* का मंचन हुआ। सन् 1945 में भारतीय नाट्य संघ के गठन के साथ नेमिचन्द्र जैन और रेखा जैन की सक्रियता आरम्भ हुई और ठीक इसी

समय आधुनिकता की एक विशेष धारा से हिन्दी रंगमंच को परिचित करानेवाले भुवनेश्वर के नाटकों का मंचन हुआ। उपेन्द्रनाथ अश्क ने *नीरा*, नरेश मेहता ने *अभिनय* तथा विमला रैना और दया प्रकाश सिन्हा ने *रंगशाला* जैसी संस्थाओं को गठित किया और इलाहाबाद को गतिशील बनाए रखा। लक्ष्मीकान्त वर्मा की संस्था *सेतुमंच*, लक्ष्मीनारायण लाल की नाट्य-संस्था *नाट्य केन्द्र* के साथ-साथ *इलाहाबाद आर्टिस्ट एसोसिएशन (प्री एज)* की गतिविधियाँ भी इलाहाबाद को नई रंगत्वरा दे रही थीं।

सातवें दशक के आरम्भ में डॉ. सत्यव्रत सिन्हा ने *प्रयाग रंगमंच* की स्थापना की और एक नए रंग वातावरण का निर्माण शुरू हुआ। *प्री एज* और *रंगशिल्पी* जैसी संस्थाएँ फिर से सक्रिय हुईं। डॉ. कमलेशदत्त त्रिपाठी ने संस्कृत रंगमंच के लिए काम किया और सुशीला कश्तलकर ने बाल रंगमंच को समृद्ध किया। इब्राहिम अल्काजी, शम्भू मित्र, बादल सरकार, ब. व. कारंथ, शीला भाटिया, हबीब तनवीर, एम. के. रैना, वंशी कौल, देवेन्द्र राज अंकुर, रतन थियम, राज बिसारिया, भानु भारती, अलखनन्दन, उर्मिल कुमार थपलियाल, सत्यदेव दुबे, सूर्यमोहन कुलश्रेष्ठ, उषा गांगुली आदि की आवाजाही से इलाहाबाद का रंगकर्म स्पन्दित होता रहा। अगर इलाहाबाद के रंगकर्मियों, नाट्य-संस्थाओं और प्रस्तुतियों की सूची तैयार की जाए तो कई पृष्ठ भर जाएँ। फिर भी, सचिन तिवारी और अनिल रंजन भौमिक की सक्रियता को अलग से रेखांकित किया जा सकता है। आज पहले की अपेक्षा सक्रियता कम है, पर *रूपकथा, समन्वय, बैक्स्टेज, हस्ताक्षर, अभिनव, साक्षात्कार, पाखी, मंथन, मयूर, आधार, रंगयात्री, आधारशिला, अंकुर, तरंगिनी, माध्यम, आस्था, रूपक, समयान्तर, सदा आर्ट्स, न्यू थिएटर, सांस्कृतिक समुच्चय, सोन चिरई, सांचिया, स्वर्ग रंगमंडल, संवाद, चौपाल* आदि नाट्य-संस्थाओं की लम्बी फेहरिस्त इलाहाबाद के पास है। समय-समय पर यहाँ रंग ऊर्जा का विस्फोट भी होता रहता है। आज भी इस शहर की रंग परम्परा को यहाँ के लेखकों के समुदाय का सक्रिय सहयोग प्राप्त है। इस भागीदारी का अभाव देश के दूसरे हिस्सों में रंगकर्म की क्षमता को कमज़ोर कर रहा है। इस सन्दर्भ में इलाहाबाद में रहनेवाले हिन्दी के कवि-नाटककार नीलाभ के इस प्रश्न की अनदेखी नहीं की जा सकती, जो *बरगद* के एक पृष्ठ पर दर्ज है, *''यह अकारण नहीं है कि शेक्सपीयर हों या ब्रेख़्त या ओनील, टेनेसी विलियम या अन्य विदेशी नाटककार, रंगमंडलियों के साथ उनका जीवन्त सम्पर्क रहा, और तो और, हमारे संस्कृत नाटकों में भी बार-बार नाटककार और रंगकर्मियों के जीवन्त सम्पर्क की बात दुहराई जाती है,...लेकिन हिन्दी में क्या ऐसा होता है?'* नीलाभ के इस प्रश्न की अनुगूँज बहुत दूर तक हमारा पीछा करती है। इस प्रश्न का जवाब खोजे बिना हिन्दी रंगमंच का विकास सम्भव नहीं। रंगकेन्द्र वाराणसी और कलकत्ता पर फिर कभी।

मुम्बई रंगमंच को देखती तीसरी आँख का सच

हिन्दी में नाट्यालोचना, नाट्यचिन्तन और नाट्य समीक्षा की पुस्तकों का अभाव है। कविता, कहानी, उपन्यास आदि की अपेक्षा रंगकर्म सम्बन्धी पुस्तकें कभी-कभार ही प्रकाशित होती हैं। नाटक कोश की स्थिति तो और भी बुरी है। संगीत नाटक अकादमी के सहयोग से प्रकाशित डॉ. दशरथ ओझा द्वारा सम्पादित *हिन्दी नाटक कोश* का प्रकाशन सन् 1975 में हुआ था। तीन दशक से ज़्यादा समय बीत गया और इस बीच ढेरों नाट्य रचनाएँ प्रकाशित और मंचित हुईं, पर कोई नया नाटक कोश प्रकाशित नहीं हुआ। हालाँकि राष्ट्रीय नाट्य विद्यालय, दिल्ली ने दो खण्डों में *रंग दस्तावेज़ : सौ साल 1850-1950* और नाट्य शोध संस्थान, कोलकाता के साथ मिलकर दो खण्डों में *भारतीय रंगकोश* का प्रकाशन किया, पर नाटकों का कोई कोश प्रकाशित नहीं हो सका। यह चिन्ताजनक स्थिति है। जगदीशचन्द्र माथुर, नेमिचन्द्र जैन, डॉ. बच्चन सिंह, डॉ. सुरेश अवस्थी, डॉ. सिद्धनाथ कुमार, सत्येन्द्र तनेजा, वीरेन्द्र नारायण, मुद्राराक्षस, डॉ. गिरीश रस्तोगी, जयदेव तनेजा, महेश आनन्द, देवेन्द्र राज अंकुर आदि की कुछ पुस्तकों के अलावा छिट-पुट लेखन के बल पर हिन्दी में रंगविमर्श चल रहा है।

पिछले दिनों रंग समीक्षा की पुस्तक *तीसरी आँख का सच* और *हिन्दी रंगमंच : समकालीन विमर्श* मेरे पास पहुँचीं। सत्यदेव त्रिपाठी की इन पुस्तकों को रेखांकित करना चाहूँगा। *तीसरी आँख का सच* की भूमिका *'पूर्वरंग'* में सत्यदेव त्रिपाठी यह स्वीकार करते हैं कि उन्हें अपनी इस पुस्तक की प्रेरणा नेमिजी की *रंग समीक्षा* की पुस्तक *तीसरा पाठ* से मिली। इस पुस्तक के नाम पर बातचीत करते हुए वह लिखते हैं, *"इस* तीसरी आँख का सच *में कड़वाहट है, पर यह सोद्देश्य है।...यह क्या कम सुखद संयोग है कि यदि नाटक विधा की अकेली ख़ासियत तीसरा तत्त्व है, तो 'तीसरी आँख' वाले भी अकेले नटराज ही हैं। और यही इस कड़वाहट का सबब भी है और हमारी सोद्देश्यता का वाहक भी।...अब बचा है शब्द 'सच'। तो इस सच से ही तीसरी आँख का मर्म बनता है।"* हिन्दी में रंगालोचना अभी अपनी निर्मिति की प्रक्रिया से गुज़र रही है। इस प्रक्रिया में उसे टेढ़े-मेढ़े रास्तों से गुज़रना पड़ रहा है। रंगकर्मियों और रंगालोचकों के बीच रचनात्मक सम्बन्धों के अभाव ने अविश्वास और

असहिष्णुता की अन्धी गलियों का निर्माण किया है। इनसे गुज़रते हुए समकालीन हिन्दी रंगमंच को कई तरह के संकटों का सामना करना पड़ा है। रंगालोचना, रंगकर्म का ही एक हिस्सा है और इसकी जनतांत्रिकता का सबसे सबल साक्ष्य भी है। रंगमंच पर प्रदर्शित हो रहे एक नाटक के अन्तर्गठन में जिन तत्वों की प्रमुख भूमिका है, उनमें अन्तर्द्वन्द्वों का स्थान महत्त्वपूर्ण है और ये अन्तर्द्वन्द्व ही आलोचना की भूमि की उर्वराशक्ति बनते हैं। नाटक के पाठ और रंगपाठ के भीतर आलोचना की अप्रत्यक्ष उपस्थिति ही उसे एक रचना के रूप में काल और स्थान का अतिक्रमण करने की शक्ति देती है। संरचना के स्तर पर भी पात्रों के बीच विदूषक की उपस्थिति को नाटक के ढाँचे में आलोचक की सजीव उपस्थिति के रूप में हम रेखांकित कर सकते हैं। कई बड़े रचनाकारों और अधिकांश आलोचकों ने आलोचना को रचना का विवेक माना है। अगर हिन्दी रंगमंच, रंगालोचना को सहित-भाव से देखें तो उसके रचनात्मक विकास के काम आ सकनेवाली एक सार्थक और गम्भीर परम्परा बन सकती है। हालाँकि एक सच यह भी है कि अक्सर 'सोद्देश्य कड़वाहट' को 'स्वार्थलोलुप कड़वाहट' में बदलते देखा गया है। रंगमंच पर या रंगमंच के लिए कोई अतिरेक उपयोगी नहीं होता और सम्भवतः यही कारण है कि रंगालोचना के ज्ञान के अतिरेक को नकारते हुए हमारा रंगमंच रंगालोचना के प्रति असहिष्णु होता गया है। हिन्दी रंगमंच की रंगालोचना के स्थपति नेमिचन्द्र जैन के रंगचिन्तन को नींव की ईंट की तरह देखा जाना चाहिए। सत्यदेव त्रिपाठी केवल अपनी पुस्तक की भूमिका में ही इसे स्वीकार नहीं करते बल्कि इस पुस्तक में संकलित उनकी रंग समीक्षाएँ उन पद्धतियों और उपकरणों का उपयोग करती हैं, जिन्हें नेमिचन्द्र जैन ने निकष की तरह माना है।

लगभग नब्बे नाटकों, तीस से ज़्यादा नाट्य समारोहों और पाँच वार्षिक आकलनों की विपुल सामग्रीवाली इस पुस्तक की अलग-अलग टिप्पणियों पर बातचीत यहाँ सम्भव नहीं। यह पुस्तक समग्रता में मुम्बई के रंगमंच के लगभग बीस सालों की जीवन्त दस्तावेज़ है। मायानगरी की तेज़ रफ़्तार, आपाधापी, चमक-दमक, धन-वैभव, ग्लैमर आदि के बीच अपने अस्तित्व के लिए संघर्ष करते और अपनी उपस्थिति दर्ज करते रंगमंच के हठ, ताक़त, सौन्दर्य आदि को इस पुस्तक के माध्यम से विश्लेषित किया जा सकता है। अपनी जिजीविषा के लिए प्रसिद्ध मुम्बई की रंगजिजीविषा ने यहाँ के हिन्दी रंगमंच को फ़िल्मों के विशाल प्रभामंडल के बीच भी जीवित रखा है, यह एक विस्मयकारी सत्य है। फ़िल्म-संसार में प्रसिद्ध रंगमंच की दुनिया के नामवर कलाकारों की रंगमंच को फिर से जीने की चाह और छटपटाहट के प्रतिफल के रूप में भी मुम्बई के हिन्दी रंगमंच के एक हिस्से को रेखांकित किया जा सकता है। यहाँ के रंगमंच का एक हिस्सा ऐसा भी है जो मायानगरी में प्रवेश मात्र के लिए रंगकर्म के उपयोग का उत्पाद है। ये सारे तत्त्व मुम्बई रंगमंच को रोचक बनाते हैं। इस रोचकता की पड़ताल करते हुए सत्यदेव त्रिपाठी की रंगसमीक्षाएँ भिन्न स्वाद देती हैं। वह रंगालोचना की भाषा का अतिक्रमण

करते हुए गल्प का स्वाद भी देते हैं। बानगी के तौर पर, शेखर सुमन की नाट्य-प्रस्तुति की रंगसमीक्षा के इन अंशों को पढ़ा जा सकता है, *"काश, तुम कभी कहीं पाँच मिनट में ही बताते कि यह नाटक तुम क्यों करने आए, क्या कहने आए। 'सिलोवेट' नाट्य अकादमी की घोषणा और बड़ी-बड़ी बातें सुनकर बड़ी आस जगी थी शेखर सुमन कि तुम जीवन की सारी खुशियाँ पाने के बाद पुनः रंगमंच की तरफ़ आए हो, तो कुछ करोगे। पर लगता है कि अपाच्य हँसी हँसने-हँसाने से पेट भरा नहीं। आस का पालना दिखाया था। पूत के पाँव दिखे हैं और कसकर लात लगी है।"* आनेवाली पीढ़ियाँ जब मुम्बई रंगमंच के गुज़रे दिनों को जानने-परखने का प्रयास करेंगी, यह पुस्तक सन्दर्भ-ग्रन्थ के रूप में उनके काम आएगी।

सत्यदेव त्रिपाठी की एक और सद्यःप्रकाशित पुस्तक *हिन्दी रंगमंच : समकालीन विमर्श* मेरे सामने है। इस पुस्तक में कुल तेरह टिप्पणियाँ और उषा आठले द्वारा लिया गया उनका एक साक्षात्कार शामिल है। पहला आलेख स्वतंत्रता के बाद के हिन्दी नाट्यालेखन पर केन्द्रित है। सत्यदेव त्रिपाठी अपने आलेख की शुरुआत में ही अपने नाट्यचिन्तन की रूढ़ि...या अपनी ज़िद...या फिर अपने विचार की दृढ़ता प्रकट करते हुए कहते हैं, *"...मंचन में आकर आदृत-चर्चित-उल्लिखित न हो पानेवाले नाटकों को सच्चे अर्थों में नाटक न मान पाने के विचार का मैं कट्टर कायल हूँ—मंचन का सारा अंजामे इतिहास जानने-समझने के बावजूद।"* अपने विमर्श के दायरे में वह *'आज़ादी मिलने की बाद की अर्धशताब्दी के हिन्दी नाट्य-लेखन'* को समेटते हुए लगभग उन्हीं नाटकों पर चर्चा करते हैं, जिनकी मंचन के कारण पहचान बनी है। वह चर्चा का आरम्भ जगदीशचन्द्र माथुर के *कोणार्क* से करते हैं। अन्य विधाओं के मुक़ाबले नाट्यविधा में दीपकत्व के तत्त्व की अधिकता को रेखांकित करते हुए वह *कोणार्क* की प्रवृत्तियों का विश्लेषण करते हैं। *'अत्याचारी प्रशासन के समक्ष कलाकार के जुझारू जीवट की'* इस कथा की विशिष्टता और महत्ता उन्हें लेखकीय इच्छा और प्रस्तुति कौशल की अपेक्षा इसमें निहित सोच और कथ्य में मिलती है। मोहन राकेश के नाटक *आषाढ़ का एक दिन* और भीष्म साहनी के नाटक *हानूश* की भी इन्हीं सन्दर्भों में चर्चा करते हैं। *आषाढ़ का एक दिन* को वह *कोणार्क* का अगला सोपान मानते हुए वैचारिक रूप से ज़्यादा समृद्ध, वैविध्यपूर्ण और बहुस्तरीय बताते हैं। *हानूश* की चर्चा करते हुए सत्यदेव त्रिपाठी को सुरेन्द्र वर्मा का नाटक *आठवाँ सर्ग* याद आता है और वह *मंचीय अनुकूलता के बावजूद* उसके अपेक्षाकृत कम मंचित होने के कारणों खोज करते हैं। भीष्म साहनी के *कबीरा खड़ा बाज़ार* में, ललित सहगल के *हत्या एक आकार की*, धर्मवीर भारती के *अन्धायुग*, लक्ष्मीनारायण लाल के *कर्फ़्यू* आदि लगभग पच्चीस-तीस नाटकों की विवेचना करते हैं। बाज़ार और मीडिया के इस तुमुल कोलाहल के बीच सत्यदेव त्रिपाठी अपनी पुस्तक के दूसरे लेख में रंगमंच की चुनौतियों को तलाशते हैं। वह मीडिया से थिएटर के रिश्ते को सहकर्मी का नहीं बल्कि

सहचर का मानते हैं। इस आलेख में वह मीडिया और बाज़ार के बहाने भारतीय समाज के अन्तर्द्वन्द्वों को उकेरते हैं। साम्प्रदायिकता, हिंसा के हाहाकार और सत्ता-शासन की दुरभिसन्धियों के विरुद्ध खड़े नाटकों को वह अपने विमर्श का आधार बनाते हैं। इस पुस्तक में एक और लेख *हिन्दी रंगमंच की मौजूदा चुनौतियाँ और उनके विमर्श* शीर्षक से संकलित है। इस लेख का आरम्भ ही इस प्रश्न से होता है कि *क्या रंगकर्म करना ही आज चुनौती नहीं है?* सत्यदेव त्रिपाठी हिन्दी रंगमंच की सबसे बड़ी और केन्द्रीय चुनौती दर्शक को मानते हैं क्योंकि हिन्दी में नाटक देखने की कोई परम्परा ही नहीं है पर साथ ही, वह कमलेश दत्त त्रिपाठी के हवाले से कि *आज पारम्परिक रंगमंच भी एक चुनौती है—उत्तर आधुनिक रंगमंच के लिए;* हिन्दी की कई रंग परम्पराओं यथा नौटंकी, रामलीला, भारतेन्दु का विश्रुत रंगमंच, पारसी रंगमंच, भारतीय जन नाट्य संघ, पृथ्वी थिएटर आदि की चर्चा करते हैं।

सत्यदेव त्रिपाठी की यह पुस्तक रंगमंच के उन पहलुओं से भी गुज़रती है, अक्सर जिनके निकट जाने से लोग कतराते हैं। *विमर्श के निकष पर 'हिन्दी में नाटक' और 'हिन्दी के नाटक'* शीर्षक लेख में निर्देशकों की ख़ास क़िस्म की माँग पर या स्वयं निर्देशकों द्वारा किसी ख़ास युक्ति को स्थापित करने के लिए लिखे गए नाट्यालेखों की चर्चा करते हुए वह कई सत्य उकेरते हैं। ऐसे नाट्यालेख किसी अन्य निर्देशक के लिए क्यों असफल और अनुपयोगी साबित हुए तथा निर्देशकों से असन्तुष्ट होकर जब नाटककारों स्वयं अपने नाटकों को मंचित किया, तो बुरी तरह असफलता उनके हाथ क्यों लगी, ऐसे कई प्रश्न सत्यदेव त्रिपाठी की चिन्ताओं में शामिल हैं। यह पुस्तक *नाट्य प्रयोग की सार्थकता पर विचार* करती है। हिन्दी रंगमंच को व्यंग्य की धार पर तथा नाटकेत्तर विधाओं जैसे कहानी के रंगमंच को *विमर्श की कसौटी पर* परखती है। *इलेक्ट्रॉनिक मीडिया और रंगकर्म, रंगमंच : शैली और सन्देश के विमर्श, मराठी थिएटर का हिन्दी रंगकर्म पर प्रभाव* आदि कुछ अन्य विचारोत्तेजक लेख इस पुस्तक में संकलित हैं। सत्यदेव त्रिपाठी मानते हैं कि *मंचीय प्रभाव के बिना नाट्याध्यापन सम्भव नहीं* और *नाट्य-समीक्षा का कोई प्रशिक्षण नहीं होता। बे-वजूद रंगसमीक्षा के बा-वजूद का व्यावहारिक मूल्यांकन* शीर्षक लेख में वह कई व्यावहारिक सवालों से टकराते हैं। इन लेखों में सत्यदेव त्रिपाठी ज्ञान का आतंक नहीं फैलाते बल्कि सहजता के साथ पाठकों के भीतर रंगमंच के प्रति जिज्ञासाएँ पैदा करते हैं। विजय तेंडुलकर के नाटकों पर लिखने का उनका अन्दाज़ बिल्कुल अलग है। मुम्बई की नाट्यसंस्था *अंक* द्वारा दिनेश ठाकुर के निर्देशन में विजय तेंडुलकर के छह नाटकों पर केन्द्रित आयोजन पर लिखते हुए सत्यदेव त्रिपाठी भारतीय रंगजगत में उनके महत्त्व और योगदान को रेखांकित करते हैं। इस पुस्तक में सत्यदेव त्रिपाठी का उषा आठले द्वारा लिया गया एक साक्षात्कार भी संकलित है। इस साक्षात्कार में ज़्यादातर वे बातें ही शामिल हैं जिन पर इस पुस्तक में उन्होंने स्वतंत्र टिप्पणियाँ लिखी हैं।

नाट्य का विपुल भांडार

पिछले कुछ सालों में हिन्दी में रचनावलियों के प्रकाशन का सिलसिला चल निकला है। इसके कई पक्ष हैं। इसका धवल पक्ष यह है कि अध्ययन और शोध की दृष्टि से यह एक सार्थक उपक्रम है कि व्यवस्थित रूप में विपुल और लगभग समग्र सामग्री उपलब्ध हो जाती है। साथ ही, अपनी विस्मृति के लिए कुख्यात हिन्दी संसार के बीच लेखक की रचनाओं की उपस्थिति अपेक्षाकृत लम्बी अवधि तक बनी रहती है। विगत दिनों राधाकृष्ण प्रकाशन, (नई दिल्ली) ने हिन्दी के सुपरिचित नाटककार और रंगचिन्तक जगदीशचन्द्र माथुर की रचनावली का चार खण्डों में प्रकाशन किया। इनमें उनका हिन्दी का समग्र रचनात्मक लेखन संकलित है। पुस्तकों का सम्पादन हो या पत्र-पत्रिकाओं का, अलग-अलग प्रकृति के बावजूद इसे भी एक रचनात्मक कार्य माना जाता रहा है। व्यक्तिगत पसन्द-नापसन्द से ऊपर उठकर रचनाओं, पुस्तकों और पत्र-पत्रिकाओं के हित में विवेक जनित निर्ममता को भी सम्पादन-कला का गुण माना गया है। विशेषतः जब समग्र सहेजना हो, यह विवेक जनित निर्ममता ज़्यादा महत्त्वपूर्ण हो उठती है। यह सुकूनदायी है कि *जगदीशचन्द्र माथुर रचनावली* का सम्पादन सुरेश अवस्थी ने किया है, जो स्वयं नाट्यचिन्तक के रूप में प्रसिद्ध और रंगजगत में सक्रिय रहे हैं। सुरेश अवस्थी ने पर्याप्त कुशलता और विवेक के साथ रचनावली का सम्पादन किया है। उन्होंने जिन रचनाओं को नहीं शामिल किया है, उन्हें नहीं शामिल करने के उचित कारण उनके पास हैं। इन कारणों का ज़िक्र सुरेश अवस्थी अपने सम्पादकीय में करते हैं।

''अपने विचारों और मूल्यों में श्री माथुर ग्रामीण और नागर, लोक और शास्त्रीय संस्कारों और परम्पराओं के पक्षधर थे। इस पक्षधरता का स्वर उनके साहित्य में भी मुखर है।'' सम्पादकीय में जगदीशचन्द्र माथुर पर सुरेश अवस्थी की यह टिप्पणी समग्र माथुर साहित्य के अध्ययन-विश्लेषण में हमारी मदद करती है। रचनावली के पहले खण्ड में उनके पाँच नाटक–*कोणार्क, शारदीया, पहला राजा, दशरथ नन्दन* और *रघुकुल रीति* संकलित हैं। पहला नाटक *कोणार्क* ही 'लोक और शास्त्रीय संस्कारों और परम्पराओं की पक्षधरता' सम्बन्धी धारणा की पुष्टि करता है।

जगदीशचन्द्र माथुर का यह नाटक आज़ादी के बाद आधुनिक हिन्दी रंगमंच की आधारशिला रखनेवाली नाट्यरचनाओं में प्रमुख है। यह केवल अपने कथ्य ही नहीं आंतरिक बुनावट और रंगभाषा की नवीनता के कारण भी महत्त्व का अधिकारी है। *कोणार्क* के परिशिष्ट में जगदीशचन्द्र माथुर लिखते हैं–*''उपक्रम, उपकथन और उपसंहार मेरे नए प्रयोग हैं, जिनमें आप संस्कृत नाटकों की प्रस्तावना और पाश्चात्य नाटकों के 'प्रोलौग' और 'एपिलौग' एवं कोरस की झलक पाएँगे। मुख्य नाटक की गति इतनी तीव्र और अविच्छिन्न है कि नाटक प्रारम्भ होने से पूर्व दर्शकों की मानसिक पृष्ठभूमि तैयार करना, अंकों के बीच उन्हें कथा-प्रवाह और भाव-प्रवाह से अवगत कराना और समाप्त होते ही उनकी उद्वेलित और विशृंखल मानसिक दशा को संकलित करना मैंने ज़रूरी समझा। इस तरह दर्शकों की संवेदनशीलता को क्रमशः चढ़ाव (आरोह) और उतार (अवरोह) का मौक़ा देना मेरा लक्ष्य है।''* यह शास्त्रीय और लोक, दोनों परम्पराओं से युक्तियों को लेकर आधुनिक समय का नाट्य रचने का प्रयास है। इस प्रयोगशीलता की चर्चा करते हुए सुमित्रानन्दन पन्त लिखते हैं– *''इसके उपक्रम तथा उपसंहार लेखक के अत्यन्त मौलिक प्रयोग हैं, जिनमें नाटक की सीमाएँ एक रहस्य-विस्तार में खो-सी गई हैं।''* यह सीमाओं का रहस्य-विस्तार में खो जाना कवि-कल्पना नहीं है बल्कि, मंचन के समय दर्शक पर पड़ने वाले उस प्रभाव का आकलन है, जहाँ दर्शक उन्मुक्त भाव से, बिना किसी बाह्य दबाव के नाट्यानुभूति को ग्रहण करता है। जगदीशचन्द्र माथुर ने अपने शेष नाटकों–*शारदीया, पहला राजा, दशरथ नन्दन* और *रघुकुल रीति* में भी परम्परा और शास्त्रीयता का अद्भुत समन्वय प्रस्तुत किया है। वे नाटक के विषय और कथानक के लिए इतिहास, मिथक, किंवदन्तियों, जनश्रुतियों और कल्पना–सबका उपयोग करते हैं। रंगभाषा के लिए संस्कृत रंगपरम्परा और लोक रंगपरम्परा के साथ-साथ वे पश्चिम की रंगयुक्तियों से भी प्रेरणा ग्रहण करते हैं। यह ग्रहणशीलता रंगमंच का गुण है, जिसे जगदीशचन्द्र माथुर अपनी रचनात्मकता के लिए बेहिचक स्वीकार करते हैं।

जगदीशचन्द्र माथुर रचनावली के दूसरे खण्ड में कुल चार भाग हैं। पहले भाग में *मेरे श्रेष्ठ रंग एकांकी*, दूसरे भाग में *भोर का तारा* और *ओ मेरे सपने* नामक एकांकी संकलनों की शेष रचनाएँ, तीसरे भाग में स्फुट एकांकी और चौथे भाग में *कुँवर सिंह की टेक* और *गगन सवारी* शीर्षक दो कठपुतली नाटक संकलित हैं। रचनावली के इस खण्ड में संकलित पुस्तकों की भूमिकाओं और परिशिष्टों में बहुत कुछ ऐसा दर्ज है जो हमारे रंगसंसार के लिए बेहद उपयोगी है। इनमें एकांकी की जन्मकथा के साथ-साथ आज़ादी के पूर्व का रंगपरिदृश्य भी अपनी विविध छवियों के साथ उपस्थित है। पिछले कुछ सालों में साहित्य से हिन्दी रंगमंच का सम्बन्ध क्षीण होता गया है। परिणाम स्वरूप, नाट्यालेखों की कमी और बौद्धिक विमर्श का अभाव झेलते समकालीन हिन्दी रंगमंच के लिए यह जानना बेहद रोचक और लाभप्रद

होगा कि उस दौर में, जब पारसी कम्पनियों के नाटकों में जनता की रुचि घट रही थी और हमारा हिन्दी रंगमंच नए सिरे से आकार ले रहा था, साहित्य से उसका सम्बन्ध कितना सघन और जीवन्त था। समकालीन हिन्दी रंगमंच के लिए रंगभाषा और रंगानुभूति की दृष्टि से भले ही आज इन एकांकियों की वैसी उपयोगिता न रह गई हो, पर ये नींव की ईंट की तरह हैं और इस बात का साक्ष्य प्रस्तुत करती हैं कि कोई भी समाज बिना रंगमंच के नहीं रह सकता और वह अपने समय के रंगमंच का अपनी स्थितियों के अनुसार आविष्कार करता है। बीसवीं शताब्दी के उत्तरार्द्ध में, स्वतंत्रता संग्राम के उस उथल-पुथल भरे दौर में हिन्दी समाज ने अपने लिए जिस रंगमंच का आविष्कार किया था, उसका जन्म स्कूलों-कॉलेजों और साहित्यिक-सांस्कृतिक दलों में हुआ। इस नवोन्मेष को एकांकी लेखन-मंचन से ही त्वरा और आभा मिली। एकांकी रचने के कौशल पर अपनी राय प्रकट करते हुए जगदीशचन्द्र माथुर लिखते हैं—*''एकांकीकार शिल्प और आवेश के दो चुम्बकों के बीच अपनी राह बनाता है। एक प्रसंग, एक परिस्थिति, एक चरमबिन्दु—इन सभी के सामंजस्य के लिए एकाग्रता और आवेश अपेक्षित हैं किन्तु चरित्र के उद्घाटन, संवाद की प्रगति और घटनाचक्र की परिणति के लिए शिल्पी के चयन और लेखनी के लाघव की भी आवश्यकता है। इन दो प्रवृत्तियों के बीच सन्तुलन ही पर एकांकी की प्रभावोत्पादकता निर्भर है।''*

रचनावली का तीसरा खण्ड नाट्य चिन्तन की दृष्टि से सर्वाधिक महत्त्वपूर्ण है। इसमें तीन भाग हैं। पहले दो भागों में जगदीशचन्द्र माथुर की दो पुस्तकें—*परम्पराशील नाट्य* और *प्राचीन भाषा नाटक संग्रह* संकलित हैं और तीसरे भाग में नाटक तथा रंगमंच सम्बन्धी उनके लेख हैं। *परम्पराशील नाट्य* एक विलक्षण पुस्तक है। विलक्षण इस अर्थ में कि परम्परा एक जटिल और बहुत हद तक भ्रामक शब्द भी है। अक्सर इसमें उतरते ही इसकी जटिलताएँ और रूढ़ियाँ घेरने लगती हैं। बहुधा परम्परा में कई ऐसी चीज़ें होती हैं जो हमारे समय और समाज के लिए उपयोगी नहीं होतीं, मृत या प्रतिगामी होती हैं। अपने बहिरंग में वे ऐसी चमक भरी होती हैं कि उनके आकर्षण से बच पाना असम्भव नहीं, पर कठिन तो होता ही है। रंगमंच और अन्य प्रदर्शनकारी कलाओं की दुनिया ऐसे उदाहरणों से भरी पड़ी है, जहाँ प्रतिगामी पारम्परिक तत्त्वों के आकर्षण ने रचनात्मकता की धार को भोथरा किया है और जाने-अनजाने सृजन को मनुष्य और जीवन के विपक्ष में ला खड़ा किया है। जगदीशचन्द्र माथुर की दृष्टि सजग है और वे इन ख़तरों के प्रति अपने पाठकों को निरन्तर सतर्क करते चलते हैं। समाज में एकता के लिए वे राजनीतिक एकता को यथेष्ट नहीं मानते। पुस्तक की भूमिका में ही अपने अध्ययन-विश्लेषण का आशय साफ़ कर देते हैं। लिखते हैं—*''सांस्कृतिक सन्तुलन लोक-जीवन की एकता का संवर्द्धन करता है। परम्परागत नाट्य में कई ऐसी विशेषताएँ हैं, जो भारतवर्ष के*

विभिन्न क्षेत्रों को एक-दूसरे से बाँधती हैं।...यही नहीं, सोद्देश्य नाट्य राष्ट्रनिर्माण की घड़ी में विशेष महत्ता रखता है। सोद्देश्यता नागरिक साहित्य में प्रायः अप्रासंगिक हो जाती है, जैसा संस्कृत नाटक में हुआ और जैसा आज दिन भी हम देखते हैं। किन्तु, 'परम्पराशील नाट्य' में वही सोद्देश्यता बहुत स्वाभाविक प्रतीत होती है।" जगदीशचन्द्र माथुर की यह पुस्तक सन् 1966 में *बिहार राष्ट्रभाषा परिषद* के लिए दिए गए भाषणों का संशोधित-परिवर्द्धित लिपिबद्ध रूप है। वे सन् 1000 से अब तक की विविध पारम्परिक नाट्य-सम्पदा का अवगाहन करते हैं। विश्लेषण के क्रम में वे अतीतजीवी नहीं होते, बल्कि हमारे समय और जीवन के काम आनेवाले रूपों, युक्तियों, शैलियों, पद्धतियों, कथ्यों की गहन पड़ताल करते हैं और उन्हें मोती की तरह चुनकर हमारे विवेक के हवाले करते हैं। *प्राचीन भाषा नाटक संग्रह* में भी उनका काम समानधर्मा है। दोनों पुस्तकों में प्रदर्शन के दौरान संकलित तथा लिखित रूप में उपलब्ध नाट्यालेखों के अंश हैं, जो उस समय के सांस्कृतिक और सामाजिक हलचलों के प्रामाणिक दस्तावेज की तरह हमारे सामने प्रकट होते हैं। तीसरे भाग में नाटक और रंगमंच सम्बन्धी एक दर्जन लेखों में नए सांस्कृतिक परिवेश की रचना के लिए उनकी आकुलता रेखांकित करने योग्य है।

रचनावली का चौथा और अन्तिम खण्ड विविधताओं से भरा हुआ है। इसके पहले भाग में *दस तस्वीरें* और *जिन्होंने जीना जाना* शीर्षक से चरित लेख हैं। दूसरे भाग में ललित लेख और तीसरे भाग में है मास-मीडिया पर केन्द्रित अपने समय की अनोखी पुस्तक *बहुजन सम्प्रेषण के माध्यम* संकलित है। चरित लेख में जगदीशचन्द्र माथुर जिन दस लोगों की तस्वीरें प्रस्तुत करते हैं उनमें अमरनाथ झा, शिशिर भादुड़ी, पन्नालाल घोष, सच्चिदानन्द सिन्हा और उनके पिता लक्ष्मीनारायण माथुर शामिल हैं। पिता पर लिखते हुए वे कहीं भावुक नहीं होते और न ही तथ्यों का साथ छोड़ते हैं। *जिन्होंने जीना जाना* में एक ओर राजेन्द्र प्रसाद और नेहरू जैसे राजनेता हैं, तो दूसरी ओर अभिनेत्री देविका रानी भी हैं। पर इस शृंखला में बहुतायत लेखकों की है–बेनीपुरी, मामा वरेरकर, पन्त, वासुदेवशरण अग्रवाल, बनारसीदास चतुर्वेदी, शिवपूजन सहाय, राधिकारमण प्रसाद सिंह, भिखारी ठाकुर आदि। शिवपूजन सहाय और भिखारी ठाकुर पर लिखते हुए उनकी संवेदनशीलता तृषा बुझाती है और भाषा की सम्प्रेषणीयता का जादू विस्मित करता है। वे भिखारी ठाकुर को भरतमुनि की परम्परा में स्थापित करते हैं। ललित लेख सामान्य हैं, पर समय और समाज की उपस्थिति इन्हें महत्त्व प्रदान करती है। *बहुजन सम्प्रेषण का माध्यम* इसलिए महत्त्वपूर्ण है कि यह उस समय मीडिया पर आधिकारिक ढंग से लिखी गई, जब मीडिया का शोर नहीं था और न ही गली-गली कुकुरमुत्ते की तरह उगे मीडिया-विशेषज्ञ थे।

जगदीशचन्द्र माथुर रचनावली में कई तस्वीरें हैं, पर दो तस्वीरें मन में जगह बना लेती हैं। एक, जब वे खुर्जा जैसी ठेठ ग्रामीण जगह से सन् 1941 में आई.सी.एस.

की पहली पोस्टिंग पर जाने के लिए अपनी माँ से आशीष ले रहे हैं और दूसरी, बिहार के हाजीपुर में पदस्थापना के दिनों की, जब वे विवाह के तत्काल बाद दूल्हे के वेश में अपनी नवोढ़ा पत्नी के साथ खड़े हैं। *जगदीशचन्द्र माथुर रचनावली* इस अबौद्धिक और लगभग बाज़ारू होते समय में हमारे साहित्यिक-सांस्कृतिक संसार के लिए एक आवश्यक संकलन है।

वीरेन्द्र नारायण : एक विस्मृत रंग व्यक्तित्व

हिन्दी की साहित्यिक-सांस्कृतिक दुनिया में विस्मृति स्थायी भाव है। जिस वीरेन्द्र नारायण ने एक समय में अपनी प्रतिभा से रंगरसिकों को विस्मित किया था, वे अपने जीवन के अन्तिम दिनों में अपने अप्रकाशित नाटकों की पाण्डुलिपियाँ अपने बिछावन के नीचे दाबकर हताश-निराश जीते रहे। उनके निधन के बाद पिछले वर्ष (सन् 2010 में) मंगलमूर्ति के सम्पादन में पाँच खण्डों में प्रकाशित *वीरेन्द्र नारायण ग्रंथावली* में संकलित लगभग ढाई हज़ार पृष्ठों की सामग्री है। ग्रंथावली के पूर्वरंग में रंगचिन्तक देवेन्द्र राज अंकुर लिखते हैं, *मेरी जानकारी में इससे पहले हिन्दी रंगमंच में किसी रंगकर्मी के रचनात्मक आलेख और आलोचनात्मक लेख ग्रंथावली के रूप में सामने नहीं आए हैं; सिर्फ़ हिन्दी ही क्यों, शायद किसी दूसरी भारतीय भाषा में भी किसी रंगकर्मी के दोनों पक्षों को लेकर कोई ग्रंथावली उपलब्ध नहीं है।* वीरेन्द्र नारायण की ग्रंथावली में संकलित रचनाओं पर चर्चा करने से पूर्व अंकुर की उस टिप्पणी को भी मैं दर्ज करना चाहूँगा, जहाँ वह अपनी चिन्ता के साथ-साथ कारणों की भी पड़ताल करते नज़र आते हैं। वह लिखते हैं; *यह बात आज भी मेरी समझ से बाहर है कि वीरेन्द्र नारायण की न तो साहित्यिक स्तर पर कोई सही चर्चा हो पाई, और न ही रंगमंच के क्षेत्र में अपने जीवनकाल में उन्हें कोई पहचान मिली, जबकि तथ्य यह है कि हिन्दी रंगमंच में वह उन विरले रंगकर्मियों में से एक हैं जिन्होंने रंगमंच के रचनात्मक और व्यावहारिक पक्ष पर एक साथ इतना काम किया हो।...मुझे लगता है कि इन सबके बावजूद वीरेन्द्र नारायण को रंगमंच की मुख्यधारा में नहीं शामिल किया गया तो इसका एकमात्र कारण उनका भारत सरकार के गीत एवं नाट्य प्रभाग से जुड़े होने के रूप में खोजा जा सकता है।*

यह सच है कि इस ग्रंथावली में जहाँ एक ओर बहुत कुछ रचनात्मकता के स्तर पर उत्तेजक, गम्भीर और महत्त्वपूर्ण है, वहीं दूसरी ओर ढेर सारी सामग्री प्रचारात्मक और अल्पजीवी है। पहले खण्ड में कुल सत्रह नाटक हैं, जिनमें कुछ ही नाटक अपनी रंगभाषा और अपने कथ्य के कारण ध्यान खींचते हैं। दूसरे खण्ड में उनकी पूर्वप्रकाशित पुस्तक *रंगकर्म* और नाट्यालोचना की अप्रकाशित पुस्तक *नाटककार*

प्रसाद और आधुनिक रंगबोध तथा रंगविमर्श सम्बन्धित अन्य लेख संकलित हैं। वीरेन्द्र नारायण अपने अन्तिम दिनों में चार नाटकों का एक संकलन प्रकाशित करवाना चाहते थे। इस अप्रकाशित नाट्य-संकलन की विस्तृत भूमिका में वह अपनी रचनाप्रक्रिया को विश्लेषित करते हैं। सृजन की प्रक्रिया में अपने भीतर चलने वाले अन्तर्द्वन्द्वों की पहचान करने और उनके टकराहट की अनुगूँजों को अभिव्यक्त करने का प्रयास करते हैं। यह रचनात्मक स्तर पर बेहद जटिल और सूक्ष्म काम है, जिसका साहस कम रचनाकारों के पास होता है। *सूरदास* पद्य-नाटक है। इसके पूर्व हिन्दी में लिखे गए अशिकांश पद्य-नाटकों के लिए मिथकों या इतिहास से कथानक और चरित्र लिये गए, पर इस नाटक के चरित्र समकालीन जीवन का हिस्सा हैं। वीरेन्द्र नारायण उनके संवाद की पद्यात्मकता का रंगभाषा के रूप में उपयोग करते है। वह पद्य के भीतर छिपी नाट्य के तन्तुओं के सहारे नाट्यानुभूति का प्रभावशाली संसार रचते हैं। एक अन्धे भिखारी और रेलवे प्लेटफ़ार्म पर देह व्यापार करनेवाली एक युवती की यह प्रणय-कथा उन वर्जनाओं पर विमर्श खड़ा करती है, जिसे हमारे समाज ने सभ्यता और संस्कृति के नाम पर थोप रखा है। वह मानव जीवन की नैसर्गिकता की पक्षधरता करते हैं। वह इस नाटक के प्रस्तुतीकरण के सन्दर्भ में स्पष्ट संकेत करते हैं कि *सूरदास* का यथार्थ ग़ैरयथार्थवादी रंगकौशल से ही मंच पर रचा जा सकता है। अपने रंगानुभवों की थाती में से कुछ भी छिपाकर नहीं रखते। विनम्रभाव से मंचविधान, वेशभूषा, संगीत आदि के सम्बन्ध में कई संकेत देते हैं। वीरेन्द्र नारायण चेख़व से प्रभावित हैं और अपनी रचनाशीलता के लिए रास्तों की तलाश में वह बार-बार चेख़व के पास जाते हैं। *तीन दिन* नाटक के कथ्य को लेकर अपने अन्तर्द्वन्द्वों से टकराते हुए *चेरी ऑर्चर्ड* का ज़िक्र करते हैं। कामदी में अन्तर्निहित त्रासदी को आविष्कृत करनेवाले नाटकों की परम्परा में अपने इस नाटक को देखने का उनका आग्रह सही है। *तीन दिन* के सभी पात्र आधुनिक जीवन की त्रासदी के शिकार हैं। वे एक-दूसरे से जुड़े हैं, पर दूसरी ओर भीतर-ही-भीतर एक-दूसरे के प्रति बेहिस भी हैं। इसी दोहरेपन से वीरेन्द्र नारायण अपने इस नाटक में नाट्य उपजाते हैं। उनका तीसरा नाटक *अरज मोरी तुमसे* अपनी शैलीबद्धता के कारण ध्यान आकर्षित तो करता है, पर कथानक का सरलीकृत होना और कथ्य में संवेदनात्मक विस्तार का अभाव इसे कमज़ोर करता है। इसकी शैलीबद्धता और इसका रूपबंध इसके कथ्य के भीतर से नहीं उपजता। अपने नाटक *सितिया* के वह पाँच प्रारूप तैयार करते हैं। अपने लिखे हुए को ख़ारिज़ करना और रचनात्मक ज़िद के साथ उसे फिर-फिर लिखना सहज और आसान काम नहीं है। वैसे भी नाटक बार-बार रचा जाता है। नाटककार, निर्देशक, अभिनेता और अंत में दर्शक; सब इसे अपने-अपने ढंग से रचते हैं। पाँचवें और अन्तिम प्रारूप के बाद उन्हें नाटक के प्रमुख पात्र सितिया का चरित्र संतुष्टि देता है। यह नाटक एक स्त्री के जीवन-संघर्ष को कई स्तरों पर अभिव्यक्त करता है,

विशेषतः सितिया के अन्तर्मन के संघर्षों को।

ग्रंथावली के दूसरे खण्ड में संकलित पूर्व प्रकाशित पुस्तक *रंगकर्म* और अप्रकाशित पुस्तक *नाटककार प्रसाद और आधुनिक रंगबोध* वीरेन्द्र नारायण का सर्वाधिक महत्त्वपूर्ण लेखन है। इन पुस्तकों में प्रकट उनके विचार और उनकी विवेचना-दृष्टि अनुभवजनित है। *रंगकर्म* में उन्होंने रंगमंच के तकनीकी पक्ष पर विस्तार से लिखा है। *नाटक* शीर्षक अध्याय में वह स्पष्ट शब्दों में नाट्य-प्रदर्शन को लेकर दृढ़ता से अपने विचार प्रकट करते हैं; *कथोपकथन और अभिनय के माध्यम से रंगमंच पर जो भी होता है, उसमें अगर काव्य के गुण नहीं हों तो उसे नाट्य-प्रदर्शन के रूप में स्वीकार नहीं किया जा सकता।...काव्य के गुणों से रहित जिस दृश्यत्व की परिकल्पना की जा सकती है, उसका नाट्य-प्रदर्शन में कोई स्थान नहीं। इसी प्रकार दृश्यत्व से अलग काव्य के जितने भी प्रकार हो सकते हैं, उनका नाट्य-प्रदर्शन से कोई सम्बन्ध नहीं हो सकता।* नाट्य-प्रदर्शन की सृजनात्मक प्रक्रिया पर उनकी टिप्पणी भी ग़ौरतलब है। वह कई नाटकों में मंचन की प्रक्रिया में भावविस्तार तथा दर्शकों पर पड़नेवाले प्रभाव का हवाला देते हुए कहते हैं; *नाट्य-प्रदर्शन ऐसी कला है जिसमें व्यक्तिगत सृजनात्मक अभिव्यक्ति का समन्वित रूप सामूहिक सृजनात्मक अभिव्यक्ति के रूप में सामने आता है।* इस पुस्तक में *नाटक* शीर्षक अध्याय के अलावा *दृश्यबंध, प्रकाश-व्यवस्था, ध्वनि-संयोजन, वेशभूषा और रूपसज्जा* शीर्षक से अन्य अध्याय हैं, जिनमें अपने अनुभव के आधार पर वह रंगशिल्पियों को विस्तार से प्रशिक्षित करते हैं। यह पुस्तक प्रशिक्षकों और छात्रों के लिए बेहद उपयोगी है और हिन्दी में अपने ढंग की सम्भवतः पहली और अनूठी है।

नाटककार प्रसाद और आधुनिक रंगबोध पढ़ते हुए उनकी गहन अध्ययनशीलता, विवेचना-शक्ति और उनके मौलिक रंगचिन्तन से हमारा परिचय होता है। वह इस पुस्तक का आरम्भ प्रसाद के युग के विवेचन से करते हैं। तत्कालीन सामाजिक-राजनीतिक पृष्ठभूमि में रंगमंच और नाट्य-साहित्य और परम्परा को विश्लेषित करते हैं। नाटककार प्रसाद और कवि प्रसाद के अन्तर्सम्बन्धों को जानने का प्रयास करते हैं। प्रसाद के नाटकों की भाषा को परखने के लिए वीरेन्द्र नारायण जिन कसौटियों का उपयोग करते हैं, वे मात्र अकादमिक नहीं हैं। उनकी कसौटियों की निर्मिति में रंगमूल्यों की परख करनेवाले उपकरण भी शामिल हैं। प्रसाद की भाषा और रंगभाषा की संवेदनशीलता और नाट्यधर्मिता को चिह्नित करते हुए वह रंगमंच और नाट्यालेखन की विश्वपरम्परा को ओझल नहीं करते। प्रसाद की विवेचना के क्रम में वीरेन्द्र नारायण शेक्सपियर, इब्सन और चेख़व के नाटकों की भाषा, शिल्प और शैली तक बार-बार जाते हैं और कहते हैं; *रंगमंचीय प्रयोगों के अभाव में सारा प्रयत्न वह जड़ नहीं पकड़ सका जिससे रस लेकर फूलता-फलता है।* अपनी तुलनाओं और मूल्यांकनों के उद्देश्य को स्पष्ट करते हुए वह लिखते हैं; *इन तुलनाओं और*

मूल्यांकनों के पीछे एक ही उद्देश्य और विश्वास है। प्रसाद के नाटक प्राणवान हैं। भ्रांतियों और पूर्वाग्रहों के कारण या तो हम उन्हें इतिहास की वस्तु समझकर आदर और श्रद्धा के साथ मन्दिर की निष्प्राण मूरत बना देते हैं या एक ही पंक्ति में अनभिनेय कहकर समाप्त कर देते हैं। प्रसाद के नाटकों को इस अनभिनेयता के मिथ से बाहर निकालने के लिए उनके बौद्धिक प्रयासों में उनका रंगानुभव भी शामिल है। इस क्रम में वह *राज्यश्री, विशाख, अजातशत्रु, कामना, स्कन्दगुप्त, चन्द्रगुप्त* और *ध्रुवस्वमिनी* नाटकों की गहन पड़ताल करते हैं। वीरेन्द्र नारायण ने प्रसिद्ध पत्रिका *कल्पना* में *स्कन्दगुप्त : एक अध्ययन* शीर्षक से सन् 1960 में एक लेखमाला लिखी थी। उनकी इस लेखमाला ने रंगमंच और साहित्य की दुनिया के लोगों का ध्यान समान रूप से आकर्षित किया था। महेश आनन्द ने इस सन्दर्भ में लिखा है; *उनकी यह लेखमाला हिन्दी नाट्यालोचन के सन्दर्भ में एक ऐतिहासिक घटना है, जिसमें पहली बार किसी नाटक के निर्देशकीय पाठ को प्रस्तुत किया गया है। इस अध्ययन में वीरेन्द्र नारायण प्रसाद के बहाने एक नाटककार को परखने के लिए रंगकर्म के अनिवार्य उपादानों की तलाश करते हैं।* ग्रंथावली के इस दूसरे खण्ड में *नाट्य विमर्श* शीर्षक से कुछ स्फुट लेख भी संकलित हैं। इन लेखों में वीरेन्द्र नारायण नाटकों के आस्वाद, इतिहास, रस विवेचना, पारसी रंगमंच, संस्कृत नाटकों, रंगमंच की समस्याओं आदि पर चर्चा करते हैं। उनका यह लेखन एक व्यावहारिक रंगकर्मी का बौद्धिक अभ्यास भर नहीं है, बल्कि अपनी रंगपरम्परा को जानने-समझने और साहित्यिक मूल्यों और रंगमूल्यों, दोनों को साधकर सृजनशील बने रहने का सार्थक प्रयास है।

वीरेन्द्र नारायण ग्रंथावली के शेष तीन खण्डों में उनकी अन्य रचनाएँ; उपन्यास, कहानियाँ, संस्मरण, डायरी और रंगमंच सम्बन्धी उनका अँग्रेज़ी लेखन संकलित है। इन सबमें उनका आत्म-संस्मरण *लन्दन के वे दिन* रोचक और पठनीय है। वीरेन्द्र नारायण ने सात-आठ साल की उम्र में अपने दादा के साथ मुँह अँधेरे सुबह की सैर करते हुए अपने गृहनगर भागलपुर में जात्रा नाटक *भक्त प्रह्लाद* का अन्तिम अंश देखा था। वह प्रह्लाद बनना चाहते थे। तेरह की उम्र में भागलपुर में ही पारसी थिएट्रिकल कम्पनी का नाटक देखा। पिता से पिटे, पर नाटक ने दीवाना बना दिया था। मजनूं बनना चाहते थे और पढ़ाई-लिखाई छोड़ थियेटर कम्पनी में शामिल होने चले गए। चोरी-छुपे रिहर्सल में घुसे। आगा हश्र के भाई रिहर्सल करवा रहे थे। पेटिकोट-बलाउज़ पहनकर नाचती लैला की छाती पर गुड़गुड़ी की नोक चुभाकर जब उन्होंने कहा–"हरामज़ादी, कंधे झुकाकर क्यों खड़ी होती है? रात भर टाँगें उठाकर...! ...छाती की नोक ऊपर कर। उसी पर पैसे मिलते हैं।" वीरेन्द्र नारायण भाग चले। निराश वीरेन्द्र नारायण भारतेन्दु के नाटक *सत्य हरिश्चन्द्र* के संवाद पढ़ते रहे। फिर भागलपुर आए बंगाल के प्रसिद्ध अभिनेता शिशिर भादुड़ी और मंचित हुआ

माटीर घर । एक बार फिर नाटक करने की लालसा ज़ोर मारने लगी, पर यह सम्भव नहीं हो सका। हाँ, सितार सीखते रहे। नाटक पढ़ना और सितार सीखना जारी रहा। सन् बयालिस आया! आन्दोलन में कूदे और जयप्रकाश नारायण के 'आज़ाद दस्ता' के लिए हथियार जुटाते रहे। गिरफ़्तार हुए और जेल गए। यहीं पर पूरी हुई नाटक की साध। नाटक लिखा और जेल में ही मंचित किया। उन्होंने रामवृक्ष बेनीपुरी के साथ प्रसिद्ध पत्रिका *नई धारा* में सहायक सम्पादक के रूप में काम किया और उनके ही सुझाव पर आचार्य शिवपूजन सहाय की पुत्री से उनका विवाह हुआ। आज़ादी के बाद नाटक से जुड़े रहने का सिलसिला चल निकला। सन् 1953 में दिल्ली में आयोजित पहले राष्ट्रीय नाट्य महोत्सव में रामवृक्ष बेनीपुरी के नाटक *अम्बपाली* में अरुणध्वज की भूमिका की। नाटक सीखने की भूख ने फिर बेचैन किया और सब कुछ छोड़कर लन्दन एकेडमी ऑफ म्यूजिक एण्ड ड्रामेटिक ऑर्ट्स में पढ़ने चले गए। वहाँ पहले ही साल चेख़व के नाटक *चेरी ऑर्चड* में फ़ियर्स की भूमिका की। लन्दन से लौटकर भारत सरकार के गीत और नाट्य प्रभाग में नौकरी कर ली। हालाँकि, नाट्यलेखन, नाट्यालोचना और रंगकर्म का सिलसिला जारी रहा पर कड़वा सच यह है कि भारत सरकार के प्रचार तंत्र यानी, गीत और नाट्य प्रभाग, प्रकाशन विभाग, दृश्य और प्रचार निदेशालय, आकाशवाणी, दूरदर्शन आदि और अख़बार या अब के टेलिविजन चैनल भी, विशाल पेट वाले ख़तरनाक़ हाथी की तरह होते हैं। इनकी सवारी करते-करते, इनका पेट भरते हुए, इनके पेट में समा जाने के ख़तरे हमेशा बने रहते हैं। वीरेन्द्र नारयण की ग्रंथावली में शामिल ढेरों रचनाएँ गीत और नाट्य प्रभाग जैसे हाथी का चारा है। काश ये रचनाएँ ग्रथावली में शामिल नहीं होतीं!

भोजपुरी में नाटक की परम्परा

भोजपुरी हिन्दी के रक्त में घुली-मिली है। हिन्दी का निर्माण जिन बोलियों-भाषाओं से हुआ है, भोजपुरी उनमें प्रमुख है। यह एक विस्तृत भू-भाग की भाषा है। बिहार में हिमालय के तराई क्षेत्र से लेकर छत्तीसगढ़ के सरगुजा तक इसका विस्तार है। उत्तरप्रदेश में वाराणसी से बस्ती के कुआनो नदी के तट तक भोजपुरी फैली हुई है। अपनी सामन्ती संरचना, भूमि के असन्तुलित बँटवारे और रोज़गार के अभाव के कारण इन क्षेत्रों से पलायन की पुरानी परिपाटी रही है। भोजपुरी-भाषी लोग जहाँ-जहाँ गए केवल अपनी बोली-बानी साथ लिये नहीं गए, बल्कि उससे गहरे जुड़े रहे और अपने नए ठिकाने की भाषा-सम्पदा को अपनी भाषा में शामिल कर उसे तरल और गतिशील बनाए रखा, उसे विकसित किया। फलतः भोजपुरी को सूरीनाम, मॉरीशस और फीजी आदि देशों तक फैलने का अवसर मिला। और यही कारण कि यह विभिन्नताओं से भरी हुई है। भाषाशास्त्र के विद्वानों ने भोजपुरी की विभिन्नताओं का वर्गीकरण भी किया है। इसके पहले प्रकार आदर्श भोजपुरी को दक्षिणी और उत्तरी भोजपुरी में बाँटा है। शाहाबाद (अब आरा, बक्सर, रोहतास और भभुआ), बलिया गाज़ीपुर में दक्षिणी और गोरखपुर, बस्ती, सारण (अब छपरा, सीवान और गोपालगंज) आदि में उत्तरी भोजपुरी बोली जाती है। भोजपुरी का दूसरा प्रकार पश्चिमी भोजपुरी है। यह फ़ैजाबाद, जौनपुर, आज़मगढ़ और गाज़ीपुर के पश्चिमी भाग में बोली जाती है। यह अवधी के निकट है। इसे भारतीय आर्य भाषाओं के पूर्वी समुदाय में शामिल किया गया है। भोजपुरी का तीसरा प्रकार छोटानागपुर (अब झारखण्ड) में बोली जानेवाली नगपुरिया है। इस पर छत्तीसगढ़ी का व्यापक असर है। इनके अलावा दो और रूप मिलते हैं—मधेसी और थारु। मधेसी यानी मध्यदेशीय। इसका क्षेत्र गोरखपुर से लेकर मिथिला तक नेपाल के तराई क्षेत्र में फैला हुआ है। मैथिली के प्रभाव वाली यही भोजपुरी बिहार में चम्पारन के इलाक़े में भी बोली जाती है। नेपाल की तराई में थारु जनजाति की बड़ी आबादी बसी हुई है। ये लोग भी भोजपुरी बोलते हैं। भाषाविदों ने इसे विकृत भोजपुरी कहा है।

बहुत बड़े भू-भाग और विशाल जनसंख्या की बोली-बानी के रूप में विस्तार पाने

के बावजूद भोजपुरी में मैथिली या ब्रजभाषा की तरह लिखित साहित्य की परम्परा का विकास नहीं हो सका। हालाँकि साहित्य की वाचिक परम्परा में भोजपुरी का आज भी कोई जोड़ नहीं है। असंख्य लोककथाओं, लोकगाथाओं, लोकगीतों से भोजपुरी का ख़ज़ाना भरा हुआ है। व्यंग्य की मारक क्षमता, चुहल और कौतूहल के अनूठे अन्दाज़, शौर्य की ओजपूर्ण और प्रेम की रससिक्त अभिव्यक्ति के साथ-साथ मुहावरेदारी के कारण भोजपुरी में सम्प्रेषण की अकूत शक्ति है। और यही शक्ति इसे भाषा-संसार में विशिष्ट स्थान दिलाती है और भारतीय भाषाओं के नष्ट होने के इस संकट-काल में इसे जीवित रखे हुए है। भोजपुरी ने दूसरी भाषाओं-बोलियों से उदारतापूर्वक शब्दों को लेकर अपने भीतर उन्हें इस तरह पचा लिया है कि आज उनका मूल उद्‌गम खोजना मुश्किल है। यही विनम्र ग्रहणशीलता भोजपुरी की प्राण-ऊर्जा है।

पिछले दिनों नेशनल बुक ट्रस्ट ने 'भोजपुरी नाटक' शीर्षक से तैयब हुसैन द्वारा सम्पादित भोजपुरी नाटकों का एक संकलन प्रकाशित किया है। तैयब हुसैन ने भोजपुरी की नाट्य परम्परा को दो वर्गों—लोकनाट्य और साहित्यिक में बाँटा है। लोकनाटकों के विशाल भांडार से प्रतीक रूप में उन्होंने *डोमकच* और भिखारी ठाकुर के नाटक *बिदेसिया* को चुना है। हालाँकि वह *डोमकच* को *डोमकछ* नाम देते हैं। हर दो-चार कोस पर बोली-बानी और पानी बदल जानेवाली कहावत सच है और सम्भव है कि कुछ इलाक़ों में इसे *डोमकछ* कहा जाता हो, पर *डोमकच* का *कच* 'किचकिच' से आया है, जिसका अर्थ विवाद, झगड़ा या अशान्ति है। भोजपुरी में एक और शब्द 'डोमघाँउज' भी प्रचलित है, पर यह इस नाट्यरूप के लिए प्रयुक्त नहीं होता। तैयब हुसैन ने *डोमकछ* नाटक के लिए अनिल पतंग लिखित नाट्यालेख को संकलित किया है। इस नाट्यालेख के गीत तो वही हैं जो पारम्परिक प्रदर्शनों में उपयोग में लाए जाते हैं, पर संवादों में उस नैसर्गिकता का अभाव है जिसके कारण यह लोकनाट्य सम्प्रेषण की विलक्षण क्षमता अर्जित करता है। भिखारी ठाकुर भोजपुरी के श्रेष्ठतम नाटककार हैं। उनके नाटकों में गीतों की प्रधानता है और उनके जो नाटक उनके जीवन-काल में प्रकाशित हुए, उनमें संवाद नाममात्र के हैं। वे और उनके अभिनेता संवादों की आशुरचना करते थे। अपने नाटकों के प्रस्तुतीकरण को कालबिद्ध करने की उनकी इस युक्ति ने उनकी नाट्यरचनाओं और उनके यश को दीर्घ जीवन दिया। बाद में जब तैयब हुसैन जैसे अध्येताओं के सम्पादन में उनके नाटकों का प्रकाशन हुआ, संवाद पढ़ने को मिले। इन संवादों को उनके नाट्यदल के कुछ जीवित बचे हुए अभिनेताओं की स्मृतियों के आधार पर सजगता के साथ संकलित किया गया था। इस संकलन में *बिदेसिया* संकलित है। *डोमकच* और *बिदेसिया,* दोनों हमारे ग्रामीण समाज में स्त्री-जीवन की कारुणिकता और संघर्षशीलता की अभिव्यक्ति हैं। दोनों नाटकों की संरचना गीतात्मक है। एक ओर बिदेसिया के गीत बीसवीं शती में कविताई और रंगकर्म करनेवाले भिखारी ठाकुर ने लिखे हुए हैं, तो दूसरी ओर

डोमकच के गीतों को असंख्य अनाम स्त्रियों की रचनात्मकता का स्पर्श मिला है।'' *लड़के की शादी के अवसर पर लड़की के घर के लिए बारात विदा होने के बाद गाँव में छूट गई स्त्रियों का नाट्य है—डोमकच। पुरुषों की अनुपस्थिति में स्वतन्त्रता का विकट उत्साह और पुरुष सत्तात्मक समाज द्वारा सौंपी गई वर्जनाओं और दुखों से एक या दो रातों के लिए मुक्ति का अहसास डोमकच को कथ्य के स्तर पर बेहद उत्तेजक रंगप्रदर्शन बना देता है। गाँव-घर की हर उम्र की स्त्रियाँ रात में स्वाँग भरती हैं और विभिन्न चरित्रों का वेश धारण करती हैं। डोमकच स्त्री मानस का रचनात्मक विस्फोट है। स्त्रियाँ इस प्रदर्शन में पुरुषों द्वारा निर्धारित अपनी ज़िन्दगी को विश्लेषित करती हैं। वे ऐसी स्थितियों पर आलोचनात्मक दृष्टि के साथ टिप्पणी करती हैं, जो उनके जीवन को दुःख ही दुःख देती है। वर्जनाओं की धज्जियाँ उड़ातीं स्त्रियाँ इस प्रदर्शन के दौरान अपनी सत्ता क़ायम करती हैं तथा जीवन और जगत के प्रति अपनी धारणाओं, कल्पनाओं, अनुभवों और अपने स्वप्नों की प्रस्तुति करती हैं।''* (रंगमंच का जनतन्त्र से) भिखारी ठाकुर के नाटक *बिदेसिया* में एक सुगठित कथानक है। इस कथानक में छूट गई स्त्री की पीड़ा की नदी अपने सतत प्रवाह के साथ बहती रहती है। पीड़ा की नदी के इस सतत् प्रवाह का वह नाट्ययुक्ति के रूप में उपयोग करते हुए दृश्य-काव्य रचते हैं और स्त्री-जीवन के दुखों और संघर्षों को महाकाव्यात्मक विस्तार देते हैं।

तैयब हुसैन भोजपुरी में साहित्यिक नाट्य परम्परा को विश्लेषित करते हुए नाटकों को दो वर्गों में बाँटते हैं। एक आज़ादी के पहले लिखे गए और दूसरा, आज़ादी के बाद लिखे गए नाटक। वह इस सन्दर्भ में कई सूचनाओं को दर्ज करते हैं। वह जॉर्ज ग्रियर्सन द्वारा *लिंग्विस्टिक सर्वे ऑफ इंडिया* में सूचित रविदत्त शुक्ल के नाटक *देवाक्षर चरित* की चर्चा करते हैं, जो आधा भोजपुरी और आधा हिन्दी में लिखा गया था। यह नाटक आज भी नागरी प्रचारिणी सभा, काशी में संरक्षित है। तैयब हुसैन लिखते हैं—*''आज़ादी के पहले के नाटकों में जैसा स्वाभाविक है, राजनीतिक हलचल थी, इसलिए ऐसे ही विषय उनमें मुखर रहे।...हँसी प्रधान यह नाटक उस समय बलिया के जनप्रिय कलक्टर डी. टी. राबर्ट्स के सामने खेला गया था।...इस नाटक में देवनागरी लिपि से फारसी लिपि की तुलना करते हुए देवनागरी को श्रेष्ठ बताया गया है। ज़ाहिर है, पहले से काम-काज की भाषा रही फ़ारसी को हटाने का उपक्रम जारी था, हिन्दी ज़ोर मार रही थी पर सिर पर सवार अँग्रेज़ी हो गई।''* लगभग ऐसी ही समस्याओं पर केन्द्रित सन् अठारह सौ पच्चासी-छियासी के आसपास लिखे गए रामग़रीब चौबे के नाटक *नागरी विलाप* और रविदत्त शुक्ल के नाटक *जंगल में मंगल* की चर्चा भी वह करते हैं। इसके बाद सन् उन्नीस सौ बयालिस के आसपास लिखे गए राहुल सांकृत्यायन के नाटकों—*नईकी दुनिया, ढुनमुन नेता, मेहरारुन के दुरदसा, जोंक, ई हमार लड़ाई ह, देश रक्षक, जपनिया राछछ* और

जरमनवा के हार निहचय की चर्चा करते हैं। इसी काल के आज़मगढ़ निवासी गोरखनाथ चौबे के नाटक *उल्टा ज़माना* की चर्चा करते हुए डॉ. उदयनारायण तिवारी के हवाले से तैयब हुसैन लिखते हैं–*"इसमें वह मिठास नहीं जो राहुलजी के नाटकों में है।"* यह नाटक प्रतिगामी विचारों की वक़ालत करता है और राहुलजी के नाटक *मेहरारुन के दुरदसा* के जवाब में लिखा गया है और इसमें *'औरतों को ज़्यादा पढ़ाने से मना करते हुए नारी-शिक्षा को केवल रामायण-गीता पढ़ने भर के लिए ज़रूरी बताया गया है।'* बीच का एक लम्बा काल विस्मृत है। यह विस्मरण सूचना के अभाव में सम्भव है। हालाँकि उन्नीसवीं शती के अन्तिम दशक से आज़ादी के पहले तक की यह अवधि भोजपुरीभाषी क्षेत्र में राजनीतिक रूप से उथल-पुथल भरी रही है। इस अवधि में विविध सामाजिक आन्दोलनों से भी भोजपुरीभाषी क्षेत्र स्पन्दित रहे हैं। यह काल भिखारी ठाकुर ही नहीं, गोपालगंज ज़िला के रसूल मियाँ का भी रहा है, जो अपने नाटकों–*गंगा नहान, वफ़ादार हैवान का बच्चा उर्फ सेठ-सेठानी, सती बसन्ती-सूरदास, गरीब की दुनिया साढ़े बावन लाख, चंदा कुदरत, बुढ़वा-बुढ़िया, शान्ति, भाई-विरोध, धोबिया-धोबिन* आदि के मंचन से तत्कालीन सारण ज़िला, पूर्वी उत्तरप्रदेश के कुछ भोजपुरी भाषी ज़िलों और कलकत्ता के भोजपुरियों के बीच बेहद लोकप्रिय थे।

तैयब हुसैन अपनी पुस्तक की भूमिका में आज़ादी के बाद के भोजपुरी नाटककारों की एक लम्बी सूची प्रस्तुत करते हुए डॉ. कमला प्रसाद मिश्र 'विप्र', डॉ. रामविचार पाण्डेय, दुर्गा शंकर सिंह 'नाथ', राधामोहन सिंह, शिवमूरत सिंह, महात्म्य सिंह चौहान, श्रीनिवास मिश्र, विमल कुमार सिंह 'विमलेश', महेन्द्र गोस्वामी, रामलखन विद्यार्थी, सतीश्वर सहाय वर्मा 'सतीश', नन्दकिशोर मतवाला, भागवत शरण सिंह, केदारनाथ पाण्डेय, डी. एन. प्रसाद 'कृषक', नरेन्द्र रस्तोगी 'मशरक', महेन्द्र प्रसाद सिंह, चौधरी कन्हैया प्रसाद सिंह, सुरेश कांटक तथा संगीत रूपकों के रचयिता के रूप में मोती बी. ए, चन्द्रशेखर मिश्र, ब्रजकिशोर प्रसाद 'पंकज', रामनाथ पाठक 'प्रणयी', अविनाशचन्द्र विद्यार्थी और रामबचन सिंह यादव 'अँजोर' को लोकप्रिय रचनाकारों के रूप में चिह्नित करते हैं। इस संकलन में *डोमकच* और *बिदेसिया* के अलावा चार अन्य पूर्णकालिक नाटक *मेहरारुन के दुरदसा* (राहुल सांकृत्यायन), *शुरुआत* (केदार नाथ पाण्डेय), *कचोट* (महेन्द्र प्रसाद सिंह) और *सरग-नरक* (सुरेश कांटक) और एक रेडियो नाटक *लोहा सिंह* (रामेश्वर सिंह काश्यप) शामिल हैं। रामेश्वर सिंह काश्यप की रेडियो नाटक शृंखला *लोहा सिंह* को चीन से युद्ध के समय अपार लोकप्रियता हासिल हुई थी। इसके प्रसारण के समय सड़कें जनशून्य हो जाया करती थीं, जैसाकि बाद के दिनों में रामायण और महाभारत सीरियल के प्रसारण के समय देखा गया। हालाँकि मंच पर जब-जब इसकी प्रस्तुति हुई, असफलता ही हाथ लगी। इस संकलन में बसन्त कुमार का एकपात्रीय नाटक

अकसरुआ शामिल है। तैयब हुसैन इसे संस्कृत रंगमंच के आरम्भिक काल से जोड़ते हुए भाण-परम्परा में लिखा गया नाटक कहते हैं। यह भी मूलतः रेडियो नाटक है, जिसमें बुद्धन भाई (आकाशवाणी पटना का एक स्टॉक कैरेक्टर) नाम से प्रसिद्ध कलाकार स्व. गोपाल कृष्ण शर्मा ने अभिनय किया था। भोजपुरी में विपुल मात्रा में एकांकियों की भी रचना हुई है। छांगुर त्रिपाठी 'जीवन' ने सन् उन्नीस सौ चालीस के आसपास सम्भवतः भोजपुरी का पहला एकांकी लिखा था। इस संकलन में कुल पाँच एकांकियाँ *लिखंत* (जगन्नाथ), *बालक अब्दुल कादिर* (रसिक बिहारी ओझा 'निर्भीक'), *मंगला हाथी* (शारदा त्रिपाठी), *देवता* (चौधरी कन्हैया प्रसाद सिंह) और *त्रिशंकु* (तैयब हुसैन पीड़ित) संकलित हैं।

यह नाटक संकलन भोजपुरी की नाट्य रचनाशीलता पर प्रतीक्षित विमर्श का आरम्भ करता है। यह सुगठित नहीं है और इसमें बहुत कुछ छूटा हुआ प्रतीत होता है। इसके कई उचित कारण हो सकते हैं। भोजपुरी के अधिकांश रचनाकार ग्रामीण क्षेत्रों से आते हैं और उन्हें प्रकाशन की असुविधा का सामना करना पड़ता है। अधिकांश पुस्तकें निजी प्रयासों से जैसे-तैसे प्रकाशित होती हैं और पाठकों तक पहुँच नहीं पातीं। शोध और आलोचना का सर्वथा अभाव है। आलम यह है कि रसूल मियाँ जैसे लोकप्रिय और जनपक्षधर रचनाकार विस्मृति के गह्वर में जा चुके हैं और उनकी रचनाएँ लुप्त हो चुकी हैं। भोजपुरी क्षेत्र की सामन्ती संरचना ने भी इस क्षेत्र की जनता को अपनी सांस्कृतिक विरासत की उपेक्षा का पाठ पढ़ाया है। ऐसे में किसी सम्पादक के लिए यह एक दुरूह कार्य है जिसका आरम्भ तैयब हुसैन ने किया है। भोजपुरी-भाषी क्षेत्र के ग्रामीण रंगमंच का स्वरूप अब बदल चुका है। पहले यहाँ का रंगमंच उत्सवधर्मिता से जुड़ा हुआ था और सामुदायिक सक्रियता का अभिन्न अंग था। पर्व-त्योहारों के समय लगातार प्रदर्शन होते थे। ऐसे अवसरों पर परदेस से अवकाश में गाँव लौटनेवालों की बड़ी संख्या भी शामिल होती थी। शादी-विवाह या जन्मोत्सवों पर प्रदर्शन करनेवाले रंगमंच की एक मज़बूत धारा थी। भिखारी ठाकुर और रसूल जैसे जनप्रिय रंगकर्मी इसी धारा के प्रतिनिधि थे। रंगमंच की ये दोनों धाराएँ अब सूख चुकी हैं और इनके स्थान पर ऑर्केस्ट्रा का अश्लील नाच क़ाबिज़ हो चुका है। नए क़िस्म के सामन्तवाद, जातिवाद और पूँजी के नए खेल ने हमारे गाँवों में नई अश्लीलताओं और अपसंस्कृति को जन्म दिया है, जो भोजपुरीभाषी क्षेत्र की प्रदर्शनकारी कलाओं को तेज़ी से निगल रही हैं। बदलते हुए भूमि सम्बन्धों ने भी श्रम आधारित प्रदर्शनकारी कलाओं पर असर डाला है। पखावज नाच, हुड़क नाच, अहीरऊ नाच आदि के साथ-साथ स्त्रियों के नाट्य डोमकच या जट-जटिन और झिझिया के प्रदर्शन अब दुर्लभ हो चुके हैं।

प्रदर्शन और आयोजन

रंग के उत्सव और महोत्सव

जिस समय दिल्ली के राष्ट्रीय नाट्य विद्यालय में भारत रंग महोत्सव की तैयारियाँ चल रही थीं, ठीक उसी समय बिहार में नक्सली गतिविधियों के लिए चर्चित जहानाबाद के पड़ोसी क़स्बे मसौढ़ी में *नाटक उत्सव* हो रहा था। मसौढ़ी सघन नक्सली सक्रियता वाला क्षेत्र है, जहाँ कुछ दिनों पहले तक साँझ होते ही लोग घरों में छिप जाया करते थे। हिंसा-प्रतिहिंसा का ऐसा दौर था, जिसमें भूख, अपमान और निर्धनता के विरुद्ध चल रहे संघर्ष के सच धुँधलके में खोने लगे थे। युवा रंगकर्मी अरविन्द कुमार जब मसौढ़ी में *जागृति कला मंच* के *नाटक उत्सव* में भाग लेने का आमंत्रण लेकर आए तो उनका उत्साह और आत्मविश्वास देखने योग्य था। उन्होंने कई सालों के संघर्ष के बाद यह अर्जित किया है। वह मसौढ़ी के सांस्कृतिक चेहरे के अनावरण के लिए जूझते रहे हैं। पटना के युवा रंगकर्मियों के साथ मिलकर अरविन्द कुमार ने मसौढ़ी में रंगकार्यशालाओं का आयोजन किया है और लगातार नुक्कड़ नाटकों का मंचन करते रहे हैं। मैं जब पटना के वरीय रंगकर्मी सुमन कुमार और सुशील शर्मा के साथ मसौढ़ी पहुँचा, *नाटक उत्सव* में अरविन्द के क़दम से क़दम मिलाकर भागदौड़ करते वहाँ के अनुमंडल पुलिस अधिकारी सुशील कुमार को देखकर चकित हुआ। सुशील कुमार अपने विद्यार्थी जीवन में एक सक्रिय संस्कृतिकर्मी रहे हैं और पटना की सांस्कृतिक संस्था *समन्वय* से जुड़े रहे हैं। चार दिनों तक चलनेवाले इस नाटक उत्सव में दोपहर में नुक्कड़ नाटकों का प्रदर्शन और रात में एक स्कूल के प्रांगण में अस्थायी मंच बनाकर मंच नाटकों का प्रदर्शन चलता रहा और मसौढ़ी के लोग निर्भय होकर औरतों-बच्चों के साथ भारी संख्या में जुटते रहे। इस नाटक उत्सव में सुरेश कुमार हज्जू के निर्देशन में *पालकी पालना,* उपेन्द्र कुमार के निर्देशन में *तऽ हम कुँआरे रहें?,* अजीत कुमार के निर्देशन में *आरम्भ* और संजय उपाध्याय के निर्देशन में भिखारी ठाकुर के नाटकों *गबरघिचोर* तथा *बिदेसिया* का मंचन हुआ। अरविन्द कुमार के निर्देशन में जागृति कला मंच की नुक्कड़ प्रस्तुति *श्राद्धभोज* के अलावा एच.एम.टी. ने *अँधेर नगरी,* अभियान ने *हमारे शहर का ओलम्पिक,* प्रेरणा ने *खोजत भए अधेड़* और *मिस्टर बुलडोज़र* तथा मंच ने *तेरा नहीं, मेरा नहीं, सबकुछ हमारा* को नुक्कड़ों

पर मंचित किया। जागृति कला मंच ने सिर्फ़ मसौढ़ी ही नहीं आसपास के गाँवों-क़स्बों को भी अपनी रंगसक्रियता से जोड़ा है। मेगनी बिगहा में एस. के. तूफ़ानी के नेतृत्व में लोक *संदेश कला मंच*, श्रीनगर में डॉ. नागेश्वर कुमार के नेतृत्व में *देहाती युवा क्लब*, औरंगपुर में मो. अनवर वारसी के नेतृत्व में *सांस्कृतिक कलाकार संघ* और बलइठा नदौल में रुदल कुमार के नेतृत्व में *नाट्य कला केन्द्र* की रंगगतिविधियों ने नए वातावरण का निर्माण किया है। क्या देश की शीर्ष संस्था राष्ट्रीय नाट्य विद्यालय कभी मसौढ़ी की ओर देखेगी?

वर्षांत में आयोजित पटना इप्टा के *भिखारी ठाकुर नाट्य उत्सव* में *भूमंडलीकरण और रंगमंच का संघर्ष* विषय पर व्याख्यान देने प्रसिद्ध रंगकर्मी प्रसन्ना पटना पहुँचे। उन्होंने अपने व्याख्यान से विमर्श की नई ज़मीन तैयार की। उन्होंने ज़ोर देकर यह कहा कि आज रंगकर्म करना ही रंगमंच का संघर्ष है। उनका मानना था कि समाज में हाशिये पर खड़े लोगों की फ़िक्र करके ही रंगमंच जीवित रह सकता है। उन्होंने कहा, भाड़ में जाए भूमंडलीकरण।

पटना इप्टा ने अपने इस आयोजन में तनवीर अख़्तर के निर्देशन में शाहिद अनवर के नाटक *बी-थ्री*, स्वदेश दीपक के नाटक *कोर्टमार्शल*, भिखारी ठाकुर के नाटक *गबरघिचोरन के माई* (बिदेसिया और गबरघिचोर पर आधारित नाट्यालेख) और परवेज़ अख़्तर के निर्देशन में मोलियर के नाटक बुर्जुआ जेंटिलमैन का रूपांतरण *साला मैं तो साहब बन गया* का मंचन किया। *बी-थ्री* हमारी विविधवर्णी संस्कृति की साझी विरासत के विरुद्ध चल रहे राजनीतिक दुरभिसन्धियों की पोल खोलता है। यह एक ज़रूरी नाटक है, पर इस समस्या की बहुस्तरीय जटिलताओं को अभिव्यक्त नहीं कर पाता। प्रस्तुति को गतिशील बनाए रखने की निर्देशक तनवीर अख़्तर की तमाम कोशिशों के बावजूद बहुत छोटे-छोटे दृश्य संरचना को कमज़ोर करते हैं। *कोर्टमार्शल* देखते हुए स्वदेश दीपक याद आते रहे। जाने कहाँ और किस हाल में होंगे! नाटक ख़त्म होते ही जी किया ज़ोर-ज़ोर से पुकारूँ...उनके नाम की हाँक लगाऊँ। इस बहुचर्चित नाटक का प्रदर्शन देखते हुए पीड़ा और क्रोध, दोनों एक साथ उपजता है। भारतीय सामाजिक व्यवस्था में जातिवाद का यह घिनौना आतंक जब तक बना रहेगा, कोर्टमार्शल की प्रासंगिकता बनी रहेगी। तनवीर अख़्तर की इस प्रस्तुति में कसाव था। विनोद कुमार और रौशन राज का अभिनय रेखांकित करने योग्य था। जावेद अख़्तर ख़ाँ अपने अभिनय की रूढ़ियों से मुक्त, सहज और प्रभावशाली दिखे।

भारतीय समाज में नवधनाढ्यों के आचरण की नई छवियाँ विकसित हुई हैं। यथार्थ के नए रूपों को शामिल करने से *साला मैं तो साहब बन गया* का प्रभाव बहुगुणित हो सकता था। परवेज़ अख़्तर की इस प्रस्तुति में मंच पर अफ़रा-तफ़री दिखी। समूहन के दृश्यों की प्रभावशाली संरचना के लिए परवेज़ अख़्तर चर्चित रहे हैं, पर इस प्रस्तुति में मोना झा के अभिनय के सिवा कुछ भी जीवन्त और प्रभावशाली

नहीं दिखा। व्यंग्य ग़ायब था और हास्य जबरन पैदा नहीं होता। इप्टा के इस नाट्य उत्सव में दर्शकों की भारी उपस्थिति पटना रंगमंच के प्रति आश्वस्ति का भाव पैदा करती है।

छत्तीसगढ़ के रायपुर में इप्टा का मुक्तिबोध नाट्य समारोह, रायगढ़ में 1857 पर केन्द्रित इप्टा का नाट्य समारोह, भोपाल में आदिविद्रोही नाट्य समारोह, जबलपुर में इप्टा का विवेचना नाट्य समारोह, रंगायन मैसूर का बहुरूपी नाट्य उत्सव, पटना में अनिल मुखर्जी नाट्य समारोह आदि कई रंग-आयोजनों के अलावा देश की शीर्ष नाट्यसंस्था राष्ट्रीय नाट्य विद्यालय का बहुचर्चित और विशाल रंग-आयोजन भारत रंग महोत्सव भी पिछले महीने सम्पन्न हुआ।

भारत रंग महोत्सव का यह दसवाँ आयोजन था, जो इस साल राष्ट्रीय नाट्य विद्यालय के पचासवें साल पूरा करने के कारण विशेष ताम-झाम के साथ आयोजित हुआ। अपार धनराशि ख़र्च हुई। पाकिस्तान, पोलैंड, स्विट्ज़रलैंड, चीन, अफ़गानिस्तान, नेपाल, जर्मनी, बांग्लादेश, मारिशस, इंग्लैंड, नार्वे, श्रीलंका, जापान और ईरान की प्रस्तुतियों को आमंत्रित किया गया था। स्वदेशी प्रस्तुतियों में अंग्रेज़ी सहित अन्य भारतीय भाषाओं की प्रस्तुतियों के लिए सिर्फ़ राष्ट्रीय नाट्य विद्यालय के स्नातकों को आमंत्रित किया गया था। राष्ट्रीय नाट्य विद्यालय के स्नातकों को आमंत्रित करने के पीछे विद्यालय की पचासवीं वर्षगाँठ का तर्क दिया गया, जो अन्य रंगकर्मियों को पच नहीं पा रहा था। अधिकांश प्रस्तुतियों की स्तरहीनता ने इस क्षोभ को और हवा दी। इस आयोजन में कई ऐसे निर्देशक आमंत्रित थे जो रंगगतिविधियों से निरन्तरता में नहीं जुड़े रहते और कभी-कभार किसी परियोजना और अनुदान के बहाने रंगकर्म करते हैं। ऐसे निर्देशकों की प्रस्तुतियों ने एक सिरे से दर्शकों को निराश किया। मोहन महर्षि (डियर बापू) और एम. के. रैना *(स्टे एट ए व्हाइल)* जैसे हिन्दी रंगमंच के नामचीन निर्देशक महात्मा गाँधी पर केन्द्रित अपनी अंग्रेज़ी प्रस्तुतियों के साथ महोत्सव में शामिल हुए। इन प्रस्तुतियों में दर्शक दृश्य, अभिनेता और अभिनय को ढूँढ़ते रहे, पर उन्हें कुछ नहीं मिला। प्रख्यात सूफ़ी कवयित्री *लालदेद* पर आधारित अभिनेत्री मीता वशिष्ठ की प्रस्तुति में अभिनय के नाम पर योग की मुद्राएँ देखकर गहरी निराशा हुई। लालदेद ने जिस विद्रोही भावना से अपने वस्त्र का परित्याग किया था, उससे परे जाकर मीता वशिष्ठ की देह दर्शकों को ललचाने की असफल कोशिशें करती रही। रंगमंच के विश्व बाज़ार का हिस्सा बनने की ललक ने अंग्रेज़ी को और ताक़तवर बनाया है और भारतीय रंगमंच के नामवरों को घुटने टेकते हुए साफ़-साफ़ देखा जा सकता है। बाज़ार में बिकने को आतुर कुछ निर्देशकों ने अंग्रेज़ी के नाटक मंचित किए, कुछ ने अपने हिन्दी नाटकों का नाम अंग्रेज़ी में रखा तो कुछ ने हिन्दी नाटकों को अंग्रेज़ी में मंचित किया। दर्शक जयदेव हट्टंगड़ी द्वारा *एवम् इन्द्रजीत* को *एण्ड इन्द्रजीत* में बदलने का कारण खोजते रहे। लिलिट दुबे का *कन्यादान* भी बाज़ार

की सम्भावनाओं के कारण ही अंग्रेज़ी में तैयार किया गया था। इसके बावजूद इन दोनों प्रस्तुतियों ने दर्शकों को बाँधे रखा और सार्थक रंगानुभव सौंपा। दर्शकों को निराश करनेवालों की शीर्ष सूची में भानु भारती जैसे बड़े निर्देशक का नाम भी शामिल रहा। भानु भारती ने इब्सन के एक बहुचर्चित नाटक *हेडा गेबलर* को *तेजी बरार* नाम से प्रस्तुत किया। नाटक की नायिका युवती है, जिसकी जगह अधेड़ उम्र की अभिनेत्री सिन्धु मिश्रा मंच पर थीं। उनकी उपस्थिति को दर्शक पचा नहीं पा रहे थे। रंगमंच पर सब कुछ सम्भव है अगर अभिनय कौशल हो। सिन्धु मिश्रा के कमज़ोर अभिनय ने नाटक को गतिहीन बनाया। उनके रूपांतरण की प्राणहीन भाषा और विशाल दृश्यबन्ध में इब्सन का कथ्य खो गया। समग्र प्रस्तुति में अभिनेता महेन्द्र मेवाती की उपस्थिति केवल रेखांकित करने योग्य थी।

हरिप्रकाश की कहानी *वापसी* और कामतानाथ की कहानी *संक्रमण* को देवेद्र राज अंकुर ने वापसी के बाद शीर्षक से प्रस्तुत किया। मंच पर बिना किसी तामझाम के सहज रंगबोध के साथ इन कहानियों की इस प्रस्तुति ने दर्शकों तक कहानियों के मर्म को सम्प्रेषित किया। सोफोक्लिज़ के नाटक *इडिपस* को वामन केन्द्रे ने *वेदपश्य* शीर्षक से मुम्बई विश्वविद्यालय के एकेडमी ऑफ फाइन ऑर्ट्स के विद्यार्थियों के साथ प्रस्तुत किया। *वेदपश्य* ने ऐसा रंगानुभव दिया जो लम्बे समय तक दर्शकों की स्मृति में बना रहेगा। नाट्यदल की ऊर्जा ने प्रस्तुति के दौरान मंच को गतिशील और स्पन्दित बनाए रखा। दृश्यबन्ध प्रभावशाली था। समूहन के दृश्यों की लयात्मकता और अभिनय की शैलीबद्धता ने सशक्त रंगभाषा का निर्माण किया। वामन केन्द्रे अपनी प्रस्तुतियों के संगीत के लिए भी जाने जाते हैं। आमोद भट्ट के नाट्य संगीत में नवीनता थी। युवा निर्देशक सत्यजीत शर्मा की अंग्रेज़ी प्रस्तुति *द आउल एण्ड द पूसीकैट* ने कॉमेडी देखनेवाले दर्शकों को भरपूर तृप्ति दी। स्त्री-पुरुष के सम्बन्धों के माध्यम से हास्य की रोचक स्थितियाँ रचने में सत्यजीत शर्मा सफल रहे। उन्होंने प्रस्तुति को अश्लीलता के ख़तरों से बचाए रखा। नादिरा ज़हीर बब्बर की प्रस्तुति *बेगम जान* देखने के लिए भारी भीड़ उमड़ी। गुज़रे समय की एक सुप्रसिद्ध गायिका बेगम जान, गायिका की नवासी ज़रीना और एक पत्रकार के त्रिकोण में बँधे इस नाटक का कथानक समय के गह्वरों में छिपी ज़िन्दगी की धड़कनों की तलाश करता है। बेगम जान की चुहलभरी भाषा, रंगभाषा में बदल जाती है। व्ही. रामामूर्ति की कन्नड़ प्रस्तुति *अश्वथामा*, सुरेश भारद्वाज की प्रस्तुति *आठ घंटे* व्ही. के. शर्मा की प्रस्तुति *अपना-अपना भाग्य*, कीर्ति जैन की प्रस्तुति *बग़दाद बर्निंग*, केवल धालीवाल की प्रस्तुति *यात्रा 1947*, रंजीत कपूर की प्रस्तुति *एक संसदीय समिति की उठक-बैठक*, त्रिपुरारी शर्मा की प्रस्तुति *अज़ीज़ुन*, वंशी कौल की प्रस्तुति *अरण्याधिपति तांतिया* के प्रति भी दर्शक उत्सुक रहे। अभिलाष पिल्लई ने भारत रंग महोत्सव में पिछले साल स्वयं द्वारा प्रस्तुत एक नाटक के अंश को इस साल *हेलेन*

नाम से प्रस्तुत किया। यह धोखाधड़ी दर्शकों को चुभती रही। दूसरी तरफ़, रतन थियम के नाटक *वाहोदोक (प्रोलॉग)* की अविस्मरणीय प्रस्तुति की प्रशंसा की गूँज पूरे महोत्सव के दौरान बनी रही।

भारत रंग महोत्सव का यह दसवाँ आयोजन अपने गिरते हुए स्तर, अंग्रेज़ी के बढ़ते प्रभाव, रंगकर्म के सबसे महत्त्वपूर्ण तत्त्व अभिनेता के रंगमंच से अदृश्य होते जाने के लिए भी याद किया जाएगा।

नृत्य की पवित्र ऐंद्रियकता से साक्षात्कार

खजुराहो जाते हुए मेरे मन-प्राण आन्दोलित थे। खजुराहो के मन्दिरों का जादूभरा सौन्दर्य और *खजुराहो नृत्य समारोह* की रसमयता की प्रसिद्धि मुझे खींचे लिये जा रही थी। एक ही समय में मैं इतिहास में उतरना और इतिहास से मुक्त होना चाह रहा था। हज़ार वर्षों से तपस्वियों की तरह अविचल खड़े मन्दिरों की मूर्तियों से एकाकार हो जाने और फिर नृत्य देखते हुए इतिहास का अतिक्रमण कर काल-स्थान और देह के असीम को आविष्कृत करने की लालसा के साथ मैं खजुराहो पहुँचा। उगते हुए सूर्य की लालिमा में अनावृत होते खजुराहो के मन्दिरों को निहारना एक दुर्लभ जीवनानुभव रहा।

साँझ होती और धीरे-धीरे अँधियारा पसरने लगता। शुक्लपक्ष बीत चुका था पर मन्दिर विश्रान्ति की चादर ओढ़े, इसके पहले ही पश्चिमी मन्दिर समूहों के चित्रगुप्त मन्दिर के पार्श्व में बने मंच पर दीप्ति, रंगों, वाद्यों, घुँघरुओं, स्वरों और देह की गतियों-मुद्राओं का संसार जीवित होने लगता। चित्रगुप्त मन्दिर और आसपास के वृक्ष स्वप्निल प्रकाश में नहा उठते। लगता, पाषाण प्रतिमाएँ जीवित हो उठी हों और मन्दिर की दीवारों-गवाक्षों से निकलकर मंच पर पवित्रता और आनन्द से पूरित जीवन का वैभव रच रही हों। उस्ताद अलाउद्दीन ख़ाँ संगीत एवम् कला अकादमी (मध्यप्रदेश संस्कृति परिषद्) द्वारा आयोजित *खजुराहो नृत्य समारोह* का यह प्रतिष्ठित आयोजन कई कारणों से विशिष्ट रहा। आयोजन से दो दिनों पहले *पूर्वा* नाम से इसी मंच पर एक नया कार्यक्रम आरम्भ हुआ। इस कार्यक्रम में कथक की चार युवा नृत्यांगनाओं–दिल्ली की शिखा खरे, रेखा मेहरा, सागर की शाम्भवी शुक्ला और भोपाल की अल्पना शुक्ला वाजपेयी की प्रस्तुतियाँ आयोजित थीं। मुख्य समारोह के अतिरिक्त पाँच दिनों तक पूर्वाह्न में 'संवाद' शीर्षक से व्याख्यान सह प्रदर्शन का कार्यक्रम भी आयोजित था। अरुणा मोहंती (ओडिसी), सुमीता शर्मा, शोभना नारायण (कथक), सरोदी सैकिया (सत्रिया), प्रीति पटेल (मणिपुरी), रोजा कण्णन (भरतनाट्यम्) और शषधर आचार्या (सराईकेला छाऊ) ने इस कार्यक्रम में भाग लिया और सोनल मानसिंह, प्रयाग शुक्ल, मनोज श्रीवास्तव, पवन श्रीवास्तव, अरुण पलनीटकर, आनन्द

सिन्हा आदि ने संचालन किया। इसी अवसर पर मध्यप्रदेश के ग्यारह चित्रकारों की एक कार्यशाला भी आयोजित थी। अर्चना यादव के दोनों चित्रों को छोड़कर शेष सभी चित्र प्रभावहीन थे। अर्चना के चित्रों में खजुराहो की रहस्यमयता और भव्यता का जादू विन्यस्त था और नए अर्थसंधान कर रहा था।

मुख्य समारोह में पहले दिन अरुणा मोहंती ने ओडिसी और सुमीता शर्मा ने कथक प्रस्तुत किया। दूसरे दिन कुचिपुड़ी नृत्यांगना शैलजा और सत्रिया नृत्यांगना सरोदी सैकिया ने नृत्य किया। सत्रिया अपेक्षाकृत एक अल्प प्रचलित नृत्य है। पन्द्रहवीं-सोलहवीं शती में असम में वैष्णव आन्दोलन अपने शिखर पर था। महापुरुष शंकरदेव ने अंकिया नाट्यशैली की रचना की। इसके नृत्य और संगीत को उन्होंने शास्त्रीय गरिमा प्रदान की। इस अंकिया भाओना की प्रस्तुति ही सत्रिया है। सत्रों की धार्मिक और रीतिगत बेड़ियों से अंकिया भाओना की मुक्ति को बहुत दिन नहीं हुए। कमालबाड़ी सत्रा के बड़बायन गुरु रासेश्वर सैकिया इसे मंच पर ले आए और फिर उनकी शिष्या सरोदी सैकिया ने लगातार प्रदर्शनों से इसे प्रचलित किया।

तीसरी शाम ओडिसी नर्तक नबकिशोर मिश्र ने अपने शिष्यों के साथ मंगलाचरण से नृत्य का आरम्भ करते हुए शिवस्तुति प्रस्तुत किया। रामकथा के केवट-प्रसंग को प्रस्तुत करते हुए नबकिशोर मिश्र ने स्पेस का अद्‌भुत नाटकीय रूपान्तरण किया। नृत्त की शुद्धता से नृत्य की भावप्रवणता की यात्रा में उन्होंने अपनी देह की गतियों-मुद्राओं से मूर्तन और अमूर्तन का जटिल द्वन्द्व प्रस्तुत किया। इसके बाद पूर्वाधनश्री मंच पर थीं। उन्होंने विलासिनीनाट्यम् की प्रस्तुति की। आंध्र प्रदेश के मन्दिरों में देवदासियों द्वारा किए जानेवाले इस नृत्य का नृत्यपटल अनुष्ठानपरकता (गुड़ी सेवा), उत्सवधर्मिता (कचेरी अता) और नृत्य के तकनीकी पक्ष (अता भागवतम्) से मिलकर तैयार होता है। पूर्वाधनश्री ने विनायक प्रार्थना से अपने नृत्य का आरम्भ किया। पल्लवी प्रस्तुत करती हुई पूर्वा को देखना एक दुर्लभ अनुभव था। वह शुद्ध नृत्य यानी नृत्त प्रस्तुत कर रही थीं। नाचती हुई पूर्वा की देह ने मूर्तता से अमूर्तता की यात्रा तय की। वह अपने पद संचालन, मुद्राओं, घुँघरुओं के स्वर से बोलती-बतियाती हुई परम रहस्य रच रही थीं। उन्होंने राग भैरवी में वर्णनम् प्रस्तुत किया। वर्णनम् में शिव-पार्वती का प्रसंग प्रस्तुत करते हुए पूर्वा ने कई विलक्षण चाक्षुष बिम्ब रचे। अन्तिम प्रस्तुति पल्लवी सेवा में शोभायात्रा का वर्णन करते हुए उनकी एकाकी देह ने समूहन के दृश्यों की रचना की। तीसरी शाम के अन्तिम कलाकार थे—असीमबन्धु भट्टाचार्य। उन्होंने कथक नृत्य की तीव्र संरचनाओं से मंच को आन्दोलित किया। शिवस्तुति से आरम्भ करते हुए असीमबन्धु ने बिलम्बित ताल, टुकड़ा, लड़ी और धमार प्रस्तुत किया। दसावतार की प्रस्तुति में केरल के मार्शलआर्ट की गतियों का उपयोग करते हुए असीमबन्धु ने कथक में नवीन प्रयोगों की सम्भावना की ओर संकेत दिया। चौथी शाम मंच पर थीं भरतनाट्यम् कलाकार—सुचेता भिड़े

चापेकर। सुचेता ने भी शिवस्तुति से नृत्य का आरम्भ किया और अर्धनारीश्वर रूप को प्रस्तुत किया। तंजावुर के शाहजी महाराज के पद के मराठी अनुवाद की राग खमाज में प्रस्तुति के बाद कृष्णाकौतुकम को प्रस्तुत करते हुए सुचेता ने अपने नृत्य से भावविभोर कर दिया। यह एक तालबद्ध नृत्य है, जिसे पहले मन्दिरों में देवदासियों द्वारा प्रस्तुत किया जाता था। कृष्णाकौतुकम के बाद उन्होंने राग काफी में पुरन्दर दास का एक पद प्रस्तुत किया, जिसमें कृष्ण-यशोदा संवाद की विलक्षण संरचना देखने को मिली। आदि ताल में निबद्ध तेल्लाना स्त्रोत में देवी कामाक्षी के रूपवर्णन के बाद राग सिन्धुभैरवी और ताल रूपक में निबद्ध भगवान विश्वनाथ की अभ्यर्थना से सुचेता ने अपने नृत्य का समापन किया। सुचेता भिड़े चापेकर के बाद मणिपुरी नृत्यांगना प्रीति पटेल ने अपनी नृत्यसंरचना *अग्नि* को प्रस्तुत किया। अग्नि की प्रस्तुति ने नृत्यरसिकों की रसज्ञता को विस्तारित किया, उन्हें मंत्रविद्ध किया। अग्नि में मणिपुरी की शास्त्रीयता के साथ-साथ मणिपुर के मठों-मन्दिरों में प्रचलित अन्य पारम्परिक कलाओं और युद्ध कौशल के तत्वों का भरपूर उपयोग किया गया था। प्रीति पटेल ने नृत्यगुरुओं के अलावा नाट्यगुरु रतन थियम और प्रकाशसर्जक तापस सेन के सान्निध्य में कार्य किया है और इसका प्रभाव *अग्नि* पर दिखाई पड़ता है। नृत्य के साथ नाट्य की युक्तियों और थांगटा की देहभाषा को विन्यस्त करती प्रीति पटेल की प्रयोगधर्मिता इसे विशिष्ट बनाती है।

पाँचवीं शाम कार्यक्रम आरम्भ करने जब मंच पर कथकली नृत्य-परम्परा के शिखर कलाकार कलामंडलम रामन कुट्टी नायर मंच पर आए, दर्शक सर्वथा एक नए संसार में थे। अस्सी से ज़्यादा की उम्र में मंच पर अपने पद संचालन, भंगिमाओं और मुखाभिनय से रावण के चरित्र को जीवन्त करते हुए रामन कुट्टी नायर को देखना जीवन का दुर्लभ अनुभव था। उन्होंने शास्त्रीयता की परिधि में रहते हुए अपने प्रयोगों से कथकली को नई गरिमा दी। उनके नृत्य की पवित्र ऐन्द्रिकता से निःसृत होती ऊर्जा रसज्ञों को नया जीवन दे रही थी। भरतनाट्यम् कलाकार रोजा कण्णन ने मल्लारी, सप्तरत्न, कीर्तनम् और तिल्लाना प्रस्तुत किया। छठवीं शाम कथक की प्रख्यात नृत्यांगना शोभना नारायण और मोहिनीअट्टम की नर्तकी लील्लमा के नाम रही। समारोह की अन्तिम शाम मंच पर थे—कुचिपुड़ी के नृत्ययुगल गुरु जयरामा राव-वनश्री राव। समापन हुआ—सराईकेला छाऊ के गुरु शषधर आचार्य के नृत्यदल की प्रस्तुति से। *खजुराहो नृत्य समारोह* का साक्षी बनना प्रस्तर प्रतिमाओं के मुखरित मौन और नृत्य करती देहों की द्युति के बीच जीवन की अनश्वरता का उत्सव मनाने की तरह है।

अकेली डर लागे रात मोरी अम्मा उर्फ़ क़िस्सा-ए-गुलाब बाई

*अकेली डर लागे रात मोरी अम्मा, जबरी सिपहियों ने घूँघट पट खोला,...नयन दोनों झुक गए रात मोरी अम्मा...*रानावि के अभिमंच प्रेक्षागृह में गुलाब बाई की आवाज़ गूँज रही थी। दर्शकों में अधिकांश लोग ऐसे थे, जो पहली बार उनकी आवाज़ सुन रहे थे। वर्षों पहले उनकी आवाज़ में रिकॉर्ड किए गए ये बोल दर्शकों के भीतर उतर रहे थे। रस की अजस्र धारा फूट रही थी,...नदी बनकर बह रही थी और इस नदी में तैर रहा था अकेली स्त्री के डर-डर कर जीने का शाश्वत सत्य। मंच पर गुलाब बाई थीं। उनके अभिनय, उनकी गायकी और उनके सौन्दर्य के जादू ने उन्हें गुलाबो से गुलाब बाई में रूपांतरित कर दिया था। कन्नौज का चन्दर सेठ अभी-अभी उनके पैरों पर अपना दिल रखकर यह कहते हुए गया था कि *गुलाबजान, ख़ुद को सँभाल के रखना।...ख़ुदा नज़र-ए-बद से बचाए।*...और चन्दर सेठ की ही बुरी नज़र से सिहरती हुई गुलाबजान मंच पर थीं...प्रसिद्धि, धन, यश और लोकप्रियता के वैभव की डगर पर डर-डर कर पाँव रखती हुई। यह कैसा और किसका डर है, जो जन्म से लेकर मृत्यु तक स्त्रियों की जान के पीछे लगा रहता है? क्यों हर माँ अपनी बेटी को दूध के साथ ही डर की घुट्टी पिला देती है? वह प्रेम नहीं कर सकती, वह अपनी पसन्द का पुरुष नहीं वरण कर सकती, वह अपनी चाहत से बच्चा नहीं जन सकती, वह अपनी मर्ज़ी का पेशा नहीं कर सकती। उसे बचपन से लेकर बुढ़ापे तक दूसरों की मर्ज़ी से डर-डर कर जीना पड़ता है। रणधीर कुमार द्वारा निर्देशित आसिफ अली के नाट्यालेख *गुलाब बाई* की गुलाब का जीवन इस डर से संघर्ष और इस डर पर विजय की कथा है। बेड़नियों के कुल में जन्मी गुलाब नौटंकी के संसार को किसी दबाव में नहीं अपनातीं। नौटंकी का खेल देखते ही युवा होती गुलाब के मन-प्राण में पंख निकल आते हैं। गुलाब को लगता है, यही उसका जीवन है, यही उसका घर-आँगन है।

सम्भवतः आसिफ अली का यह दूसरा नाटक है। इसके पहले वह काफ़्का के

जीवन-प्रसंगों पर आधारित एक नाटक लिख चुके हैं। नाट्यालेख *गुलाब बाई* में कथारस के साथ-साथ गतिशील दृश्यों की सघन बुनावट है। गुलाब के जीवन के मर्म को रचते हुए आसिफ अली कई ऐसे क्षणों को पकड़ते हैं, जहाँ स्त्री-जीवन की पीड़ा अपनी सांद्रता के साथ और पुरुष सत्तात्मक समाज की हिंसा और क्रूरताएँ अपनी विकरालता के साथ उपस्थित हैं। चन्दर सेठ से अपने सम्बन्धों के दौरान ही गुलाब बाई प्रेम की भावुकता से मुक्त हो जाती हैं। भावुकता से यह मुक्ति उन्हें प्रेम की शक्ति और संवेदना से परिचित कराती है और अपने सामाजिक तथा पारिवारिक दायित्वों के प्रति सजग करती है। नौटंकी में नायक की भूमिका निभानेवाले अपने साथी कलाकार राजा के प्रेम के प्रति उनकी गम्भीरता और गाँव में छूट गई राजा की पत्नी और परिवार के प्रति उनकी चिन्ता उनके व्यक्तित्व को विशाल बनाती है। नौटंकी को आकार देने, प्रसिद्धि देने, फूहड़ता को ख़त्म कर कलात्मकता को प्रश्रय देने और अन्तिम दिनों में सिनेमा की मार से मरणासन्न नौटंकी को जीवन देने के उनके संघर्ष के भीतर ही अन्तःसलिला है उनके स्त्री-जीवन का मर्म। आसिफ अली अपने नाट्यालेख में जिन भाषाई उपकरणों का उपयोग करते हैं, उनका नाटक की संरचना और रंगभाषा से गहरा जुड़ाव है और यह जुड़ाव निर्देशक के लिए अनन्त सम्भावनाओं के द्वार खोलता है।

रणधीर कुमार राष्ट्रीय नाट्य विद्यालय के अन्तिम वर्ष के परीक्षार्थी छात्र हैं और यह प्रस्तुति उनकी प्रायोगिक परीक्षा के लिए थी। उनकी इस प्रस्तुति को सम्भावनाओं से भरे एक कल्पनाशील रंग निर्देशक के आने की आहट की तरह रेखांकित किया जाना चाहिए। ऐसी प्रस्तुतियों के लिए रानावि अल्प साधन उपलब्ध कराता है। कई अर्थों में छात्र-प्रस्तुति के लिए यह उचित भी है क्योंकि साधन की कमी रचनात्मकता के लिए नई चुनौतियाँ पेश करती है। रणधीर कुमार इस चुनौती को स्वीकार करते हुए अपनी प्रस्तुति की संरचना करते हैं। सहज-सरल दृश्यबन्ध के सहारे यह प्रस्तुति सम्प्रेषणीयता की नई राहें खोलती है, जैसे रेहल पर रखी किसी पुरानी क़िताब के पन्ने हौले-हौले खुल रहे हों और उन पन्नों में दर्ज शब्द बाहर निकलकर हमारे जीवन के दृश्यों में शामिल हो रहे हों। रणधीर कुमार उत्तर भारत की लोक रंग परम्परा से कुछ रंगतत्वों को चुनकर आधुनिक रंगभाषा की रचना करते हैं। इस प्रस्तुति का रंगसंगीत एक अनिवार्य युक्ति है और रणधीर इसका इस तरह उपयोग करते हैं कि यह प्रस्तुति के भीतर उपजता और ध्वनित होता है। नाटक *गुलाब बाई* का संगीत राजेश सिंह ने तैयार किया है। राजेश सिंह नई पीढ़ी के प्रतिभा सम्पन्न रंगसंगीतकार हैं। वह अपने संगीत के लिए परम्परा से ऐसे बीज-तत्वों को चुनते हैं, जो आधुनिक बोध को विस्तार दे सकें। राई नृत्य के उत्तेजक संगीत और नृत्यगतियों का ख़ूबसूरत उपयोग इस प्रस्तुति में हुआ है। कानपुर की नौटंकी शैली पर शास्त्रीय संगीत की सघन छाया रही है। स्वयं गुलाब बाई अपनी गायकी के लिए प्रसिद्ध रही हैं। नौटंकी

के पारम्परिक संगीत के अलावा गुलाब बाई के रिकॉर्डेड संगीत के कुछ अंशों का प्रभावशाली उपयोग करते हुए रणधीर कुमार अभिनेताओं की जीवन्त उपस्थिति पर बल देते हैं। प्रदर्शन में एक विशेष प्रकार का भावनात्मक आवेग निरन्तर मौजूद रहता है, जो दर्शकों को अभिभूत करता है। मंच पर कार्यव्यापार यथार्थवादी है, शाब्दिकता भी है, पर इससे चाक्षुष तत्त्वों की निर्मिति पर कोई विपरीत प्रभाव नहीं पड़ता। गर्भवती गुलाब बाई के गर्भ पर चन्दर सेठ का प्रहार, गुलाब को अपने व्यंग्यवाणों से आहत करती सेठ की पत्नी, प्रेमी राजा की मृत्यु के बाद का क्षणिक मौन आदि कुछ ऐसे दृश्य नाटक में रचे जाते हैं, जिनकी अनुगूँज मन के भीतर बनी रहती है। चन्दर सेठ, तिरमोहन, बलवीर और सेठ से पैदा पहला बेटा सुरेश,...सब-के-सब लुटेरों की तरह उनके जीवन में आते हैं और गहरी निराशा के साथ वह नौटंकी बन्द करने का निर्णय लेती हैं। पर जब समाज के सफ़ेदपोशों से लड़ती उनकी बेटी मधु हॉस्टल से वापस लौटती है, वह निर्णय बदल देती हैं। कहती हैं, *"बढ़नी मारौ सबको। गुलाब की औलाद हो तुम। अपनी माँ से सबक लो। मत पड़ो कभी मरद के चक्कर माँ।...जब जइसे जिससे जी करै, रिश्ता बनाओ और और जब जी करे, छोड़ दो। इसी लायक़ हैं सब। चलो, डालो कपड़ा लैला का, करो शुरू खेला।"*

हिन्दी रंगमंच पर जीवनीपरक नाटकों के मंचन का जो सिलसिला इन दिनों चल रहा है, उनमें *गुलाब बाई* को प्रमुखता से रखा जा सकता है। भारतीय समाज आज आपाधापी में व्यस्त है। इसके पास फुर्सत नहीं कि वह उन पूर्वजों की ओर देख सके जिन्होंने हमें एक भरा-पूरा संसार सौंपा था। आज यह बेहद ज़रूरी है कि हम रंगमंच, साहित्य, संगीत आदि की दुनिया से अपने लिए नायकों को चुनें।

समानान्तर की रंगयात्रा के तीन दशक

इलाहाबाद की रंगसंस्था *समानान्तर* ने पिछले महीने अपनी रंगयात्रा के तीस साल पूरे किए। किसी नाट्यदल के लिए तीस सालों तक हिन्दीभाषी क्षेत्र में निरन्तर सक्रिय बने रहना एक दुरूह काम है। स्वतंत्रता संग्राम के दिनों में और आज़ादी के बाद भी कई वर्षों तक इलाहाबाद साहित्य और संस्कृति का केन्द्र रहा है। आज जबकि हिन्दीभाषी क्षेत्र के रंगकर्मियों ने साहित्य से अपने रिश्ते को कमज़ोर किया है, ऐसे में एक दूसरे को समृद्ध करनेवाले इस आत्मीय रिश्ते की गरमाहट को इलाहाबाद में आयोजित *समानान्तर त्रिदशक रंग उत्सव* में महसूस किया गया। तीस सालों की अनथक यात्रा पूरी होने के अवसर पर 8 सितम्बर से 14 सितम्बर तक चलनेवाले इस उत्सव में प्रेमचन्द की कहानियों के नुक्कड़ नाट्यशैली में मंचन के अलावा सत्यजीत राय, चन्द्रकिशोर जायसवाल, ममता कालिया, अनिता गोपेश की कहानियाँ तथा मृदुला गर्ग और राही मासूम रज़ा के उपन्यास मंचित हुए। आठ दिनों तक चले विभिन्न कार्यक्रमों में अमरकान्त, मार्कण्डेय, शेखर जोशी, ज्ञानरंजन, प्रो. राजेन्द्र कुमार, डॉ. लालबहादुर वर्मा, अजित पुष्कल, प्रयाग शुक्ल, नासिरा शर्मा, प्रतिभा अग्रवाल डॉ. गिरीश रस्तोगी, रुद्रप्रसाद सेनगुप्ता, सूर्यमोहन कुलश्रेष्ठ, सुरेश शर्मा, हिमांशु राय, वसन्त काशीकर, अजामिल, अनुपम आनन्द, अख़्तर अली, यश मालवीय, हरीशचन्द्र पांडेय, अंशु मालवीय, वाज़दा ख़ान आदि उपस्थित रहे। *समानान्तर* ने प्रतिभा अग्रवाल, शान्ताराम विष्णु कशालकर और रामचन्द्र शुक्ल को सम्मानित भी किया।

निराला सभागार में *समानान्तर* ने तीस वर्षों की अपनी यात्रा पर चित्रों, प्रकाशित सामग्री, रंगवस्त्रों और रंग उपकरणों को एक रंग प्रदर्शनी में प्रदर्शित किया। रंग संगीत के आयोजन में रवि नागर और विवेक प्रियदर्शन ने रंग संगीत प्रस्तुत किया। 9 सितम्बर को भारतेन्दु जयन्ती थी। इस दिन प्रतिभा अग्रवाल के उपन्यास *प्यारे हरिश्चन्द्रजू* पर केन्द्रित चर्चा आयोजित थी। इसके बाद काव्य रंग नामक आयोजन में काव्यपाठ हुआ। अगले दिन *हमारा समय और कलाएँ* विषय पर प्रयाग शुक्ल ने व्याख्यान दिया। 11 सितम्बर को मैं और मेरा इलाहाबाद 'विषय पर'

अमरकान्त और मार्कण्डेय की उपस्थिति में नासिरा शर्मा को सुनने के लिए लोग जुटे। 12 से 14 सितम्बर तक नाटकों का मंचन हुआ। अन्तिम दिन *हमारा समय और रंगमंच* विषय पर डॉ. गिरीश रस्तोगी की अध्यक्षता में नाट्य परिसंवाद आयोजित था। परिसंवाद में रुद्रप्रसाद सेनगुप्ता, सूर्यमोहन कुलश्रेष्ठ, सुरेश शर्मा, अख़्तर अली, अजामिल, अनुपम आनन्द आदि ने भाग लिया। परिसंवाद के दूसरे सत्र में बड़ी संख्या में उपस्थित युवाओं ने वक्ताओं से प्रश्न पूछे। हिमांशु राय ने अपने आधार वक्तव्य में मनुष्य विरोधी होते वर्तमान समय की हिंसा और दुरभिसन्धियों की ओर संकेत किया। इस परिसंवाद में यह बात उभरकर सामने आई कि रंगमंच को अधिकाधिक जीवनोन्मुख होना होगा। इस हिंसक समय के तमाम प्रपंचों को समझते हुए मनुष्य की गरिमा की रक्षा का संघर्ष जारी रखना होगा। रंगकर्म के लिए आवश्यक आधारभूत संरचनाओं-सुविधाओं की चिन्ता के साथ-साथ कलात्मकता और प्रयोगधर्मिता के लिए भी निरन्तर सजग रहना होगा।

नाट्य समारोह का आरम्भ कथाकार ज्ञानरंजन की उपस्थिति में कुमार विजय निर्देशित *साँचिया,* इलाहाबाद की नुक्कड़ प्रस्तुति *पोंगा पंडित* से हुआ। दूसरे और तीसरे दिन भी आरम्भ में क्रमशः *माध्यम,* इलाहाबाद ने विनय श्रीवास्तव के निर्देशन में प्रेमचन्द की कहानी *गुल्ली डंडा* और *आकार,* इलाहाबाद ने नीरज उपाध्याय के निर्देशन में प्रेमचन्द की ही कहानी *सभ्यता का रहस्य* को नुक्कड़ नाट्यशैली में मंचित किया। तीनों नुक्कड़ प्रस्तुतियाँ अति सामान्य थीं। सम्भावनाशील अभिनेताओं की प्रतिभा का उपयोग करने में तीनों निर्देशक असफल रहे। रंगभाषा के स्तर पर इन प्रस्तुतियों में कुछ भी ऐसा नहीं था जो दर्शकों को नया रंगानुभव सौंप सके। अभिनय की रुढ़िबद्धता और स्पेस के उपयोग के प्रति अनभिज्ञता ने भी इन प्रस्तुतियों को कमज़ोर बनाया।

विवेचना, जबलपुर ने वसन्त काशीकर के निर्देशन में चन्द्रकिशोर जायसवाल की कहानी *मानबोध बाबू* का नाट्यांतर मंचित किया। मुम्बई से कोलकाता की रेलयात्रा पर निकले मानबोध बाबू और मोहन बाबू के माध्यम से यह प्रस्तुति जीवन के मर्म को खोलती है। संवेदनहीन होते जा रहे मनुष्य की नृशंसता को रेखांकित करती यह नाट्य-प्रस्तुति सहजता के साथ अपने समय का साक्ष्य प्रस्तुत करती है। सीताराम सोनी और संजय गर्ग ने अपनी अभिनय-क्षमता से प्रस्तुति को बाँधे रखा। समूहन के दृश्यों में जीवन्तता थी और कई नए अभिनेताओं ने प्रभावित किया। दृश्यबन्ध बोझिल था। ऐसी प्रस्तुतियों में दृश्यबन्ध की अपेक्षा अभिनेताओं की प्रतिभा और क्षमता पर भरोसा करना ज़्यादा सार्थक होता है। प्रस्तुति की संरचना में यह दृश्यबन्ध अगर नहीं होता तो संभवतः समूहन के दृश्यों में शामिल अभिनेताओं के पास अभिनय के और बेहतर अवसर होते। ध्वनिप्रभाव और प्रकाश संचालन में ग़ैरपेशेवर रवैए के कारण भी प्रस्तुति की सम्प्रेषणीयता प्रभावित हुई। फिर भी, यह

नाट्य प्रस्तुति जीवन के काम आ सकनेवाले रंगानुभव सौंपती है। इसके बाद *समानान्तर,* इलाहाबाद ने अनिलरंजन भौमिक के निर्देशन में अख़्तर अली द्वारा रूपांतरित सत्यजीत राय की कहानी *असमंजस बाबू* को मंचित किया। मैं दूसरी बार इस नाटक का मंचन देख रहा था। हर बार नया स्वाद देना ही रंगमंच की विशिष्टता है। रंगमंच की नश्वरता और हर बार नए रूप में जन्म लेने की क्षमता में ही छिपा है रंगमंच की अमरता का रहस्य। *असमंजस बाबू* को फिर से देखते हुए नए रंगानुभव मिले। अभिनेता राकेश यादव अपनी देह की गतियों और मुद्राओं से रंगभाषा रचते हैं। वह पहले की अपेक्षा ज़्यादा सशक्त ढंग से स्वर संधान करते हुए दिखे। नाट्यालेख के भीतर छिपे उपपाठ को सम्प्रेषित करते हुए उनकी रंगचर्या रचनात्मकता के नए आयाम प्रस्तुत करती है।

नाट्य समारोह की दूसरी संध्या देवेन्द्र राज अंकुर के निर्देशन में मृदुला गर्ग के उपन्यास *कठगुलाब* को *सम्भव,* नई दिल्ली ने मंचित किया। पिछले दिनों पटना में देवेन्द्र राज अंकुर द्वारा निर्देशित संजय सहाय और प्रेम प्रकाश की कहानियों पर आधारित प्रस्तुति *खेल खेल में* देखकर गहरी निराशा हुई थी। *कठगुलाब* को देखकर यह निराशा कुछ हद तक दूर हुई हालाँकि रंगयुक्तियों की पुनरावृत्ति ने प्रस्तुति को शिथिल किया। मृदुला गर्ग का यह उपन्यास पहले भी अपने कथ्य के लिए चर्चित रहा है। पुरुष वर्चस्व की इस दुनिया में स्त्री जीवन के अस्तित्व और अधिकारों के संघर्ष की इस नाट्य प्रस्तुति को इलाहाबाद के दर्शकों ने ख़ूब सराहा। कविता वर्मा ने सशक्त अभिनय किया। वह स्त्री जीवन के मर्म को उकेरने तथा संवेदनाओं की गहरी लकीर खींचने में सफल रहीं। बबिता पांडेय और लक्ष्मी रावत ने भी प्रभावित किया। *समानान्तर,* इलाहाबाद ने अनिल रंजन भौमिक के निर्देशन में ममता कालिया की कहानी *उनका जाना,* अनिता गोपेश की कहानी *उनकी दुनिया* और अन्तिम दिन अख़्तर अली द्वारा रूपांतरित राही मासूम रज़ा के उपन्यास *टोपी शुक्ला* को मंचित किया। *उनका जाना* में नई अभिनेत्री दीपाली लाल ने एकल अभिनय किया। दीपाली एक सम्भावनाशील अभिनेत्री हैं और उन्हें एक लम्बी यात्रा तय करनी है। उनकी देह में सन्तुलन है और स्वर में सधाव, पर उन्हें अभिनय की युक्तियों की तलाश करनी होगी। देह में संचित गतियों-मुद्राओं और स्वर में संचित आरोह-अवरोह से अभिव्यक्ति का नवीन कौशल आविष्कृत करना होगा। मानव मन की जटिलताओं के सम्प्रेषण के लिए दीपाली लाल को अपनी अभिनय क्षमता को बहुस्तरीय बनाना होगा। राकेश यादव और दीपाली लाल प्रयाग रंगमंच की नई फ़सल हैं। *उनकी दुनिया* में दीपाली के साथ थीं निकिता। पुरुषों के बिना दो औरतें अपना जीवन आरम्भ करना चाहती हैं। एक नए क़िस्म के स्वावलम्बी और अन्तरंग जीवन की कल्पना को साकार करने निकली दो युवतियों के संघर्ष की यह प्रस्तुति अपनी नाट्य संरचना में कमज़ोर थी। इस प्रस्तुति में दीपाली अपेक्षाकृत ज़्यादा सहज थीं। नाट्य समारोह के

अन्तिम दिन की अन्तिम प्रस्तुति *टोपी शुक्ला* को देखते हुए मन में यह विचार बार-बार आ रहा था कि शायद यह नाट्यालेख नुक्कड़ नाट्यशैली में मंचित होने पर ज़्यादा सम्प्रेषणीय हो! अनिल ने नाटकीय संरचना में नुक्कड़शैली की युक्तियों का उपयोग किया था। साम्प्रदायिकता भारतीय समाज में आज एक विकराल समस्या का रूप ले चुकी है। धर्मान्धता और राजनीतिक छल-प्रपंच ने इस समस्या को जन्म दिया है और पालित-पोषित किया है। *टोपी शुक्ला* जैसे दुर्लभ चरित्र के माध्यम से राही मासूम रज़ा ने शिक्षा संस्थान ही नहीं, समस्त समाज में पसरते इस रोग के कारणों की पड़ताल की है। वह मानवीय सम्बधों की भीतरी तहों तक जाते हैं और बेहद कुशलता के साथ मनुष्य की गरिमा और संवेदना की रक्षा का प्रश्न उठाते हैं। प्रणव भट्टाचार्य ने अपने चरित्र का निर्वाह करते हुए सशक्त अभिनय किया। अनिल रंजन भौमिक के तमाम प्रयासों के बावजूद मंच पर नाटकीय कार्यव्यापार की कमी रही। फिर भी, गहन सामाजिक सरोकारों से जुड़ी अपनी प्रस्तुतियों के कारण अनिल रंजन भौमिक रंगकर्म की दुनिया में विशेष महत्त्व रखते हैं। नोआखाली (बांग्लादेश) में जन्मे अनिल विगत तीस सालों से रंगकर्म कर रहे हैं। आज़मगढ़ जैसे ग्रामीण क्षेत्र से शुरुआत करनेवाले अनिल रंजन भौमिक और *समानान्तर* ने निरन्तरता में रंगकर्म को समृद्ध किया है। कथा लेखिका अनिता गोपेश और अनिल रंजन भौमिक ने युवा रंगकर्मियों का एक सुगठित समूह तैयार किया है जो प्रयाग की रंगपरम्परा के विकास का नया चेहरा है।

रंग महोत्सवों का मौसम

इन दिनों रंगमंच जगत में नाट्य समारोहों का मौसम है। देश के शीर्ष नाट्य संस्थान राष्ट्रीय नाट्य विद्यालय, में दिल्ली के आयोजन 'भारत रंग महोत्सव' में देश-विदेश के साठ से ज़्यादा नाटक मंचित हुए। जिस समय राजधानी दिल्ली में भारत रंग महोत्सव चल रहा था, ठीक उसी समय छत्तीसगढ़ के रायगढ़ और रायपुर जैसे अपेक्षाकृत छोटे नगरों में इप्टा के राष्ट्रीय नाट्य समारोह चल रहे थे। रायपुर इप्टा के मुक्तिबोध नाट्य समारोह ने पिछले कुछ सालों में पर्याप्त ख्याति अर्जित की है। यह समारोह विजयदान देथा की कहानी पर आधारित *माई री मैं का से कहूँ* के मंचन से आरम्भ हुआ। राष्ट्रीय नाट्य विद्यालय के स्नातक अजय कुमार अपनी एकल प्रस्तुतियों के लिए चर्चित रहे हैं। उन्होंने निराला की कविता *राम की शक्तिपूजा* का वाचिक अभिनय भी किया। इसके अलावा आशीष पाठक के निर्देशन में *पॉपकार्न*, योगेन्द्र चौबे के निर्देशन में गुड़ी ग्रुप की प्रस्तुति *मधुशाला*, संजय उपाध्याय के निर्देशन में निर्माण कलामंच की प्रस्तुति *बिदेसिया*, अलखनन्दन के निर्देशन में नटबुन्देले की प्रस्तुति *भगवद्ज्जुकम्*, अरविन्द गौड़ के निर्देशन में अस्मिता की प्रस्तुति *अनसुनी* तथा *ऑपरेशन थ्री स्टार*, मिन्हाज असद के निर्देशन में रायपुर इप्टा की प्रस्तुति *आख़िर कब तक*, अरुण पांडेय के निर्देशन में विवेचना रंगमंडल की प्रस्तुति *रेशम का ये शायर*, रंजीत कपूर के निर्देशन में *द इंटरटेनर* की प्रस्तुति *चेखव की दुनिया*, के. एल. राजेन्द्रन के निर्देशन में नटवा की प्रस्तुति *औरंगजेब*, परवेज़ अख़्तर के निर्देशन में नटमंडप की प्रस्तुति *नरमेध* और हबीब तनवीर के निर्देशन में नया थिएटर की प्रस्तुति *राजरक्त* का मंचन हुआ।

वर्षांत से ठीक पहले जबलपुर में उस्ताद अलाउद्दीन ख़ाँ संगीत एवं कला अकादमी, भोपाल (म.प्र.) ने नाट्य संस्था *विवेचना* के साथ मिलकर राष्ट्रीय नाट्य समारोह आयोजित किया। रंगजगत में विवेचना के रंगकर्म और विवेचना के राष्ट्रीय नाट्य समारोहों ने जबलपुर को विशेष पहचान दी है। मध्यप्रदेश संस्कृति परिषद के इस आयोजन को विवेचना की रंगसक्रियता का लाभ मिला। सर्दी के मौसम में भी शहर से दूर तरंग प्रेक्षागृह में दर्शकों का आना और नाट्य प्रदर्शन के बाद आयोजित

होनेवाले रंगसंवाद कार्यक्रम के लिए रुकना, चकित करनेवाला दृश्य था।

नाट्य समारोह की पहली संध्या दयानन्द सुशीला सांस्कृतिक केन्द्र, गया ने संजय सहाय के निर्देशन में *जाँच पड़ताल* का मंचन किया। संजय सहाय द्वारा रूपांतरित गोगोल का यह नाटक भारतीय समाज में व्याप्त भ्रष्टाचार, धन-लिप्सा और विसंगतियों को उजागर करता है। संजय सहाय अपनी प्रस्तुति की संरचना करते हुए ऐसी युक्तियों का उपयोग करते हैं, जो सामान्य स्थितियों के बीच से असामान्य क्षणों को उजागर करती हैं। यहाँ हास्य पैदा होता है, पर उसके भीतर छिपीं व्यंग्य की किरचें बेधती हैं। सरलीकृत स्थितियों के भीतर उतरकर ऐसे रंगानुभव सौंपना साहस का काम है, जिसे विजय कुमार जैसे अनुभवी अभिनेता और युवा अभिनेताओं का समूह सफलता से सम्पन्न करता है। शाइस्ता रसीद, शशिभूषण, अमित, मनुमणि मिश्रा, राजेश अवस्थी, मृगेन्द्र, राजेन्द्र शर्मा आदि अभिनेता अपनी उपस्थिति से मंच को गतिशील रखते हैं। दूसरी शाम सार्थक थिएटर ग्रुप, जयपुर ने दौलतराम वैद के निर्देशन में *महानिर्वाण* मंचित किया। प्रसिद्ध मराठी नाटककार सतीश आलेकर को एक नाटककार के रूप में पहचान देनेवाले इस नाटक की आंतरिक संरचना बेहद सुगठित है। यहाँ यथार्थ और फैंटेसी का अद्‌भुत मेल है, जो नई नाट्य युक्तियों की तलाश और प्रयोगधर्मिता के लिए स्पेस देता है। दौलतराम वैद प्रयोगधर्मिता के साथ इस नाट्यालेख को स्वीकार करते हैं। उनकी प्रस्तुति में गति है और दर्शकों को इस बहुमंचित नाटक में नया आस्वाद मिलता है। मृत्यु के बाद परिवार और आसपास के समाज में घटित होते यथार्थ की कलात्मक प्रस्तुति करते हुए नाटक का रूपविधान ग़ैरयथार्थवादी है और यही इस प्रस्तुति का महत्त्वपूर्ण पक्ष है। यहाँ जीवन-मृत्यु के अध्यात्म में उलझने के ख़तरे हैं। इससे बचते हुए नाटक मानवीय सम्बन्धों के बदलते हुए रूप और संवेदनाओं के क्षरण की भयावह त्रासदी को प्रस्तुत करता है।

नाट्य समारोह के तीसरे दिन पूर्वाह्न ग्यारह बजे ए. बी. प्रोडक्शन, मुम्बई ने जर्मन लेखक स्टीफन ज्वेग की कथा पर आधारित *एक अनजान औरत का ख़त* को मंचित किया। असीमा भट्ट द्वारा निर्देशित और अभिनीत यह नाट्य प्रस्तुति एक स्त्री के संघर्ष को नाटकीय भंगिमाओं के साथ प्रस्तुत करती है। इस संघर्ष में उसका निष्कलुष प्रेम, निःस्वार्थ समर्पण और उसकी अविचलित सहिष्णुता शामिल है। उसका निष्कलंक प्रेम उसे दुःख और पीड़ा के अछोर समुद्र में डुबो देता है। अपने समर्पण और त्याग के एवज़ में उसे मिलता है अकेलेपन का हाहाकार। मंच पर निस्संगता की पीड़ा का यह आख्यान प्रस्तुत करती हुई असीमा भट्ट ने अपनी अभिनय क्षमता से दर्शकों को प्रभावित किया। मैं असीमा को एक लम्बे अरसे के बाद अभिनय करते हुए देख रहा था। राष्ट्रीय नाट्य विद्यालय के प्रशिक्षण और रंगकर्म के अनुभवों ने उन्हें विकसित किया है। उन्होंने अभिनय की सहज युक्तियों का उपयोग किया। कुछ संवेदनशील क्षणों का और विस्तार अपेक्षित था, फिर भी असीमा ने कथ्य का बहुलांश

प्रभावकारी ढंग से दर्शकों तक सम्प्रेषित किया। इसी शाम सम्भव, नई दिल्ली ने देवेन्द्र राज अंकुर के निर्देशन में हरिप्रकाश की कहानी वापसी और कामतानाथ की कहानी संक्रमण को *वापसी के बाद* शीर्षक से मंचित किया। दोनों कहानियों में पिता, पुत्र और माँ हैं। इन्हीं तीनों के माध्यम से ये कहानियाँ हमारे समय और समाज की कुछ ऐसी स्थितियों को उजागर करती हैं, जो सतह पर सामान्य दीखती हैं, पर होती हैं बेहद हिंसक और मर्माहत करनेवाली। यहाँ अतीत और वर्तमान दोनों उपस्थित हैं, अपनी-अपनी छवियों और आहत भविष्य के संकेत के साथ। यह प्रस्तुति छीजते सम्बन्धों की कड़वाहट और कसक, पीढ़ियों के भेद और अन्तर्विरोध तथा जीवन मूल्यों और व्यवहारों के बदलाव को सहज रंगभाषा में दर्शकों तक पहुँचाती है। देवेन्द्र राज अंकुर कहानियों के पाठ में बिना बदलाव किए अर्थसंधान और रंगसंधान के लिए जाने जाते हैं। *वापसी के बाद* में भी अंकुर यह काम अपने तीन अभिनेताओं–अमिताभ श्रीवास्तव, सुशील बौंठियाल और अमिता उद्गाता के माध्यम से बख़ूबी करते हैं। सीगल थिएटर, गुवाहाटी की प्रस्तुति *मध्यवर्तिनी* रवीन्द्रनाथ टैगोर की कथा पर आधारित थी। इसे बहारुल इस्लाम ने निर्देशित किया था। टैगोर की यह कथा वैवाहिक जीवन में प्रेम और पीड़ा के रहस्यों को खोलती है। निसन्तान निवारन और हरसुन्दरी के वैवाहिक जीवन में कोई हलचल नहीं है। ग्रीष्म में सूखती शान्त नदी के स्थिर जल-सतह की तरह है जीवन। हरसुन्दरी ज़िद करती है कि निवारन दूसरा विवाह करे और सन्तान पैदा करे ताकि उनके जीवन की जड़ता टूटे। निवारन उसे समझाता है पर वह अपनी ज़िद पर अड़ी रहती है। हरसुन्दरी एक युवा लड़की तलाशती है और अन्ततः निवारन को विवाह करना पड़ता है। धीरे-धीरे स्थितियाँ बदलती हैं और निवारन का जीवन नये प्यार की ऊर्जा से भर जाता है। युवा पत्नी का संसर्ग उसे हरसुन्दरी से दूर करते जाता है। हरसुन्दरी भी स्वयं को उपेक्षित महसूस करती है। दूसरी ओर नई स्थितियाँ बनती हैं। युवा पत्नी की अनियंत्रित चाहतों और प्रेम के अतिरेक से निवारन का जीवन संकटग्रस्त हो जाता है। टैगोर की इस कथा की नाटकीय संरचना करते हुए बहारुल इस्लाम प्रस्तुति के स्तर पर कई रंगतनावों का सृजन करते हैं। बहारुल इस्लाम असम के लोक नाट्यरूपों से युक्तियाँ और नृत्यरूपों से आंगिक गतियाँ और मुद्राएँ लेते हैं और इन्हें नए सन्दर्भ देते हैं। भागीरथी (हरसुन्दरी) और बहारुल इस्लाम (निवारन) का अभिनय प्रस्तुति को उत्कर्ष तक ले जाता है।

इस नाट्य समारोह में पाचवीं शाम वामन केन्द्र द्वारा निर्देशित रंगपीठ, मुम्बई की प्रस्तुति *झुलवा* देखना एक अविस्मरणीय अनुभव था। *झुलवा* वामन केन्द्रे का बहुचर्चित नाटक है जिसका बीस सालों से लगातार मंचन हो रहा है। मैं इसे पहले भी देख चुका हूँ। हर बार नया आस्वाद ही रंगकर्म को विशिष्ट बनाता है। यह नाटक देवदासियों के नारकीय जीवन की कथा है। महाराष्ट्र के जोगता समुदाय की औरतें

देवी यल्लमा को समर्पित होती हैं। इन्हें गाँव के ताक़तवर लोगों की भोग्या बनना पड़ता है। इनकी सन्तानों को भी इस प्रथा का निर्वाह करना पड़ता है। अगर बेटी होती है तो जोगतिन बनती है और बेटा होता है तो समलैंगिक जोगत्या बनता है। येंलु की बेटी जगनी जोगतिन नहीं बनना चाहती। *झुलवा* परम्परा से जगनी के संघर्ष और विजय की कथा है। छठवें दिन प्रो. सतीश मेहता के निर्देशन में प्रयोग, भोपाल ने *जिस लाहौर नहीं देख्या* और अन्तिम दिन रंगकर्मी, कोलकाता ने उषा गांगुली के निर्देशन में *काशीनामा* का मंचन किया। इन प्रस्तुतियों को मैं देख नहीं सका। हालाँकि उषा गांगुली की इस प्रस्तुति को कुछ वर्षों पूर्व दिल्ली में देखने का अवसर मिला था। वह मंच पर काशीनाथ सिंह की काशी को जीवन्त करती हैं और समय के आघात से टूटती काशी की जड़ परम्पराओं की रंगछवियाँ दर्शकों को दिखाती हैं।

खजुराहो में नृत्य

वसन्त का उजास धीमे-धीमे पसर रहा है। हल्का पीलापन लिये फैलती यह रोशनी कोलतार की अलसाई सड़क में चमक भर रही है। इस रोशनी के स्पर्श से सड़क किनारे खेतों की हरियाली,...वृक्षों की ऊँचाई,...चट्टानों की कठोरता, सब काँपती हैं,...खिल रही हैं। सतना शहर पीछे छूट चुका है। कुछ देर बाद पन्ना के जंगल साथ-साथ चलने लगते हैं। पिछले दो-तीन सालों से अल्पवृष्टि के चलते जंगल की अधिकांश धरती झुलसने लगी है। नदियों-नालों-झरनों का जल सूख चुका है। फिर भी यहाँ वसन्त है। अपनी नम हवा और उजास के स्पर्श से जीवन का स्पन्दन सौंपता हुआ वसन्त। पन्ना में बाघों के होने पर दिन पर दिन सन्देह गहराता जा रहा है। पन्ना के खदानों में अब हीरे की चमक यदाकदा ही दिखती है। अपनी प्रचण्ड लहरों से बड़े-बड़े शिलाखण्डों को बहा ले जानेवाली केन नदी भी तन्वंगी हो चुकी है। जैसे-तैसे जीवित बची है केन की क्षीण धारा। जंगल में जहाँ हरियाली है, वहाँ मद लुटा रही है वसन्त की हवा और चमक फैला रहा है वसन्त का उजास। खजुराहो जाते हुए इस बार पत्नी मीनू भी साथ हैं। वो बुदबुदाती हैं 'क से केन और क से कोशी'। मेरी आँखों के सामने कोशी का प्रलय नाच जाता है। एक तरफ केन का अभाव है और दूसरी तरफ है बौराई कोशी का तांडव। पन्ना पीछे छूट जाता है।

खजुराहो की परिपक्व रसिकता और रहस्यमयता के प्रति विनत भाव के साथ मैं उसकी धरती को स्पर्श करता हूँ। मेरी देह में स्फुरण भर जाता है। संवत्सरों की यात्रा के बाद भी खजुराहो के मन्दिरों का जादू जीवित है। पुरातत्ववेत्ताओं के अनुसार, दसवीं से ग्यारहवीं शताब्दी के बीच बने इन मन्दिरों को लेकर कई पुराकथाएँ और जनश्रुतियाँ आज भी कही-सुनी जाती हैं।...जिन चन्देल राजाओं ने इन मन्दिरों का निर्माण करवाया उनकी आदिमाता की पवित्र और निष्कलुष उपस्थिति का अहसास मुझे यहाँ हर पल होता रहा है। अपना लांछित गर्भ लिये जंगल-जंगल भटकती एक स्त्री की पीड़ा और संघर्ष के पदचाप निरन्तर मेरे कानों में गूँजते रहे हैं। रतिस्नान करती हुई ग़रीब ब्राह्मण की युवा बेटी को क्या मालूम कि मदान्ध और कामकूट चन्द्रमा उसे निहार रहा है ! चन्द्रमा ने उसका अपहरण और बलात्कार किया, और

छोड़ दिया उसे लांछन और अपमान की आँधी में उड़ने के लिए। स्वयं चमकता रहा आकाश में और वह धरती पर भटकती रही। जनश्रुतियों में दर्ज है कि उसी के गर्भ से जन्मा था पहला चन्देला–चन्द्रवर्मन। वह अपने बेटे की माँ और गुरु, दोनों बनी। उसने अपने बेटे को नीति, धर्म और युद्ध का कौशल सिखाया।...और फिर यहीं से मध्यभारत में आरम्भ हुआ चन्द्रवंशी चन्देलों का राज-पाट। उसने अपने बेटे के मन-प्राण में सपनों की जो पौद लगाई थी, वही इन मन्दिरों की निर्मिति का आधार बना। उसने मनुष्य पर मनुष्य के आधिपत्य की लालसा की व्याख्या प्रस्तुत की। इन मन्दिरों में ऐसी लालसाओं के भीतर पलते सूनेपन और हाहाकार की प्रतिध्वनियाँ उत्कीर्ण हैं।

उस्ताद अलाउद्दीन ख़ाँ संगीत एवं कला अकादमी (मध्यप्रदेश संस्कृति परिषद्) के आमंत्रण पर मैं *खजुराहो नृत्य समारोह* देखने दूसरी बार आया हूँ। यह प्रतिष्ठित आयोजन सन् 1975 में आरम्भ हुआ था। आयोजकों का दावा है कि अब तक तीन सौ पचास से ज़्यादा कलाकार इसमें भाग ले चुके हैं। इस वर्ष खजुराहो नृत्य समारोह का आरम्भ भुबनेश्वर के गजेन्द्र पंडा ने ओडिसी नृत्य और कोलकाता की मालविका मित्र ने कथक नृत्य से किया। दूसरे दिन दिल्ली की गीता चन्द्रन ने भरतनाट्यम और गुड़गाँव की शगुन बूटानी ने ओडिसी तथा मुम्बई की दर्शना झावेरी के नृत्य समूह ने मणिपुरी नृत्य प्रस्तुत किया। तीसरे दिन दिल्ली की विजयलक्ष्मी द्वारा प्रस्तुत केरल के मन्दिर नृत्य मोहिनीअट्टम और रायगढ़ घराने की वासंती वैष्णव द्वारा प्रस्तुत कथक के बाद मुम्बई के भरतनाट्यम नर्तक राउल डिसूजा और ओडिसी नर्तकी मिताली डिसूजा ने युगल नृत्य रचनाओं की प्रस्तुति की। अगले दिन इम्फाल के निन्गोंबम जाय सिंह एवं नृत्य समूह ने मणिपुरी पुंगचोलम, गुवाहाटी के डॉ. के. डी. गोस्वामी एवं नृत्य समूह ने सत्रिय तथा पुरुलिया के चीनिबास महतो एवं नृत्य समूह ने छाऊ प्रस्तुत किया। पाँचवें दिन पुणे की मनीषा साठे ने अपने नृत्य समूह के साथ कथक और चेन्नई से आए देश के प्रख्यात नर्तक प्रो. सी. वी. चन्द्रशेखर ने भरतनाट्यम की प्रस्तुतियाँ कीं। छठवें दिन का नृत्य कार्यक्रम त्रिशूर के केरल कलामंडलम नृत्य समूह के कथकली नृत्य से आरभ हुआ। फिर दिल्ली की किरण सहगल ने अपने नृत्य समूह के साथ ओडिसी और अहमदाबाद की ईशिरा पारिख ने मौलिक शाह के साथ युगल कथक नृत्य प्रस्तुत किया। अन्तिम दिन बेंगलुरु की वैजयन्ती काशी ने कुचिपुड़ी, दिल्ली के राजेन्द्र गंगानी ने कथक और चेन्नई की ऐश्वर्य नारायणस्वामी ने भरतनाट्यम का प्रस्तुति की।

मैं न तो नृत्यनिपुण हूँ और न ही नृत्य का रसज्ञ। मैं नृत्य का व्याकरण नहीं जानता। हाँ, मैं एक सहृदय रसिक हूँ। रंगमंच का विद्यार्थी होने के कारण नृत्य मेरी जिज्ञासाओं में शामिल रहा है। नृत्य का रंगमंच से बड़ा ही गहन सम्बन्ध है। नाटक की तरह ही जीवन्त तत्त्व के बग़ैर नृत्य का अस्तित्व सम्भव नहीं है और इसी कारण

नृत्य की कला मुझे आकर्षित करती है। यह साकार से निराकार की यात्रा है। मंच पर हम जो कुछ घटित होते हुए देखते हैं, उससे ही हमारी कल्पनाओं के द्वार खुलते हैं और फिर हमारी अनुभूति हमें निराकार की यात्रा पर लेकर चलती है। मंच पर नर्तक की जीवन्त उपस्थिति और उसकी गतियों और मुद्राओं से जिन दृश्यों की निर्मिति होती है, वे भले ही व्याकरण में बँधे हुए हों अन्ततः दर्शक अपनी अनुभूति के अनुसार छवियाँ ग्रहण करते हैं और अर्थसंधान करते हैं। मंच से नर्तक के हटते ही दृश्य लुप्त हो जाता है। गायन-वादन मंडली द्वारा प्रस्तुत शब्द और संगीत को नर्तक निराकार से साकार की यात्रा पर ले जाता है और दर्शक उसके साथ निराकार की यात्रा पर चलता है। यह समग्र प्रक्रिया एक ओर जितनी जटिल है, दूसरी ओर उतनी ही रोचक और विस्मयकारी है। यह मनुष्य द्वारा आविष्कृत सम्प्रेषण की श्रेष्ठतम् कलाओं में एक है। भरतनाट्यम के सिद्धहस्त नर्तक प्रो. सी. वी. चन्द्रशेखर को नृत्य करते हुए देखना जीवन का एक अविस्मरणीय अनुभव रहा। लगभग अस्सी साल की उम्र में मंच पर नृत्य करते हुए उनकी ऊर्जा के विस्फोट से साक्षात्कार करना किसी भी दर्शक के भावजगत को आन्दोलित कर सकता है। मनुष्य और प्रकृति की विराटता को रचते हुए वह जीवन को नए अर्थ सौंपते हैं। उनकी गतियाँ और मुद्राएँ बेहद सधी हुई थीं पर देह के स्थापत्य से परे जाकर भावपक्ष का सघन विस्तार दर्शकों को गहन अनुभूति से पूरित कर रहा था। इस उम्र में भी अपनी प्रयोगधर्मिता के कारण वे अप्रतिम हैं। कथक नृत्यांगना मनीषा साठे अपनी प्रस्तुतियों के दौरान अपनी युवा पुत्री को प्रमोट करने में लगी रहीं। उनके अनुभव और उनकी पुत्री की ऊर्जा में सही तालमेल नहीं बन सका। नृत्यसमूह में शामिल छात्राओं की अपरिपक्वता ने भी प्रस्तुति को अतिसामान्य बना दिया। लगभग यही स्थिति अगली शाम सुविख्यात नर्तकी किरण सहगल के साथ बनी। जिन नृत्य रचनाओं में वह स्वयं मंच पर नहीं थीं, उनमें ओडिसी की उल्लासमयता और गीतात्मकता का प्रभाव नहीं रचा जा सका। उनकी शिष्याओं ने कालीचरण पटनायक की रचना *जागो महेश्वर जोगी* पर आधारित राग मिश्र खमाज में शिवस्तुति का प्रस्तुतीकरण किया। इसमें शिव के विविध रूपों का चित्रण था। इन शिष्याओं ने राग भोपाली और एकताली में स्थाई नृत्य भी प्रस्तुत किया। स्वयं किरण सहगल ने जब राग यमन और रूपक ताल में निबद्ध कवि बनमाली दास की रचना *बाट छाड़ो* प्रस्तुत किया, लगा, वह जीवन की समग्र व्याप्ति और आशय को उद्‌घाटित कर रही हैं। उनका भावपक्ष बेहद सबल था। कृष्ण के प्रणय निवेदन की *संगी निरे रसरंगी निरे* में प्रस्तुति के दौरान भी उन्होंने दर्शकों को बाँधे रखा। डॉ. एन. आर. ग्रामप्रकाशन के नेतृत्व में केरल कलामंडलम के कलाकारों ने कथकली प्रस्तुत किया। खजुराहो नृत्य समारोह में कथकली की यह एकमात्र प्रस्तुति थी। नृत्य और अभिनय का दुर्लभ संयोग कथकली को शास्त्रीय कलाओं के बीच एक विशिष्ट स्थान दिलाता है। यह भारतीय अभिनय परम्परा की प्रचीनतम

शैली है। केरल कलामंडलम के कलाकारों ने बालि-वध प्रस्तुत किया। इस नृत्य रचना में कई अंश एक साथ पिरोए हुए थे। मंच पर पहले सुग्रीव का प्रवेश होता है। सुग्रीव का चरित्र-चित्रण किया जाता है। फिर बालि का प्रवेश और चरित्र-चित्रण होता है। विविध मुखमुद्राओं और अंग संचालन से दोनों नर्तकों ने प्रभावशाली दृश्यों की रचना की। बालि-सुग्रीव युद्ध में वाचिक अभिनय की प्रधानता रही। वध के बाद राम से अपनी मुक्ति की प्रार्थना करते बालि का दृश्य प्रभावशाली था और विस्तारित होकर नवीन अनुभूति दे रहा था। ईशिरा पारिख और मौलिक शाह की जोड़ी ने कथक नृत्य प्रस्तुत किया। मौलिक शाह की क्षिप्र गतियों और भारी काया के बावजूद ईशिरा पारिख की आभिजात्य भंगिमाओं के संयोग ने नृत्यानुभूति के दुर्लभ क्षणों की रचना की। ईशिरा का अभिनय पक्ष प्रभावशाली था। आरम्भ में कालिदास के रघुवंशम् के एक श्लोक से शिवपार्वती की स्तुति हुई। इस जोड़ी ने रति और कामदेव के चरित्र को कुमारसम्भवम् के कुछ चुने हुए अंशों के माध्यम से प्रस्तुत किया। *बिहरत रति आज मदन संग* पर नृत्य करती हुई ईशिरा ने अपने अभिनय पक्ष से एक नवीन लोक की रचना की।

मंच के पार्श्व में हल्के प्रकाश में अविचल खड़ा चित्रगुप्त मन्दिर समस्त प्रस्तुतियों का अविभाज्य हिस्सा बन जाता है। खजुराहो में नृत्य देखते हुए हम एक साथ इतिहास और वर्तमान, दोनों का हिस्सा होते हैं। खजुराहो से लौटकर भी हम खजुराहो में होते हैं।

अक्करमाशी की प्रस्तुति में नवाचार और प्रयोगधर्मिता

हिन्दी में किसी नये नाट्यालेख या नई नाट्यप्रस्तुति की सम्भावना मेरे लिए हमेशा आह्लादकारी रही है। रंगमंच पर नएपन की लालसा मुझे उत्सुक और जिज्ञासु बनाती है। युवा रंगकर्मी रणधीर कुमार के निर्देशन में शरण कुमार लिम्बाले की आत्मकथा *अक्करमाशी* के मंचन की सूचना से मन उत्कंठित था। रणधीर कुमार पिछले साल राष्ट्रीय नाट्य विद्यालय से स्नातक बनकर निकले। *अक्करमाशी* को लेकर मेरी उत्कंठा का आधार थी—अन्तिम वर्ष के छात्र के रूप में राष्ट्रीय नाट्य विद्यालय में गुलाब बाई के जीवन पर आधारित उनकी प्रस्तुति *गुलाब बाई*। राष्ट्रीय नाट्य विद्यालय से निकलने के बाद रणधीर कुमार ने जब अपने गृहनगर पटना में रंगकर्म करने का संकल्प लिया और रागा नामक नाट्यदल का गठन किया, मन में आश्वस्ति का एक भाव पैदा हुआ कि प्रदेश के रंगकर्म को नई गति मिलेगी। मैं नहीं जानता उनका संकल्प कब तक बना रहेगा!

शरण कुमार लिम्बाले की आत्मकथा *अक्करमाशी* अपने यथार्थ के कारण पर्याप्त चर्चित हुई थी। रणधीर कुमार ने जब इसे मंचन के लिए चुना इसकी वर्णनात्मकता मेरे लिए चिन्ता का विषय बनी। यहाँ वर्णन एकरेखीय है और विचार कथ्य के भीतर से नहीं उपजते। ऐसी स्थिति में *अक्करमाशी* के कथानक से नाटकीय स्थितियों को चुनना और इन स्थितियों से पैदा होनेवाली विडम्बनाओं को नई रंगभाषा देना बेहद चुनौतीपूर्ण था। रणधीर कुमार अपनी प्रस्तुति में इस चुनौती को स्वीकार करते हैं। वह प्रस्तुति को प्रसंगों, घटनाओं, स्थितियों, चरित्रों आदि से बोझिल नहीं करते हैं। कथानक की क्रमबद्धता और तारतम्यता के लिए उनकी प्रस्तुति में कोई रूढ़िबद्ध आग्रह नहीं है, बल्कि मानसिक संगति पर ज़ोर है और छोटे-छोटे नाटकीय क्षणों के माध्यम से ऐसे क्षण रचे जाते हैं, जो *अक्करमाशी* में वर्णित जीवन-यथार्थ को सम्प्रेषित कर सकें। दर्शक की अन्तश्चेतना को नाटक के यथार्थ से जोड़ने और संवेदनशील रंगानुभव सौंपने का रणधीर कुमार का यह प्रयास उनकी प्रयोगधर्मिता को सार्थक बनाता है।

अक्करमाशी में सम्बन्धों के धागे एक-दूसरे में उलझे हुए हैं और ये उलझनें

जीवन स्थितियों को त्रासद बनाती हैं। एक तरफ़ सवर्ण और सामन्ती समाज की नृशंसताओं, शोषण, क्रूरता, घृणा आदि का आतंककारी दबाव है, तो दूसरी तरफ़ है अभाव, अशिक्षा, उपेक्षा, भूख, अपमान आदि से उपजे हाहाकार की आँधी। यहाँ अन्तर्द्वन्द्वों के सघन अन्तर्जाल में फँसी है ज़िन्दगी। क्रोध और असन्तोष के साथ-साथ भिरुता और लालच का प्रपंच भी है, जो मानवीय सम्बन्धों को निरन्तर खंडित करता है। अक्करमाशी की नाट्यप्रस्तुति में ये तमाम रंग जीवन्तता के साथ उपस्थित हैं। रणधीर कुमार अपने अभिव्यक्ति कौशल और अपनी रंगभाषा से ऐसी स्थितियों के बीच भी सम्बन्धों की गहन संवेदना, प्रेम की रागात्मकता, उल्लास की दीप्ति, मानवीयता का उत्कर्ष, आशा और भरोसे की रंगछवियाँ रचने का प्रयास करते हैं।

अक्करमाशी, जैसा कि विदित है, एक आत्मकथा है। *मैं* सारी कथा कहता है। सारी घटनाएँ इस *मैं* के इर्द-गिर्द घटती हैं। सारे पात्र *मैं* से जुड़े हुए हैं। *अक्करमाशी* की नाट्यप्रस्तुति में मोना झा, इनाक्षी, अजीत, जयप्रकाश, मृत्युंजय, नीरज, बुल्लू, मंजय, राणा सन्तोष कमल, सुशील, कृष्ण—कुल ग्यारह अभिनेताओं का समूह शामिल है, पर कोई एक अभिनेता *मैं* के लिए निर्धारित नहीं है। बारी-बारी से सभी *मैं* की भूमिका में होते हैं। कई बार तो अभिनेता एक ही दृश्य या स्थिति में एक दूसरे का अतिक्रमण करते हुए *मैं* की भूमिका में होते हैं। इस प्रयोग के ख़तरे भी हैं, पर रणधीर कुमार अपनी प्रस्तुति में इन ख़तरों का सामना करते हैं और *मैं* के भीतर छिपे कई व्यक्तित्वों को उद्घाटित करते हैं। यह प्रयोग मन की परतों को खोलने में भी सहायक होता है और अन्तर्द्वन्द्वों की अभिव्यक्ति को तीक्ष्ण तथा गहनतर बनाता है। सादगी भरे दृश्यबन्ध के कारण प्रस्तुति में वह अभिनेताओं पर ज़्यादा निर्भर करते हैं और यह निर्भरता प्रस्तुति को अभिनय की सकारात्मक ऊर्जा से भर देती है। आज जबकि अधिकांश निर्देशक अपनी प्रस्तुतियों में अपने अभिनेता पर कम और अपने डिज़ाइन पर ज़्यादा भरोसा करते हैं; ऐसे में *अक्करमाशी* की यह प्रस्तुति मंच पर अभिनेता के महत्त्व की पुनः वापसी करती है। मंच पर उपकरणों की न्यूनता भी इसमें सहायक बनती है। देह की गतियों मुद्राओं के माध्यम से स्थितियों को अभिव्यक्त करते अभिनेता समूहन के दृश्यों को सहजता से रचते हैं। कुछ दृश्यों में शैलीबद्ध गतियों का भी उपयोग हुआ है। वाचिक अभिनय के भी कई स्तर हैं। मुद्राओं, गतियों और अभिनटन—सब मिलकर एक ऐसी रंगभाषा की निर्मिति करते हैं, जो सम्प्रेषण को सहज बनाता है और समस्त कार्यव्यापार दर्शकों तक पहुँचाता है। *अक्करमाशी* की यह दृश्यात्मक रंगभाषा शब्दों को अपेक्षाकृत अधिक सार्थकता देती है और साथ ही, इन शब्दों से अलग स्वतंत्र सम्प्रेषण के रास्ते भी खोजती है।

मोना झा पटना रंगमंच की समर्थ अभिनेत्री हैं और इस प्रस्तुति में वह अपनी अभिनय प्रतिभा से पुनः विस्मित करती हैं। मसा माँ के रूप मंच पर उनकी उपस्थिति

रेखांकित करने योग्य है। जीवन के छोटे-छोटे क्षणों में छिपी संवेदना के विराट विस्तार को मोना झा आविष्कृत करती हैं। इनाक्षी को मैं पहली बार अभिनय करते हुए देख रहा था। वह सम्भावनाओं से भरी हुई हैं और अपनी गतियों-मुद्राओं से भावाभिव्यक्ति को सहज सम्प्रेषणीय बनाती हैं। एक ओर उन्होंने शेवंती के रूप में अपने अभिनय से प्रणय दृश्य को जीवन्त किया, तो दूसरी ओर नानी की भूमिका में उनका कायांतरण भी प्रभावशाली था। पिछले दिनों दो युवा अभिनेताओं—अजीत और जयप्रकाश ने अपने अभिनय से पटना के रंगदर्शकों का ध्यान आकृष्ट किया है। *अक्करमाशी* की प्रस्तुति में इनकी शारीरिक गतियों और भाषण-योजना में ताज़गी, कुशलता और बहुस्तरीयता थी। ये नाटकीय वक्तव्यों को सहज क्रियाओं-चर्याओं द्वारा सूचित करते हैं। *अक्करमाशी* में नाटकीय विडम्बनाओं और प्रत्यावर्तनों के जटिल क्षणों से गुज़रते हुए नाटकीय संरचना को रूपाकार देना एक कठिन काम है, जिसे रणधीर कुमार इस प्रस्तुति के ग्यारह अभिनेताओं के समूह से सफलता के साथ सम्पन्न करते हैं। रणधीर कुमार की रंगदृष्टि का नवाचार उनके अभिनेताओं को उस सीमा तक मुक्त करता है कि वे कार्यव्यापार को निरन्तर जीवन्त और प्रभावी बनाए रख सकें, अपनी रंगचर्या में सूक्ष्म और सटीक ब्योरों को संयोजित कर सकें और साथ ही, अपनी रचनात्मक स्वछन्दता भी बरकरार रख सकें। *अक्करमाशी* की वेश-भूषा का अभिकल्पन सुपरिचित रंगनिदेशक परवेज़ अख़्तर ने किया है। वेश-भूषा में सादगी है, और है महाराष्ट्र के दलित समाज के यथार्थ का स्पर्श। विजयेन्द्र टाँक की प्रकाश योजना में विसदृशता का प्रभाव है, जो इस नाटक के लिए सार्थक प्रयोग है। संगीत *अक्करमाशी* का एक महत्त्वपूर्ण पक्ष है और शशिभूषण तालवाद्यों के सहारे नाटक के प्रभाव को बहुगुणित करते हैं। हालाँकि गायन में अभिनेताओं का थोड़ा और पूर्वाभ्यास अपेक्षित था।

साधन और सुविधाविहीन पटना रंगमंच अक्सर यहाँ के रंगकर्मियों की रंगनिष्ठा के बल पर ऊर्जा और गति पाता रहा है। जैसे ही शिथिलता का कुहासा घना होता है, कोई युवा आकर अपनी चमक से विस्मित कर देता है या फिर कोई पुराना अपनी शीतनिद्रा से जगकर यहाँ के रंगवातावरण को स्पन्दित कर देता है। इसके कई साक्ष्य हैं। नये रंग निर्देशक रणधीर कुमार की नाट्यप्रस्तुति *अक्करमाशी* को नवाचार और प्रयोगधर्मिता के चलते लम्बे समय तक याद किया जाएगा।

विमर्श, प्रस्तुति और कुछ क़िताबें

पिछले दिनों जब इंदिरा कला संगीत विश्वविद्यालय, खैरागढ़ (छत्तीसगढ़) के नाट्य विभाग का हबीब तनवीर पर केन्द्रित दो दिवसीय संगोष्ठी के लिए आमंत्रण मिला और वहाँ के शिक्षक योगेन्द्र चौबे से बातें हुईं, तो उनकी पुस्तक *रंगमंच : परम्परा और प्रयोग* की याद आई। खैरागढ़ जाने से पहले पूरी पुस्तक पढ़ गया। हिन्दी रंगमंच पर बहुत कम लिखा गया है या फिर जो लिखा गया है उसका बहुलांश अकादमिक है, और रंगकर्मियों के काम नहीं आता। रंगकर्मियों के पास अनुभव और व्यावहारिक ज्ञान तो है पर वे लिखने से कतराते हैं। कुछ के मन में तो इस बौद्धिक क्रिया के प्रति गहरा उपेक्षा-भाव है, फलतः अधिकांश रंगकर्मियों का रंग चिन्तन आनेवाली पीढ़ियों के लिए उपलब्ध नहीं हो पाता। उनके साथ ही विदा हो जाता है क्योंकि नाटक के मंचन को सुरक्षित नहीं रखा जा सकता। यह मंचन की समाप्ति के साथ ही मरने और पुनः मंचन के समय ही जनमने वाली कला है। योगेन्द्र युवा रंगकर्मी हैं। चार वर्ष पहले ही रानावि से प्रशिक्षित होकर निकले हैं। इस दौर में मुम्बई जाने के बदले अपने प्रदेश के खैरागढ़ जैसे छोटे क़स्बे में रंगकर्म करने और रंगकर्म पढ़ाने का उनका निर्णय कई जिज्ञासाएँ पैदा करता है। योगेन्द्र की क़िताब *रंगमंच : परम्परा और प्रयोग* में कच्चापन है, पर अपनी परम्परा के प्रति उनकी जिज्ञासा और प्रयोगों के प्रति उनकी उनकी उत्सुकता इस ओर संकेत करती है कि वह नवाचार की ऊर्जा से भरे हुए हैं। अपने रंगचिन्तन को वह अपने रंगकर्म के निकष पर परखना चाहते हैं। योगेन्द्र अपनी पुस्तक का आरम्भ ब्रेख़्त की उस कविता से करते हैं जिसमें वह जीवन्त मनुष्य को एक रंगकर्मी के लिए शिक्षा का पहला पाठ और उसके कर्मक्षेत्र को पहला विद्यालय मानते हैं। योगेन्द्र इस कविता के माध्यम से मनुष्य और जीवन में अपनी आस्था प्रकट करते हुए अपने रंगकर्म की दिशा की ओर संकेत करते हैं। वह एक व्यावहारिक रंगकर्मी हैं और ज्ञान के अनुसंधान में उनका नाट्यानुभव उनकी राह तय करता है। रंगमंच के आरम्भिक विकास की प्रक्रिया को जानने-समझने के क्रम में योगेन्द्र चौबे अपनी परम्परा का अवगाहन करते हैं। वह शेक्सपीयर की भाषा के बहाने *रंगमंच और भाषा* शीर्षक लेख में कई सार्थक टिप्पणियाँ करते हैं। अपने प्रदेश छत्तीसगढ़ पर

उनकी पैनी नज़र है और वहाँ के रंगकर्म को विश्लेषित करते हुए वह 'परम्परा को साथ लेकर आधुनिकता की ओर बढ़ रही' रंगपरम्परा से कई ऐसे तत्त्वों को चुनते हैं जो सम्प्रेषण की दृष्टि से बेहद उपयोगी हैं। योगेन्द्र चौबे को पढ़ते हुए आश्वस्ति का यह भाव जगता है कि आनेवाले दिनों में जब उनका रंगचिन्तन और प्रौढ़ होगा, नए रास्तों की खोज में महत्त्वपूर्ण भूमिका निभाएगा। इसी सन्दर्भ में पहली सितम्बर की रात विश्वविद्यालय के नाटक विभाग के छात्र-छात्राओं द्वारा योगेन्द्र के निर्देशन में मंचित नाटक *बाबा पाखंडी* को रेखांकित करना चाहूँगा। छत्तीसगढ़ की लोकनाट्य शैली *गम्मत* की नाट्य युक्तियों का उपयोग करते हुए विजयदान देथा की एक कहानी पर आधारित इस प्रस्तुति में योगेन्द्र ने लोक की आधुनिकता को रंगमंच के लिए आविष्कृत किया है। *बाबा पाखंडी* का कथानक बेहद सरलीकृत है, पर नाटक की प्रस्तुति में उसका कथ्य विस्तारित होता है और प्रभावशाली ढंग से दर्शकों तक पहुँचता है। नाटक के संक्षिप्त और मनोरंजक पूर्वरंग में दो विदूषक प्रस्तावना करते हुए समाज और समय की विडम्बनाओं की बखिया उधेड़ते हैं। विदूषकों की भूमिका में नामदेव चेलक और हेमंत साहू के अभिनटन की शैली रोचक है। तीव्र गतियों, मुद्राओं, रंगसंगीत और चुहल भरे संवादों से वे मंच पर अपने समय की प्रतिध्वनियों में रूपांतरित हो जाते हैं। नाटक का युवा नायक जो मात्र संयोगों के बल पर भविष्यवक्ता और बाबा बन जाता है तथा अन्धविश्वास की फसल काटता है, हमारे समय के रूपक की तरह सामने आता है। दूरस्थ असम से खैरागढ़ पढ़ने आए छात्र केशव मोसाहारी मंच पर अपने कार्यव्यापार और अपनी अभिनय क्षमता से ऐसी रंगत्वरा रचते हैं, जो समग्र प्रस्तुति की धुरी बन जाती है। विदूषकों की पारम्परिक गतियों से नाटक की यात्रा आरम्भ होती है, जिसे केशव अपनी चपलता से आधुनिक बनाते हैं। योगेन्द्र चौबे की रंगदृष्टि उन्हें परम्परा के बीच से आधुनिकता के सूत्र सौंपती है। वह इस तरह रंगचर्या को संयोजित करते हैं कि प्रस्तुति की गतिशीलता बनी रहती है और कौतूहल जीवित रहता है। पूरी प्रस्तुति में एक जगह पुनरावृत्ति दोष है और नाटक वहाँ कुछ क्षणों के लिए अपनी गति खोता है।

मैं हबीब तनवीर की जयन्ती पर आयोजित जिस संगोष्ठी में भाग लेने इंदिरा कला संगीत विश्वविद्यालय, खैरागढ़ पहुँचा था, उसका आरम्भ उसी दिन मंचन से पहले दोपहर बाद हुआ था। हिन्दी के शिखर व्यक्तित्व डॉ. नामवर सिंह ने संगोष्ठी का उद्घाटन किया और अध्यक्षता की विश्वविद्यालय की कुलपति प्रो. गीता पेन्टल ने। अपनी मुलाक़ातों और संस्मरणों के बहाने डॉ. नामवर सिंह ने हबीब तनवीर के रंगकर्म के कई पक्षों को उद्घाटित किया। उन्होंने हबीब तनवीर की रंगनिष्ठा को रेखांकित करते हुए यह बताया कि कैसे मनुष्य की पक्षधरता करनेवाला एक सृजनधर्मी अपने तमाम जीवन-संघर्षों के साथ-साथ अपनी रचनात्मकता के ताप को जीवित रखता है। कलात्मकता की खोज मानवीय संवेदना की रक्षा, इन दोनों की बेहतर समाज की रचना में बड़ी भूमिका होती

है। उद्घाटन सत्र के बाद विमर्श के पहले सत्र का विषय था–*लोक की अवधारणा और हबीब तनवीर*। इन पंक्तियों के लेखक ने मुख्य वक्तव्य दिया और अध्यक्ष थे–कथाकार रमाकान्त श्रीवास्तव। दूसरे दिन संगोष्ठी के दूसरे सत्र का विषय था–*हबीब तनवीर का रंगकर्म : नाट्यालेख और प्रस्तुतियाँ*। मुख्य वक्ता थे–रंगकर्मी और रंगचिन्तक देवेन्द्रराज अंकुर और अध्यक्षता की–कुशाभाऊ ठाकरे पत्रकारिता विश्वविद्यालय के कुलपति एवं रंगकर्मी सच्चिदानन्द जोशी ने। स्थानीय रंगकर्मियों और आयोजकों के आग्रह पर समापन सत्र में भी डॉ. नामवर सिंह बोले। खैरागढ़ में हबीब तनवीर आते रहे हैं और उन्होंने अपने नाटकों का मंचन भी किया है। उनको लेकर भावुकता का माहौल था। अमूमन भारतीय समाज की यह परम्परा रही है कि बड़े सृजनकर्मियों के निधन के बाद उनकी जयन्ती या पुण्यतिथि पर हम सब प्रशंसा के पुल बाँधते हुए अन्धभक्ति प्रदर्शित करने में लग जाते हैं। यह परम्परा उन तमाम रास्तों को बन्द कर देती है जिन पर यात्रा करते हुए आनेवाले समय का विमर्श रचा जा सके। साथ ही, उस सृजनकर्मी का अवदान भी कुहेलिका में घिरकर अपनी चमक और अपना ताप खोने लगता है और ऐसे में सार्थक बातचीत की सम्भावना कम होती है, पर ठीक इसके विपरीत उनको निकट से जाननेवालों, साथ काम करने वालों और प्रशंसकों ने उनके अन्तर्विरोधों और असफलताओं को भी सहजता और सतर्कता के साथ विमर्श का मुद्दा बनाया ताकि उन राहों का अन्वेषण किया जा सके जिन पर चलकर हबीब तनवीर ने रंगकर्म का शिखर प्राप्त किया। हबीब तनवीर ने अपनी सामाजिक प्रतिबद्धता और अपने रंगचिन्तन के बल पर जिस लोक और रंगपद्धति को आविष्कृत किया उसको लेकर उनके जीवनकाल में भी प्रश्न उठते रहे हैं। उन्होंने इन प्रश्नों की न तो अनदेखी की और न ही वे इनसे घबराए। आज़ादी के बाद भारतीय रंगमंच ने जो राह पकड़ी, उनकी इस राह से गहरी असहमति थी। इसी असहमति ने उन्हें नई राहों के अन्वेषण और नवीन रंगाचार के लिए प्रेरित किया। वह भारतीय समाज को अपनी पहली और अन्तिम महत्त्वपूर्ण क़िताब मानते थे। इस समाज के पन्नों पर पसरी ज़िन्दगी के तमाम सुख-दुख, विश्वास-प्रपंच, वैभव-दरिद्रताएँ उनकी रचनात्मक चिन्ता के केन्द्र में रहे और यही कारण बना कि विदेश के अपने प्रशिक्षण और अनुभवों को उन्होंने देशज रंगरूपों की तलाश के लिए समर्पित किया। *लोक की भारतीय अवधारणा और हबीब तनवीर* पर बातचीत के क्रम में यह तथ्य प्रमुखता से उभरकर सामने आया कि हमारे लोक और पश्चिम के फ़ोक में बहुत फ़र्क़ है। हमारे लोक में जीवन और जगत समग्रता में समाहित हैं जबकि पश्चिम फ़ोक के माध्यम से भदेस और अश्लील को अभिव्यक्त करता रहा है। हबीब तनवीर के लोक में इतिहास और अतीत के विचरण पर भी बातें हुईं। मनुष्य के विरुद्ध चलनेवाली तमाम हिंसक प्रवृत्तियों के प्रतिकार-स्वर को उनके नाटकों में रेखांकित किया गया। ग्रामीण कलाकारों को लेकर नगर में नाटक मंचित करने को कुछ लोग चौंकानेवाली युक्ति मानते रहे हैं। पर हबीब तनवीर इस खेल से अपनी परम्परा

के उपयोगी पक्षों को विस्मृत कर अवसान की ओर बढ़ते भारतीय रंगकर्म के लिए प्राणवायु रच रहे थे। एक ओर तो वे कथानक और रंगयुक्ति के स्तर पर देशज, पर कथ्य और विचार के स्तर पर आधुनिक रंगकर्म को नगर के लोक से परिचित करा रहे थे, तो दूसरी ओर अपनी देशज परम्परा के लिए नई ऊर्जा की खोज कर रहे थे। लोक की भारतीय अवधारणा और अंग्रेज़ी के फ़ोक के बीच के फ़र्क़ को पहचानने के क्रम में हबीब तनवीर का नाट्यचिन्तन, नाट्यलेखन और रंगकर्म प्रमाण के रूप में बार-बार सामने आता रहा। दोनों सत्रों में यह बात उभर कर सामने आई कि लोक न तो शास्त्र विरोधी होता है और न ही शास्त्र निरपेक्ष। हबीब परम्परा के दास नहीं थे। उन्होंने देशज परम्परा के उन तत्त्वों को चुना, जो अपने प्रभाव में समसामयिक, विश्वजनीन और आधुनिक थे। 'आगरा बाज़ार' से 'राजरक्त' के बीच कुछ असफलताएँ भी उनके हिस्से आईं। पर ये असफलताएँ उन्हें समाज की पक्षधरता और हिंसा का प्रतिकार करने से नहीं रोक पाईं। हबीब तनवीर की रंगनिष्ठा ने उन्हें अन्तर्विरोधों से उबरने और नया रचने के लिए हमेशा प्रेरित किया।

खैरागढ़ में ही रंगकर्मी साथी डॉ. कुंजबिहारी शर्मा द्वारा सम्पादित पुस्तक *छत्तीसगढ़ : हिन्दी रंगमंच* मिली। अपनी सीमाओं के बावजूद यह पुस्तक छत्तीसगढ़ की नाट्य सम्पदा से हमारा परिचय कराती है। उन्नीसवीं सदी के मध्य में जनमे ठाकुर जगमोहन सिंह को आज साहित्य और रंगमंच की दुनिया बिसार चुकी है। पर इस पुस्तक के आरम्भ में ही शंकर शेष, कृष्ण किशोर श्रीवास्तव और विभु खरे के साथ ठाकुर जगमोहन सिंह की चर्चा है। उन्होंने कालिदास की कुछ पुस्तकों की टीका के साथ-साथ *हुक्केवाला* नाटक लिखा था। उनकी शिक्षा-दीक्षा बनारस में हुई थी और वे भारतेन्दु हरिश्चन्द्र के निकट थे। ठाकुर जगमोहन सिंह पर केन्द्रित अपने लेख में रमेश अनुपम उन्हें भारतेन्दु के अनन्यतम सखा बताते हुए आचार्य रामचन्द्र शुक्ल के 'हिन्दी साहित्य का इतिहास' की कई टिप्पणियों के माध्यम से उनके महत्त्व को प्रतिपादित करते हैं। शंकर शेष और कृष्ण किशोर श्रीवास्तव पर क्रमशः डॉ. शैल शर्मा और शरद कोठारी की टिप्पणियों से कई सूचनाएँ मिलती हैं, पर विभु कुमार पर एक स्वतंत्र लेख की कमी खलती है। इस पुस्तक में छत्तीसगढ़ अंचल के विभिन्न जनपदों की रंगशैलियों का विवरण और गतिविधियों की सूचनाएँ उपलब्ध हैं। छत्तीसगढ़ की रंगसक्रियता चकित करती है। हिन्दीभाषी क्षेत्रों में रंगसक्रियता की कमी का रोना रोनेवालों को इस ओर नज़र भर देखना चाहिए। इस पुस्तक में प्रो. जोगलेकर, विनोदशंकर शुक्ल, डॉ. बलदेव, राजकमल नायक, अरुण काटोठे, महावीर अग्रवाल, गिरीश पंकज, उषा वैरागकर, अख़्तर अली, योगेन्द्र चौबे, बद्री सिंह कटहरिया, जयप्रकाश, राजेश गनोदवाले, विजय सिंह, आसिफ इक़बाल, संजय मैथिल आदि की टिप्पणियाँ दर्ज हैं। हबीब तनवीर के देहावसान के बाद छत्तीसगढ़ का रंगमंच उनकी स्मृतियों और चिन्तन से ऊर्जा प्राप्त कर रहा है, यह सन्तोष का विषय है।

फट जा पंचधार

छत्तीसगढ़ से लौटकर सप्ताह भर के भीतर झारखण्ड जाना हुआ। प्रदेश की राजधानी राँची से रंगगतिविधियों की ख़बरें बहुत कम आती हैं, पर रंगकर्म के लिए आधारभूत संरचना के अभाव के बावजूद झारखण्ड के रंगकर्मियों की रंगसक्रियता में कोई कमी नहीं है। राष्ट्रीय नाट्य विद्यालय से पढ़कर अपने प्रदेश लौटनेवाले रंगकर्मियों के घर में टिकने की अवधि बहुत कम होती है, पर अजय मलकानी अपनी वापसी के बाद लगभग तीन दशक से झारखण्ड (पहले दक्षिण बिहार) में सक्रिय हैं। *लहरों के राजहंस, आई भोर सुहानी, हैमलेट, इडिपस, अँधेर नगरी, उलगुलान का अन्त नहीं, नरकगाथा, चतुर रोहण, क्या छूट रहा है, ताज महल का टेंडर, अब और नहीं, स्टाम्प कलेक्शन, टॉर्चवाला, चेतना के अंकुर, आला अफसर* आदि लगभग चालीस नाटकों के निर्देशन और पचास से ज्यादा नाट्य कार्यशालाओं के संचालन के अनुभव से सम्पन्न अजय मलकानी के नाट्यदल *युवा रंगमंच* की सक्रियता इस बात का साक्ष्य प्रस्तुत करती है कि अपनी माटी और लोक की संवेदना से जुड़कर किया जानेवाला रंगकर्म ही जीवन और समाज के काम आता है। अजय मलकानी अपने समय के उन सभी महत्त्वपूर्ण सवालों से अपने रंगकर्म में टकराते हैं, जो आज हमारे बरअक्स खड़े हैं। ममस्पर्शी संवेदना के माध्यम से आधुनिकता को विस्तार देते हुए वह अपने रंगकर्म में नवाचार के पक्षधर हैं। स्त्री-जीवन के दुःखों और संघर्षों की अभिव्यक्त के लिए शृंखलाबद्ध नाट्यमंचन के क्रम में *फट जा पंचधार* दूसरी नाट्य प्रस्तुति थी जिसे देखने का अवसर मिला। हिन्दी के वरिष्ठ कहानीकार विद्यासागर नौटियाल की प्रसिद्ध कहानी पर आधारित यह प्रस्तुति, उचित प्रेक्षागृह और रंगउपकरणों के अभाव के बावजूद अजय मलकानी की रंगप्रतिभा के कारण एक सशक्त प्रस्तुति के रूप में सामने आती है। पहाड़ों में बसी स्त्रियों के जीवन के पहाड़ से दुःखों के पीछे अनन्त हाथ छिपे हुए हैं। ये हाथ कभी वर्णव्यवस्था बनकर, कभी धन की ताक़त बनकर, तो कभी पुरुष बनकर स्त्रियों के संसार को नष्ट करते हैं और कभी श्रम, कभी देह, तो कभी मन-प्राण के हर स्पन्दन को लूट ले जाते हैं। पहाड़ों से विस्थापित होकर शहरों की मंडियों में बिक जाना और मांस के लोथड़ों में तब्दील हो जाना इनका

प्रारब्ध होता है। पहाड़ की इस कथा का झारखण्ड के आदिवासी जन-जीवन से अनोखा साम्य है। झारखण्ड के जंगल की बेटियों को भी हमारे तथाकथित विकसित समाज और शहरों की नज़र लग गई है। लकड़बघ्घे शिशुओं को रात के अँधेरे में अपने जबड़ों में दाब कर उठा ले जाते हैं, पर दलाल दिन के उजाले में आते हैं और हाँक कर ले जाते हैं वनपुत्रियों को। *फट जा पंचधार* की *रखी* की पीड़ा का विस्तार भारतीय जनजीवन में चारों ओर पसरा हुआ है। अजय मलकानी इस विस्तार को अपनी रंगभाषा और रंगव्यवहार से सम्प्रेषणीय बनाते हैं। *रखी* एक साथ कई स्तरों पर संघर्ष करती है। अपने भीतर की स्त्री को जीवित बचाए रखने के क्रम में वह लगातार छीजती जाती है।...और जैसे अपने तमाम संचित पुण्यों के बल पर गांधारी ने कृष्ण को शाप दिया था, वैसे ही अपने समस्त दुःखों को सहेजकर वह पंचधार के फटने की कामना करती है। अजय मलकानी इस प्रस्तुति की रंगयुक्तियों के लिए अपनी परम्परा से बहुत कुछ ग्रहण करते हैं। समूह के दृश्यों के लिए उनकी चाक्षुष संरचना बेहद सम्प्रेषणीय है। *रखी* की भूमिका में मधु रॉय का अभिनय प्रभावशाली है। वह दर्शकों को नए रंगानुभूति कराती हैं। वीणा त्रिपाठी और गार्गी मलकानी की नृत्य गतियाँ और विनोद राय का संगीत नाटक को त्वरा देता है। विपिन कुमार की प्रकाश संरचना नाटक के प्रभाव को बहुगुणित करती है। *फट जा पंचधार* को देखने के बाद आश्वस्ति का यह भाव दृढ़ होता है कि अजय मलकानी ने अपनी रंगयात्रा की निरन्तरता में जो अनुभव अर्जित किए हैं, वे झारखण्ड के रंगमंच को नई ऊर्जा से पूरित करने के काम आएँगे।

हिंसा के विरुद्ध परवेज़ अख़्तर का न्यायप्रिय

पटना के रंगदर्शक सामाजिक सरोकारों और गहन मानवीय संवेदनाओं को अभिव्यक्त करनेवाले रंगकर्म के प्रति हमेशा उत्सुक रहे हैं। वे बहुत धीरज के साथ गम्भीर रंगप्रस्तुतियों की प्रतीक्षा करते हैं। यही कारण है कि उन्नीसवीं शताब्दी के उत्तरार्द्ध में भारतेन्दु के प्रभाव में आधुनिक रंगमंच की जो गम्भीर शुरुआत बाबू केशवराम भट्ट ने *पटना नाटक मंडली* की स्थापना से की थी, वह आज भी जारी है। भट्टजी का रंगमंच सन् अट्ठारह सौ सत्तावन के विद्रोह के बाद उपजी विषम स्थितियों और स्वतंत्रता की आकांक्षाओं को अभिव्यक्त करनेवाला राजनीतिक रंगमंच था। उनका नाटक *शमशाद सौसन* हो या *सज्जाद सुम्बुल*—इनके प्रदर्शन के राजनीतिक निहितार्थ को तत्कालीन पत्र *बिहार बन्धु* में प्रकाशित प्रदर्शन रिपोर्टों के आधार पर समझा जा सकता है। अगर हम बीसवीं शताब्दी के उत्तरार्द्ध के बाद की बात करें तो पटना के कई रंगनिर्देशकों को उनके गम्भीर सामाजिक सरोकारों वाले रंगकर्म के लिए चिह्नित किया जा सकता है। परवेज़ अख़्तर इस सिलसिले की एक महत्त्वपूर्ण कड़ी हैं। उनका रंगमंच निःसन्देह राजनीतिक रंगमंच है, जो सामाजिक सरोकारों और मानवीय संवेदनाओं के प्रति सजग और गम्भीर है। ऐसे रंगमंच के सामने सरलीकृत होने के पर्याप्त ख़तरे होते हैं, पर परवेज़ अख़्तर ऐसे ख़तरों के प्रति निरन्तर सचेत रहे हैं और उनकी कलात्मक तथा प्रयोगधर्मी प्रस्तुतियाँ पिछले तीस सालों से रंगदर्शकों के लिए उत्सुकता और आकर्षण का केन्द्र रही हैं। *गिनीपिग, हानूश, महाभोज, माधवी, सत्यहरिश्चन्द्र, अन्त नहीं, मुक्तिपर्व, दूर देश की कथा, राशोमन, अन्धायुग, नरमेध* आदि उनके द्वारा निर्देशित कुछ ऐसे नाटक हैं, जिनकी प्रस्तुति करते हुए उन्होंने रंगदर्शकों को भिन्न आस्वाद दिया है। परवेज़ अख़्तर के रंगकर्म में हिंसा के विरुद्ध संघर्ष का स्वर हमेशा तीव्र रहा है। कुछ वर्षों पहले उनकी प्रस्तुति *नरमेध* में भीष्म साहनी की तीन कथाएँ—*साग-मीट, त्रास* और *अमृतसर आ गया* गुँथी हुई थीं। इस प्रस्तुति में परवेज़ अख़्तर ने मनुष्य के भीतर, कहीं बहुत गहरे बसी घृणा, असहिष्णुता और हिंसा की परत-दर-परत खोलते हुए उनके कारणों की पड़ताल की थी। *नटमंडप* की नवीनतम प्रस्तुति *न्यायप्रिय* को निर्देशित करते हुए वह हिंसा के उस गझिन और

व्यापक संसार में प्रवेश करते हैं, जो बिना किसी मुखौटे या आवरण के सीधे-सीधे राजनीति से जुड़ी है। *न्यायप्रिय* प्रख्यात लेखक अल्बेयर कामू के प्रसिद्ध फ्रेंच नाटक *स्मे रनेजमे* का हिन्दी अनुवाद है। प्रो. शरतचन्द्रा और समाजवादी चिन्तक सच्चिदानन्द सिन्हा के दो अलग-अलग अनुवादों के आधार पर निर्देशक ने प्रस्तुति-आलेख तैयार किया है। इस प्रस्तुति-आलेख में नाटक को भारतीय परिवेश में ढाला गया है। नाटक देखने जाने से पहले मेरे लिए चिन्ता का सबब यह था कि यह भारतीयकरण इस नाटक की मूल चेतना की अभिव्यक्ति में कोई उलझन न पैदा कर दे। परन्तु प्रस्तुति में ठीक इस चिन्ता के विपरीत नाटक की मूल चेतना अपनी समग्र अर्थवत्ता के साथ विस्तारित होती है। हिंसा, और स्पष्ट शब्दों में कहें तो राजनीतिक हिंसा आज भारत ही नहीं, तमाम ग़रीब और विकासशील देशों में कई-कई रूपों में गतिशील है। हिंसा आज पूरी दुनिया में नए सन्दर्भों के साथ ज़ेरे-ए-बहस है। धर्म, समुदाय, राजनीतिक और आर्थिक वर्चस्व, नृवंशीय श्रेष्ठता आदि को लेकर हिंसा-प्रतिहिंसा का खेल चल रहा है। न्याय, करुणा, मनुष्य की गरिमा आदि की रक्षा के लिए चलनेवाले संघर्ष में भी हिंसा का पाश्विक और क्रूर रूप आज आम बात है। ऐसे में अल्बेयर कामू का यह नाटक प्रस्तुति के दौरान परवेज़ अख़्तर के रचनात्मक संस्पर्श और मानवीय सरोकारों के लिए प्रतिबद्ध वैचारिकता के कारण समकालीन और स्थानीय हो जाता है। इसकी समकालीनता और स्थानीयता ही इसे वैश्विक बनाती है। *न्यायप्रिय* को प्रस्तुत करते हुए परवेज़ अख़्तर यथार्थवादी प्रस्तुतिशैली को अपनाते हैं, पर वह यथार्थवादी रंगशैली की रूढ़ियों से प्रस्तुति को मुक्त रखते हैं और सहज भाव से घटनाओं, स्थितियों, चरित्रों आदि को विकसित होने देते हैं। परवेज़ अख़्तर प्रस्तुति के भीतर से ही अपनी रंगभाषा उपजाते हैं और रंगतनावों को उनके उत्कर्ष की यात्रा की ओर उन्मुख करते हैं। अक्सर उनके नाटकों में धीमी शुरुआत होती है। हर बार की तरह धीमी शुरुआत के बावजूद *न्यायप्रिय* में वह कथ्य के आवेग को एक सन्तुलित प्रवाह के साथ दर्शकों तक पहुँचाते हैं।

अल्बेयर कामू ने इसे सन् 1905 के रूस की पृष्ठभूमि में रचा है। यह नाटक उस काल की निरंकुश सत्ता के विरुद्ध संगठित विद्रोहियों की आतंकवादी गतिविधियों पर केन्द्रित है। भारतीय पृष्ठभूमि में यह प्रस्तुति गुलाम भारत के काल की कथा कहती है। *"...एक भूमिगत क्रांतिकारी दल अँगरेज़ कलेक्टर की हत्या की योजना बनाता है, जिसमें शामिल होने के लिए कनाडा में फरारी जीवन जी रहा तेजप्रताप यहाँ आता है। शेखर जो दल में मस्ताना के नाम से मशहूर है, निश्चित कार्रवाई के दिन अँगरेज़ कलेक्टर की बग्घी में बच्चों को देखकर बम नहीं फेंक पाता। दल में इसको लेकर तीखी बहस शुरू हो जाती है। दमयंती दल की एक पुरानी सदस्य है जो शेखर से प्रेम करती है। दल-प्रमुख बलदेव दो दिन बाद बम फेंकने की योजना बनाता है। कलेक्टर की हत्या के बाद शेखर गिरफ़्तार हो जाता है। जेल में खुफ़िया*

विभाग का अधिकारी शेखर को कई प्रलोभन देता है। शेखर से मिलने मारे गए अँगरेज़ कलेक्टर की पत्नी और पंडित त्रिवेदी भी पहुँचते हैं, ताकि वह प्रायश्चित कर ले। शेखर को फाँसी लगती है। फाँसी के दिन एक गहरी पीड़ा से गुजरती दमयंती अगला बम फेंकने और फाँसी के तख्ते तक पहुँचने का निश्चय करती है।"

न्यायप्रिय का दृश्यविधान सहज है। ऊपर से लचीला पर भीतर ही भीतर कसा हुआ। इस सहज कसाव को साधना आसान नहीं, पर यही परवेज़ अख़्तर की विशिष्टता है। मंच के कार्यव्यापार में भी सादगी और सहजता है। नाट्य की जटिलताओं को सहज सम्प्रेषणीय बनाते हुए परवेज़ अख़्तर रंगतनाव रचते हैं। आतंकवाद और क्रांतिकारिता के बीच का फ़र्क़ बेहद महीन है। क्रांति की हठधर्मी रूढ़ियाँ उसे भटकाकर अन्धनिर्णयों और अतिरेक और असफलताओं की ओर ले जाती हैं। इन असफलताओं से पैदा हुई कुंठा और हताशा का संसार भयावह और नारकीय होता है। *न्यायप्रिय* की प्रस्तुति यह रेखांकित करती है कि क्रांति जीवन विरोधी नहीं होती। जीवन की पक्षधरता ही क्रांति की अवधारणा का मूलाधार है। जीवन के वे तमाम पक्ष, वे तमाम क्रियाएँ, वे तमाम कोमल राग; जो मानवीय संवेदनाओं की निर्मिति का आधार होती हैं उनकी रक्षा और पुनर्रचना ही क्रांति का एकमात्र घ्येय होता है। विवेकहीन क्रांति मनुष्य को गुलामी से मुक्ति नहीं दिला सकती।

न्यायप्रिय में *नटमंडप* के अलावा पटना रंगमंच के अन्य नाट्यदलों के अभिनेता भी मंच पर थे। जावेद अख़्तर ख़ाँ, मोना झा, निवेदिता और विनोद कुमार जैसे वरीय अभिनेताओं के साथ अपेक्षाकृत युवा अभिनेताओं अजीत कुमार, अनीश अंकुर, जयप्रकाश यादव, राजू कुमार और बुल्लू कुमार को मंच पर अभिनय करते हुए देखना भी सुखद और रोचक था। जावेद अख़्तर ख़ाँ अपने अभिनय की रूढ़ियों से पूरी तरह मुक्त और सहज थे। उनके अभिनय में नवाचार दिखा। वे एक चिन्तनशील अभिनेता हैं। उन्होंने जब-जब अपनी रूढ़ियों का अतिक्रमण किया है, अभिनय के नए प्रतिमान क़ायम किए हैं। *न्यायप्रिय* में वह अपने अभिनटन से तेजप्रताप के चरित्र को नया क़द सौंपते हैं। पाँच दिनों के प्रदर्शन में अन्तिम दो दिन तेजप्रताप की भूमिका में अनीश अंकुर थे। अनीश अंकुर आरम्भिक प्रदर्शनों में भीमा की भूमिका में थे। उन्होंने एक समर्थ अभिनेता के रूप अपनी पहचान को पुनः स्थापित किया। दमयंती की भूमिका में थीं मोना झा। दमयंती का चरित्र बहुस्तरीय है। एक ओर उसके भीतर है देश और समाज की स्थितियों से उपजी क्रांतिधर्मी दृढ़ता तो दूसरी ओर है प्रेम और अनुराग की स्निग्धता। कठोर और भावविहीन चेहरे के साथ भावनाओं और विचारों की अभिव्यक्ति एक चुनौती भरा काम है। मोना झा अपने अभिनय की अनुभव-सम्पदा का भरपूर उपयोग करती हैं और दमयंती के अन्तर्द्वन्द्वों को अभिव्यक्त करती हुई सम्भाषण-कला का अनुपम प्रदर्शन करती हैं। पिछले कुछ सालों

में पटना रंगमंच के जिन अभिनेताओं ने रंगदर्शकों का ध्यान खींचा है, उनमें अजीत कुमार और जयप्रकाश यादव प्रमुख हैं। क्रांतिकारी दल के प्रमुख बलदेव की भूमिका में अजित कुमार और शेखर 'मस्ताना' की भूमिका में जयप्रकाश यादव ने अपनी अभिनय प्रतिभा का सशक्त प्रदर्शन किया। दोनों अभिनेताओं ने अपनी गतियों, मुद्राओं और संवाद प्रक्षेपण के नवाचार से आश्वस्ति का यह भाव सौंपा कि आनेवाले दिनों में पटना रंगमंच पर अभिनय-कला में बहुस्तरीय विकास दिखता रहेगा। विनोद कुमार पटना रंगमंच के पुराने अभिनेता हैं। वह नरेन बनर्जी की अपेक्षाकृत छोटी-सी भूमिका में थे, पर उनकी उपस्थिति मंच को नई त्वरा देती है। वह अपने अभिनय-कौशल से दर्शकों को नए रंगानुभव देते हैं। निवेदिता को एक लम्बे अन्तराल के बाद मंच पर अँगरेज़ कलेक्टर की पत्नी के रूप में देखना सुखद लगा। उनकी वेशभूषा प्रभावोत्पादक थी, जिसे नग्मा ख़ान ने तैयार किया था। यूसुफ के अतिशय भावुक चरित्र में राजू कुमार ने भी पटना रंगमंच पर अपनी महत्त्वपूर्ण उपस्थिति दर्ज की है। विज्येन्द्र टांक की प्रकाश-संरचना में प्रयोगधर्मी होने के पर्याप्त अवसर थे।

परवेज़ अख़्तर द्वारा निर्देशित *नटमंडप* की यह प्रस्तुति हिंसा भरे समय के इस कोलाहल में मानवीय मूल्यों के पक्ष में आवाज़ मुखर करती है और क्रांतिकारिता के उच्चतम आदर्शों की पुनर्स्थापना करती है। आज आनन-फ़ानन में कुछ भी मंचित करने की होड़ मची हुई है। ऐसे में गहन पूर्वाभ्यास के बाद एक सशक्त और प्रभावशाली प्रस्तुति के साथ *नटमंडप* और परवेज़ अख़्तर की सक्रियता का विशेष महत्त्व है।

छत्तीसगढ़ में रंग के विविध रंग

मुक्तिबोध राष्ट्रीय नाट्य समारोह में भाग लेने मैं आज सुबह रायपुर पहुँचा। आज मुक्तिबोध की जयन्ती है। इस अवसर पर छत्तीसगढ़ में होना मुझे स्फुरण से भर गया। राजनांदगाँव में दिग्विजय कॉलेज की बावड़ियाँ और उसके सामने के फाटक के ठीक ऊपर स्थित लम्बोतरे कमरे में बनीं सर्पिल काली सीढ़ियाँ बार-बार कौंध रही हैं। मुक्तिबोध की कविता-पंक्तियाँ उन बावड़ियों की अतल गहराई से निकलती हैं और ऊपर पसरे रहस्यमय अँधियारे को पार करती हुई फैल जाती हैं, दिक्-दिगन्त् में...*आश्चर्य!! अद्भुत!! लोगों की मुट्ठियाँ बँधी हैं।/उँगली-सन्धि से फूट रही किरनें लाल-लाल/यह क्या!! मेरे ही विक्षोभ-मणियों को लिये वे,/मेरे ही विवेक-रत्नों को लेकर,/बढ़ रहे लोग अँधेरे में सोत्साह।*...तीन साल पहले आनन्द हर्षुल, रवीन्द्र शाह, जयप्रकाश और आसिफ अली (जो अब नहीं रहे) के साथ मुक्तिबोध का स्मारक देखने राजनांदगाँव गया था। हम सबों को अपने मित्र सुभाष मिश्र के गाँव बारा सिवनी जाना था। सूर्यास्त के बाद हमलोग वहाँ से बारा सिवनी के लिए निकले थे। इन तीन सालों में वे बावड़ियाँ और सीढ़ियाँ कभी नहीं बिसर सकीं। जब कभी मुक्तिबोध को याद किया, वे आँखों के सामने कौंध गईं और मन सिहर-सिहर उठा। आज सुबह रायपुर पहुँचते ही यही आलम रहा।...*एकाएक हृदय धड़ककर रुक गया, क्या हुआ!!/नगर से भयानक धुआँ उठ रहा है,/कहीं आग लग गई, कहीं गोली चल गई।/सड़कों पर मरा हुआ फैला है सुनसान,/हवाओं में अदृश्य ज्वाला की गरमी/गरमी का आवेश!...गेरुआ मौसम, उड़ते हैं अंगार,/जंगल जल रहे ज़िन्दगी के अब*...थोड़ी देर बाद सुभाष के घर नाश्ते पर एम. एस. सथ्यू से मुलाक़ात हुई। आज शाम उन्हें इस नाट्य समारोह का उद्घाटन करना है। कल उनके नाटक का भी इस समारोह में मंचन होना है। अस्सी पार के इस फ़िल्मकार और नाट्यकर्मी में ग़ज़ब की स्फूर्ति, उत्साह और रचने की आकुलता भरी हुई है। वे प्रेक्षागृह के ब्लैकबॉक्स कॉन्सेप्ट पर बातें करते रहे। मुम्बई इप्टा के अध्यक्ष कुलदीप सिंह भी उनके साथ थे। शाम में नाट्य समारोह के उद्घाटन सत्र के दौरान मुक्तिबोध के सुपुत्रों—रमेश मुक्तिबोध और दिवाकर मुक्तिबोध से मुलाक़ात हुई। संक्षिप्त उद्घाटन-सत्र में सथ्यू ने कई ज़रूरी

मुद्दे उठाए। रंगमंच के लिए आधारभूत संरचनाओं के अभाव से जूझने के लिए प्रेरित किया। महानगरों से बाहर निकलने पर हिन्दीभाषी क्षेत्रों में रंगमंच के लिए सिर्फ़ अभाव ही अभाव मिलता है। ऐसी जगहों का रंगकर्म रंगकर्मियों के विकट उत्साह और समर्पण के बल पर ही जीवित है। अगर हम रायपुर की ही बात करें तो यह यहाँ के रंगकर्मियों की रंगऊर्जा की उत्कटता ही है जो मुक्तिबोध नाट्य समारोह विगत तेरह सालों से निर्बाध चल रहा है। और इप्टा ने ही सन् 2010 से हबीब तनवीर की पुण्यतिथि पर हर साल एक और राष्ट्रीय नाट्य समारोह आयोजित करने की घोषणा की है।

उद्घाटन-सत्र के तत्काल बाद समारोह का पहला नाटक *इज़ी कम्युनिकेशन्स, मुम्बई* ने मंचित किया। जावेद सिद्दिक़ी के नाटक *हमसफ़र* को सलीम आरिफ़ ने निर्देशित किया था। नाटक का कथ्य हिन्दी रंगमंच के लिए नया नहीं था। पति-पत्नी के रिश्ते में व्यक्तित्वों के अहं के टकराव, रोज़मर्रा की किचकिच और महानगरीय जीवनशैली की अराजकताओं से पैदा हुए तनाव की कथा कहते इस नाटक में कुछ भी ऐसा नहीं था जो नए रंगानुभव दे सके। नाट्यालेख पर जावेद सिद्दिक़ी के फ़िल्म-लेखन का प्रभाव स्पष्ट था। निर्देशक ने गुलज़ार की नज़्मों को उन्हीं की आवाज़ में रिकॉर्ड कर नाटक के बीच-बीच में उपयोग किया था। नाटक की प्रस्तुति के समग्र ढाँचे में गुलज़ार की नज़्में और आवाज़ पैबन्द की तरह लग रही थी। यह दर्शकों को चकित करने या भरमाने का एक फार्मूला था जिसे निर्देशक ने प्रयोग का नाम दिया था। पति–पत्नी की भूमिका में किरण कर्माकर और लुबना सलीम की अभिनय क्षमता ने दर्शकों को बाँधे रखा। दोनों सहज थे और नाट्यालेख तथा प्रस्तुति में नाटकीय क्षणों के अभाव के बावजूद अपने अभिनटन से नाट्य की सर्जना कर रहे थे।

नाट्य समारोह के दूसरे दिन की शाम *इप्टा*, मुम्बई ने एम. एस. सथ्यू के निर्देशन में एक कन्नड़ नाटक के अनुवाद *गिरजा के सपने* को मंचित किया। गिरजा के जीवन के केन्द्र में हैं वे सारे सपने, जो हमें हिन्दी सिनेमा सौंपता है और उसके सपनों का राजकुमार है–शाहरुख ख़ान। गिरजा के गाँव-घर और लोग-बाग के जीवन की वास्तविकताओं का उसके सिनेमाई सपनों से कोई सम्बन्ध नहीं। अपने इन सपनों के मायाजाल में उलझी गिरजा की शादी शाहरुख के बदले गाँव के एक युवक से होती है। फिर आरम्भ होता है सपनों और जीवन के यथार्थ के बीच लुकाछिपी का खेल। यथार्थ की आँच में जब-जब जीवन झुलसता है, गिरजा उसका सामना करने के बदले सपनों के इन्द्रजाल के बीच से रास्ते तलाशती है। इस बीच गिरजा दो बार माँ बनती है। विदेशी बैंकों से क़र्ज़ लेने और प्राकृतिक आपदाओं से फसलों के नष्ट होने का सिलसिला चलता रहता है, और एक दिन उसका पति आत्महत्या कर लेता है। पूँजी और प्रभुता के मायावी गठजोड़ के प्रपंच से उपजी इस हिंसा की मार झेलते

भारतीय किसानों के दारुण दुःख को अभिव्यक्त करने के लिए सथ्यू अति सरलीकृत रंगयुक्तियों का उपयोग करते हैं। वे प्रस्तुति में किसानों की समस्याओं और उत्तर कर्नाटक की शैलीबद्धता का दावा तो करते हैं, पर गाँव-किसान और उनके जीवनानुभव-संवेदनाएँ एक सिरे से अनुपस्थित हैं। कोई पारम्परिक रंगशैली या किसी रंगशैली के साथ नवाचार से पैदा होनेवाली आधुनिक रंगयुक्तियाँ भी देखने को नहीं मिलतीं। सथ्यू अपनी प्रस्तुति में सिनेमा की युक्तियों का उपयोग अवश्य करते हैं और चित्रात्मक रंगभाषा रचना चाहते हैं, पर उनकी यह रंगभाषा सिर्फ़ कथानक को आगे बढ़ाती है, कथ्य विस्तारित नहीं होता, बल्कि पीछे छूट जाता है। *गिरजा के सपने* में समस्या की गहराई में उतरे बिना अख़बारी कतरनों के आधार पर सरलीकृत और अविश्वसनीय हल ढूँढ़ते हुए एम. एस. सथ्यू आज भी इप्टा की प्राचीन रूढ़ियों में घिरे दिखते हैं। क़र्ज़ देनेवाले विदेशी बैंकों के प्रतिनिधि पात्र के रूप में 'जटायु' नामक गिद्ध की कल्पना करते हुए वे एक भारी चूक कर बैठते हैं। गिद्ध तो ठीक है, पर 'जटायु' हमारे मिथकों में संवेदनशील, मित्र और योद्धा के रूप में चित्रित होता रहा है। *गिरजा के सपने* का सबसे सबल और रचनात्मक पक्ष है—कुलदीप सिंह का रंगसंगीत। इस रंगसंगीत के बल पर ही *गिरजा के सपने* की प्रस्तुति दर्शकों को रोके रखती है। नाट्य समारोह की तीसरी शाम मुम्बई के ही नाट्यदल *अरण्या थियेटर* ने मानव कौल लिखित-निर्देशित नाटक *बलि और शम्भू* को मंचित किया। विगत सालों में जिन युवा प्रतिभाओं ने रंगकर्म की दुनिया में सृजनशीलता के नवाचार और मौलिक दृष्टि से अपनी विशेष पहचान क़ायम की है और साथ ही हिन्दी रंगमंच को जीवन्तता दी है, उनमें मानव कौल को प्रमुखता से रेखांकित किया जाना चाहिए। *बलि और शम्भू* में वह मानवीय संवेदना के कुछ ऐसे पक्षों को उद्घाटित करते हैं, जो आज जीवन की निरर्थक आपाधापी में ओझल हो चुके हैं। नाट्यालेख और प्रस्तुति दोनों स्तरों पर मानव कौल हमारी आत्मा के गह्वरों में उतरने की कोशिशें करते हैं। उनकी रंगभाषा नाटक के कथ्य को सहज, परन्तु कलात्मक ढंग से विस्तारित करती है। एक तरफ़ शम्भू के अतीत के गर्भ से उपजती उसकी बेटी तितली की स्मृतियों की द्युति है, जो क्षण भर के लिए कौंधती है। यह क्षण विस्तारित होकर जिस संसार की निर्मिति करता है वहाँ सुख है,...पीड़ा के रस में पगा हुआ सुख। असमय काल-कवलित हो चुकी तितली की स्मृति-छवियाँ हथेलियों की आड़ बनकर वृद्ध पिता शम्भू के जीवन की काँपती लौ को बार-बार घेर लेती हैं। दूसरी ओर बूढ़े बलि के वर्तमान जीवन के यथार्थ की किरचें हैं। ये किरचें चुभती रहती हैं बलि के मन-प्राण में, और रचती हैं मर्मान्तक मौन। यह मौन जितना गहन होता गया है, बलि उतना ही मुखर। नाटक का रंगस्थल है वृद्धाश्रम। शम्भू की इच्छा के विरुद्ध तितली शुभंकर से विवाह कर लेती है और एक दुर्घटना में उसकी मृत्यु हो जाती है। शम्भू के लिए शुभंकर अपराधी है। वह उससे मिलना नहीं चाहता। बलि अपने परिवार की उपेक्षा के कारण मर्माहत

है। तितली की स्मृतियाँ और डॉ. झिलमिल की आत्मीय-स्नेहिल उपस्थिति यहाँ जीवन के सूत्र हैं। शुभंकर के पहुँचने से पहले शम्भू की मृत्यु, बलि को शम्भू मानते हुए शुभंकर की स्वीकारोक्तियाँ और अन्त में जब बलि को यह मालूम होता है कि शुभंकर को शम्भू की मृत्यु की सूचना मिल चुकी थी, नाटक में संवेदन का अछोर विस्तार करते हैं। मानव कौल किसी अतिरिक्त नाट्य-युक्ति का उपयोग किए बिना अपने अभिनेताओं की अभिनय क्षमता पर भरोसा करते हैं। भारतीय रंगमंच पर अभी डिज़ाइन का कोलाहल मचा हुआ है। ऐसे में अभिनय की वापसी की दृष्टि से भी यह प्रस्तुति रेखांकित करने योग्य है। रंगमंच और फ़िल्मों के सुपरिचित अभिनेता सुधीर पांडेय और युवा अभिनेता कुमुद मिश्र अपने अभिनटन से सिर्फ़ चरित्रों को रूपाकार ही नहीं देते, बल्कि अपनी चेष्टाओं और भंगिमाओं से मानव-मन की बारीकियों को भी उकेरते हैं। वे नामालूम-से क्षणों को प्राणवन्त कर फुदकते हुए पंछियों की तरह मंच पर छोड़ देते हैं ताकि वे अपनी लीला स्वयं रच सकें।

रंग विदूषक, भोपाल की प्रस्तुति *तुक्के पे तुक्का* नाट्य समारोह की चौथी प्रस्तुति थी। राजेश जोशी और बंसी कौल लिखित तथा बंसी कौल द्वारा निर्देशित इस प्रस्तुति को मैं लगभग पन्द्रह वर्षों बाद दूसरी बार देख रहा था। इसे दुबारा देखते हुए मेरे मन में कई प्रश्न पैदा हो रहे थे। बंसी कौल भारतीय रंगमंच के महत्त्वपूर्ण निर्देशक हैं और एक डिज़ायनर के रूप में उनकी पर्याप्त ख्याति रही है। उनकी प्रस्तुति में रंगमंच पर रंगों, रेखाओं, गतियों, मुद्राओं के अपने निहितार्थ होते हैं। इन्हीं कारणों से इस प्रस्तुति को पहली बार देखते हुए मैं विस्मित हुआ था, पर इस बार यह जादू पूरी तरह टूट चुका था। कुछ नाट्यालेख और कुछ प्रस्तुतियाँ एक समय के बाद अपनी चमक क्यों खो देती हैं? कथ्य के अभाव की पूर्ति क्या निर्देशक और अभिनेता की प्रतिभा से हो सकती है? लोक नाटक जैसे रूपबन्ध वाले इस नाटक में लचीलापन है, प्रवाह और प्रगीतात्मकता की असीम सम्भावनाएँ हैं। फिर भी प्रस्तुति की गति लगातार टूटती रही। गीतों और संवादों में हास्य-विनोद, वाक्चातुर्य और चुहल के बावजूद कार्यव्यापार एकरेखीय चलता रहा। उदय शहाणे के अभिनय में एकरसता थी। वह थके-हारे लग रहे थे। इस बार बंसी कौल के विदूषक विचारक नहीं लगे।

पाँचवीं शाम *इप्टा*, रायपुर ने योग मिश्र द्वारा रूपान्तरित हरिशंकर परसाई की कहानी *मातादीन चाँद पर* को काशी नायक के निर्देशन में *पुलिस ट्रेनिंग* शीर्षक से और *द राईजिंग सोसायटी ऑफ आर्ट एण्ड कल्चर*, भोपाल ने महेश एलकुंचवार के नाटक *वासांसि जीर्णानी* को चन्द्रहास तिवारी के निर्देशन में प्रस्तुत किया। विजय तेंडुलकर की तरह महेश एलकुंचवार भी उन नाटककारों की श्रेणी में आते हैं, जिन्होंने साहसिकता के साथ स्त्री-पुरुष सम्बन्धों को अभिव्यक्ति दी है। इनकी रूढ़िभंजक आक्रामकता ने मन के अन्ध गह्वरों में छिपे सम्बन्धों के असामान्य गुंजलकों को

खोलकर मानवीय प्रपंचों को उजागर किया है और यही कारण है कि इनकी नाट्य रचनाओं को लेकर असर विवाद भी होते रहे हैं। *वासांसि जीर्णानि* में महेश एलकुंचवार सूक्ष्मता और बेहद संयम के साथ अपनी आत्मा पर बोझ लेकर सम्बन्धों का झूठ जीते लोगों के मन की गुत्थियों को खोलते हैं। उनकी अन्तर्दृष्टि जटिल मानसिक स्थितियों को इस तरह रूपायित करती है, मानो कोई असमय सूख गए फूल की पंखुड़ियों को हौले-हौले उतार रहा हो और ढूँढ़ रहा हो वृन्तों-कुक्षियों पर ठिठके पराग कणों को। *वासांसि जीर्णानि* एक सशक्त नाट्यालेख है, जो निर्देशक और अभिनेताओं के लिए चुनौतियाँ प्रस्तुत करता है। नाटक के निर्देशक चन्द्रहास तिवारी इन चुनौतियों का गम्भीरता से सामना करते हैं और रंगदर्शकों तक कथ्य का सधन विस्तार पहुँचाते हैं। मध्यवर्गीय परिवारों के दोमुँहेपन की यह कथा सम्प्रेषण के लिए सन्तुलित नाट्य-भंगिमाओं की माँग करती है। इसकी संरचना में केवल असन्तोष, अविश्वास, कटुता और प्रपंच के सूत्र ही नहीं, बल्कि प्रेम, समर्पण और करुणा के गहरे रंग भी हैं। चन्द्रहास तिवारी ने इन रंगों की छवियों को भी उद्घाटित करने का प्रयास किया है हालाँकि उनके अभिनेता कई स्थलों पर उनका साथ नहीं देते। यह प्रस्तुति बहुस्तरीय अभिनय की माँग करती है। मेलोड्रामाई रुदन पीड़ा के आवेग और करुणा की सघनता को क्षीण करता है। फिर भी, प्रस्तुति की संरचना में बहुरेखीय गतियों से एक विशेष लय की निर्मिति होती है और इसी लय के साथ दर्शक अन्तर्यात्रा पर निकलते हैं। इस यात्रा में कई पड़ाव आते हैं। चन्द्रहास इन पड़ावों के नाटकीय विराम को अपनी रंगचर्या से प्रभावशाली बनाते हैं। अपने लक्ष्य के निकट पहुँचते ही नाटक की गति सघनतर होती जाती है। अन्त में मटकी के फूटने की युक्ति एक प्रभावकारी पटाक्षेप रचती है, मानो आत्मा का कोई फोड़ा फूटे और सारा मवाद निकल जाए। प्रीति झा प्रोफ़ेशनल थिएटर से जुड़ी रही हैं। उनकी अनुभव-सम्पन्नता का लाभ प्रस्तुति को मिला। अपने चेहरे पर पाषाणता का कवच लगाकर भावों की अभिव्यक्ति से माँ की भूमिका को उन्होंने अर्थगर्भी बनाया। तारीक ख़ानदाद, इंदिरा तिवारी, बाल तानाजी, सोनाली समर्थ अभिनेता हैं, पर उन्हें मन के अँधेरे कोनों में उतरने के लिए अभिनय की कुछ और युक्तियों की तलाश भी करनी होगी। मेज़बान नाट्यदल इप्टा रायपुर की प्रस्तुति *पुलिस ट्रेनिंग* एक कच्ची प्रस्तुति थी। पूर्वाभ्यास का अभाव स्पष्ट दिख रहा था। योग मिश्र के रूपांतरण में कसाव था और नाट्य की सम्भावनाएँ छिपी हुई थीं। निर्देशक काशी नायक नाट्य को रूपायित नहीं कर सके। समारोह के दौरान मेज़बानी के दबाव के साथ-साथ अभिनेताओं के लिए प्रशिक्षण के अभाव का असर भी प्रस्तुति पर पड़ा। काशी नायक, सलीम ख़ान, ज्ञानेन्द्र रहांगडाले, ललित देवांगन आदि में सम्भावनाएँ हैं, पर आवश्यक है कि इन सम्भावनाओं के द्वार खोले जाएँ। इप्टा रायपुर के पुराने साथियों मिन्हाज़ असद, अरुण काठोटे, सुभाष मिश्र आदि को इस दिशा में गम्भीरता से सोचना चाहिए।

नाट्य समारोह की अगली शाम विजय कुमार के निर्देशन में *मंच*, मुम्बई ने अजय शुक्ल के नाटक *दूसरा अध्याय* को मंचित किया। रंगमंच को प्रयोगभूमि कहा जाता है। रंगमंच पर असफलताओं-सफलताओं से ज़्यादा महत्त्व प्रयोगधर्मिता और नवाचार का होता है। यह विजय कुमार की असफल प्रस्तुति थी। अजय शुक्ल के आलेख में जिन समस्याओं और जीवनस्थितियों को उठाया गया है, वे रंगमंच के लिए नई नहीं हैं। नाटककार और निर्देशक की दृष्टि कथ्य को संवेदनात्मक विस्तार देने में असमर्थ रही है। संवादों में गहराई का अभाव है। विजय कुमार कमज़ोर नींव पर अपने नाटक का ढाँचा खड़ा करना चाहते हैं और असफल होते हैं। नाटक की प्रस्तुति संरचना में किसी नवाचार या नई दृष्टि का आभास नहीं होता। उनके अभिनेता अंशु सिंह के अभिनय में बहुस्तरीयता नही थी। मंच पर उनकी मुद्राएँ, गतियाँ यानी कि सम्पूर्ण उपस्थिति ऊब पैदा कर रही थी। उनकी अपेक्षा शाइस्ता रशीद सहज थीं और अपने अभिनटन से नाटक को खींचने का प्रयास कर रही थीं। विजय कुमार अपनी पूर्व प्रस्तुतियों से दर्शकों को नाट्य के प्रति उत्सुक बनाते रहे हैं। उनकी यह प्रस्तुति उनकी रंगप्रतिभा का विकास प्रस्तुत नहीं कर सकी। शाइस्ता रशीद ने *नटमंडप*, पटना द्वारा प्रस्तुत और परवेज़ अख़्तर निर्देशित दारियो फो की रचना *सवेरा* को मंचित किया। इस एकल प्रस्तुति में शाइस्ता रशीद ने सशक्त अभिनय क्षमता को प्रदर्शित किया। एक कामकाजी औरत की दिनचर्या और सुबह की हलचल को रचते हुए उन्होंने कई बारीक़ क्षणों को जीवन्त किया। उनकी देह में लोच थी। सधी हुई गतियों के साथ मंच पर उनकी उपस्थिति और संवाद-प्रक्षेपण की कला ने दर्शकों को बाँधे रखा। समारोह की सातवीं साँझ छत्तीसगढ़ के नगर दुर्ग के दो नाट्य दलों *नेपथ्य* और *छत्तीसगढ़ आर्ट थिएट्रिकल सोसायटी* ने अपने नाटकों को मंचित किया। नेपथ्य ने आनन्द हर्षुल की कहानी *कैमरे की आँख* को योग मिश्र के निर्देशन में मंचित करते हुए विस्मित किया। इस नाट्य समारोह में छत्तीसगढ़ के नाट्यदलों की प्रस्तुतियों में यह एकमात्र प्रस्तुति थी जो आधुनिक रंगबोध से पूरित थी। नाटक को चाक्षुष-काव्य कहा गया है। आनन्द हर्षुल अपनी कहानियों में कविता की भाषा तक पहुँचकर नई कथाभाषा रचने के लिए जाने जाते हैं। योग मिश्र कहानी की संरचना से बिना छेड़छाड़ किए मंच पर चाक्षुष-काव्य रचने का प्रयास करते हैं। अपनी नाट्य युक्तियों से वह कोरबा आदिवासियों के जीवन की पीड़ा और संवेदना को तरल विस्तार देते हैं। मुख्य अभिनेता संजीव मुखर्जी को अपनी अभिनय-क्षमता में और सधाव लाना तथा भावुक क्षणों को रचते हुए नियंत्रण रखना चाहिए। योग मिश्र की इस प्रस्तुति के भीतर प्रभावशाली रंगसंगीत की सम्भावनाएँ छिपी हुई हैं। हालाँकि कुछ स्थलों पर वह इन्हें आविष्कृत करते हैं, जैसे बूढ़े की कमर में बँधी छोटी-छोटी घंटियों से उसके चलने की गति के साथ स्वतः उपजता संगीत। ये ध्वनियाँ कथ्य के साथ विन्यस्त होकर असरकारी प्रभाव डालती हैं। *छत्तीसगढ़ आर्ट थिएट्रिकल सोसायटी* की प्रस्तुति

प्रथम व्यक्ति को एक ख़राब नाटक कहा जा सकता है। बलात्कार जैसी संवेदनशील समस्या का सरलीकरण समाज के लिए जितना बुरा है, रंगमंच की कलात्मकता के लिए भी उतना ही घातक है।

मुक्तिबोध राष्ट्रीय नाट्य समारोह की अन्तिम प्रस्तुति थी–*व्हेन वी डेड अवेकन*। विश्वप्रसिद्ध नाटककार हेनरिक इब्सन के इस अन्तिम नाटक को *कोरस रिपर्टरी थियेटर,* इम्फाल ने रतन थियम के निर्देशन में मंचित किया। रतन थियम ने इस नाटक की यथार्थवादी संरचना से अलग मूल कथ्य को नई भाव-भंगिमा दी। वह बिम्बों, प्रतीकों और फंतासी का सहारा लेते हैं और प्रस्तुति को शैलीबद्ध करते हैं। सांकेतिकता और प्रतीकात्मकता प्रस्तुति को अर्थगर्भी बनाती है। रतन थियम जीवन-यथार्थ की काव्यमय प्रस्तुति और अपनी रंगरचनाओं में अलंकरण के लिए जाने जाते हैं। इब्सन यथार्थवादी परम्परा के नाटककार हैं। *व्हेन वी डेड अवेकन* की रंगयुक्तियाँ नाटक की बुनावट को सघनता देती हैं। रतन थियम यथार्थवादी युक्तियों की इस सघनता को अपने रंगकौशल से तोड़ते हैं और नाटक के गर्भ में छिपी संवेदनाओं को चुनते हैं और पुनः उन्हें आविष्कृत करते हुए चाक्षुष-काव्य की रचना करते हैं। उनकी रंगभाषा में बहुस्तरीयता है। मणिपुर की पारम्परिक कलाओं की विविध सरणियों से युक्तियों को चुनकर वह रंगभाषा को विकसित करते हैं तथा अपनी निजी रंगशैली बनाते हैं। *व्हेन वी डेड अवेकन* की इस मणिपुरी प्रस्तुति में संवाद की भाषा उनके दर्शकों के लिए बाधा नहीं बनती। अभिनय, संगीत, वेशभूषा, प्रकाश, दृश्यविधान आदि सब मिलकर एक ऐसे जादुई दृश्यलोक की रचना करते हैं, जहाँ समग्र जीवनानुभव अभिव्यक्त और दर्शकों तक सम्प्रेषित हो सके। *व्हेन वी डेड अवेकन* के मूर्तिकार के अन्तर्द्वन्द्वों तथा स्त्री-मन की पीड़ा का अजस्र संसार रतन थियम के कलात्मक संस्पर्शों से दर्शकों के संसार में तब्दील हो जाता है। रायपुर के दर्शकों के लिए यह एक विरल अनुभव था। दर्शकों की माँग पर समारोह को एक दिन का विस्तार दिया गया ताकि ज़्यादा लोग *व्हेन वी डेड अवेकन* को देख सकें।

मुक्तिबोध राष्ट्रीय नाट्य समारोह अपनी विशेष पहचान बना चुका है। इसे देखने छत्तीसगढ़ के दूसरे हिस्सों से भी लोग जुटे। खैरागढ़ विश्वविद्यालय के नाट्य विभाग से छात्रों का एक दल पूरे समारोह में नाटक देखकर स्वयं को प्रशिक्षित करता रहा। इप्टा और अन्य नाट्यदलों के रंगकर्मियों की भीड़ जुटती रही।

भारंगम और रायगढ़ की रंगऊर्जा

जैसे पूत के पाँव पालने में पहचाने जाते हैं, वैसे ही भारत रंग महोत्सव शुरू होने से पहले रानावि के प्रपंच उजागर होने लगे थे। देश के इस सबसे बड़े नाट्य महोत्सव ने देश के रंगकर्मियों-रंगदर्शकों से अपना रिश्ता सघन करने के बदले निरन्तरता में अपने को अलग-थलग किया है और अपनी प्रतिष्ठा खोता गया है। यह रानावि का अपना आयोजन नहीं है। भारत रंग महोत्सव के लिए रानावि मात्र आयोजन करनेवाली एजेंसी है, पर इसने धीरे-धीरे पूरे आयोजन को हड़प लिया है। एकाधिकार की इस साज़िश ने छोटे नगरों-क़स्बों-गाँवों के रंगमंच की उस धारा को इस उत्सव से काटकर अलग रखा है, जो अभाव के बावजूद आमजन की सांस्कृतिक भूख को तृप्त करती है। भारत रंग महोत्सव आरम्भ होने से पहले ही विरोध के स्वर फूटने लगे थे। *सहर* नाट्यसंस्था से जुड़े युवा रंगकर्मी और पत्रकार मृत्युंजय प्रभाकर की *नई दुनिया* और वेबपत्रिका *मोहल्ला लाइव डॉट काम* में प्रकाशित एक रिपोर्ट के कुछ अंश पाठकों के लिए प्रस्तुत हैं। यह रिपोर्ट रंगकर्मियों के एक विशाल वर्ग की भावनाओं का प्रतिनिधित्व करती है। *"...भारंगम नाम से विख्यात यह महोत्सव देश के रंगकर्मियों और रंगप्रेमियों के बीच बेहद लोकप्रिय है। लेकिन इसके आयोजन कर ज़िम्मा निभानेवाली संस्था राष्ट्रीय नाट्य विद्यालय इसे पूरे देश के रंगप्रेमियों और रंगकर्मियों का आयोजन शायद नहीं मानती। 2010 के भारंगम की सूची को देखकर तो यही कहा जा सकता है। 2010 के भारंगम में कुल 75 नाटकों का मंचन होनेवाला है जिनमें 12 अन्तर्राष्ट्रीय मंडलियाँ हैं। देशभर से चुने गए बाक़ी बचे 63 नाटकों का आँकड़ा भी भ्रामक है क्योंकि इनमें 15 दिल्ली, 8 मुम्बई, 7 कोलकाता और 9 पूर्वोत्तर भारत के हैं। इस तरह 63 में से 39 नाटक देश के तीन मेट्रो शहरों और देश के पूर्वोत्तर क्षेत्र से आए हैं और बाक़ी के 24 नाटकों में पूरा देश शामिल है। इनमें से ज़्यादातर बड़े शहरों और राज्यों की राजधानियों से आनेवाले नाटक हैं। 12वें भारंगम का एक और आँकड़ा चौंकानेवाला है। भारत से मंचित होनेवाले 63 नाटकों में आधे से अधिक के निर्देशक राष्ट्रीय नाट्य विद्यालय से प्रशिक्षित छात्र हैं या उससे जुड़े लोग। भारंगम में नाटकों के चयन पर पीले भी सवाल उठते रहे हैं कि इसमें*

राष्ट्रीय नाट्य विद्यालय से जुड़े लोगों को तरज़ीह दी जाती है। 2008 का रंग महोत्सव तो पूरी तरह राष्ट्रीय नाट्य विद्यालय के लोगों को ही समर्पित था, जिसका विरोध बड़े पैमाने पर हुआ था। भारत रंग महोत्सव के आयोजन का पैसा केन्द्र सरकार से आता है, अतः इसका दुरुपयोग खटकता है। इस बार तो राष्ट्रीय नाट्य विद्यालय ने डिप्लोमा प्रोडक्शंस को भी भारंगम का हिस्सा बना दिया है, जिसमें अन्धायुग को छोड़ दें तो एक भी स्तरीय नाटक नहीं है। ऊपर से राष्ट्रीय नाट्य विद्यालय निदेशक ने भी इस बार अपने लोगों को उपकृत करने का कोई मौक़ा नहीं छोड़ा है।..."

मृत्युंजय की यह रिपोर्ट *भारत रंग महोत्सव* के सच को अनावृत करती है। भारंगम में इस बार एम. के. रैना, दिनेश ठाकुर, एच. कन्हाईलाल, राजिन्दर नाथ, उषा गांगुली, हबीब तनवीर, नीलम मान सिंह चौधरी, के. एन. पण्णिकर, रतन थियम आदि भारत के प्रमुख निर्देशकों की प्रस्तुतियों ने दर्शकों को आकर्षित किया। इस साल आयोजन का सर्वाधिक सार्थक और महत्त्वपूर्ण पक्ष *नाट्यनाद* शीर्षक से नाट्यसंगीत की प्रस्तुतियाँ रहीं। मोहन उप्रेती, भास्कर चन्द्रावरकर, हबीब तनवीर, के. एन. पण्णिकर, ब. व. कारंथ, इप्टा, रानावि के अलावा बांग्ला, मराठी, तमिल रंगमंच आदि के रंगसंगीत पर केन्द्रित *नाट्यनाद* की इन प्रस्तुतियों ने दर्शकों को नया स्वाद दिया। पहली बार किसी बड़े आयोजन में नाट्यसंगीत को स्वतंत्र रूप से यह स्थान मिला। इन प्रस्तुतियों ने रंगमंच के विशेष तत्त्व संगीत के महत्त्व को ही सिर्फ़ रेखांकित नहीं किया बल्कि रंगसंगीत की परम्परा और विरासत से भी दर्शकों का साक्षात्कार करवाया। भारंगम के उद्घाटन समारोह के लिए बंसी कौल ने *नाट्यनाद* की एक विशेष प्रस्तुति को निर्देशित किया, जिसमें आधुनिक भारतीय रंगमंच के रंगसंगीत की विविध ध्वनि-छवियों को प्रस्तुत किया गया। भारतीय परम्परा में नाद की निरन्तरता को विशेष महत्त्व प्राप्त है। रंगमंच पर इसकी उपस्थिति ने नई रंगभाषा रची है और साथ ही नवाचार और प्रयोगधर्मिता के लिए रंगकर्मियों को अनन्त स्पेस दिया है। बंसी कौल अपनी प्रस्तुति-परिकल्पना से सिर्फ़ इतिहास या अतीत का अनुसंधान नहीं करते बल्कि, ध्वनियों का ऐसा स्थापत्य रचते हैं जिससे नाट्य की छवियाँ आविष्कृत होती हैं। भारतीय रंगमंच की रंगसंगीत परम्परा बहुत विशाल है और हर प्रस्तुति को समय-सीमा में बँधना होता है। फिर भी, नई पीढ़ी के किसी रंगसंगीतकार का बंसी कौल की प्रस्तुति में शामिल नहीं होना अधूरेपन का अहसास दिला गया।

राजधानी दिल्ली और अन्य बड़े नगरों के रंगकर्म की अपेक्षा जनपदीय नगरों, क़स्बों और गाँवों का रंगकर्म मुझे आकर्षित करता रहा है। यही कारण है कि कोहरे की मार से अस्त-व्यस्त आवागमन के हालात भी मुझे रायगढ़ पहुँचने से रोक नहीं सके। रायगढ़ पहुँचते ही रंगकर्मी साथियों की आत्मीयता की उष्मा के कारण दिल्ली की सर्दी और बेहिसी, दोनों से मुक्ति मिली। रायगढ़ *इप्टा* द्वारा सोलह जनवरी से

बीस जनवरी तक आयोजित राष्ट्रीय नाट्य समारोह के उद्घाटन सत्र में छत्तीसगढ़ के सुपरिचित रंगकर्मी राजकमल नायक को इक्कीस हज़ार की राशि और स्मृतिचिह्न देकर प्रथम *शरदचन्द्र वैरागकर रंगकर्मी सम्मान* से सम्मानित किया गया। राजकमल नायक ने अब तक लगभग 70 नाटकों का निर्देशन, 100 से अधिक नाटकों में अभिनय और 50 से ज़्यादा नाट्य शिविरों का संचालन किया है। वह 'रंगसंवाद' और 'सिलसिला' जैसी पत्रिकाओं का सम्पादन भी करते रहे हैं। देश-विदेश के कई सुपरिचित निर्देशकों के साथ रंगकार्य का विपुल अनुभव उनके पास है। नाट्य समारोह के पहले दिन मेज़बान रायगढ़ *इप्टा* ने अपनी पुरानी प्रस्तुति *बकासुर* का मंचन किया। यह एक पूर्वमंचित नाटक का पुनराविष्कार था जिसे बिल्कुल नए अभिनेताओं के साथ तैयार किया गया था। प्रस्तुति में शिथिलता थी। अभिनेता थके और ऊर्जाहीन लग रहे थे। पूर्वाभ्यास के अभाव और मेज़बानी के दबाव के कारण भी ऐसा सम्भव है, पर इन कारणों को पराजित करते हुए दर्शकों को रंगस्वाद देना रंगकर्म का दायित्व है। *बकासुर* रत्नाकर मतकरी के मराठी नाटक पर आधारित है। बकासुर के वध-प्रसंग को केन्द्र में रखकर इसका ताना-बाना रचा गया है। निर्देशक अजय आठले ने पंडवानी शैली से तत्त्वों को चुनकर प्रस्तुति के लिए रंगसंगीत तैयार किया है। अभिनेताओं की गतियों और मुद्राओं के लिए भी उन्होंने पारम्परिक नाट्य से तत्वों को चुना है। विनोद बोहिदार, अपर्णा श्रीवास्तव, अजेश शुक्ला, अमित सोनी, भरत और लोकेश्वर सम्भावनाओं से भरे हुए अभिनेता हैं, पर बकासुर की इस प्रस्तुति में उनकी रंगचर्या और उनका रंगभाषण नाट्य को मूर्त नहीं कर सका।

सत्ता की वृत्तियों और उनसे पैदा होनेवाली विषमताओं-विडम्बनाओं, हिंसा, क्रूरताओं और मानसिक यंत्रणाओं की भयावहता और कारुणिकता ने सृजन की दुनिया को रचनात्मक चुनौतियाँ दी हैं। इन चुनौतियों ने मानवीय प्रपंचों को उजागर किया है। यह काम वैश्विक स्तर पर हर काल में हुआ है। दारियो फो का नाटक *एन एक्सिडेंटल डेथ ऑफ एन एनार्किस्ट* काल और स्थान की सीमाओं का अतिक्रमण कर सत्ता की वृत्तियों का रेशा-रेशा उधेड़ता है। समारोह के दूसरे दिन *एनएसडी एलुमनीज़*, मुम्बई ने स्वप्निल कोत्रीवार के निर्देशन में इस नाटक का हिन्दी रूपांतरण मंचित किया। स्वप्निल कोत्रीवार रायगढ़ *इप्टा* से वाया रानावि प्रशिक्षित होकर मुम्बई पहुँचे हैं। यह उनके द्वारा निर्देशित पहले नाटक का पहला मंचन था। वह अपने रचनात्मक कौशल के बल पर जीवन की पक्षधरता में चल रहे संघर्षों के मर्म को उकेरते हैं और बिना किसी बयानबाज़ी के उनका नाटक छत्तीसगढ़ की राजनीतिक-सामाजिक स्थितियों का रूपक बन जाता है। जनसंघर्षों को हिंसा और आतंक का नाम देकर मनुष्य के मौलिक अधिकारों का हनन सत्ता का स्थायी चरित्र बन गया है। स्वप्निल कोत्रीवार की प्रस्तुति हिंसा के प्रकारों की पड़ताल करती हुई एक विमर्श को पैदा करती है। प्रस्तुति की संरचना में लचीलापन और गति है। मुख्य

अभिनेता नितिन भजन ने सनकी के चरित्र को जीवन्तता के साथ निभाया। उनके अभिनय में विविधता और सूक्षमता के साथ अभिनटन का कौशल और संयम दिखा। अशोक पांडेय, अभिषेक सिंह, विनोद कुमार और ख्याति जोशी ने भी अपने अभिनय से प्रभावित किया, पर सुपरिटेन्डेन्ट वर्मा की भूमिका में सरोज परिडा बेहद कमज़ोर साबित हुए। उनका न तो अपने स्वर पर नियंत्रण था और न ही अपनी देह पर। अगर सरोज परिडा अपनी देहभाषा, चर्या और संवाद-प्रक्षेपण की निपुणता से इस चरित्र को जीवन्त करते तो सत्ता की नृशंसता और कायरता का अन्तर्द्वन्द्व समग्रता में उजागर होता।

नाट्य महोत्सव की तीसरी प्रस्तुति थी–*इंस्टीट्यूट ऑफ फॅक्चुअल थिएटर आर्ट*, कोलकाता की *होरी खेला*। रवीन्द्रनाथ ठाकुर की कविता पर आधारित *होरी खेला* की इस प्रस्तुति के लिए निदेशक देबाशीष दत्ता ने बंगाल की लोक नाट्यशैली *जात्रा* की रंगयुक्तियों का उपयोग किया है। यह नाटक मातृभूमि के स्वतंत्र अस्तित्व की रक्षा के लिए एक राजपूत रानी के कूटनीतिक कौशल द्वारा साम्राज्यवादी आक्रमण के विरुद्ध संघर्ष और विजय का रूपक रचने का प्रयास है। प्रस्तुति की शैलीबद्धता अगर उसे समय-सापेक्ष और सम्प्रेषणीय बनाती है; तभी आधुनिक रंगमंच के लिए उसकी सार्थकता है। *होरी खेला* को उसकी शैलीबद्धता शिथिल बनाती है। *होरी खेला* की प्रस्तुति का ताना-बाना सांगीतिक है। संवाद भी पद्यात्मक हैं और उनकी प्रस्तुति अभिनेता लयबद्धता के साथ करते हैं। गतियों और आंगिक चेष्टाओं में भी लयात्मकता है। अगर इस समग्र सांगीतिकता की आंतरिकता को विभिन्न स्तरों पर संयोजित नहीं किया जाए तो एकरसता के ख़तरे पैदा होते हैं। *होरी खेला* को इन ख़तरों का सामना करना पड़ा है। रंगसंगीत के जिन अंशों में नाट्य समाहित है, प्रस्तुति का वह अंश गतिशील है और नाट्य का आस्वाद देने में समर्थ भी है। रानी की मुख्य भूमिका में देवजानी दत्ता का कमज़ोर अभिनय भी नाटक की गति को शिथिल और दर्शकों को नाट्यानुभवों से वंचित करता है। अगली संध्या दो लघु नाटक मंचित हुए। पहले *इप्टा* भिलाई ने श्रवण कुमार के निर्देशन में पाली भूपेन्द्र सिंह के नाटक *जब मैं सिर्फ़ औरत होती हूँ* को मंचित किया। एक औरत 'सैदा' अपने बेटे की हत्या कर देती है। इस मुस्लिम औरत की बेटी दंगे में मारी जा चुकी है। यह नाटक दंगे की पृष्ठभूमि में एक सरलीकृत कथानक के आधार पर बुना गया है। फिर दंगा भड़कता है। एक हिन्दू युवक राज, जिसके घर कभी सैदा का पति नौकर था; अपनी पत्नी और बहन के साथ उसके घर आश्रय माँगने आता है। सैदा का बेटा ननकू भी प्रतिशोध की आग में जल रहा है और वह राज की बहन रानी के बदले उसको और उसकी पत्नी को जीवनदान देने को तैयार होता है। नाटक के अन्त में अन्तर्द्वन्द्व और रंगतनाव की सम्भावनाएँ बनती हैं जब युवक अपनी पत्नी को दंगाई ननकू को सौंपकर बहन के प्राण और अपनी प्रतिष्ठा बचाने को तैयार हो जाता है।

पत्नी विरोध करती है और ननकू भी विवाहिता स्त्री को स्वीकार नहीं करता और उसकी बहन को जबरन लेकर चल देता है। सैदा को अपनी बेटी याद आती है और वह अपने दंगाई बेटे की हत्या कर उस लड़की की आबरू बचाती है, पर इन स्थितियों के भीतर छिपी आंतरिक यातना, विडम्बना और करुणा का अन्वेषण यह प्रस्तुति नहीं कर पाती। निर्देशक कथ्य के मर्म को न तो उकेर पाते हैं और न ही चरित्रों को प्रभावी और विश्वसनीय बना पाते हैं। सैदा की भूमिका कर रहीं सुचिता मुखर्जी को छोड़कर शेष अभिनेता अतिनाटकीयता के शिकार होते हैं। भिलाई *इप्टा* की प्रस्तुति के बाद *अभिनव रंगमंडल*, उज्जैन ने मोलियर के नाटक को शरद शर्मा के निर्देशन में *मियाँ की जूती मियाँ के सर* शीर्षक से मंचित किया। मध्यवर्गीय स्त्रियों की जीवनस्थिति को बेहद चुटीले अन्दाज़ में यह नाटक सामने रखता है और स्वतः हास्य का सृजन होते जाता है। वीरेन्द्र नथानियल, मिलिन्द किरकिरे और दीपक भावसार ने सशक्त अभिनय क्षमता का प्रदर्शन किया। इन अभिनेताओं ने स्वर के आरोह-अवरोह और विराम में कल्पनाशीलता का प्रदर्शन किया और इनकी गतियों-मुद्राओं में भी सूक्ष्म नाटकीयता देखने को मिली। दिलजान की भूमिका में स्मृति नरवरे यदि स्वयं को एक अभिनेत्री के रूप में आविष्कृत कर सकें तो यह प्रस्तुति और निखर सकती है। शरद शर्मा इसकी संरचना को गतिशील बनाते हैं और संयम को भी साधते हैं।

नाट्य समारोह की अन्तिम संध्या *अभिनव रंगमंडल* ने अपने अतिथि निर्देशक संजय उपाध्याय के निर्देशन में अविनाशचन्द्र मिश्र के नाटक *बड़ा नटकिया कौन* मंचित किया। अपनी रंगरचनाओं में संगीत के माध्यम से नाट्य को आविष्कृत करने के लिए संजय उपाध्याय को जाना जाता है। इस नाटक का कथ्य भी सरलीकृत है, पर यह अपनी आंतरिक संरचना में बेहद रोचक और नाटकीय अनुभूतियों से भरा हुआ है। शिल्प के स्तर पर यह निर्देशक को नवाचार के लिए पर्याप्त अवसर देता है। संजय उपाध्याय इस नाटक की रंगरचना करते हुए अभिनेताओं को अभिनटन और रंगचर्या के लिए विशाल स्पेस सौंपते हैं और उन्हें उन्मुक्त करते हैं। वीरेन्द्र नथनियल और मिलिन्द करकरे अपने अभिनय से मंच को स्पन्दित करते हैं। वीरेन्द्र सिंह ठाकुर और अपेक्षाकृत नई अभिनेत्री तिलोत्तमा ठाकुर का अभिनय नाटक के प्रभाव में वृद्धि करता है। धरीछन की भूमिका में उदय भट्ट के संवाद प्रक्षेपण में आरोह-अवरोह का अभाव खलता है।

समारोह के समापन से पूर्व उषा वैरागकर आठले द्वारा सम्पादित रायगढ़ *इप्टा* की वार्षिक पत्रिका *रंगकर्म* का लोकार्पण हुआ। हबीब तनवीर पर केन्द्रित *रंगकर्म* के इस वार्षिक अंक के सम्पादन मंडल में हैं—मुमताज़ भारती, विनोद बोहिदार, अपर्णा श्रीवास्तव आर सुरेन्द्र बरेठ। उषा बैरागकर आठले ने *नान्दीपाठ* शीर्षक से लिखे सम्पादकीय में हबीब तनवीर के उन पाँच नाटकों की चर्चा की है; जिनका सन् 2003 के रायगढ़ इप्टा के नाट्य समारोह में मंचन हुआ था। सत्यदेव त्रिपाठी का *भारतीय*

रंगकर्म से भारतीयता का जाना, अशोक वाजपेयी का *महिमा उनकी रहेगी जिनका नाम हबीब* और मुमताज़ भारती का *हबीब तनवीर और लोक* शीर्षक लेख इस पत्रिका की उपलब्धि हैं। राजकमल नायक, अरुण पांडेय, सफ़दर हाशमी, प्रितपाल सिंह अरोरा आदि के लेख भी सुगठित हैं। रायगढ़ इप्टा के इस राष्ट्रीय नाट्य समारोह ने एक छोटे नगर की रंगनिष्ठा, समर्पण और रंगमंच के प्रति प्रतिबद्धता को रेखांकित किया।

लोकप्रिय रंगमंच का जादू

अप्रैल महीने का अन्तिम सप्ताह दिल्ली के नाट्यदर्शकों को चकित कर गया। प्रशिक्षण, साधन, आधुनिकता, बौद्धिकता के वैभव के बावजूद दर्शकों की बेरुखी को रोते दिल्ली के रंगकर्मियों के लिए भी ये स्तब्धता के दिन थे। लगभग डेढ़ सौ लोगों का नाट्यसमूह, करोड़ों का वार्षिक टर्नओवर, वर्ष में लगभग सत्तर स्थलों के लिए सात महीनों की यात्राएँ, एक सत्र के लिए चालीस लाख में अनुबन्धित नायक,...और पलक झपकते ही मंच पर युद्ध के भयावह दृश्यों से लेकर उमड़ती हुई नदी में नाव, घनघोर जंगल, मयूरों की कामकेलि, उन्मत्त महिषों का युद्ध, तोप के गोलों से ध्वस्त होता राजप्रासाद, राजप्रासाद के अन्तरंग कक्षों में प्रणय की नैसर्गिक छवियाँ और दुरभिसन्धियाँ, पारम्परिक नृत्य-संगीत के साथ-साथ शाहरुख ख़ान और सलमान ख़ान के फ़िल्मी नृत्य को चुनौती देता पश्चिमी नृत्य–यह सब जिस जादू भरे नाट्यलोक का हिस्सा था, उसकी कल्पना भी हिन्दी रंगमंच के लिए सम्भव नहीं। असम से पहली बार बाहर निकलकर *भ्रम्योमन* यानी *मोबाइल थिएटर* राजधानी दिल्ली पहुँचा था। *राष्ट्रीय नाट्य विद्यालय* और *इंदिरा गाँधी राष्ट्रीय कला केन्द्र* के आमंत्रण पर *कोहिनूर थिएटर* नामक इस नाट्यसमूह ने अपने तीन नाटकों–*असीमत जार हेराल सीमा, अँ! मोई मुन्नाई कोइसो* और *शीतारे सेमेका राति* के पाँच प्रदर्शन किए।

असम में *भ्रम्योमन* यानी *मोबाइल थिएटर* की लगभग साठ साल पुरानी परम्परा है। हर साल अगस्त के अन्तिम सप्ताह से अप्रैल के मध्य तक असम के ग्रामीण और क़स्बाई क्षेत्रों में तीस से चालीस की संख्या के बीच विभिन्न नाट्यसमूह यात्राएँ करते हैं। इनके नाटकों के कथानक में केवल मिथक-पुराण नहीं होते। शेक्सपीयर के क्लासिक नाटक, प्रसिद्ध प्रणय कथाएँ, मुम्बइया फ़िल्मों में अभिव्यक्त होता मायावी जीवन, टायटानिक आदि सब इनके नाटकों का कथ्य होते हैं। दूरस्थ क्षेत्रों तक पहुँचकर अपने कथानकों और प्रस्तुति की रहस्यमयता और जादूगरी से सामान्य जनता का मनोरंजन करनेवाले इस रंगमंच का असमिया फ़िल्मों और टेलिविजन धारावाहिकों से भी गहरा सम्बन्ध है। यह रंगमंच केवल व्यवसाय ही नहीं करता बल्कि विभिन्न सामाजिक और शैक्षिक संगठनों के लिए भी धन अर्जित करता है और

सैकड़ों लोगों को रोज़गार मुहैया कराता है। असम के इस *भ्रम्योमन* यानी *मोबाइल थिएटर* का जन्म सन् 1963 में हुआ। व्यवसायी पिता गौरीकान्त लहकर के पुत्र *अच्युत लहकर* ने इसकी स्थापना की थी। आज़ादी के तत्काल बाद अट्ठारह साल की उम्र में वह पढ़ने के लिए कोलकाता गए। वहाँ के सांस्कृतिक-साहित्यिक परिवेश ने अच्युत लहकर को प्रभावित किया और उन्होंने कम उम्र में ही *द्विपावली* नामक पत्रिका का सम्पादन-प्रकाशन आरम्भ किया। फिर वे वापस असम लौटे और ओपेरा से प्रभावित होकर उन्होंने *नटराज थिएटर* की स्थापना की। नाट्य के मौलिक तत्वों–अभिनय, नृत्य, संगीत और मंचशिल्प को आधुनिक तकनीक से जोड़कर अच्युत लहकर ने नवीन प्रयोग किए। उनका लक्ष्य केवल मनोरंजन और मंच का तकनीकी विकास ही नहीं था। उन्होंने सामाजिक और आर्थिक मुद्दों पर अपनी गहरी और साफ समझ को अभिव्यक्त करने के लिए भी इस माध्यम का उपयोग किया। अपनी प्रस्तुतियों में 'सक्ता' यानी पशुबलि का विरोध किया। असम के सांस्कृतिक वातावरण और असमिया भाषा की विरासत को लेकर भी वह बेहद सजग थे। चालीस सालों तक अपनी प्रस्तुतियों से असम की जनता का मनोरंजन करने के बाद सन् 2003 में *नटराज थिएटर* बन्द हुआ। *जेरेनगार, भोगजारा, टिकेन्द्रजीत, बिउला* आदि *नटराज थिएटर* की प्रसिद्ध प्रस्तुतियाँ रहीं, जिन्हें आज भी लोग याद करते हैं। सन् 1963 से अब तक सौ से ज़्यादा नाट्य समूहों के गठन की सूचना मिलती है, जिनमें से चालीस के आसपास आज भी सक्रिय हैं। सन् 2009 में ही चार नए नाट्यसमूहों का गठन हुआ। अच्युत लहकर के अलावा असमिया साहित्य के कई महत्त्वपूर्ण लेखकों–उत्तम बरुआ, फणि शर्मा, अतुल चन्द्र हजारिका, ज्योति प्रसाद अग्रवाल, हरेन डेका, भाबेन बरुआ, रुद्र चौधुरी, महेश कलिता, प्रफुल्ल बोरा, फुलेन वर्मन, महेन्द्र बोरठाकुर, किरन दास, उग्र मेना, पद्मा बरकोतोकि, घना हजारिका, सत्यप्रसाद बरुआ, भाबेन्द्रनाथ साइकिया, मुनीन बरुआ, सेवाव्रत बरुआ आदि ने मोबाईल थिएटर के लिए नाट्यालेखन किया। नटराज थिएटर के अलावा पूर्वज्योति थिएटर, सुरदेवी थिएटर, रूपकुँवर थिएटर, असम स्टार थिएटर, आराधना थिएटर, भाग्यदेवी थिएटर, इन्द्रधनु थिएटर, मुकुन्द थिएटर, अबाहन थिएटर, हेंगुल थिएटर, श्रीमंत शंकरदेव थिएटर, बारदोईचिला थिएटर आदि की प्रस्तुतियों ने लोकप्रियता प्राप्त की।

जिस *कोहिनूर थिएटर* का प्रदर्शन देखने के लिए दिल्ली के नाट्यदर्शक उमड़ते रहे, उसका योगदान अलग से रेखांकित करने योग्य है। सन् 1976 में दो युवा कलकारों, रतन लहकर और कृष्णा राय ने अपने गृहनगर पथसला में इसकी नींव डाली। *कोहिनूर थिएटर* की स्थापना से असमिया रंगमंच को अपेक्षाकृत ज़्यादा शक्तिशाली पेशेवराना अन्दाज़ मिला और साथ-साथ स्थानीय रंगशैलियों और रंगयुक्तियों का उपयोग करते हुए नया रचने का वातावरण मिला। इसके पूर्व मिथकों और लोककथाओं के अलावा थिएटर कम्पनियाँ बांग्ला रंगमंच के लोकप्रिय नाटकों

के रूपांतरण पर निर्भर रहती थीं। *कोहिनूर थिएटर* के कारण परम्परा में प्रयोग और नवाचार आरम्भ हुआ। *कोहिनूर थिएटर* ने इस भ्रम को भी दूर किया कि *भ्रम्योमन* लोअर असम की स्थानीय गतिविधि मात्र है, जिसका क्षेत्र बहुत छोटा है। इस नाट्यसमूह ने दायरे को विस्तारित किया। अंग्रेज़ी के क्लासिक उपन्यासों और असमिया साहित्य के प्रसिद्ध लेखकों की रचनाओं का अपनी प्रस्तुतियों के लिए चुनाव किया। *कोहिनूर थिएटर* ने संस्कृत नाटक *मृच्छकटिक* को *माटीर गाड़ी* नाम से और प्रसिद्ध फ़िल्म *टायटेनिक और क्लेयोपेट्रा, इलियड-ओडिसी, बेनहुर, महाभारत, रामायण, हैमलेट, ओथेलो* आदि को मंचित किया। दृश्यबन्ध के सम्बन्ध में आधुनिक दृष्टिकोण अपनाया और प्रसन्ता हजारिका जैसे उच्चकोटि के अभिनेताओं को अपने से जोड़ा। *कोहिनूर थिएटर* से पहले थिएटर चलाने के लिए आर्थिक व्यवस्था सुगठित नहीं थी। कोहिनूर थिएटर ने अपनी विश्वसनीयता क़ायम की और बैंकों से क़र्ज़ लिया। इस तरह एक सुगठित व्यवस्था आरम्भ हुई।

कोहिनूर थिएटर की पहली प्रस्तुति *असीमत जार हेराल सीमा (Lost in Infinity)* पूर्वजन्म की कथा पर आधारित है। यह कंचन बरुआ के असमिया उपन्यास पर आधारित है, जिसका नाट्यांतर और निर्देशन हेमंत दत्ता ने किया है। हालांकि पहले भी *कोहिनूर थिएटर* ने इसका मंचन सन् 1980-81 में प्रफुल्ल बोरा के निर्देशन में किया था। इसमें तेरहवीं शताब्दी के काल्पनिक राज्य 'कमलनगर' की कथा है। कमलनगर के गणतंत्र में जीवन सहज और उल्लासमय है। प्रणय, राष्ट्रभक्ति और प्रतिद्वन्द्वी राज्य की युद्धलिप्सा का ताना-बाना नाट्य प्रस्तुति को कई रोमांचकारी क्षण देता है। ऐसी कथाएँ हिन्दी की कमर्शियल फ़िल्मों में बार-बार चित्रित की जाती रही हैं। दूसरे नाटक *अँ! मोई मुन्नाई कोइसा' (Yes, I'm Munna Speaking)* और तीसरे नाटक *शीतारे सेमेका राति (On a Cold Winter's Night)* में आधुनिक समय और समाज है। सरलीकृत कथानकों वाले इन नाटकों में वह सबकुछ है, जो मुम्बइया फ़िल्मों का आधार होता है। समाज की बुरी शक्तियों से लड़ता-भिड़ता नायक, नाचते-गाते प्रेम करते नायक-नायिका और भौतिक साधनों की चमक भरी दुनिया इन नाटकों में उपलब्ध है, पर यहाँ अश्लीलता नहीं है। यह सब फ़िल्मों से कई अर्थों में भिन्न भी है और सबसे बड़ा फ़र्क़ सेल्युलाइड में बन्द छवि और मंच की जीवन्तता का है। पहले नाटक में युद्ध की विभीषिका प्रदर्शित करते हुए युद्ध की निरर्थकता पर टिप्पणी की गई है। दूसरे नाटक में हिंसा और अहिंसा पर बहस है, तो तीसरा नाटक सत् और असत् के शाश्वत संघर्ष को प्रदर्शित करता है।

भ्रम्योमन यानी *मोबाइल थिएटर* की ये प्रस्तुतियाँ हिन्दी रंगमंच के सामने कई प्रश्न खड़े करती हैं। हिन्दीभाषी समाज के पास ऐसा कोई रंगमंच, जो उसके सपनों-आकांक्षाओं को प्रदर्शित कर सके; क्यों नहीं है? जनता की सांस्कृतिक भूख को तृप्त करने और मनोरंजन करने का दायित्व क्या हिन्दी रंगमंच निभा पा रहा है?

अपने को आधुनिक और बौद्धिक कहनेवाले हिन्दी रंगमंच को क्या अपने जनसरोकारों का दायरा बढ़ाना नहीं चाहिए? राष्ट्रीय नाट्य विद्यालय का रंगमंडल देश का सबसे बड़ा और सुगठित रंगमंडल है। यह रंगमंडल *मोबाइल थिएटर* के व्यावसायिक स्वरूप की विशालता, सक्रियता, गतिविधियों, जनप्रियता के बरअक्स खड़ा होने योग्य है? यह बेहद ज़रूरी है कि हिन्दी रंगमंच अपनी प्रशिक्षण पद्धतियों का भी आकलन करे। *मोबाइल थिएटर* के अभिनेताओं की अभिनय क्षमता और उनकी सम्प्रेषणीयता का जादू भी चकित करता है। विरल अभिनय क्षमता और विलक्षण ऊर्जा वाले ये अभिनेता वर्ष भर में लगभग दो सौ प्रदर्शन करते हैं। रानावि रंगमंडल के प्रदर्शनों की संख्या बेहद सीमित है और बमुश्किल कभी-कभार पचास के आसपास पहुँचती है। क्या राष्ट्रीय नाट्य विद्यालय को अपनी प्रशिक्षण पद्धति पर पुनश्च विचार करने की आवश्यकता नहीं?

जोगिया जनूबी पट्टी में लोकरंग

क्या आपने *जोगिया जनूबी पट्टी* का नाम सुना है? जोगिया एक गाँव है, और जनूबी पट्टी, यानी जोगिया गाँव का दक्षिण टोला। भारत के नक्शे पर असंख्य गाँव पसरे हुए हैं, और उन्हीं में से एक है यह गाँव। पूर्वी उत्तरप्रदेश और उत्तर बिहार के दूसरे गाँवों की तरह ही है जोगिया का भूदृश्य। पूर्वी उत्तरप्रदेश के कुशीनगर जनपद का यह गाँव बिहार के गोपालगंज जनपद के क़रीब है और ठेठ भोजपुरिया संस्कृति में रसा-पगा है। आप सोच रहे होंगे कि मैं जाने किस जुनूँ में जोगिया जनूबी पट्टी की गाथा आपको सुना रहा हूँ! पर यह जुनूँ ऐसे ही मुझ पर तारी नहीं हुआ है। मैं अभी-अभी इस गाँव से लौटा हूँ और मैंने जोगिया जनूबी पट्टी को ढहते हुए सामन्तवाद की गिरफ़्त से अपनी गरदन छुड़ाकर छाती ताने खड़ा देखा है। और मैं यह देखकर आ रहा हूँ कि सिनेमा, टेलिविजन और अन्य माध्यमों के बाज़ारू हड़बोंग के बीच कैसे एक गाँव लुप्त होती अपनी सांस्कृतिक लिपि को ढूँढ़कर *लोकरंग* आयोजन के माध्यम से नई इबारतें लिख रहा है। यह *लोकरंग* का तीसरा आयोजन था।

जोगिया गाँव में सात टोले हैं। जनूबी पट्टी में लगभग सौ घर होंगे। यह पिछड़े और दलित वर्ग के हिन्दुओं और मुसलमानों की साझा पट्टी है। यहाँ रोटी-पानी के रिश्ते में धर्म आड़े नहीं आता। छोटे श्रमशील किसानों-मज़दूरों की यह पट्टी अपने श्रम और किसानी हुनर के बल पर माटी से सोना उपजाती है। गन्ना नगदी फ़सल है। गेहूँ, मक्का, धान आदि प्रमुख फसलें हैं। जोगिया के सवर्ण टोलों के आतंक, उपेक्षा और रक्त के श्रेष्ठतावाद को जनूबी पट्टी ने अपनी हाड़तोड़ मेहनत, आपसी नेह-छोह और नई पीढ़ी के लिए शिक्षा के बल पर चुनौती दी है। यह लड़ाई बन्दूकों और लाठियों से नहीं, लोक संस्कृति के हथियारों से लड़ी जा रही है। लोक कलाओं के विविध रंगों और रूपों ने यहाँ मानवीय सम्बन्धों को पुनर्जीवन दिया है और जीवन की नैसर्गिकता का पुनराविष्कार किया है।

8 और 9 मई को आयोजित *लोकरंग-2010* में भाग लेने के लिए प्रियंवद, शिवमूर्ति, हरिनारायण, देवेन्द्र, वीरेन्द्र यादव, दिनेश कुशवाह, अनिल सिन्हा, सुधीर

सुमन, सत्यदेव त्रिपाठी, अरुणेश नीरन, राजेश कुमार, मदनमोहन, कपिलदेव, देवेन्द्र आर्य, मनोज सिंह, तैयब हुसैन पीड़ित, संजय जोशी, नागेन्द्र, मनोज सिंह, कौशल किशोर, वेदप्रकाश पांडेय आदि लेखक-संस्कृतिकर्मी-पत्रकार जुटे। रायगढ़ (छत्तीसगढ़) से अपने नाट्यदल *गुड़ी* की प्रस्तुति *बाबा पाखण्डी* लेकर युवा रंगकर्मी योगेन्द्र चौबे और पटना *इप्टा* की प्रस्तुति *गबरघिचोरन के माई* लेकर तनवीर अख़्तर जोगिया पहुँचे। *लोकरंग-2010* देखने जोगिया और आसपास के गाँवों से हज़ारों की संख्या में ग्रामीण उमड़े। कार्यक्रम रात 9 बजे के बाद शिवमूर्ति, वीरेन्द्र यादव और इन पंक्तियों के लेखक (विनम्र संकोच के साथ) द्वारा स्मारिका के लोकार्पण से आरम्भ हुआ। समग्र कार्यक्रम भोजपुरी के दो कवियों *अंजन* और *रामपति रसिया* के प्रति सम्मान-अंजलि के रूप में आयोजित था और उन्हें मंच पर बुलाकर सम्मानित किया गया। यह भावुक क्षण था। अपने सुख-दुःख को वाणी देनेवाले कवियों को सम्मानित होते देख हज़ारों ग्रामीणों की हर्षध्वनि से जोगिया का दिक्-दिगन्त गूँज उठा। जनता के प्यार का आलम यह है कि आज अंजनजी का मूल नाम *राधा मोहन चौबे* और *रमापति रसियाजी* का मूल नाम नथुनी प्रसाद कुशवाहा गुम हो चुका है और उनका कवि नाम पूर्वांचल के घर-घर में पहचाना जाता है। जोगिया जनूबी पट्टी की बेटियों– रानी शाह, नीता प्रसाद, गीता प्रसाद और मनीषा चौबे के छठ गीतों से गायन, नृत्य और नाट्य की त्रिवेणी में जो लहर शुरू हुई, भोर में सुकवा (शुक्रतारा) उगने तक उमड़ती रही। जोगिया की एक और बेटी पूनम कुशवाहा के स्वर की मर्मस्पर्शी टाँस अब तक मेरी छाती में उमड़ रही है। जोगिया गाँव अगर पूनम कुशवाहा के लिए संगीतगुरु तलाश सके तो वह बिंध्यवासिनी देवी, शारदा सिन्हा और मैनावती देवी की तरह हज़ार-हज़ार कंठों का स्वर बनेगी। योगेन्द्र चौबे और बद्रीसिंह कटारिया के नेतृत्व में 'गुड़ी' के कलाकारों ने छत्तीसगढ़ी में *ददरिया, देवार करमा* और *पंथी गीत* प्रस्तुत किया। डॉ. रामभजन सिंह बुन्देलखण्ड से लगभग बीस कलाकारों के दल के साथ जोगिया पहुँचे थे। इन कलाकारों ने *अचरी गायन, बृजवासी* गायन और ईसुरी के फागों की प्रस्तुति की। शौर्यगाथाओं के लिए प्रसिद्ध बुन्देलखण्ड के इन कलाकारों ने मनुष्य के जीवन की विशालता को मंच पर रचा। बरवा, गोपालगंज के मोहन गोंड़ ने अपने साथियों के साथ *फरी नृत्य (अहिरऊ नृत्य)* प्रस्तुत किया। पूर्वी उत्तरप्रदेश और बिहार की श्रमशील जनता की यह विशिष्ट लोक-नृत्य शैली अब लुप्त हो चली है। रसभरी ओजस्विता के साथ गायन और नृत्य की त्वरा के कारण 'फरी नृत्य', नृत्य के किसी भी आधुनिक स्वरूप को चुनौती देने में सक्षम है। नर्तकों के पद-संचालन की तीव्र गति से उनकी आंगिक चेष्टाओं का अद्भुत मिलन विरल नृत्यानुभव देता है। देह लहर बनकर ऊपर उठती है और फिर नदी की वेगवती जलधारा की तरह आगे निकल जाती है। शारीरिक करतबों के साथ-साथ देह की मधुर लयकारी इस बात की गवाही देती है कि श्रम का कलात्मकता से कितना गहन सम्बन्ध है।

रमाशंकर यादव 'विद्रोही' के काव्यपाठ और राम प्यारे भारती के गायन को भी दर्शकों ने पसन्द किया। नाट्यसंस्था *गुड़ी* की नाट्यप्रस्तुति *बाबा पाखण्डी* से पहले सत्र का समापन हुआ। रानावि के स्नातक युवा रंगकर्मी योगेन्द्र चौबे ने नाटक को निर्देशित किया था। छत्तीसगढ़ की *गम्मत शैली* में तैयार यह प्रस्तुति लोकजीवन के आडम्बरों की पोल खोलती है।

लोकरंग-2010 के दूसरे दिन *लोकगीतों की प्रासंगिकता* पर अनिल सिन्हा की अध्यक्षता में विमर्श हुआ। लोक संस्कृति पर अपसंस्कृति, बाज़ार और सत्ता के निरन्तर आक्रमण, इस लोकतंत्र में लोक के अपहरण, लोक संवेदना की रक्षा आदि पर विस्तार से चर्चा हुई। स्त्रियों, दलितों और वंचितों की पीड़ा का अजस्र नाद बनकर हमारे समाज और समय पर अपनी उपस्थिति की गहन छाप छोड़नेवाली लोककलाओं पर कई दृष्टियों से विचार हुआ। सामुदायिक सक्रियता के ह्रास के कारण लोकजीवन के बदलते हुए यथार्थ और पूँजी और सत्ता की नृशंसताओं के कारण छीजती हुई मानवीय संवेदनाओं ने लोककलाओं के संसार को प्रभावित किया है। इन प्रभावों की विवेचना करते हुए यह स्वर प्रबलता से उभरा कि हमारी लोक कलाएँ मनुष्य की जिजीविषा से जुड़ी हैं और जब तक यह जिजीविषा बनी रहेगी, हमारे लोक का कलात्मक वैभव जीवन्त रहेगा। इस विमर्श में दिनेश कुशवाह, अरुणेश नीरन, शिवमूर्ति, राजेश कुमार, देवेन्द्र, डॉ. सत्यदेव त्रिपाठी, डॉ. योगेन्द्र चौबे, डॉ. तैयब हुसैन पीड़ित, डॉ. रामभजन सिंह और वीरेन्द्र यादव ने भाग लिया। पहले सत्र के कार्यक्रम और इस गोष्ठी का संचालन सुधीर सुमन ने किया।

कवि दिनेश कुशवाह ने अन्तिम सत्र का संचालन किया। उपेन्द्र चतुर्वेदी ने लोकगीतों और मंगल मास्टर ने भोजपुरी गीतों तथा असग़र अली ने क़व्वाली की अपने-अपने साथियों के साथ प्रस्तुति की। जितई प्रसाद और उनके साथियों द्वारा *हुड़का नृत्य* और चिखुरी और उनके साथियों द्वारा *पखावज नृत्य* की प्रस्तुतियाँ इस आयोजन का हासिल रहीं। नृत्य-गायन की ये दोनों शैलियाँ भी वंचित-दलित वर्ग के श्रमिकों का कलात्मक उत्पाद हैं और लुप्त होने के कगार पर हैं। *हुड़का नृत्य* शैली में नृत्य के दौरान नायक के रूप में विदूषक ही उपस्थित रहता है। इसे मालवा के *माच* के विदूषक 'शेरमारखाँ', *कीर्तनिया* के *बिपटा*, कर्नाटक के *दौडाट्टा* के *अडासोगु*, *भागवतमेल* के कोनंगी, *बिदेसिया* के लबार आदि की परम्परा में देखा जा सकता है। गीतों की लय और वाद्यों की ताल पर थिरकते हुए यह नर्तकों से छेड़-छाड़ करता है, उनसे पिटता और क्षमा याचना करता है। स्त्रीवेश धरे नर्तकों की गतियों और मुद्राओं में धीमा उत्ताप और सांकेतिक इंद्रिय चेष्टाएँ इस नृत्य को ललित और श्रमपरिहरण के लिए उपयोगी बनाती हैं। *पखावज नृत्य* अधिकांशतः ग्राम्य देवियों-देवताओं के आवाहन के लिए और उनकी पूजा के समय प्रस्तुत किया जाता है। जीवन के अन्य सुख-दुःख भी इनके गीतों और नृत्य का कथ्य बनते हैं। यहाँ

भी लालित्य है, पर यह लालित्य पुकार की व्याकुल कारुणिकता के मर्म और आवेग से संचालित होता है। समय के प्रभाव में इनके नर्तकों की वेशभूषा में काफी बदलाव आया है। लम्बे घेरेवाले काले घाघरे और पूरे बाँहवाली ब्लाउज़नुमा कमीज़ के बदले साड़ी-ब्लाउज़ को समय का आवश्यक नवाचार माना जाना चाहिए। *लोकरंग 2010* का समापन तनवीर अख़्तर के निर्देशन में पटना *इप्टा* की प्रस्तुति *गबरघिचोरन के माई* के मंचन से हुआ। नाटक का प्रस्तुति-आलेख भिखारी ठाकुर के नाटकों–*बिदेसिया* और गबरघिचोर को मिलाकर तैयार किया गया था। यह प्रस्तुति गर्भ पर स्त्री के मौलिक अधिकार के प्रश्न को रोचक और कलात्मक रंगभाषा में उठाती है। रंगसंगीत और सहज अभिनटन इस प्रस्तुति की विशेषता थी। भिखारी ठाकुर के संवादों की चुहल, कौतुक और विनोद भरी भाषा का जादू भी दर्शकों के सिर चढ़कर बोलता रहा। सुकवा के उदित होने के बाद भी लोग अपने घर जाने को तैयार नहीं थे।

जोगिया जनूबी पट्टी कथाकार सुभाष चन्द्र कुशवाहा का गाँव है। अपने गाँव के साथियों के साथ वे सूत्रधार की भूमिका में थे। आज अपने गाँव की माटी की उपेक्षा का चलन है। ऐसे दौर में अपनी माटी के प्रति आस्था बनाए रखना और नई पीढ़ी के भीतर यह विश्वास पैदा करना कि इसी माटी से जनमेंगे हमारे जीवन के सारे सुख, एक चुनौती भरा काम है। सुभाष चन्द्र कुशवाहा अपने साथियों के साथ इस सांस्कृतिक उत्सव के बहाने संवेदनाओं और भरोसे की नई फ़सल उपजा रहे हैं।

लोक से सम्बन्धों की पड़ताल

"आधुनिकता दृष्टि है, मूल्य नहीं। आधुनिक रंगमंच की बात करते हुए हमारा पहला आशय एक दृष्टि सम्पन्न रंगमंच से है। एक ऐसा रंगमंच जो हमारे समय को, हमारे समाज को,...हमारे जीवन के जितने अन्तर्द्वन्द्व हैं, तनाव हैं, सुख-दुःख हैं,...संवेदनाएँ हैं, मनुष्य के सारे प्रपंच हैं; इन सबको समेटे हुए हो। एक ऐसा रंगमंच, जो मनुष्य के रूप में हमें ज़्यादा बेहतर बना रहा हो। ऐसा रंगमंच, चाहे वह देश के किसी कोने में, शहर या कस्बे या गाँव में, कहीं भी हो रहा हो, उसका रिश्ता हमारे लोक रंगमंच से कैसा है और कैसा होना चाहिए , यह हमारी चिन्ता और विमर्श का विषय है। यह रिश्ता तब जटिल और भ्रामक हो उठता है जब हम लोक को अंग्रेज़ी के फ़ोक का अनुवाद मान बैठते हैं। अंग्रेज़ी के फ़ोक से अलग है हमारा लोक। हमारा लोक भदेस नहीं है। वह हमें रूढ़ियों में जकड़ता नहीं, बल्कि रूढ़ियों से मुक्त करता है। हमारा लोक हमें संवत्सरों के पार ले जाता है। वह हमें संवेदना के स्रोत सौंपता है। क्या हमारा लोक रंगमंच आधुनिक नहीं? अगर वह आधुनिक नहीं तभी हम किसी दूसरे रंगमंच की कल्पना कर रहे हैं। आज हिन्दी रंगमंच के सामने यह एक बड़ा संकट है कि हम किसे आधुनिक मानें? क्या आप हबीब तनवीर के रंगकर्म को लोक रंगकर्म नहीं कहेंगे? और अगर कहेंगे, तो क्या वह आधुनिक नहीं है?" ऐसे ही कुछ प्रश्नों के साथ 'लोक रंगमंच से आधुनिक रंगमंच का रिश्ता' विषय पर मैंने रायपुर इप्टा की संगोष्ठी में बात शुरू की थी। मेरे सामने संस्कृत रंगमंच के अवसान के बाद पारम्परिक रंगमंच के उदय का इतिहास था और उस रंगमंच की समृद्ध, जीवन्त और जनपरम्परा के गर्भ से उपजे वे नाट्यरूप थे, जो आज भी हमारे जीवन के अन्तर्द्वन्द्वों को अभिव्यक्त करने में सक्षम हैं। नाटककार-रंगकर्मी राकेश ने लोक रंगमंच और आधुनिक रंगमंच के सम्बन्धों के कई ऐसी परतों को खोला, जिस पर बातें करने में आज लोग कतराने लगे हैं। उन्होंने कहा– *"सारे कलाकर्म का जो मूल रिश्ता बनता है, वह संवेदना के साथ ही बनता है और मैं यह समझता हूँ कि मनुष्य के विकास की जो समूची यात्रा है उसके साथ-साथ कलाओं ने जो यात्रा की है, उनके मूल में, उनके विकास में संवेदना ने ही महत्त्वपूर्ण भूमिका निभाई है। वे तमाम*

नाटककार और उनकी रचनाएँ, चाहे शेक्सपीयर हों या कालिदास या ब्रेख़्त, अगर आज भी प्रासंगिक हैं, तो इसका कारण उन रचनाओं के भीतर बुनी गई मानवीय संवेदनाएँ ही हैं। जिस रंगमंच के मूल में मनुष्य है, उस रंगमंच का काल आज भी आधुनिक है।...आज हम एक कठिन दौर से गुज़र रहे हैं। आज मनुष्य के पक्ष की राजनीति से रंगमंच अपने को अलग नहीं कर सकता। आज इस राजनीति की कलाकर्म को ज़रूरत है। आज कविता करना भी एक राजनीति है। इस समाज में प्रेम पर पंचायतों का कब्ज़ा हो रहा है। प्रेम जैसी मानवीय संवेदना, जिसकी आधुनिकता असंदिग्ध है। यह सब एक निर्मम राजनीति का हिस्सा है। कहाँ कबीर का प्रेम और कहाँ यह पंचायतों के जकड़न में बँधा हुआ प्रेम? कबीर की आधुनिकता आज भी जीवित है। अपने समय की सामाजिक हलचलों से अलग होकर किसी कलाकर्म को पारिभाषित करने की कोशिशें निरर्थक होती हैं। आज वंचितों के हक़ का सवाल, सामाजिक न्याय का सवाल या महिलाओं की जीवन स्थितियों और उनके लिए होनेवाले संघर्षों से हम रंगमंच को अलग नहीं कर सकते। इसको अपनी चिन्ता में शामिल किए बिना आधुनिकता कैसी! आज सत्ता ऐसा बहुमत चाहता है जिसमें सवाल नहीं हों। बाज़ार, धर्म और सत्ता—तीनों को ऐसा ही बहुमत चाहिए। अगर आप सवाल करेंगे तो बाज़ार का सामान नहीं बिक सकता,...अगर आप सवाल करें तो धर्म के कर्मकांड नहीं होंगे,...अगर आप सवाल करेंगे तो कोई सत्ता बहुत दिनों तक टिक नहीं सकती। कलाकर्म ऐसे बहुमत की पक्षधरता नहीं करता। यह तो अल्पसंख्यकों को सम्बोधित होता है।...हमारे लोक में ताक़त है। भरोसा है अपने दर्शकों पर। यही कारण है कि वे अपनी बात बड़ी सहजता से रखते हैं और एक ही बात के न जाने कितने अर्थ निकाल सकते हैं।...हबीब तनवीर इसलिए बड़े नहीं थे कि उन्होंने नाचा में काम किया या छत्तीसगढ़ी में काम किया, बल्कि इसलिए बड़े थे कि उन्होंने लोक के सहज विवेक को स्थापित किया।''

अपनी विशिष्ट रंगभाषा के लिए चर्चित रंगकर्मी प्रोबीर गुहा ने भाषा की समस्त जकड़नों को तोड़ते हुए अपने जीवनानुभवों और रंगानुभवों के माध्यम से अपने विचारों को सम्प्रेषित किया—*''मैं रायपुर में पहली बार तब आया था, जब मैं बिल्कुल युवा था। सन् 1978 में एक नाटक के प्रदर्शन के सिलसिले में आया था। उन अनुभवों की मेरे निर्माण में जो भूमिका रही है, मैं उसे स्वीकार करता हूँ। मेरे लिए लोक वही है जो मेरे पास सुरक्षित है और आधुनिक है, पर जिसे जाने बिना हम कुछ अन्य खोजते रहते हैं। हमें मालूम है कि हमारे पास क्या सुरक्षित रखा हुआ है, पर उसे जाने-बूझे बिना हम आधुनिकता तलाशते फिरते हैं। अभी चारों ओर यही हो रहा है। मैं अपने जीवन को आपके सामने विश्लेषित करते हुए अपनी बातें रखना चाहूँगा।...मैं जब छात्र था, पूरी तरह एक राजनीतिक कार्यकर्ता भी था।...मैं वामपंथी राजनीति से जुड़ा था। वामपंथी राजनीति दो भागों में बँटी और मैं अति वामपंथ यानी*

नक्सलवाद के साथ हो गया। वहाँ मैं विभ्रम का शिकार हुआ और फिर अलग हो गया। मुझे लगा कि यह मेरी जगह नहीं है। मैं राजनीतिक रहूँगा, पर दलीय राजनीति के आचरण को स्वीकार नहीं करूँगा। यहाँ से मेरी असली समस्या शुरू हुई...कि मैं करूँगा क्या? मुझे कुछ करना तो है, पर क्या? मैं गाँव से आया था। वहीं युवा हुआ। आज भी ग्रामीणों का जीवन मेरी मुख्य चिन्ता है।...फिर मैंने रंगमंच के बारे में सोचना शुरू किया। इसने मुझे कई कारणों से प्रभावित किया। एक तो यह पूरी तरह सेक्युलर होता है और दूसरा यह कि यहाँ आप अकेले कोई निर्णय नहीं लेते...यहाँ आप व्यक्तिवादी नहीं हो सकते। मैं थिएटर वर्कशॉप नामक एक बड़े ग्रुप से जुड़ा, पर बाद में मुझे लगा कि इसे देखने तो कुछ ही लोग आते हैं। ये लोग ही हर जगह शहर में उपस्थित हैं। और वे लोग जो देहातों-क़स्बों में रहते हैं, जिनकी बहुत बड़ी तादाद है,...वे नहीं आते। साथ ही वहाँ की रंगपद्धति...मेकअप...लाइट...वगैरह सब तामझाम मुझे असहज बनाते। मैं फिर विभ्रम का शिकार बना और वहाँ से बाहर निकल गया। फिर मैंने बादल सरकार का रंगमंच देखा और मुझे लगा कि, अरे!...यही तो है मेरा रंगमंच। फिर मैंने बादल दा के साथ काम किया। उनके सारे प्रोडक्शन देखे।...कुछ समय बाद मुझे लगा कि यह रंगमंच भी शहरी है,...मेरा नहीं है। मुझे अपने गाँव के लोगों के लिए रंगमंच चाहिए।...फिर मुझे लगा कि शायद मुझसे थिएटर होगा ही नहीं और मुझे थिएटर करना छोड़ देना चाहिए।...पर अपनी इस सोच से मैं पूरी तरह सहमत नहीं था। इस बीच ग्रोटोवास्की की एक पुस्तक मेरे हाथ लगी। उसे पढ़ने के बाद मुझे लगा कि यह रास्ता सम्भवतः मुझे मेरी मंज़िल तक ले जाए। मैंने अपने क़स्बे में, जिसका नाम खरदा है, 'लिविंग थिएटर' नाम से एक ग्रुप बनाया। मैंने दो-तीन नाटक लिखे और मंचित किया, पर मुझे अहसास हुआ कि इसमें नया कुछ नहीं है। यह भी एक तरह की पुनरावृत्ति है। मैं किसी की नकल करना नहीं चाहता था, पर इसमें सभी थे...बादल दा,...मनोज दा... । मैंने स्वयं से कई सवाल किए। मुझे लगा कि मेरे पास तो अपनी कोई परम्परा ही नहीं है...मैं क्या करूँ?...फिर मैं छऊ करनेवालों के पास गया। मैंने अपने को डीकंडीशन करने के लिए परम्परा का सहारा लिया। फिर तो सारा देश और कई एशियाई देश मेरी पाठशाला बन गए। मैंने लोकशैलियों से अपने को प्रशिक्षित किया।...लोक रंगमंच की हमारी परम्परा का सामुदायिक सक्रियता की दृष्टि से पहले बहुत महत्त्व रहा है और आज भी है। इसका अपना दर्शन है। यहाँ उत्सव है और इसके पीछे भी दर्शन है। हमारी लोक विधाओं के पास अभिव्यक्ति की असीम शक्ति है और यह शक्ति इसे आधुनिक बनाती है। छऊ का प्रदर्शन ख़ास अवसर पर होता है। पुरुलिया एक सूखाग्रस्त क्षेत्र है। इस क्षेत्र में जीवन जीना बहुत कठिन है। भूख, अभाव और कठिन श्रम के बाद नृत्य का पूर्वाभ्यास। यह नृत्य जीवन को विस्तार देता है। उसे विशालता देता है। यह समूह की कलात्मक उपज है। कृषि के लिए जल चाहिए। जल के लिए, देवताओं को प्रसन्न

करने के लिए यह किया जाता है। यह विश्वास कि अगर नृत्य सही ढंग से नहीं हुआ तो देवता प्रसन्न नहीं होंगे, इसे संचालित करता है। यह विश्वास हमारी लोक परम्परा की सबसे बड़ी ताक़त है। यह है हमारे लोक का दर्शन। यह सामाजिक बन्धनों में हमें बाँधता है और समाज तथा समय के प्रति ज़िम्मेवार बनाता है। यह हमेशा नई चुनौतियाँ पेश करता है। यह हमें पूर्वाग्रहों से मुक्त करता है और हमेशा नया बनाए रखता है। हमारे रंगमंच को अगर नया, ज़िम्मेवार और कलात्मक रहना है, उसे लोक को ग्रहण करना पड़ेगा।''

अन्तिम वक्ता थीं लखनऊ की रंगकर्मी—वेदा राकेश। वेदा ने हबीब तनवीर से जुड़े कुछ संस्मरणों से अपनी बात आरम्भ की और कहा—*''लोक नाट्य की विशेषता उसकी सहजता ही है। यह सत्ता से भिड़ने की ताक़त रखता है।''*

यह संगोष्ठी रायपुर में 5 जून से 8 जून, 2010 तक चलने वाले रायपुर इप्टा के आयोजन प्रथम हबीब तनवीर नाट्य समारोह का हिस्सा थी। इसका संचालन युवा रंगकर्मी डॉ. योगेन्द्र चौबे ने और अध्यक्षता प्रभाकर चौबे ने की। इप्टा के संयोजक सुभाष मिश्र ने धन्यवाद ज्ञापन किया। पहले दिन समारोह का उद्घाटन किया *नया थिएटर* के पुराने अभिनेता—रामचरण निर्मलकर ने। हबीब तनवीर के साथ बीते दिनों को याद करते हुए उन्होंने मंच से कई रोचक संस्मरण सुनाए। कवि विनोद कुमार शुक्ल और प्रोबीर गुहा मंच पर थे। उद्घाटन के बाद रायगढ़ की नाट्यसंस्था *गुड़ी* ने रंगसंगीत और *नया थिएटर* ने *चरणदास चोर* मंचित किया। प्रस्तुति बेहद लचर रही। यह अक्सर होता है कि बड़ी प्रतिभाओं के देहावसान के बाद उनके नाटकों की पुनर्प्रस्तुतियाँ अपनी आभा खो देती हैं। गुड़ी के रंगसंगीत में भी रंग कम था और अफ़रा-तफ़री ज़्यादा थी। दूसरे दिन हबीब तनवीर के साथ लम्बे समय तक जुड़े रहनेवाले दीपक तिवारी और पूनम तिवारी ने रंगसंगीत प्रस्तुत किया। पूनम के गायन में नाट्य का भांडार छिपा हुआ है। वह कुशलता के साथ अपने स्वर के आरोह-अवरोह, अपनी देहभाषा तथा अपने पदसंचालन से मंच पर संगीत प्रस्तुत करते हुए नाट्य रचती हैं। रायपुर *इप्टा* ने योग मिश्र के निर्देशन में *गाँव के नाम ससुराल और मोर नाम दामाद* प्रस्तुत किया। इस प्रस्तुति का सबसे सबल पक्ष यह था कि यह हबीब तनवीर की प्रस्तुति की नकल नहीं थी और निर्देशक ने नया रचने का प्रयास किया था। संजय महानन्द, हेमंत निषाद, शशिमोहन सिंह और प्रभाकर वर्मा ने अपने अभिनय से प्रस्तुति को सम्प्रेषणीय बनाया। तीसरे दिन के रंगसंगीत में भी नाट्य अनुपस्थित रहा। इस समारोह में भिलाई *इप्टा* और दुर्ग *इप्टा* ने बच्चों के नाटकों का मंचन किया। बिलासपुर इप्टा ने सर्वेश्वर दयाल सक्सेना की कहानी *लड़ाई* को राजकमल नायक के निर्देशन में *सत्यव्रत* शीर्षक से मंचित किया। प्रस्तुति सरलीकरण का शिकार अवश्य हुई और राजकमल नायक की प्रतिष्ठा के अनुरूप नहीं थी पर इस कठिन समय में सत्य, ईमान और शुभमूल्यों का रूपक रचने के लिए राजकमल

नायक प्रशंसा के पात्र हैं। इस प्रस्तुति में निर्देशक द्वारा जीवन्त क्षणों को रचने का प्रयास दीख रहा था, पर अभिनय की रूढ़ियाँ बाधा बन रही थीं।

हबीब तनवीर की स्मृति में आयोजित इस नाट्य समारोह ने अभी यात्रा आरम्भ की है। रायपुर *इप्टा* के एक अन्य प्रतिष्ठित आयोजन *मुक्तिबोध नाट्य समारोह* की ऊँचाई तक इसे जाना होगा। रायपुर *इप्टा* ने आनेवाले सालों में इसे बाल रंगकर्म पर केन्द्रित करने की घोषणा की। सुभाष मिश्र के नेतृत्व में मिन्हास हसन, अरुण काठोटे, जीवेश चौबे, ललित देवांगन आदि रंगकर्मियों की सक्रियता और कवि विनोद कुमार शुक्ल, कथाकार आनन्द हर्षुल, लेखक-पत्रकार प्रभाकर चौबे, शिक्षाविद् सच्चिदानन्द जोशी आदि की दर्शकदीर्घा में निरन्तर उपस्थिति ने आयोजन को स्पन्दित किए रखा।

रायगढ़ में रंग

छोटे नगरों, क़स्बों और गाँवों की रंगऊर्जा मुझे आकर्षित करती रही है। चाहे बिहार के कोशी अंचल का छोटा-सा क़स्बा टीकापट्टी या रंगपरिदृश्य पर अपरिचित गाँव जानकीनगर हो, या फिर छत्तीसगढ़ का क़स्बाई नगर रायगढ़; मैं बार-बार भागकर यहाँ पहुँचता हूँ और यहाँ की रंगऊर्जा से स्वयं को पुनर्नवा करता हूँ। पिछले साल भारत रंग महोत्सव बीच में छोड़कर दिल्ली से रायगढ़ के लिए भागा था, पर इस साल दिल्ली की ओर रुख ही नहीं किया। मध्य भारत के इस छोटे से नगर रायगढ़ में नाटकों के पोस्टर सटते हैं, सायकिल रिक्शा पर प्रचार होता है और खुले मैदान में बने विशाल पंडाल में रात आठ बजे के बाद नाटक का मंचन होता है। पिछले सत्रह सालों से इप्टा का यह राष्ट्रीय नाट्य समारोह रायगढ़ निवासियों के लिए आकर्षण का केन्द्र बना हुआ है। चक्रधर समारोह के बाद यह दूसरा आयोजन है जिसकी प्रतीक्षा यहाँ के लोग उत्सव की तरह करते हैं। अजय आठले, उषा आठले, पापाजी उर्फ मुमताज़ भारती, विनोद बोहिदार, अपर्णा श्रीवास्तव, भरत निषाद, अजेश, विष्णु हिमधर, हर्ष सिंह, श्याम देवकर सहित कई रंगकर्मियों का यह सुगठित समूह अपने नगर को चक्रधर समारोह जैसे सरकारी आयोजन से अलग सांस्कृतिक स्पन्दन देता है। केवल इतना ही नहीं, रायगढ़ इप्टा ने अपनी निरन्तर सक्रियता से पिछले बीस सालों में कई ऐसे समर्थ रंगकर्मियों को तैयार किया है, जो आज स्वतंत्र रूप से रंगकर्म कर रहे हैं। रायगढ़ इप्टा ने पिछले साल से एक रंगकर्मी को शरदचन्द्र वैरागकर सम्मान देना आरम्भ किया है। शरदचन्द्र वैरागकर छत्तीसगढ़ के मराठी रंगमंच से गहरे जुड़े हुए थे। एक दौर में उन्होंने बिलासपुर के 'महाराष्ट्र मंडल' और 'भगिनी मंडल' के लिए 'रायगडाला जेव्हा जाग येते', 'घरात फुलला पारिजात', 'अश्रुंची झाली फुले', 'प्रेमा तुझा रंग कसा', 'दोन ध्रुवांवर दोघे आपण', 'मंतरलेली चैत्रवेल' आदि नाटकों को निर्देशित किया। राष्ट्रीय स्तर पर दिए जानेवाले इस 'शरदचन्द्र वैरागकर सम्मान' के लिए इस साल पाँच सदस्यों के एक निर्णायक मंडल ने रंगनिर्देशक और रंगसंगीतकार संजय उपाध्याय का चयन किया था। पिछले साल राष्ट्रीय नाट्य विद्यालय के मनोहर सिंह पुरस्कार से सम्मानित संजय उपाध्याय इन दिनों मध्यप्रदेश

सरकार द्वारा नवगठित नाट्य विद्यालय के निदेशक हैं। संजय उपाध्याय ने लगातार रायगढ़ इप्टा के रंगकर्मियों को प्रशिक्षित किया है और उन्हें आधुनिक रंगबोध से परिचित करवाया है।

पाँच जनवरी से नौ जनवरी, 2011 तक चलनेवाले इस राष्ट्रीय नाट्य समारोह में रायपुर, पटना, सीधी, भोपाल और गया के नाट्य समूहों ने भाग लिया। पहले दिन चित्रोत्पला लोककला परिषद्, रायपुर ने छत्तीसगढ़ की एक लोककथा पर आधारित नाटक 'फोकलवा' का मंचन किया। निर्देशक थे—राकेश तिवारी। 'फोकलवा' मनुष्य के भीतर लालच के पनपने और फिर पसरते जाने की कथा है। इस लोककथा के सीधे-सादे कथानक की भीतरी तहों में जीवन की मार्मिकता और संवेदना विन्यस्त है। मनुष्य की प्रपंचलीला के माध्यम से कथ्य का प्रभाव सघनतर होता जाता है। सीधा-सादा फक्कड़ फोकलवा लकड़ी काटने जंगल जाता है और राक्षस-राक्षसी का शिकार बनने से किसी तरह बच पाता है। इस आपाधापी में राक्षसी की साड़ी और उसका एक कंगन उसके हाथ लगता है। वह एक हाथ का कंगन और साड़ी अपनी माँ को भेंट करता है। साड़ी पर राजपुत्री की नज़र पड़ती है। वह साड़ी की ज़िद में अन्न-जल त्याग देती है। फोकलवा किसी क़ीमत पर राजपुत्री को साड़ी देने के लिए तैयार नहीं होता। न्यायप्रिय और प्रजा-वत्सल राजा उससे ज़बरदस्ती नहीं करना चाहता। अन्ततः मंत्री की सलाह पर राजपुत्री साड़ी पाने के लिए फोकलवा से विवाह को तैयार हो जाती है। विवाह के बाद फोकलवा असंवैधानिक सत्ता का केन्द्र बन जाता है। वह राजा की हत्या करवा देता है। राजपुत्री एक हाथ का कंगन देख लेती है और उसके जोड़े के लिए आदतन ज़िद कर बैठती है। फोकलवा संकट में पड़ता है। वह राक्षस-राक्षसी की तलाश में पुनः जंगल जाता है और कंगन का जोड़ा छीनकर लाता है। जैसे ही राजपुत्री दोनों कंगन पहनती है, परिदृश्य बदलता है। फोकलवा और राजपुत्री राक्षस-राक्षसी में रूपांतरित हो जाते हैं। इस कथा को मंच पर रचते हुए जिस सतर्कता की आवश्यकता थी, उसमें आंशिक कमी के बावजूद राकेश तिवारी दर्शकों तक अपनी बात सम्प्रेषित करते हैं। संगीत में नाटक के तत्त्व हैं पर उसके अनावश्यक विस्तार पर नियंत्रण की आवश्यकता है। राकेश तिवारी प्रस्तुति की संरचना में छत्तीसगढ़ के लोक नाट्यरूपों का उपयोग करते हैं। मूल आधार गम्मत को बनाते हैं पर नाचा, पंडवानी, भरथरी, पंथी, चन्दैनी आदि से भी युक्तियों को स्वीकारते हैं। वह संगीत और नृत्य की गतियों में विविधता लाने का प्रयास करते हैं, पर बीच-बीच में मात्रा का विवेक खो देते हैं। फोकलवा की भूमिका में हेमंत वैष्णव सशक्त अभिनय क्षमता प्रदर्शित करते हैं। मंच पर उनकी रंगऊर्जा चकित करती है। उनकी आंगिक चेष्टाओं और गतियों में नाट्य है। दूसरे दिन की संध्या संजय उपाध्याय के निर्देशन में निर्माण कला मंच, पटना ने श्रीकान्त किशोर के नाटक 'हरसिंगार' का मंचन किया। रायगढ़ के दर्शक संजय उपाध्याय की कई नाट्य प्रस्तुतियों के साक्षी रहे हैं।

'हरसिंगार' देखने भारी संख्या में दर्शक जुटे। श्रीकान्त किशोर के इस नाटक का कथ्य उलझा हुआ है। बाज़ार का नया रूप, इस बाज़ार की हिंसा, पारम्परिक कलाओं के हुनर और श्रम का मूल्य निर्धारण, स्त्री और पुरुष के अन्तर्सम्बन्ध, प्रेम, गर्भ, अवैध सम्बन्ध, स्वतंत्रता आदि-आदि की व्याख्या में नाटक बुरी तरह उलझ जाता है और कई बार स्त्री के पक्ष में मुखर होने की कोशिश में स्त्री-विरोधी होने लगता है। घटनाएँ कम हैं और सूत्रधार बने स्त्री-पुरुष के बीच निरर्थक तर्क-कुतर्क ज़्यादा। हालाँकि प्रस्तुति की संरचना में नवाचार है। संगीत नाट्ययुक्ति की तरह उपजता है और अपने आवेग से नाटक को गति देता है। संजय उपाध्याय अपनी प्रस्तुतियों में अपने रंगसंगीत के जादू के लिए भी जाने जाते हैं और इस प्रस्तुति में यह जादू दर्शकों के सिर चढ़कर बोलता है। यहाँ संगीत और नृत्य की गतियों में मात्रा का विवेक है। यह विवेक ही नाटक की प्रस्तुति की रक्षा करता है। शुभ्रो भट्टाचार्य, शारदा सिंह, राजेश सिन्हा, सुमन कुमार, अर्चना सोनी और पप्पू ठाकुर अपनी अभिनय क्षमता से प्रस्तुति को प्रभावशाली बनाते हैं। नृत्य और संगीत के समूहन दृश्यों में मनोज पटेल की चपल गतियों और भंगिमाओं का चाक्षुष प्रभाव नाटक को ऊर्जा से भर देता है।

पिछले साल रायगढ़ इप्टा के नाट्य समारोह में युवा रंगनिर्देशक स्वप्निल कोत्रीवार की पहली प्रस्तुति शामिल थी। इस परम्परा को जारी रखते हुए इस साल सीधी (म.प्र.) के युवा रंगनिर्देशक नीरज कुन्देर आमंत्रित थे। नीरज कुन्देर संगीत नाटक अकादमी की एक कार्यशाला की उपज हैं। अकादमी के ही सहयोग से बाद में उन्होंने केरल जाकर कावलम नारायण पणिक्कर से प्रशिक्षण प्राप्त किया। उन्होंने पणिक्कर के ही नाटक के हिन्दी अनुवाद 'तैय्या तैय्यम' को मंचित किया। नाटक का कथ्य दर्शकों तक सम्प्रेषित नहीं हो सका। भारत रत्न भार्गव का अनुवाद बोझिल और ग़ैर रचनात्मक था। इस नाट्यालेख की संरचना में नाट्य युक्तियों की परम्परिकता विन्यस्त है। तैय्यम केरल का एक आनुष्ठानिक नाट्यरूप है, जिससे न तो अभिनेता अपने को जोड़ पा रहे थे और न ही दर्शक जुड़ सके। नीरज कुन्देर से जिस नवाचार की अपेक्षा थी, वह देखने को नहीं मिली। नाटक की मूल संवेदना को वे अपनी प्रस्तुति में रूपांतरित नहीं कर सके। नीरज कुन्देर ने सीधी के आसपास के इलाक़ों में आदिवासी कलाकारों के साथ काम किया है। उनकी इस प्रस्तुति में भी अपने वाद्ययंत्रों के साथ कुछ आदिवासी अभिनेता शामिल थे। प्रस्तुति में इन अभिनेताओं की उपस्थिति को अलग से रेखांकित किया जा सकता था। फिर भी, नीरज कुन्देर की रंगनिष्ठा और नया रचने की आकुलता का हमारे रंगपरिदृश्य पर ख़ास महत्त्व है। वह अपनी निजी रंगभाषा की तलाश में हैं। उनके जीवनानुभव और रंगानुभव इस तलाश में उनके सहयोगी बनेंगे, ऐसी सम्भावनाओं की आहटें इन्द्रावती नाट्य समिति, सीधी की इस प्रस्तुति में सुनी जा सकती हैं।

अपने नाटकों में यथार्थ की सघन प्रस्तुति के लिए चर्चित रंगनिर्देशक

अलखनन्दन के निर्देशन में नट बुन्देले, भोपाल ने शाहिद अनवर के नाटक 'सुपनवा के सपना' को चौथे दिन मंचित किया। लू शुन की कहानी 'आ क्यु की सच्ची कहानी'पर आधारित यह नाटक कई कारणों से एक महत्त्वपूर्ण प्रस्तुति के रूप में रेखांकित करने योग्य है। सामन्ती व्यवस्था की विडम्बनाओं को उजागर करती भारतीय गाँवों के श्रमिकों-वंचितों के जीवन-संघर्ष की यह कथा अपनी सहज और सम्प्रेषणीय प्रस्तुति-संरचना के लिए याद की जाएगी। अलखनन्दन इसकी प्रस्तुति संरचना में भोजपुरीभाषी जन-जीवन के कार्यव्यापार और लोकगीतों-धुनों का रचनात्मक उपयोग करते हैं। इन गीतों-धुनों द्वारा दर्शकों को अपने प्रवाह में बहाकर ले जाने के ख़तरों से वे सतर्क दिखते हैं। उनकी यह सतर्कता इस प्रस्तुति को त्वरा देती है और प्रभाव बहुगुणित होकर दर्शकों तक पहुँचता है। अलखनन्दन ने शारदा सिन्हा के संगीत का उपयोग किया है। मंच पर रविलाल सांगड़े की उपस्थिति इन गीतों-धुनों में नया स्वाद भरती है। अजय सिन्हा, आनन्द मिश्र, चिन्मय सांकृत, सुनील सिंह आदि अभिनेताओं के अभिनय की लयबद्धता से भी प्रस्तुति में सघनता बनी रहती है। सूपना की केन्द्रीय भूमिका में मनोज मिश्र प्रभावशाली अभिनेता के रूप में उभरते हैं। वह अपनी सहज भंगिमाओं को अभिनय की युक्ति बनाते हैं और दर्शकों से उनका सम्बन्ध गहनतर होता जाता है। अपनी गायन और अभिनय क्षमता के कारण बिशना चौहान अलग से ध्यान खींचती हैं। उनके स्वर में खनक है और देह में लय, जो मंच पर उनकी उपस्थिति को विशिष्ट बनाती है। अलखनन्दन की यह प्रस्तुति लम्बे समय तक स्मृतियों में बसी रहेगी।

नाट्य समारोह की अन्तिम रात रेनेसाँस, गया ने संजय सहाय के निर्देशन में 'गवाह' का मंचन किया। अगाथा क्रिस्टी की मूल कथा का नाट्यांतर भी संजय सहाय का ही था। यह एक अपराध कथा है जिसे संजय सहाय पश्चिम की नैचुरलिस्टिक शैली में प्रस्तुत करते हैं। ऐसी प्रस्तुतियों का अपना निजी सौन्दर्यबोध होता है और साथ ही एकरसता के ख़तरे भी होते हैं। पर संजय सहाय अपनी प्रस्तुति का सौन्दर्यबोध आविष्कृत करते हुए इन ख़तरों से सजग रहते हैं और अपने अभिनेताओं की नैसर्गिक क्षमता का उपयोग करते हुए दर्शकों को नया और रोचक आस्वाद देते हैं। गया एक क़स्बाई शहर है, जहाँ आधुनिक रंगमंच की कोई परम्परा नहीं रही है। हिन्दुओं और बौद्धों का यह प्रसिद्ध तीर्थस्थल पिछले कुछ दशकों से निरन्तर हिंसा की चपेट में रहा है। रेनेसाँस की स्थापना के बाद कुछ ही सालों से यहाँ रंगमंच के लिए वातावरण बनना आरम्भ हुआ है। प्रशिक्षण और अथक श्रम और रंगमंच के प्रति निष्ठा ने यहाँ के अभिनेताओं को विकसित किया है। इन अभिनेताओं–सुष्मिता बोस, शिवांगी, कशिफ ख़ान, राजेन्द्र शर्मा, अनुराग, रामानुज, मानू मणि, विपिन आदि के अभिनय में बहुस्तरीयता है। अपनी देहभाषा और संवाद प्रक्षेपण से ये नाट्य नाट्य रचने में सक्षम हैं। संजय सहाय की प्रस्तुति संरचना की बुनावट सघन है और वह

स्थितियों को सन्तुलित आवेग के साथ रचते हैं। 'गवाह' एक रोचक प्रस्तुति है, जो मनुष्य के प्रपंच से टकराती है और बिना किसी बड़बोलेपन के सम्बन्धों की संवेदना के मरते जाने की चिन्ता को हमारे भीतर हौले से उतार देती है।

रायगढ़ इप्टा के इस राष्ट्रीय नाट्य समारोह में तीन लघु फ़िल्में (पुन्नी सिंह की कहानी पर आधारित और अजय आठले द्वारा निर्देशित 'बच्चे सवाल नहीं करते', अश्विन कुमार द्वारा निर्देशित 'द लिटिल टेररिस्ट' और मोपासा की कहानी पर आधारित और संजय सहाय द्वारा निर्देशित 'बाज़ी') प्रदर्शित की गईं। इनके प्रदर्शन का प्रभाव यह था कि रंगकर्मी फ़िल्मों और रंगमंच के अन्तर्सम्बन्धों पर चर्चा करते हुए दिखे। बड़े नगरों का रंगमंच जिस तरह अनुदान और परियोजनाजीवी होता जा रहा है और दर्शकों की उपेक्षा कर रहा है, ऐसे में जनता के सहयोग से रंगकर्म करनेवाले ये छोटे नगर, क़स्बे और हमारे गाँव ही होंगे, जिनकी रंगसक्रियता हमें बेहतर मनुष्य बनने की राहें दिखाती रहेगी।

आज़मगढ़ में आरंगम के बहाने

साँझ हो रही है। मैं तमसा के तट पर खड़ा हूँ। तमसा आज़मगढ़ के बीचों बीच बहती हैं। मैं उदास बहती तन्वंगी तमसा को निहार रहा हूँ। साँझ की लालिमा सिमट रही है। कुछ ही देर में अँधियारा छा जाएगा तमसा पर। जाने कैसे आज़मगढ़ में अपनी रातें गुज़ारती हैं तमसा! नदियाँ सोती नहीं। दिन भर नगरवासियों की हिंसा झेलने के बाद सारी रात क्या करती होंगी तमसा? अपनी जल-सतह पर तैरते कूड़े-कचरे का बोझ लिये कैसे गुज़ारती हैं रातें? तमसा का दुःख नया नहीं है। युगों से तरह-तरह के दुःख झेलती रही हैं। वनवास को जाते राम-लक्ष्मण-जानकी को अपने तट से विदा करने का दुःख,...अपने तट पर बसे दुर्वासा के क्रोध और शापध्वनि से आतंकित लोगों का दुःख...और सरायमीर, संजरपुर, खरेवा मोड़ के कुछ गाँवों पर आतंकवादी होने के बदनुमा दाग़ का दुःख। आज़मगढ़ के लोगों का मानना है कि उनकी गंगा-जमुनी संस्कृति को मीडिया ने बदनाम किया है। जिस तमसा के तट पर वाल्मीकि ने रामायण रची, सन् अट्ठारह सौ सत्तावन में बाबू कुँवर सिंह ने अपने रणकौशल से अंग्रेज़ों को पराजित किया और सन् उन्नीस सौ चौदह में अल्लामा शिब्ली नोमानी ने ज्ञान, शोध और चिन्तन के केन्द्र दारुलमुसन्निफ़ीन शिब्ली एकेडमी की परिकल्पना की, उसी तमसा को आज 'आतंकवाद को सींचनेवाली कलंकिनी' कहा जा रहा है। खड़ीबोली के पहले महाकाव्य प्रियप्रवास के कवि अयोध्या सिंह उपाध्याय 'हरिऔध', सूफ़ी कवि नूर मोहम्मद, देशज संवेदना के कवि गुरुभक्त सिंह 'भक्त', महापंडित राहुल सांकृत्यायन और शायर क़ैफ़ी आज़मी को प्रसव देनेवाली तमसा की भूमि आज अपनी सांस्कृतिक विरासत को बचाने के लिए जूझ रही है। हरिऔध कला केन्द्र के भवन और परिसर पर अवैध कब्ज़ा हो चुका है और इसके पुस्तकालय की पुस्तकें बाज़ार में रद्दी के भाव बिक चुकी हैं। जिस हरिऔध कला केन्द्र से कभी आज़मगढ़ में आधुनिक रंगकर्म की शुरुआत हुई थी और अशोक भौमिक के आमंत्रण पर बादल सरकार आए थे,...प्रोबीर गुहा आए थे, उसके परिसर में आज सूअर थूथन उठाए विचरते हैं। अनिल रंजन भौमिक ने यहीं नाट्य का ककहरा सीखा। हरि कमल जैसे समर्पित रंगकर्मी की रंगजिजीविषा का यह स्थल

साक्ष्य है। इसके पास ही है आज़ादी से पहले स्थापित मेहता पुस्तकालय। यह सरकारी विभागों द्वारा अतिक्रमण का शिकार है। इसका विशाल और खूबसूरत भवन जर्जर हो रहा है और इसकी सारी व्यवस्था छिन्न-भिन्न हो चुकी है। ठीक यहीं पर सन् अट्ठारह सौ सत्तावन का युद्ध लड़ा था बाबू कुँवर सिंह ने और लगभग पन्द्रह दिनों तक आज़ाद रहा आज़मगढ़। स्वतंत्रता के योद्धा बाबू कुँवर सिंह की प्रतिमा ग़ायब है और शेष है चबूतरा। तमसा के पास गाँधी की स्मृतियाँ भी शेष हैं। वे तीन अक्तूबर सन् उन्नीस सौ उनतीस को तमसा के तट पर आए थे।...क्या तमसा हार जाएँगी? नदियों का पराजय उनके तट पर बसे जीवन और विकसित हुई संस्कृतियों का पराजय होता है। तन्वंगी भले हुई हों तमसा,...उदास ज़रूर हैं तमसा, पर उन्होंने अपनी भूमि को एक ऐसी नई पीढ़ी सौंपी है, जो सांस्कृतिक दुर्भिक्ष के इस गहन संकट-काल में अपने जीवट के बल पर संघर्ष कर रही है। कवि डॉ. रामदरश सिंह, बृजेश कुमार सिंह, आर. डी. यादव, श्रीमती आशा सिंह, सामाजिक कार्यकर्ता दीपक सिंह, रंगकर्मी राजकुमार शाह, सुनील विश्वकर्मा, रंगकर्मी दम्पत्ति अभिषेक पंडित-ममता पंडित आदि इसी पीढ़ी के कुछ नाम है।

अभिषेक पंडित और ममता पंडित का नाट्यदल *सूत्रधार* पिछले आठ सालों से आज़मगढ़ में *आरंगम* (आज़मगढ़ रंग महोत्सव) का आयोजन कर रहा है। बिना किसी आधारभूत संरचना के, जन-सहयोग और अपनी रंगनिष्ठा के बल पर अभिषेक और ममता पूर्वांचल के इस क़स्बाई नगर में निरन्तरता में सक्रिय हैं। सूत्रधार के रंगकर्मियों में आधे से ज़्यादा किशोर हैं। वे किशोरों को चुनते हैं, प्रशिक्षित करते हैं और अश्लील भोजपुरी फ़िल्में और गीतों का एलबम बनानेवाले उन्हें लालच देकर भगा ले जाते हैं। जो बचते हैं, वे रंगयज्ञ की हवि बनते हैं। यह सिलसिला लगातार जारी है, पर अभिषेक और ममता थके-हारे नहीं दिखते। विवाह के बाद ममता ने रंगकर्म आरम्भ किया। ममता के सारे गहने नाटक की भेंट चढ़ गए, पर आर्थिक संकट उनकी रंगजिजीविषा को मार नहीं सका। अभिषेक कहते हैं—"हम ख़ाली हाथ लोग नहीं हैं। ज़ेब ज़रूर ख़ाली है, पर हमारी अँजुरी रंगकर्म की सम्पदा और ताक़त से भरी है। हम रंगकर्म ही ओढ़ते-बिछाते हैं।" छब्बीस फ़रवरी को आरंगम की पहली रात आज़मगढ़ की जनता ने संस्कृत नाटक 'भग्वद्ज्जुकीयम्' देखा। लखनऊ की नीपा रंगमंडली की इस बहुचर्चित प्रस्तुति को सूर्यमोहन कुलश्रेष्ठ ने निर्देशित किया था। दो दशक पहले इसे नीपा ने तैयार किया था। मैंने पहली बार इस प्रस्तुति को अर्सा पहले भारंगम में देखा था। भग्वद्ज्जुकीयम का रचनाकाल सातवीं शती माना गया है। यह वह काल था, जब बौद्ध धर्म का अवसान हो रहा था और ब्राह्मण या हिन्दूधर्म अपनी पुनर्स्थापना कर रहा था। नाटककार बोधायन ने इस दौर की पतनशील प्रवृत्तियों, धार्मिक विद्वेष और आडम्बर को इस नाट्यरचना में उजागर किया। जनरंजन के साथ-साथ यह कल्याणकारी दर्शन की ओर भी संकेत करता है और कई

प्रश्नों के उत्तर तलाशने की कोशिश करता है। सूर्यमोहन कुलश्रेष्ठ इसकी बुनावट में भारतीय रंगपरम्परा के तंतुओं का कलात्मकता के साथ उपयोग करते हैं। वे हास्य रचने के लिए अपने अभिनेताओं पर भरोसा करते हैं। उन्हें भरतनाट्यम की गतियों-मुद्राओं से प्राणवान् बनाते हैं और जीवन को विस्तारित करती हुई एक नई और सम्प्रेषणीय रंगभाषा का सृजन करते हैं। जयशंकर पांडेय (परिव्राजक) और सागर अरोरा (शांडिल्य) अपने नाट्य से मंच पर जिन चाक्षुष बिम्बों की रचना करते हैं, उनका प्रभाव मात्र हास्य नहीं पैदा करता बल्कि उनमें व्यंग्य की तीक्ष्ण कौंध भी चमकती है। नाट्यसंगीत रचनात्मक है, पर इसका जीवन्त नहीं होना इसके प्रभाव को कमज़ोर करता है।

आरंगम की दूसरी साँझ सूत्रधार ने ममता पंडित के निर्देशन में रवीन्द्रनाथ टैगोर की कहानी पर आधारित नाटक 'गूँगी' का मंचन किया। यह नाटक एक गूँगी लड़की के भीतर पलते सपनों, इन सपनों को लेकर चलनेवाले संघर्षों और उसके प्रणय सम्बन्ध के कारण उजागर होती सामाजिक विषमताओं को अभिव्यक्त करता है। आलेख में कसाव और बहुस्तरीयता की कमी के बावजूद ममता पंडित नवाचार की कोशिशें करती हैं। एक नई रंगभाषा की खोज के लिए उनकी रचनात्मक बेचैनी प्रस्तुति में झलकती तो है, पर वह अपनी रचनात्मक बेचैनी को सघन और सम्प्रेषणीय नाट्यभाषा में रूपांतरित नहीं कर पातीं। इसका दूसरा पक्ष यह है कि ममता पंडित लगभग अप्रशिक्षित और किशोर उम्र के नौसिखुए अभिनेताओं के साथ इस प्रस्तुति में अपने लिए रंगानुभव सहेज रही होती हैं। ऊर्जा से लबालब भरे इस नाट्यदल को अगर प्रशिक्षण मिले, तो यह दल पूर्वांचल के जीवन को अपनी बोली-बानी में सशक्त ढंग से अभिव्यक्त कर सकता है। अभिषेक पंडित सूत्रधार बने थे और ममता पंडित गूँगी लड़की की भूमिका में थीं। ममता के पास भावाभिव्यक्ति का हुनर है और अपने स्वर तथा अपनी देहभाषा से वह कोमलतम क्षणों को भी रचने में समर्थ हैं।

इस रंग महोत्सव की तीसरी शाम देश के प्रसिद्ध रंगनिर्देशक प्रोबीर गुहा के निर्देशन में उनके नाट्यदल ऑल्टरनेटिव लिविंग थिएटर (कोलकाता) ने 'घर वापसी का गीत' मंचित किया। प्रोबीर गुहा ने अपने आरम्भिक नाटकों 'अब्दुल हन्नानेर मरण' या 'अहिल्या' से अब तक एक लम्बी यात्रा तय की है और इस यात्रा में उन्होंने निरन्तर अपनी रंगभाषा को विकसित किया है और रंगप्रभाव को सघनतर बनाया है। हाशिए पर खड़े मनुष्य का जीवन अपने तमाम दुःखों और संघर्षों के साथ उनके नाटकों का कथ्य बनता रहा है। साधारण लोगों के जीवन की असाधारण पीड़ा को रचते हुए प्रोबीर गुहा रंग उपकरणों की अपेक्षा अपने अभिनेताओं की देह और अभिव्यक्ति क्षमता पर ज़्यादा भरोसा करते हैं। उनके अभिनेताओं की देह एक विशाल दुनिया में बदल जाती है, जहाँ नदी, पहाड़, जंगल, महानगर, गाँव, क़स्बा, झोंपड़पट्टी यानी कि सब कुछ होता है। और होता है—प्यार, घृणा, भूख, महामारी,

विस्थापन आदि। इसे उनके अभिनेता देह से रचते हैं और अपने स्वर, संगीत-ध्वनियों, भावों से प्राणवान् बनाते हैं। 'घर वापसी का गीत' विस्थापन की अकथ पीड़ा को मार्मिकता के साथ अभिव्यक्त करता है। इसका रंगसंगीत अपनी प्रभावोत्पादकता तथा सम्प्रेषणीयता के लिए याद किया जायेगा। शुभोदीप गुहा का रंगसंगीत प्रस्तुति की रंगभाषा में रूपांतरित होकर उसके प्रभाव को बहुगुणित करता है।

आरंगम के अगले दो दिनों की प्रस्तुतियाँ थीं, युवा रंगनिर्देशक नीरज कुन्देर द्वारा निर्देशित 'तैया तैयम' और दिल्ली में प्रशिक्षण प्राप्त कर रहे आज़मगढ़ के युवा रंगकर्मी जावेद ख़ान द्वारा निर्देशित 'खुदा हाफ़िज़'। कुछ ही महीने पहले 'तैया तैयम' देखने का अवसर मिला था। नाटक की हर प्रस्तुति नया अपने दर्शक को नया स्वाद देती है। इन प्रस्तुतियों को न देख पाने दुःख और तमसा की उदासी की टीस साथ लिये आज़मगढ़ से लौटा, पर लौटते हुए मन में बसी एक आस साथ-साथ चल रही थी कि शायद मेरी बातों का असर हो और डॉ. रामदरश सिंह का गीतिनाटक, जो उन्हें कंठस्थ है, रंगकर्मियों तक पहुँचकर जल्दी ही मंचित हो।

विजय बैनर्जी : नाट्य में आस्था

हिन्दी रंगमंच दिवस यानी तीन अप्रैल की साँझ थी। मैं सूचना पाकर आनन-फ़ानन में पटना से लखनऊ पहुँचा था। लखनऊ में भारतेन्दु नाट्य अकादमी का थ्रस्ट प्रेक्षागृह रंगकर्मियों-रंगदर्शकों से भरा हुआ था। मंच पर जो कुछ रचा जानेवाला था, उसका साक्ष्य बनने के लिए ऐसी राग भरी उत्सुकता बहुत कम देखने को मिलती है। अभिनय के लिए 2001 में उत्तर प्रदेश संगीत नाटक अकादमी के सफ़दर हाशमी पुरस्कार से सम्मानित वरीय अभिनेता विजय बैनर्जी मंच पर थे। 'एक्सप्रेशन थियेटर इंस्टीट्यूट' के इस आयोजन की परिकल्पना अरुण त्रिवेदी ने की थी। सहज और आत्मीय सम्भाषण शैली में प्रस्तुति के सूत्रधार आत्म प्रकाश मिश्र ने विजय बैनर्जी को मंच पर प्रस्तुत किया और बीच-बीच में मंच पर उपस्थित होकर समग्र प्रस्तुति के प्रवाह को बाधित किए बिना दर्शकों से संवाद करते रहे। विजय बैनर्जी ने पचास से ज़्यादा नाटकों में अभिनय किया है और रंगमंच से उनके जुड़ाव का काल चार दशकों में पसरा हुआ है। इस प्रस्तुति के लिए उन्होंने विभिन्न प्रस्तुतियों जैसे–एवम् इन्द्रजित (बादल सरकार), एक लड़का (इब्ने इंशा), पोस्टर (डॉ. शंकर शेष), इडिपस (सोफ़ोक्लीज़), उसे ले गए (नरेश सक्सेना की कविता), घासीराम कोतवाल (विजय तेंडुलकर), शतरंज के मोहरे (प्रेमचन्द की कहानी पर आधारित हबीब तनवीर का नाटक), प्रजा ही रहने दो (गिरिराज किशोर) और अन्धा युग (धर्मवीर भारती) से कुछ ऐसे पात्रों को चुना जिन्हें वे पहले मंच पर जी चुके थे। अपनी भूमिकाओं से एकल संवाद के अंश चुनकर उनकी रंगप्रस्तुति करते हुए विजय बैनर्जी ने सम्प्रेषण का नया आयाम अर्जित किया। भारतीय रंगपरम्परा में सम्भाषण का विशेष महत्त्व रहा है। संस्कृत रंगमंच और हमारी पारम्परिक नाट्य शैलियों से लेकर अब तक की विभिन्न रंग परम्पराओं में सम्भाषण कला की प्रविधियाँ निरन्तर विकसित होती रही हैं। एकल अभिनय और संलाप की कला के विकास का आरम्भ जयदेव के 'गीतगोविन्द' से भी माना जाता रहा है। इसके अलावा भाण रूपकों और वीथी रूपकों की भी इस सन्दर्भ में चर्चा की जा सकती है। विजय बैनर्जी जाने-अनजाने इन सभी परम्पराओं से अपने लिए युक्तियाँ ग्रहण करते हैं और उनको विस्तारित करते हुए अपनी

आधुनिक दृष्टि से कालबिद्ध करते हैं। यह एक जटिल रंगप्रक्रिया है, जो रचनात्मक प्रयोधर्मिता और साहसिक नवाचार की माँग करती है। अभिनेता और दर्शक, ये दोनों रंगमंच के अनिवार्य तत्त्व हैं, पर आज जब हिन्दी रंगमंच पर अभिनेता के लिए जगह सिकुड़ती जा रही है और निर्देशक के डिजाइन का आंतक पसरा हुआ है। विजय बैनर्जी की यह प्रस्तुति अभिनेता की रचनात्मक क्षमता को रेखांकित करती है। विजय बैनर्जी उन अभिनेताओं में हैं, जिनका शास्त्रीय संगीत और नाट्यसंगीत की समृद्ध परम्परा से गहन रिश्ता रहा है। रंगकर्म का संस्कार उन्होंने अपने बड़े भाई प्रसिद्ध अभिनेता विमल बैनर्जी से प्राप्त किया और संगीत का संस्कार अली अकबर ख़ाँ की शिष्या अपनी बड़ी बहन से। उन्होंने ब. व. कारंथ के साथ काम करते हुए नाट्यसंगीत की आंतरिक संरचना और गुलाब बाई के साथ उनके नाटक 'औरत का प्यार' में काम करते हुए नाट्यसंगीत की लोक संवेदना को अर्जित किया है। यहीं से वे अपने सम्भाषण के दौरान संवादों के आंतरिक लय को साधने की युक्तियाँ चुनते हैं। 'इडिपस' और 'घासीराम कोतवाल' का एकल अंश प्रस्तुत करते हुई वह अपनी इस कला का शिखर प्रस्तुत करते हैं। 'शतरंज के खिलाड़ी' का मंचन हबीब तनवीर के निर्देशन में हुआ था। हबीब तनवीर ने इसका नाट्यालेख तैयार करते हुए मुजाविर (जो मज़ार या दरगाह की देखरेख करे और वहाँ का चढ़ावा ले।) नामक एक पात्र को रचा था। मुजाविर की भूमिका में वे दृश्य-कविता तो रचते ही हैं, 'प्रजा ही रहने दो' के शकुनी की भूमिका में वे मन के गह्वरों में छिपे भावों की अभिव्यक्ति का कौतुक भी रचते हैं। प्रस्तुति के अन्तिम एकालाप के रूप में विजय बैनर्जी 'अन्धा युग' से अश्वत्थामा का संलाप चुनते हैं। यहाँ उनके स्वर की भंगिमाओं से कई छवियाँ निःसृत होती हैं और ध्वनियों के घात-प्रतिघात से सशक्त नाट्य उपजता है। मैं यहाँ एक सूचना दर्ज करना चाहता हूँ, हालाँकि मैं जानता हूँ कि विजय बैनर्जी और उनके प्रशंसकों को मेरी यह बात पसन्द नहीं आएगी पर यह मेरी विवशता है और विजय बैनर्जी की इस प्रस्तुति पर चर्चा करते हुए इस सत्य को मैं छुपा नहीं सकता। वे पिछले दस सालों से पार्किन्संस नामक रोग से ग्रस्त हैं। इस रोग में मस्तिष्क स्वस्थ रहता है, पर देह उसके आदेश नहीं मानती।...देह, जो एक अभिनेता का उपकरण है, वही बात न माने और अभिनेता मंच पर हो,...यह एक अकल्पनीय दृश्य था। उन्होंने अवज्ञा करती अपनी देह को कई स्थलों पर विवश किया कि वह उनकी बात माने और 'शतरंज के खिलाड़ी' के मुजाविर या 'प्रजा ही रहने दो' के शकुनी की भूमिका में अपनी देह की इस अवज्ञा को रंगयुक्ति में बदल डाला।...लखनऊ के रंगदर्शक इस स्थिति से परिचित थे और उनकी उत्सुकता में भय शामिल था। विजय बैनर्जी ने अपनी रंगकला, रंगानुभवों और आस्था के बल पर अपनी देह को मंच पर गौण कर दिया और जब चाहा, तभी दर्शकों को उनकी देह दिखी। उन्होंने कथादेश के लिए बातचीत करते हुए कुछ सालों पहले मुझसे कहा था–"केवल देह का स्थपत्य नहीं

है अभिनय।'' प्रस्तुति के बाद भारतीय रंगमंच के कुछ गिने-चुने व्यक्तित्वों में एक राज बिसारिया ने मंच से कहा, 'आज मैं बेहद ख़ुश हूँ...' और जब मंच पर पड़े धनुष की ढीली प्रत्यंचा को कसकर विजय बैनर्जी के काँधे पर रखा, प्रेक्षागृह हर्षध्वनि और तालियों से गूँज उठा। लखनऊ की नई रंगपीढ़ी का इस हर्षनाद में शामिल होना एक सुखद संकेत है।

रुदन और चीख़ का ध्रुवपद : नमकीन पानी

सोचा भी नहीं था कि 'घर वापसी का गीत' देखने के महीने दिन बाद ही प्रोबीर गुहा के नए नाटक का पहला मंचन देखने का सुअवसर मिल जाएगा। भारतेन्दु नाट्य अकादमी के पहले वर्ष के छात्रों की इस प्रस्तुति को प्रोबीर गुहा ने एक सघन कार्यशाला में तैयार किया था। अकादमी के बी. एम. शाह प्रेक्षागृह में मंचित 'नमकीन पानी' को देखते हुए जो बात सबसे ज़्यादा सुकून देती है, वह है—रंगानुभूतियों की विविधता। वे अपनी प्रस्तुतियों में जीवन को इस समय और समाज के उत्पाद के रूप में स्वीकार करते हैं और मनुष्य की संवेदना की पक्षधरता करते हुए समाज और समय के समक्ष अनगिनत प्रश्न खड़ा करते हैं। प्रोबीर गुहा नाटक की प्रस्तुति-प्रक्रिया को ज़्यादा महत्त्व देते हैं और अभिनेताओं की देह और मन की ऊर्जा का पुनराविष्कार करते हैं। वे कहते हैं—''मेरे नाटकों में कभी भी कुछ पूर्वनिर्धारित नहीं होता। मैं अपने अभिनेताओं पर ही आश्रित रहता हूँ।'' वे नाटक में कथानक की अपेक्षा कथ्य पर भरोसा करते हैं और जीवन के छोटे-छोटे क्षणों को चुनकर उन्हें नाटकीय विस्तार देते हुए समय और समाज के बरअक्स खड़ा कर देते हैं। 'नमकीन पानी में' कथा नहीं है, पर जीवन की गतिमयता को बाधित करनेवाले, मनुष्य की संवेदना का हरण करनेवाले और प्रकृति के साथ अनाचार करनेवाली हर शक्ति के विरुद्ध हुंकार अवश्य है। वे हिंसा, लोलुपता, नृशंसता की चोट से कराहते जीवन के दृश्य रचते हैं और इन दृश्यों से उपजते रुदन और चीख़ की आवृत्ति से विलक्षण नाटकीय प्रभाव पैदा करते हैं। 'नमकीन पानी' में रुदन और चीख़ हर दृश्य के साथ टेक यानी ध्रुवपद की तरह आता है और जीवन के शुभ मूल्यों के लिए संघर्ष करनेवाले नाद मे बदल जाता है। डॉ. विनायक सेन से लेकर मणिपुर में लम्बे समय से चल रहे स्त्रियों के आन्दोलन के विरुद्ध सत्ता की हिंसा, विकास के नाम पर प्रकृति और मनुष्य के साथ हो रहे अनाचार और स्त्री-जीवन को नष्ट करनेवाली पाशविक प्रवृत्तियाँ—ये सब उनके नाटक का कथ्य बनते हैं। देह की गतियों-भंगिमाओं, रोने-चीख़ने-कराहने-हँसने जैसी प्राकृतिक क्रियाओं से पैदा होनेवाली ध्वनियों, मंच पर विविध रंगों के प्रकाश की दीप्ति से प्रोबीर गुहा सम्प्रेषण की प्रभावकारी प्रविधियाँ विकसित करते हैं। उनकी

प्रस्तुतियों के नाट्यसंगीत में पारम्परिक गायन-वादन नहीं होता। यह संगीत कभी वाद्ययंत्रों और कंठस्वर से उपजता है, तो कभी ग़ैर पारम्परिक वस्तुओं से पैदा होनेवाली विरूप ध्वनियों से। 'नमकीन पानी' में शुभोदीप गुहा का संगीत प्रभावशाली है। शुभोदीप मर्मस्पर्शी नाट्यानुभूतियों से दर्शकों का साक्षात्कार करवाते हैं। वे पीड़ा का सघन संसार रचते हैं और साथ ही रचते हैं—मुक्ति की कामना का नाद। प्रबीर गुहा की यह प्रस्तुति उनकी रंगयात्रा के अनुभवों और रचनात्मकता का साक्ष्य बनती है।

एकान्त के रंग

मई के पहले सप्ताह में पटना की नाट्यसंस्था नटमंडप ने 'एकान्त के रंग' शीर्षक से आयोजन किया। इस आयोजन में कुल दर्जन भर प्रस्तुतियाँ हुईं, 'रंगमंच की सामुदायिकता और एकल नाट्य' विषय पर रंगविमर्श हुआ। पटना के रंगजगत में काफी गहमागहमी रही। प्रस्तुतियों की गुणवत्ता को लेकर चलनेवाली बातचीत के अलावा इस आयोजन के समग्र औचित्य को लेकर बहसें चलती रहीं। रंगमंच की सामुदायिकता को लेकर तरह-तरह से चिन्ताएँ व्यक्त की गईं। रंगमंच पर अभिनेता की अकेली उपस्थिति के औचित्य को विभिन्न कोणों से परखने के प्रयास हुए। तनवीर अख़्तर, हसन इमाम, विनोद कुमार, अजित कुमार, रविकान्त, प्रवीण गुंजन, अनीश अंकुर आदि ने अपनी-अपनी टिप्पणियों-वक्तव्यों से हस्तक्षेप किया। कुछ रंगकर्मियों का मानना था कि एकल नाट्य प्रस्तुतियों के इस आयोजन के पीछे अव्यवसायिक रंगमंडलियों के गठन-संचालन के दौरान आनेवाली कठिनाइयों से पलायन प्रमुख है। कुछ इसे फ़िल्मों के बाज़ार के लिए अभिनेताओं का ध्यानाकर्षण-प्रयास मान रहे थे। कुछ रंगकर्मियों का मानना था कि मानवीय सरोकारों से कट चुके रानावि जैसे संस्थान से निकले कुछ रंगकर्मी ही रंगमंच की दुनिया में 'एकान्त' जैसी समाजविरोधी प्रवृत्ति फैला रहे हैं। इस बहस में शामिल होनेवाले कुछ लोग ऐसे भी थे, जो एकल नाट्य को भारतीय रंगपरम्परा से जोड़कर देख रहे थे और समकालीन रंगकर्म के लिए इसे एक सम्प्रेषणीय रंगयुक्ति के रूप में विकसित करने के पक्षधर थे। उनका मानना था कि रंगस्थली केवल मंच पर उपस्थित अभिनेता की नहीं होती। प्रदर्शन की प्रक्रिया में इसका विस्तार दर्शकों तक होता है। जयदेव के 'गीतगोविन्द' की संलाप शैली, भाण रूपकों और वीथीनाटकम् की परम्परा से लेकर कूटियाट्टम् में 'कुत्तू' अभिनय शैली, भँड़ैती, स्वाँग तक में एकल नाट्य के जड़ों की तलाश करते हुए इसके विविध रचनात्मक पक्षों पर चर्चा हुई। आयोजकों का मानना था कि *''रंगमंच का अभिनय सृजन के स्तर पर अपने 'एकान्त' की खोज है, एक ऐसा एकान्त जो सार्वजनीन है, हर तरफ़ से खुला, जिसमें उसे भंग किए बिना पूरे दर्शक समुदाय का प्रवेश सम्भव है...एकलनाट्य पर ज़ोर देने से यह भ्रम नहीं होना चाहिए*

कि यह रंगमंच की सामुदायिकता का निषेध है। समय-समाज की हलचलों के बीच से गुज़रता एक अभिनेता जो चरित्र-घटना अपने में जज़्ब करता है, उसे अपने एकान्त के सृजन में पुनः उपलब्ध करता है और यह अभिनय-परिघटना उस दर्शक समुदाय के बीच ही घटित होती है, जिसके बिना रंगमंच का अस्तित्व सम्भव नहीं।'' नटमंडप से जुड़े और इस आयोजन में मंचित होनेवाली छह प्रस्तुतियों के निर्देशक परवेज़ अख़्तर का कहना था कि *''रंगमंच अभिनेता का माध्यम है; किन्तु दुर्भाग्यवश रंगमंच में अभिनेता की अलग पहचान नहीं बन पाई है। इस पहचान के बिना रंगमंच की पहचान भी सम्भव नहीं है। एकल अभिनय पूरी तरह अभिनेता का रंगमंच है। यह एक अभिनेता को उसके द्वारा अर्जित अनुभव, कार्यदक्षता और कल्पनाशीलता के प्रदर्शन का स्वतन्त्र अवसर उपलब्ध कराता है और उसे उसकी जादुई शक्ति के साथ रंगमंच पर प्रतिष्ठापित भी करता है। एकल नाट्य (या एकल अभिनय) किसी भी स्तर पर सामूहिकता का निषेध नहीं करता, बल्कि यह सामुदायिक जीवन का अंग है क्योंकि यह व्यापक दर्शक समुदाय को सम्बोधित होता है।''* इस रंगविमर्श की अध्यक्षता रंगसमीक्षक डॉ. महेश आनन्द ने की। विषय-प्रवेश के लिए आधार वक्तव्य इन पंक्तियों के लेखक (विनम्र संकोच के साथ) ने दिया। 'एकान्त के रंग' समारोह का उद्घाटन डॉ. महेश आनन्द ने किया। इस अवसर पर अभिनेताओं पर केन्द्रित एक कैटलॉग जारी किया गया।

आयोजन के पहले दिन बेगूसराय (बिहार) की नाट्यसंस्था 'आहुति नाट्य अकादमी' ने प्रवीण गुंजन के निर्देशन में मुक्तिबोध की कहानी पर आधारित नाट्यालेख 'समझौता' को मंचित किया। अभिनेता थे मानवेन्द्र त्रिपाठी। प्रवीण गुंजन और मानवेन्द्र, दोनों राष्ट्रीय नाट्य विद्यालय द्वारा प्रशिक्षित हैं और प्रशिक्षण से पहले पटना में रंगकर्म करते रहे हैं। यह सन्तोषजनक है कि प्रशिक्षण से दोनों में अद्भुत विकास हुआ है। ग्रामीण रंगमंच से रंगकर्म आरम्भ करनेवाले प्रवीण गुंजन मैकबेथ, हानूश, मेन विदआउट शैडोज़, राशोमन, फाइनल साल्यूशन, नाइन ईडियट्स आदि निर्देशित कर चुके हैं और पिछले दिनों 'अन्धायुग' को निर्देशित करते हुए अपने नवाचार के लिए चर्चित रहे हैं। 'समझौता' की प्रस्तुति देखते हुए प्रवीण गुंजन की रंगदृष्टि और कथा के भीतर गुम्फित बहुस्तरीय यथार्थ पर उनकी पकड़ सबसे ज़्यादा आश्वस्त करती है। वह अभिनेता के ऊपर अपने निर्देशकीय कौशल का अतिरिक्त दबाव नहीं बनाते बल्कि उसे अपने स्पेस और काल में उनमुक्त विचरण के लिए अवसर देते हैं। इस प्रस्तुति में संगीत नाट्य की युक्ति के रूप में उपजता है और यथार्थ की छवियों की निर्मिति में उत्प्रेरक की भूमिका का निर्वाह करता है। हालाँकि दृश्यबन्ध सहज नहीं है। समझौता की जटिल परतों के भीतर उतरने के लिए सहजता एक कारगर युक्ति हो सकती है। मुक्तिबोध की यह कहानी मनुष्य के निरन्तर असहाय होते जाने की त्रासदी को रचती है। इसमें यथार्थ की बहुस्तरीय छवियाँ हैं।

मनुष्य के स्वप्नों के प्रतिरोध में सामाजिक और राजनीतिक सत्ता की पाशिवकता, हिंसा और आतंक को एक बेरोज़गार युवक की जीवनस्थितियों के माध्यम से अभिव्यक्ति मिली है। नई बाज़ार व्यवस्था के दौर में यह कहानी नई अर्थछवियों को सम्प्रेषित करती है। आज मनुष्य अपने जीवन मूल्यों की आहुति देकर अपने ही काँधे पर अपना शव लादे जीवन-यात्रा तय करने को विवश है। मानवेन्द्र त्रिपाठी अपने अभिनय कौशल से एक ऐसा संसार रचते हैं, जहाँ क्रोध, हिंसा, घृणा, निराशा, पीड़ा के बीच भी जीवन का बिरवा बार-बार उग आता है। वह अपनी देह की गतियों-मुद्राओं का सशक्त उपयोग करते हैं। एक कुशल नट की तरह उन्होंने देह को केवल साधा नहीं है बल्कि उसे रंगार्थ की अभिव्यक्ति के लिए सक्षम किया है। अपनी अभिनय क्षमता से मानवेन्द्र त्रिपाठी इस समग्र आयोजन की सबसे सार्थक उपस्थिति के रूप में रेखांकित हुए।

दूसरे दिन नटमंडप ने 'नरमेध' शीर्षक से भीष्म साहनी की तीन कहानियों; 'साग-मीट', 'त्रास' और 'अमृतसर आ गया' को प्रस्तुत किया। नटमंडप पिछले कुछ सालों से इन कहानियों का मंचन कर रहा है। (कथादेश के पाठक इन प्रस्तुतियों की समीक्षा पढ़ चुके हैं।) नाटक की हर प्रस्तुति दर्शकों को नया आस्वाद देती है। यह रंगमंच का नैसर्गिक गुण है। यही गुण रंगमंच को अन्य कलाओं से अलग और विशिष्ट दर्ज़ा देता है। इन तीनों कहानियों में मनुष्य के विरुद्ध मनुष्य के भीतर पलती हिंसा की अभिव्यक्ति है। सहज शिल्प और भाषा में भीष्म साहनी मन के अतल गह्वरों में उतरते हैं। 'साग-मीट' की पिछली प्रस्तुतियों में मोना झा यथार्थ के सम्प्रेषण के लिए कहानी के शब्दों पर भरोसा करती हुई अपनी काया में कई चरित्रों को धारण करती रही हैं। इस बार यह भरोसा कम दिखा और उन्होंने अपनी देह की भंगिमाओं-मुद्राओं को अपेक्षाकृत ज़्यादा गतिशील बनाया। इस गतिशीलता ने दर्शकों के लिए यथार्थ के अर्थसंधान में बाधा पैदा की। कई कोमल और संवेदनशील क्षणों की निर्मिति ही नहीं हो सकी। 'त्रास' में क्रूरता का आवेग अन्तःसलिला नदी की तरह है। इस कहानी की पिछली प्रस्तुति में अभिनय करते हुए जावेद अख़्तर ख़ाँ कहानी के पाठ के भीतर थे। इस बार उन्होंने कहानी के पाठ से बाहर निकलकर नई रंगयुक्तियों की तलाश की कोशिशें कीं। इस नवाचार ने अभिव्यक्ति को असहज और जटिल बना दिया। कोई सिरा था, जो बार-बार छूट रहा था और दर्शक असहज महसूस कर रहे थे। जावेद अख़्तर ख़ाँ यदि नाट्य के अतिरेक से बचते तो शायद नई और सार्थक रंगभाषा का निर्मिति होती। 'अमृतसर आ गया' में गुणात्मक विकास दिखा। विनोद कुमार का संलाप और सम्भाषण सहज था और उनकी देहभाषा नियंत्रित थी। विभाजन की त्रासदी ने जिस हिंसा को जन्म दिया, वह आज भी नासूर की तरह जीवित है। विनोद कुमार इस हिंसा और इससे पैदा होनेवाली कारुणिक जीवन स्थितियों को सहज भाव से रचने में सफल रहे। इन प्रस्तुतियों के निर्देशक

थे–परवेज़ अख़्तर। तीसरे और चौथे दिन भी परवेज़ अख़्तर के निर्देशन में 'सवेरा' (दारियो फो), 'अकेली औरत' (फ्रैका रैमे) 'बाघिन मेरी साथिन' (दारियो फो) का मंचन हुआ। 'सवेरा' में एनाक्षी डे विश्वास और 'अकेली औरत' में मोना झा ने अभिनय किया। 'सवेरा' एक ऐसी कामकाजी औरत का एकालाप है जो आर्थिक रूप से स्वावलम्बी है, पर उसका यह स्वावलम्बन उसे पुरुष-सत्ता द्वारा बुने गए मकड़जालों और जड़ताओं से मुक्त नहीं करता। उसके सारे स्वप्न, उसकी आकांक्षाएँ और कामनाएँ उसकी कामकाजी जीवन के तनावों और पुरुष वर्चस्व के दोहरे पाटों में पिस कर रह जाती हैं। एनाक्षी जीवन की इस त्रासदी को रचने में पूरी तरह असफल रहीं। जीवन के छोटे-छोटे मार्मिक क्षण, जिनके भीतर स्त्री की संवेदना का भरा-पूरा संसार छिपा था, उजागर नहीं हो सका। यांत्रिकता तथा व्यर्थता से भरे जीवन की प्रतिध्वनियाँ नहीं उभर सकीं। रटे हुए संवादों की अदायगी मात्र से कथ्य की मूल भाव-वस्तु की पुनर्रचना का अभिनटन पूरा नहीं होता। लगभग यही स्थिति 'अकेली औरत' में भी बनी रही। इस नाटक का यथार्थ अपेक्षकृत ज़्यादा भयावह और बेचैन कर देनेवाला है। यह यातना शिविर की तरह एक कमरे में बन्द अकेली स्त्री की यातना-कथा है। पति उसे अपनी सम्पत्ति समझता है। प्रेमी धोखा देता है। उसके जीवन के दुःखों का कोई ओर-छोर नहीं पर वह अपनी मुक्ति के रास्ते स्वयं तलाशती है। यह प्रस्तुति भी अतिनाटकीयता का शिकार बनी। संवाद अदायगी में लय और बलाघात; और शब्दों के साथ एकरस व्यवहार या एक ही तरह से स्वर-समूहन के चलते एकरसता बनी रही। वाक्-योजना में जिस विविधता और विसदृशता की मांग यह नाट्यालेख करता है, मोना झा जैसी समर्थ अभिनेत्री उसकी पूर्ति नहीं कर सकीं। प्रस्तुति में एक क्षण के लिए भी गहरी बेचैनी या करुणा का भाव नहीं जगा। भंगिमाओं-मुद्राओं की चपलता और गति में संवेदनशील क्षण तिरोहित होते रहे। नाटकीय उत्कर्ष के क्षण या रंगतनाव पैदा होते, पर अपना अभीष्ट सिद्ध किए बग़ैर समाप्त हो जाते। मंच पर जल्दी-जल्दी सब कुछ कह देने और रच देने की हड़बड़ी मची हुई थी। इन दोनों प्रस्तुतियों की निर्देशकीय संरचना ऐसी थी कि दर्शकों का कथ्य और अभिनटन से कोई रिश्ता नहीं बन सका। दोनों प्रस्तुतियों का जटिल दृश्यबन्ध अभिनेत्रियों की अनावश्यक गतियों से और जटिल होता गया। मोना झा की वेशभूषा ने भी प्रस्तुति के आवेग को खण्डित किया और दर्शकों से कथ्य की दूरी बढ़ा दी। अपनी प्रस्तुतियों की प्रगीतात्मकता, गझिन बुनावट और तरलता के लिए परवेज़ अख़्तर बहुप्रशंसित रहे हैं, पर इस बार बात बनते-बनते रह गई। हालाँकि परवेज़ अख़्तर निर्देशित चौथे दिन की दूसरी प्रस्तुति 'बाघिन मेरी साथिन' में जावेद अख़्तर ख़ाँ ने अपने अभिनटन से दर्शकों को बाँधे रखा। कथा-कथन के स्वाभाविक शिल्प का उपयोग करते हुए उन्होंने दर्शकों से एक रिश्ता बनाया, जो प्रस्तुति की समाप्ति तक जीवन्त बना रहा। इस प्रस्तुति में एक पशु से मनुष्य की धीरे-धीरे

विकसित होती आत्मीयता के रूपक का राजनीतिक निहितार्थ बेहद महत्त्वपूर्ण है। इसे पूरी तरह सम्प्रेषित करने के लिए यह आवश्यक है कि प्रस्तुति के उत्तरार्द्ध को विस्तारित किया जाए।

आयोजन के चौथे दिन ही पुणे की ओजस ने मणिपुर की इरोम शर्मिला के जीवन-प्रसंगों और मणिपुर के राजनीतिक-सामाजिक हालातों पर केन्द्रित अपनी एकल प्रस्तुति 'ले मशालें' से दर्शकों को एक ऐसे यथार्थ से परिचित कराया, जिसे हमारे देश की सत्ता, राजनीति और अधिकांश जनता उपेक्षा करती रही है। इस प्रस्तुति में ओजस प्रश्नों के तंतुओं से एक गुंजलक तैयार करती हैं। राजनीतिक हिंसा से लहूलुहान होकर इस गुंजलक में फँसे जीवन का आर्तनाद दर्शकों को एक गहरी बेचैनी से भर देता है। यहाँ केवल क्रोध या क्षोभ या प्रतिहिंसा नहीं है बल्कि गहन मानवीय बोध, सपनों और विकट जिजीविषा का समूह-नाद है। स्त्री-जीवन के कई कारुणिक और मार्मिक प्रसंगों को यह प्रस्तुति दर्ज करती है। ओजस मंच पर अपनी एकल उपस्थिति को अपनी प्रस्तुति के कथ्य के माध्यम से विस्तार देती हैं और धीरे-धीरे उनकी आवाज़ केवल मणिपुर की आवाज़ नहीं रह जाती। दर्शकों पर इस प्रस्तुति ने जो प्रभाव डाला, वह इसके कथ्य से ही उपजा। ओजस की देहभाषा में नाट्य बहुत क्षीण था। एकालाप और दर्शकों से सम्भाषण के दौरान उनकी स्वर-योजना में विविधता नहीं थी। अगर ओजस पहले दिन की प्रस्तुति समझौता की तरह चाक्षुष बिम्ब रचतीं और रंगप्रभाव सृजित कर पातीं तो निःसन्देह यह अविस्मरणीय प्रस्तुति होती पर पटना के रंगदर्शकों ने मनुष्य और समाज के लिए ओजस के दायित्वबोध और समर्पण के प्रति भरपूर सम्मान प्रकट किया।

आयोजन के अन्तिम दिन नसीरुद्दीन शाह के निर्देशन में मुम्बई की नाट्यसंस्था 'मॉटलि' ने 'मंटो,...इस्मत हाज़िर हैं' शीर्षक से सआदत हसन 'मंटो' की दो कहानियों –'बू' और 'टेटवाल का कुत्ता' तथा इस्मत चुग़ताई की कहानी 'लिहाफ़' का मंचन हुआ। कुछ सालों पहले नसीरुद्दीन शाह द्वारा निर्देशित 'कथा कोलाज़' शीर्षक से 'बड़े भाई साहब', 'शतरंज के खिलाड़ी' (प्रेमचन्द) और 'संक्रमण' (कामतानाथ) जैसी कहानियों का मंचन देखते हुए एक गहरी निराशा हुई थी। इस बार भी उनसे एक निर्देशक के रूप में कमोवेश निराशा ही हाथ लगी। कहानियों के भीतर छिपा मर्म उकेरने में वे सफल नहीं हो सके। इन कहानियों की वर्णनात्मक सहजता के भीतर ही इनका अन्तर्द्वन्द्व निहित है। इन अन्तर्द्वन्द्वों की गिरह खोले बिना न तो मर्म को उकेरा जा सकता है और न ही निहितार्थों का प्रकटीकरण सम्भव है। प्रस्तुति के सूत्रधार दर्शन गांडास अपने सम्भाषण में सर्वाधिक सहज और सम्प्रेषणीय रहे। एक समर्थ अभिनेता होने के बावजूद 'बू' प्रस्तुत करते हुए अंकुर विकल कथा के उपपाठ को आविष्कृत नहीं कर सके। 'लिहाफ़' में हीबा शाह ने अति सामान्य अभिनय किया। इस कहानी में मंटो अपने पाठकों को देह नहीं, मन के गह्वरों की यात्रा पर

ले जाते हैं। हीबा शाह अपने दर्शकों को कहीं नहीं ले जा पातीं। इन दोनों कहानियों की प्रस्तुति में निरर्थक गतियों की भरमार है। 'टेटवाल का कुत्ता' प्रस्तुत करते हुए राकेश चतुर्वेदी अपनी अभिनय-क्षमता से मंच की जड़ता को तोड़ते हैं। अपनी देह की गतियों और संवाद प्रक्षेपण में सन्तुलन साधते हुए वे एक ऐसी रंगभाषा रचते हैं, जो कहानी के यथार्थ से दर्शकों का साक्षात्कार करवाती है। इन कहानियों की प्रस्तुति के बाद इन पर अश्लीलता के आरोप में लाहौर में चले मुक़दमे पर इस्मत चुगताई के मज़ाकिया तज़किरे को 'मॉटलि' के कलाकारों ने मंचित किया और इस प्रस्तुति से 'एकान्त के रंग' का तिलिस्म टूट गया। इसमें मंच पर एक से ज़्यादा यानी कई अभिनेताओं ने अपनी उपस्थिति दर्ज की। दर्शक इस बाबत सवाल पूछते फिर रहे थे। नटमंडप का यह आयोजन कई दृष्टियों से महत्त्वपूर्ण रहा। इससे पटना के रंगवातावरण का तापमान परखा जा सका। निरन्तरता में दर्शकों की उत्साहजनक उपस्थिति और बहसों का सिलसिला पटना रंगमंच को अन्य जगहों से अलग करता है। मेरे लिए यह बेहद उत्साहजनक था कि बड़ी संख्या में नई पीढ़ी के रंगकर्मी विमर्श और प्रस्तुतियों को लेकर अपने निजी विचारों के साथ मुखर थे।

●●●